Religio
Romana

Wege zu den Göttern im antiken Trier

"Gott, der die Welt erschaffen hat und alles in ihr, er, der Herr über Himmel und Erde, wohnt nicht in Tempeln, die von Menschenhand gemacht sind. Er läßt sich auch nicht von Menschen bedienen, als brauche er etwas ... Denn in ihm leben wir, bewegen wir uns und sind wir, wie auch einige von euren Dichtern gesagt haben: Wir sind von seiner Art. Da wir also von Gottes Art sind, dürfen wir nicht meinen, das Göttliche sei wie ein goldenes oder silbernes oder steinernes Gebilde menschlicher Kunst und Erfindung."

Rede des Apostels Paulus vor dem Rat der Athener
Apostelgeschichte 17,24f.;28f. (um 80 n. Chr.)

Religio Romana

Wege zu den Göttern im antiken Trier

Rheinisches Landesmuseum Trier
1996

Religio Romana
Wege zu den Göttern im antiken Trier

Ausstellungskatalog des Rheinischen Landesmuseums Trier
Herausgegeben von Hans-Peter Kuhnen
Nr. 12 der Schriftenreihe des Rheinischen Landesmuseums

Texte von Sabine Faust, Karl-Josef Gilles, Karin Goethert,
Klaus-Peter Goethert, Joachim Hupe, Sylvia Klementa,
Hans-Peter Kuhnen, Lothar Schwinden und Frank Unruh

Überschriften und Zwischentexte von Eva - Maria Goddard
und Frank Unruh

Selbstverlag des Rheinischen Landesmuseums Trier, 1996

Gefördert von der Stiftung Kultur Rheinland - Pfalz und dem
Förderkreis des Rheinischen Landesmuseums

ISBN 3-923319-34-7
© Rheinisches Landesmuseum Trier
Weimarer Allee 1, D 54 290 Trier
Gestaltung: Büro für Gestaltung: Hartmaier & Mangold, Kirchentellinsfurt
Digitale Bildbearbeitung: Anthony Bury, Dettingen/Erms
Druck: Druckerei Ensch, Trier

Inhaltsverzeichnis:

Katalog:

Sabine Faust, Karl-Josef Gilles,
Karin Goethert, Klaus-Peter Goethert,
Joachim Hupe, Sylvia Klementa,
Lothar Schwinden, Frank Unruh

Vorwort

6

Weder Priestermangel noch Kirchenaustritte und der Rückgang der Kirchensteuereinnahmen können darüber hinwegtäuschen: Religion ist auch 200 Jahre nach der Französischen Revolution ein spannungsgeladenes, bisweilen explosives Thema, nicht nur auf dem Balkan oder im Nahen Osten, wo religiös motivierte Gewalttaten immer wieder für traurige Schlagzeilen sorgen, sondern auch im Westen, wo etwa Jugendokkultismus, profitorientierte Selbstfindungssekten und mehr noch die am Stadtrand emporwachsenden Kuppeln neu erbauter Moscheen Bewegung anzeigen und Althergebrachtes in Frage stellen.

Die geschichtsmächtige Kraft religiöser Überzeugungen fassen wir im Trierer Land erstmalig mit den archäologischen Beständen des Rheinischen Landesmuseums Trier, das eine international bedeutsame Sammlung religiöser Denkmäler aus römischer und frühchristlicher Zeit besitzt. Dieser wichtige Fundus lag jedoch seit Jahren brach, da die Schausammlungen des Museums aufgrund einer umfassenden baulichen Sanierung und der Errichtung eines Erweiterungsbaus 1984 größtenteils geschlossen werden mußten. Nachdem der vormalige Direktor, Dr. Heinz Cüppers, die umfangreichen Baumaßnahmen 1991 erfolgreich abschließen konnte, lag es nahe, als Einstieg in die anstehende Wiedereinrichtung diesen Sammlungsbestand zu präsentieren. Einen willkommenen Anlaß zur Eröffnung bot die Heilig-Rock-Wallfahrt 1996, mit der das Bistum Trier erstmalig seit 1959 seine berühmte Reliquie wieder zur Wallfahrt ausstellte.

Mit der Ausstellung "Religio Romana - Wege zu den Göttern im antiken Trier" richtet das Rheinische Landesmuseum die Aufmerksamkeit auf die Anfänge religiöser Verehrung im Trierer Land, soweit sie sich archäologisch fassen lassen. In bemerkenswerter Klarheit zeigt dieser Ausschnitt der Landesgeschichte, wie sich unter der Herrschaft Roms zwischen 1. Jahrhundert v. Chr. und 5. Jahrhundert n. Chr. die Inhalte und Ziele religiöser Verehrung veränderten: Standen in keltischer Zeit Naturgottheiten und naturheilige Orte im Mittelpunkt des Kultgeschehens, brachten die Römer die menschengestaltigen Staatsgötter Italiens mit, duldeten aber gleichzeitig das Fortleben keltischer Glaubensvorstellungen, die sie im Sinne einer toleranten "Interpretatio Romana" geschickt zur Sicherung ihres Herrschaftsanspruches umdeuteten. Geheimnisvolle orientalische Mysterienkulte, besonders der des Licht- und Erlösergottes Mithras, eröffneten der gallorömischen Bevölkerung seit dem 1. Jahrhundert. n. Chr. Perspektiven für das Jenseits, doch erst mit dem Christentum erreichte der Erlösungsglaube die breite Masse der Bevölkerung. Nicht zufällig wird der neue Glauben im 4. Jahrhundert archäologisch zuerst auf den großen Gräberfeldern außerhalb der Stadt greifbar, wo frühe Christengemeinden ihre "besonderen Toten" als Märtyrer verehrten und ihnen entsprechende Kult- und Gedächtnisbauten weihten. Die noch nicht missionierten Anhänger gallorömischer und orientalischer Kulte opferten währenddessen weiter vor den Tempeln ihres alten Glaubens in Trier und seinem Umland; erst gegen Ende des 4. Jahrhunderts setzte sich der christliche Glaube gegen diese Kultausübung durch, und mit dem Ausbau der Pfarrorganisation zog die Kirche flächendeckend auch in die ländlichen Siedlungen ein. Damit umreißt die Ausstellung ein halbes Jahrtausend, in dem die Gläubigen die "Wege zu den Göttern" mehrfach wechselten, und zunächst in der Natur, dann in Tempeln, schließlich auf Gräberfeldern und in Kirchen die Begegnung mit Gott suchten.

Anders als die bauliche Sanierung der Schausammlungen des Rheinischen Landesmuseums fielen die Vorbereitungen für "Religio Romana" in eine Zeit der knappen Kassen. Daß die Ausstellung wenigstens zum Spartarif realisiert werden konnte, war nur möglich, weil das Land Rheinland-Pfalz zusätzliche Haushaltsmittel zur Verfügung stellte und der Förderkreis des Rheinischen Landesmuseums sowie die Kulturstiftung Rheinland-Pfalz erhebliche Zuschüsse gewährten. Dafür ist den Verantwortlichen herzlich zu danken. Dennoch wäre die Ausstellung nicht zustande gekommen, hätten sich nicht die auf Seite 284 f. genannten Mitarbeiterinnen und Mitarbeiter des Rheinischen Landesmuseums Trier über ihre sonstigen Dienstpflichten hinaus engagiert und ideenreich für das Gelingen eingesetzt. In besonderem Maß gilt dies für Frau Sabine Moritz, die trotz vielfältiger Alltagsgeschäfte im Direktionssekretariat die Zusatzbelastungen der Ausstellungsvorbereitung souverän meisterte. Ihr und allen anderen Mitarbeiterinnen und Mitarbeitern des Rheinischen Landesmuseums gilt mein herzlicher Dank. In den Dank eingeschlossen sind die an der Ausstellung beteiligten freien Mitarbeiter und Firmen (vgl. S. 284), vor allem das Architekturbüro Weese und von Jacobs, Stuttgart, das für die Ausstellungsarchitektur verantwortlich zeichnet, sowie das Büro Hartmaier und Mangold, Kirchentellinsfurt, das Ausstellungsgraphik, Katalog sowie die Video-und Hörstationen betreut hat.

Vorwort

7

Trier, April 1996
Dr. Hans-Peter Kuhnen
Direktor des Rheinischen Landesmuseums

Religio Romana -
Wege zu den Göttern im antiken Trier

von Hans-Peter Kuhnen

»Eine Definition dessen, was 'Religion' ist, kann unmöglich an der Spitze, sondern könnte allenfalls am Schluß einer Erörterung wie der nachfolgenden stehen.«

Obwohl Max Weber diese Zeilen in seinem 1918 erstmals erschienen »Grundriß der Sozialökonomik« für Staatswissenschaftler und nicht für Archäologen schrieb [1], treffen seine Worte genau die Probleme einer archäologischen Ausstellung über die antike Religion. Wer von den dinglichen Hinterlassenschaften des Altertums etwas über die antiken Religionen erfahren will, muß zunächst alle verfügbaren Zeugnisse sammeln, ohne durch eine verfrühte Definition oder Eingrenzung des Begriffs den Blick vorzeitig zu verengen und nur noch Teile der Realität wahrzunehmen. Bei Sammlung und Auswertung der Zeugnisse gilt es zu berücksichtigen, daß religiöses Handeln zeit- und schichtgebunden ist, Religion also keine durch alle Zeiten und Schichten feststehende Konstante ist. Diesen Vorbehalten sucht der Titel der Ausstellung Rechnung zu tragen. »Religio Romana« steht - wie sich anhand der Denkmäler zeigen wird - als relativ vager Oberbegriff für ein breites Spektrum religiöser Verhaltensmuster unterschiedlichster Herkunft, von keltisch geprägter Verehrung naturheiliger Plätze bis hin zum Märtyrer- und Reliquienkult auf den frühchristlichen Friedhöfen. Die »Wege zu den Göttern« führen uns zu einer chronologischen, topographischen und sozialgeschichtlichen Einbindung dieser Verhaltensmuster und stehen demnach für den jeweiligen geschichtlichen Zusammenhang. Dadurch läßt sich hinter der scheinbaren Beliebigkeit archäologischer Überreste eine Art »Roter Faden« entdecken, der von der Vergangenheit in die Gegenwart führt, und damit auch eine Standortbestimmung für die Gegenwart erlaubt.

Bruchstücke der Realität: Denkmäler religiöser Verehrung im Rheinischen Landesmuseum Trier

Seit der Aufklärung engagierte sich das kultivierte Bürgertum der Stadt Trier mit besonderem Stolz für die römischen Altertümer seiner Stadt. Bereits 1801 gründeten antikenbegeisterte Trierer Bürger die »Gesellschaft für Nützliche Forschungen«, die eine bemerkenswerte Altertümersammlung aufbaute, ehe 1877 der preußische Staat durch die Gründung des Provinzialmuseums (seit 1935: Rheinisches Landesmuseum) Trier die Ausgrabungs- und Sammlungstätigkeit in der Stadt zu einer staatlichen Aufgabe machte[2]. Einen der Schwerpunkte dieser Sammlung bilden neben Mosaiken, Grabdenkmälern und dem Münzkabinett heute die zahllosen römischen Weihedenkmäler und andere Funde, die in den gallorömischen Tempelbezirken der Stadt und des Regierungsbezirkes Trier ausgegraben wurden. Nicht minder bedeutsam sind die frühchristlichen Bestände des Museums, die hauptsächlich aus den spätantiken Gräberfeldern nördlich und südlich der Römerstadt stammen [3].

Abb. 1: Ausgrabungen des Provinzialmuseums Trier im gallorömischen Tempelbezirk Trier - Altbachtal: Freilegung der spätrömischen Plattenstraße 1928.

Wege im Dunklen

Trotz vieler Ausgrabungen und reicher Museumssammlungen liegen jedoch die »Wege zu den Göttern« bis zum Mittelalter weithin zumindest im Halbdunkel, da Schriftquellen und archäologische Bodenfunde nicht gleichmäßig über Zeit und Raum verteilt sind. Überraschend dürftig fallen insbesondere die Einblicke in das vorrömische Kultleben aus, das im Trevererland trotz langjähriger Nachsuche außerhalb der Kleinkunst nur spärliche Spuren hinterlassen hat, sodaß es meist nur indirekt aus römerzeitlichen Überresten rekonstruiert werden kann[4]. Nicht eben häufig sind an der Mosel weiterhin solide archäologische Beobachtungen dazu, wie die Treverer im 1. Jahrhundert v. Chr. romanisiert und im 3./4. Jahrhundert allmählich christianisiert wurden: Beide Vorgänge - das »Römisch-Werden« und das »Christlich-Werden« - gingen weit über den Bereich der Götterverehrung hinaus und führten zu tiefgreifenden Veränderungen der Gesellschaft insgesamt[5]. Dennoch sind Romanisierung und Christianisierung im Trierer Raum weniger gut erforscht als die Blütezeit gallorömischer Götterverehrung des 2. - 3. Jahrhunderts n. Chr. Die reichen Steindenkmäler dieser Epoche spiegeln freilich vor allem die Glaubenswelt der Wohlhabenden wider, die Götterbilder aus teurem, dauerhaftem Material stifteten[6]. Was diejenigen glaubten, die sich statt Stein oder Metall nur Bildwerke aus Holz leisten konnten, bleibt mangels einschlägiger Funde im Dunkeln, obwohl Nachbarregionen entsprechende Denkmäler aus Holz durchaus vorweisen können[7].

Weder die monumentalen Reste von Heiligtümern noch Götterbilder, Weihinschriften und Opferfunde aus Stein, Ton oder Metall offenbaren indes aus sich selbst heraus die Inhalte antiker Religion. Ganz im Sinne Max Webers haben wir es bei diesen Zeugnissen »überhaupt nicht mit dem »Wesen« der Religion, sondern mit den Bedingungen und Wirkungen einer bestimmten Art von Gemeinschaftshandeln zu tun, dessen Verständnis auch hier nur von den subjektiven Erlebnissen, Vorstellungen, Zwecken der Einzelnen - »vom Sinn« - aus gewonnen werden kann, da der äußere Ablauf ein höchst vielgestaltiger ist. Religiös oder magisch motiviertes Handeln ist, in seinem urwüchsigen Bestande, diesseitig ausgerichtet«[8].

So wird man mit Weber die erhaltenen Sachzeugnisse der antiken Religion gerade nach ihrem Diesseitsbezug hinterfragen. Wer den Göttern Bildwerke oder Weihesteine setzte, ihnen Schmuck, Waffen und andere Kostbarkeiten opferte oder ganze Heiligtümer stiftete, setzte damit ein Zeichen nicht nur den Göttern, sondern auch seinen Mitmenschen, die die Weihehandlung beobachten und die Weihegaben an heiliger Stätte wahrnehmen konnten. Aus diesem Blickwinkel erkennen wir entlang der »Wege zu den Göttern« ein Stück sozialer und politischer Wirklichkeit; nach den Denkmälern läßt sich erschließen, wie die antiken Menschen sich ihre Götter vorstellten und wie sie sie verehrten. Wir lernen also im Sinne Webers die »diesseitige Ausrichtung« des religiösen Handelns kennen. Welche Jenseitserwartungen und Glaubensinhalte dahinterstanden, kann der Archäologe selbst nach den reichen archäologischen Beständen des Rheinischen Landesmuseums Trier nur mutmaßen[9]. Wo nicht zufällig erhaltene Schriftquellen (s. S. 38 ff.) zur Verfügung stehen, benötigt er Mut zu Hypothesen, Analogieschlüssen und Phantasie, um hinter den »Wegen zu den Göttern im antiken Trier« handelnde Personen sichtbar zu machen.

Die Anfänge religiöser Verehrung: Aufbruch zu den Göttern der Natur

Als während Caesars gallischer Kriege (58 - 50 v. Chr.) erstmalig römische Legionen in das Trevererland einrückten[10], trafen sie auf einen Stammesverband, dem der menschengestaltige Götterhimmel Italiens fremd war. Wie ihre gallischen Nachbarstämme im Westen, Süden und Norden verehrten die Treverer eine andere Götterwelt, die sich von der der Römer auf mancherlei Art unterschied: Monumentale Tempel und Heiligtümer in Steinbauweise waren ihnen ebenso fremd wie steinerne Götterbilder, Altäre und Weihinschriften. Statt der in Menschengestalt dargestellten, personalisierten Götterindividuen des griechisch-römischen Olymp mit ihren klar definierten Zuständigkeiten für die verschiedenen Lebenssorgen (s. S. 94 ff.) verehrten die Kelten einen schwer faßbaren, fast bis zur Gestaltlosigkeit wandlungsfähigen Götterhimmel[11], dessen einzelne Gottheiten die zeitgenössischen lateinischen und griechischen Autoren nicht recht in die gewohnten Schubladen ihres eigenen Religionsverständnisses zu zwängen vermochten (s. S.40)[12].

In ihrem urwüchsigen, geheimnisvollen Glauben zeigten die Kelten ein ausgeprägtes Bewußtsein für die verborgenen Kräfte der Natur, denen sie bei religiösen Handlungen besondere Aufmerksamkeit widmeten: Stark stilisierte Tierdarstellungen auf Objekten der Klein- und Sakralkunst[13] stehen ebenso wie Tier- und Menschenopfer an sakralen Orten[14] beispielhaft für die überirdische, religiöse Bedeutung, die man der belebten Natur zusprach. Kult- und Opferstätten lagen gerne an Plätzen, die durch besondere Naturphänomene geheiligt sind[15], wie etwa die berühmte Opferstätte von La Tène (CH)[16], die Bergheiligtümer vom Martberg (bei Karden, Mosel) und vom Titelberg (Luxemburg)[17] oder die Quellheiligtümer von Trier - Römersprudel, Hochscheid und Bastendorf, die seit der Latènezeit begangen, aber erst in römischer Zeit zu regelrechten Heiligtümern ausgebaut wurden[18]. Eine eigenartige, bis heute nicht einwandfrei geklärte Rolle spielten in der Kultlandschaft der späten Kelten umwallte Einfriedungen von rechteckigem oder quadratischem Umriß (sog. »Viereckschanzen« oder enceintes quadrilatérales / »vierseitige Einfriedungen«), die normalerweise außerhalb bestehender Siedlungen lagen. Ihre aus Erde aufgeschütteten Wälle umschlossen pfeilerhaft hoch aufragende Holzkonstruktionen und tief eingegrabene Schächte oder Brunnen, in denen die Gläubigen mancherorts sakrale Gegenstände versenkten[19].

Ähnlich schwer einzuordnen waren die eigenartig stilisierten Tierdarstellungen aus Metall und Holz, zu denen es in den Vorlagebüchern italischer Bildhauer keine Vorbilder gab[20].

Vielleicht am ehesten werden sich die Neuankömmlinge aus dem Süden in den einheimischen Opferpraktiken zurechtgefunden haben, wenn keltische Frauen oder Männer naturheilige Orte in Mooren, auf Felsklippen und Bergen, an Quellen oder Flußübergängen aufsuchten, um dort Gewandspangen, Nadeln und andere persönliche Besitztümer den Unterirdischen zu opfern[21]. Opfertraditionen vergleichbarer Art hatten die Stämme des eisenzeitlichen Italien schon viele Generationen lang gepflegt[22], bevor im 6. Jahrhundert. v. Chr. die Götterfamilie der Olympier mit dem blitzeschleudernden Jupiter die alten Naturkulte in den Hintergrund verbannt hatte. Wenn auch die Opfer jeweils unterschiedlichen Götterwelten gegolten haben, suchten die Opfernden ihre Opferstätten in beiden Fällen mit großer Aufmerksamkeit aus, entweder an Quellen und kleinen Binnengewässern, auf Bergen oder Felsklippen, in Wäldern oder an gefährlichen Straßenstücken[23]. Dort konnten sie mit ihren Göttern Zwiesprache halten und ihnen

Opfer darbringen. Um dorthin zu gelangen, mußten sie sich also »auf den Weg machen«, womit die »Wege zu den Göttern« hier ganz wörtlich anfangen.

Personalisiert und hierarchisch geordnet: Die Götter der Römer

Als Caesars Legionen das Trevererland unterwarfen, brachten sie neue Götter in das Moselland. Es war die streng hierarchisch geordnete Götterwelt Italiens, die Rom zur Zeit der Republik (6. - 1. Jahrhundert v.Chr.) im jahrhundertealten Kontakt mit Griechen, Etruskern und dem Orient hervorgebracht hatte: Der dem griechischen Zeus entsprechende Göttervater Jupiter, seine Gemahlin Juno (griech. Hera) und Minerva (griech. Pallas Athene), die Göttin der Vernunft, standen an der Spitze der olympischen Götterfamilie (s. S. 94 ff.), die man sich zwar als Unsterbliche, ansonsten aber wie Irdische in Menschengestalt und mit durchaus menschlichen Eigenschaften vorstellte. Durch eheähnliche und außereheliche Verbindungen mit Sterblichen hatten diese Götter nach dem Glauben der Römer eine Vielzahl von Halbgöttern erzeugt, die der antike Mensch ebenfalls in seine Verehrung mit einbezog. Alle Göttinnen und Götter waren entsprechend der griechisch-römischen Mythologie für bestimmte Lebensbereiche und Personengruppen zuständig. Inschriften drücken dies durch feststehende Beinamen aus - etwa »Mars Ultor - Rächer Mars« oder »Juno regina - Juno die Stadtkönigin«, Bildwerke durch entsprechende Attribute - etwa die Keule für den Schwerarbeiter Herkules, den Geldbeutel für den Händlergott Merkur, Pfeil und Bogen für die Jagdgöttin Diana oder den Spiegel für die Schönheitsgöttin Venus[24]. Bildhauer und Maler Roms haben unter griechischem und etruskischem Einfluß seit dem 3. Jahrhundert v. Chr. ein kanonisiertes Bildprogramm entwickelt, das die einzelnen Gottheiten des italischen Götterhimmels in charakteristischen Haltungen und gemäß ihren jeweiligen Zuständigkeiten mit typischen Attributen darstellt. Kennzeichnend ist die an klassisch-griechischen Vorbildern orientierte Darstellungweise, die die Gottheiten in idealisierter Menschengestalt abbildet, und die von der Großplastik und der Malerei ausstrahlt in die Kleinkunst der Statuetten und Terrakotten, die Bronzegießer und Keramiker zum Teil als Massenware herstellen (s. S. 90 f)[25].

Wie die einzelnen Gottheiten, so hatten auch die Stätten, an denen die Italiker diese Götter und Halbgötter verehrten, zur Zeit Caesars bereits eine stolze mehrhundertjährige Geschichte: Nachdem die italischen Stämme bis zur frühen Eisenzeit (8. - 6. Jahrhundert v.Chr.) Naturerscheinungen und naturheilige Orte verehrt hatten[26], übernahmen sie nach dem fortschreitenden Ausbau ihrer Staatsordnung etwa im 6. / 5. Jahrhundert v. Chr. die personalisierten, menschengestaltigen Schutzgötter der Griechen[27]. Um den Schutz dieser Götter zu erlangen, errichteten ihnen die Gemeinden nach griechischem Vorbild eigene Häuser, und zwar in der Form eines durch ein Podium emporgehobenen, langrechteckigen Tempels mit vorgelagerter Freitreppe, repräsentativer Säulenfassade und Giebeldach (s. S. 76 f.)[28].

Hinter der monumentalen Fassade konnten die Gläubigen im Halbdunkel des Allerheiligsten das Standbild des Gottes (s. S. 102 f.) wahrnehmen. Darunter befand sich im Fundament des Podiums häufig ein unterirdisches

Gewölbe, in dem die Priester unter dem besonderen Schutz der Gottheit den Tempelschatz verwahrten. Den Tempel umgab ein »Heiliger Bezirk«, den Säulenhallen oder eine schlichte Mauer gegen seine Umgebung abgrenzten[29].

Mit Blick auf die politische Funktion des Kultes wählten die Stifter den Standort des Heiligtums so, daß sie eine möglichst große Repräsentativität der Anlage erreichen konnten - bevorzugt zentral am Forum oder auf einer anderen gut sichtbaren Stelle der Stadt. Wichtig war, daß die Öffentlichkeit am Opfergeschehen des Heiligtums Anteil nehmen konnte, da Staatskult und Staatslenkung eng miteinander verbunden waren (s. S. 44 f.)[30].

Von ihren menschengestaltigen Göttern erwarteten die Italiker primär Schutz und Beistand im Diesseits. Wer die Gottheit günstig einstimmen wollte, weihte ihr Schlacht- und Brandopfer, die die Priester gegen Bezahlung auf einem Altar innerhalb des Heiligen Bezirks vor der Tempelfront darbrachten. Den Opferdienst und andere Kultbräuche leiteten die angesehenen Kollegien von Tempelpriestern (s. S. 190 f.)[31]. Ihnen oblag auch die Verfügung über das Tempelvermögen, einerseits Grundbesitz, der durch Pächter bewirtschaftet wurde, andererseits Einkünfte aus Herstellung und Verkauf von Votivgaben und andere direkte Zuwendungen der Gläubigen[32].

Neben dem Opferkult in den großen öffentlichen Heiligtümern pflegten die Römer in Italien und den romanisierten Provinzen seit der sagenumwobenen Königszeit aber auch die private Religiosität: Jede Großfamilie verehrte ihre eigenen Schutzgötter, die sog. *lares* und die *penates*, denen sie auf einem eigenen Hausaltar opferte und entsprechend ihrer Vermögenslage Statuetten aus Bronze, Ton oder Holz aufstellte[33]. Im öffentlichen wie im privaten Kultleben suchten die Gläubigen durch Gebete, Opfer und Weissagungen mit den Göttern Kontakt. Strenge Bräuche und Traditionen regelten das Verhalten des Einzelnen und ordneten den Verkehr mit den Göttern im Sinne eines auf Gegenseitigkeit gerichteten Austauschs nach dem »*do ut des*« (»ich gebe, damit Du gibst«). Auf diese Erwartung nehmen die Weihinschriften immer wieder Bezug[34]; ein Großteil der heute noch erhaltenen Denkmäler zum römischen Götterwesen ist diesem »Geschäft mit den Göttern« zu verdanken.

Als die römische Provinzialverwaltung wohl gegen 15 v. Chr. in der Trierer Talweite die *Augusta Treverorum* (»Augustusstadt der Treverer«) als neuen Stammesmittelpunkt gründete[35], galt es, wie bei vergleichbaren Neugründungen, den Schutz der Götter für das Gemeinwesen sicherzustellen. Da die Archäologen bis heute fast nie Gelegenheit hatten, größere zusammenhängende Flächen aus der Frühzeit des römischen Trier auszugraben, läßt sich nicht sagen, wie früh ein »Kapitol« als offizieller Stadttempel für die römischen Staatsgötter geschaffen wurde und ob noch andere Tempel der römischen Staatsgötter bis in die Gründungsphase zurückreichen (s. S. 72 ff.)[36].

Abb. 3: Opfer an die italisch-römischen Staatsgötter in einem Tempel der Augusta Treverorum

Abb. 4: Stadtplan des römischen Trier mit römischen und frühchristlichen Kultzentren

Abb. 5: Opferprozession auf dem Weg zu einem gallorömischen Quellheiligtum im Hunsrück

1 Dom und Domfreiheit
2 Palastaula (a) Kaiserthermen (b) und Zwischenbereich (c)
3 Römerbrücke
4 Barbarathermen
5 Forum (a) und Paläste westlich des Forums (b)
6 Amphitheater
7 Porta Nigra
8 Stadtmauer und Stadttore
9 Tempelbezirk im Altbachtal
10 St. Matthias mit Albanagruft (a), Kloster (b) und Gräberbezirk
11 Töpfereigelände
12 Horrea im Klosterbereich St. Irminen
13 St. Marien (ehem. Benedektinerkloster)
14 St. Martin (ehem. Benedektinerabtei)
15 St. Maximin (ehem. Benedektinerabtei)
16 St. Paulin
17 Pfalzel (nicht mehr im Kartenausschnitt)
18 Tempel des Lenus Mars (b) mit Bezirk der Quellgöttinnen (a)
   und des Theaters
19 Grabkammer Reichertsberg
20 Villa Euren
21 Ruwer- Wasserleitung
22 Tempel am Moselufer
23 Thermen am Viehmarkt
24 Tempel am Herrenbrünnchen

MOSEL

N
W   O
S

0   500   1000 m

Nach den bisherigen Ausgrabungen und Entdeckungen stifteten vornehme Trevererfamilien und finanz-kräftige römische Bürger - wie in den meisten frührömischen Provinzstädten - die großen Kultstätten, also die Tem-pel im Irminenwingert, am Moselufer und am Herrenbrünnchen, nicht vor dem späten 1. Jahrhundert. n. Chr. Wenn die große Sitzstatue der Juno (s. S. 102 f.) wirklich im Capitol aufgestellt war, wäre dies ein Beweis dafür, daß ein sol-cher Stadttempel spätestens seit der Mitte des 1. Jahrhunderts n. Chr. bestand. Mindestens ebenso früh muß ein Tem-pel für Roma und Augustus gestiftet worden sein, da mehrere Priester dieses Kultes sich auf Inschriften verewigt haben (s. S. 190 f.) [37].

An naturheiligen Orten: Stammesheiligtümer der Treverer

Wenn nicht noch überraschende Entdeckungen kommen, müßte man annehmen, daß die Bewohner der *Augusta Treverorum* in den ersten Jahren oder gar Jahrzehnten nach Gründung der Mittelpunktsiedlung ohne monumentale Tempel nach italischem Vorbild auskamen. Bis dahin hätten sie sich für Opfer und Gebet mit ihren häuslichen Altären - den Lararien - zufrieden geben müssen. Nur in dem gallo-römischen Kultbezirk »Im Altbachtal« an der Talenge des Olewiger Baches (s. S. 72 f.) und eventuell noch im Heilig-tum »Irminenwingert« unterhalb des Markusberges unweit der Heidebor-Quelle in Trier-West (Abb. 6, s. S. 74 f.) gab es bereits in der Frühzeit Kultplätze, an denen sich die Stammesgemeinde der Treverer zu gemeinsamen Opfern tref-fen konnte [38]. Im Altbachtal gab es wohl schon in den Jahren der Stadtgründung schlichte Holzkonstruktionen, die als Kultbauten einheimischer Tradition Götterbilder oder Opferstätten schützten [39]. Am Irminenwingert liegt neben dem späteren Lenus Mars-Heiligtum der ältere Kultbezirk der keltischen Xulsigiae, dessen Entstehungszeit aber nicht klar ist [40]. Sicher ist, daß beiderorts die religiöse Verehrung schon deutlich früher einsetzte als bei den klassischen Tempeln am Moselufer und am Herrenbrünnchen, die beide erst im späten 1. oder 2. Jahrhundert. n. Chr. errichtet wurden [41].

Wie die vergleichbaren, besser erforschten frühen Römerzentren Augst - *Colonia Augusta Raurica* - und *Avenches - Aventicum* in der Schweiz [42] scheint nach dem jetzigen Wissensstand das früheste Trier seinen Bewohnern zunächst außer vielleicht dem Kapitol nur Heiligtümer im Altbachtal und am Irminenwingert geboten zu haben, die den keltisch geprägten religiösen Hintergrund - und vielleicht den Wohlstand - der in der Stadt angesiedelten vor-nehmen Trevererfamilien widerspiegelten. Auf diese Weise zogen die Plätze die Aufmerksamkeit auch über die Stadt-grenzen hinaus an, sodaß die einheimischen Heiligtümer der »Augustusstadt der Treverer« bald zu Zentralheiligtü-mern mit politischen Funktionen wurden [43].

Wer an die klaren Formen italisch-römischer Tempelarchitektur gewöhnt war, wird sich in der ungeordne-ten, stark einheimisch geprägten Architektur der gallo-römischen Heiligtümer zunächst nur schwer zurechtgefunden haben. Schon von weitem müssen die Unterschiede zwischen den klassischen und den gallorömischen Heiligtümern

Abb.7: Modell eines gallorömischen Umgangstempels aus dem Kultbezirk Altbachtal in Trier

unübersehbar gewesen sein: Anstelle der majestätisch, auf Axialität und Frontalität ausgerichteten und gebieterisch überhöhten Podiumstempel italischen Typs herrschte in den einheimischen Kultstätten die Bauform des sog. gallo-römischen Umgangstempels. Gemeint ist damit ein ebenerdiger Kultbau von meist quadratischem, seltener rechteckigem Grundriß, der im Kern aus einem turmartig überhöhten Mittelbau mit Satteldach bestand und der auf der Höhe des Laufniveaus von einem vierseitig umlaufenden, verandartigen oder geschlossenen Anbau mit abgeschrägtem Dach umgeben war (s. u. S. 72 ff.)[44].

Pilgerheiligtümer auf dem Land

Noch weniger als in der »Augustusstadt der Treverer« wurde ein Reisender um die Zeitenwende fündig, wenn er außerhalb der Stadt Kultbauten im Stil der neuen politischen Herren suchte. Wo überhaupt die Landbevölkerung altüberlieferte naturheilige Orte verehrte und diese entsprechend der neuen Zeit durch eigene Kultbauten aufzuwerten trachtete, bediente sie sich dafür nicht mehr der klassischen römischen Form, sondern einheimischer Bauformen in der Art der »Umgangstempel«, die bei den Treverern wie überall im vormals keltischen Siedlungsland das fortschreitende »Römisch-Werden« des Landes darstellten[45].

Vereinzelt - etwa auf dem Martberg bei Koblenz oder auf dem Titelberg in Luxemburg - entstanden diese Umgangstempel an Orten, an denen die Kelten schon in vorrömischer Zeit Holzkonstruktionen für kultische Zwecke errichtet hatten. Deren Vorfahren, die im 1. Jahrhundert v. Chr. noch Caesars »Gallischen Krieg« miterlebt hatten, kannten diese Tempelform noch nicht; falls sie überhaupt an ihren Kultplätzen feste Baustrukturen benötigten, begnügten sie sich mit schlichten Holzpfostenbauten von quadratischem oder rechteckigem Grundriß, wie sie aus Kultbezirken der spätkeltischen Viereckschanzen und vergleichbarer Einfriedungen in gewisser Zahl bekannt sind [46].

Solche quadratischen oder rechteckigen Tempel mit Umgang standen zwischen 1. und 4. Jahrhundert. n. Chr. bei der gallo-römischen, teilweise vielleicht noch keltisch sprechenden Stadt- und Landbevölkerung[47] in hohem Ansehen, was aber Italiker nicht grundsätzlich davon abhielt, bei Bedarf ebenfalls solche Kultstätten aufzusuchen und dort der Gottheit Weihgeschenke zu überreichen[48]. Heiligtümer im ländlichen Raum bestanden fast ausschließlich aus Tempeln dieses Typs. Sie waren überwiegend einheimischen gallo-römischen Gottheiten geweiht, vor allem Mercur, Apollo und Mars, doch befinden sich unter den Weihungen auch solche an die italisch-römischen Gottheiten[49]. Nach Größe und Ausstattung zu urteilen stand für den Bau solcher gallo-römischer Umgangstempel weniger Geld zur Verfügung als für die großen und nobel ausgestatteten Tempel italischen Typs: Zumindest in der Anfangsphase waren diese Tempel eine Sache der Zimmerleute, die die Stützkonstruktion aus mächtigen Holzbalken, die Wände aus Lehmfachwerk aufzogen. Später kamen auch Steinmetze und Maurer zum Zug und errichteten die Umgangstempel ganz oder teilweise in Steinbauweise. Die Auftraggeber begnügten sich aber in der Regel mit einer schlichteren Ausführung, in Bruchsteinmauerwerk aus örtlichem Kalk- oder Sandstein. Die Dachdecker haben je nach der Gegend entweder mit Schiefer, Ziegel oder Stroh gedeckt[50].

Im Umgang der Tempel sowie in den Freiflächen innerhalb der Einfriedung stellten die Gläubigen vielgestaltige Weihegaben auf, mit denen sie den Göttern Dank für die Erfüllung von Gelübden entgegenbrachten. Entsprechend dem polytheistischen Grundcharakter der römischen Religion wählten die Gläubigen dabei nach ihrer persönlichen Motivation unter den verschiedenen Göttern, ohne durch die Hauptgottheit eines Heiligtums in ihrer Auswahl festgelegt zu sein[51]. So zeigen die in römischen Heiligtümern gefundenen Reste von Weihebildern und - inschriften, daß in dem jeweiligen heiligen Bezirk nicht eine einzige Gottheit, sondern eine Vielfalt von Göttern Weihe- und Opfergaben empfingen: Die Weihesteine, Ton- und Bronzestatuetten sowie die nur inschriftlich festgehaltenen Weihungen stellen überwiegend die gallo-römischen Götter des einheimischen Götterhimmels dar. Daneben kommen aber auch Gottheiten italischer Herkunft vor, wenngleich in geringerer Häufigkeit (s. u. S. 40 f.)[52]. Bildhauerisch zeichnen sich die Darstellungen italischer Götter im allgemeinen durch ein höherwertiges Steinmaterial, durch die geübtere Meißelführung, durch bessere Proportionen aus (s. S. 90 f.), während die in einheimischen Werkstätten gefertigten Votive durch rohere, ungelenke Proportionen, eine keltisch beeinflußte Frontalität der Darstellung und durch ein anderes Formverständnis der menschlichen Gestalt auffallen. Nach den erhaltenen Denkmälern (s. S. 94 ff.) bekamen die Stifter die Unterschiede zwischen italisch-römischen und gallo-römischen Götterbildern mehr im Preis als in der Theologie zu spüren. Wer eine Statue des Mercur als wohlproportionierten italisch-römischen Gott in klassischer Manier weihen wollte, mußte mehr ausgeben als einer, der sich mit den eher auf handwerklichem Niveau arbeitenden einheimischen Werkstätten zufrieden gab (s. S. 89 ff.).

Aber nicht nur durch die Architektur und die Innenausstattung ihrer Tempel, sondern auch durch die Standortwahl und die architektonische Gesamtanlage ihrer Heiligtümer zeigten die Treverer wie ihre gallo-römischen Nachbarn, daß sie bei der Verehrung ihrer Götter andere Wege beschritten als die neuen Herren aus dem Mittelmeerraum. Während die Italiker ihre Haupttempel mitten in der Ortschaft zentral auf einen durch Säulenhallen umgrenzten Heiligen Bezirk oder auf das Forum als wirtschaftlichen und politischen Mittelpunkt der Stadt ausrichteten, kümmerten sich die Bauherren treverischer Heiligtümer beim Abstecken der Grundrisse nur wenig um Zentralität, Axialität oder Symmetrie der Anlagen. Ohne strenge geometrische Ordnungsprinzipien einzuhalten, pflegten sie im allgemeinen jeweils mehrere Umgangstempel unterschiedlicher Größe und Ausrichtung innerhalb eines ummauerten Bezirks von meist unregelmäßiger Form zusammenzufassen. Neben den Umgangstempeln stehen innerhalb der Einfriedung auch Brunnenhäuschen, Freiluftaltäre, gelegentlich auch Badeanlagen sowie schlichte Nebenbauten, die vielleicht als Lagerhäuser für Opfergut, vielleicht auch als Aufenthalts- oder Wohnräume für Tempelpriester dienten. Als regionale Besonderheit gallorömischer Kultbezirke mag schließlich gelten, daß wichtige Heiligtümer gerne über ein eigenes Theater verfügen, dessen Aufführungen konzeptionell in das Sakralgeschehen einbezogen sind (S. 74 u. 83 Abb. 23)[53].

Verehrung »Starker Orte«

Die Standorte solcher Heiligtümer wählten die Kultältesten der Treverer mit großem Bedacht. Um sich ihren Göttern zu nähern, suchten sie nicht die geschäftige Kulisse der Städter, die vom Forum und den Hauptstraßen der Stadt aus leicht zuschauen konnten, sondern sog. Starke Orte - Stätten, an denen sie die Kräfte der Natur in

Abb. 8: Monumentaler Weihestein für Diana aus Bollendorf (vgl. S. 117).

besonderer Weise zu spüren vermochten[54] - Berggipfel mit weitem Fernblick[55], absturzgefährdete Steilhänge oder Fels-klippen,[56], geheimnisvolle oder heilkräftige Quellen[57], unberechenbare Wasserläufe[58] oder wichtige Verkehrswege und -kreuzungen[59]. Gute Weide- oder Jagdgründe, ertragreiche Mineral- und Rohstoffvorkommen oder ausgedehnte Wäl-der mögen manch dankbaren Nutznießer zur Gründung solcher Heiligtümer bewogen haben, was aber heute auf-grund der veränderten Kulturlandschaft im Einzelfall nicht mehr nachvollziehbar ist[60]. Nach Aussehen und Lage der Heiligtümer konnten also die Bewohner von Stadt und Stammesgemeinde der Treverer zwischen zweierlei »Wegen zu den Göttern« wählen: Wer sich der aus den romanisierten Mittelmeerprovinzen zugewanderten, lateinisch sprechen-den Oberschicht zurechnete, den angesehenen dreigliedrigen Bürgernamen (»*Tria Nomina*«) italischer Her-kunft trug und feiertags über die Tunika eine feierliche Toga legte, wird vermutlich großen Wert darauf gelegt haben, den unter der kapitolinischen Dreigestalt (der sog. »Kapitolinischen Trias«) angeordneten römischen Staatsgöttern zu huldigen. Diesen begegnete er in den repräsentativ emporragenden, monu-mentalen Podiumstempeln italischer Bauweise mit Giebeldach, Säulenfassade und Freitreppe, wie sie in jeder antiken Stadt an bestimmten markanten Punkten vorkamen - in Trier am Moselufer (sog. Asklepius-Tempel), am Talaustritt des Olewiger Baches (sog. Herrenbrünnchen-Tempel) und vermutlich auch an dem noch nicht lokalisierten Kapitol[61].

Wer dagegen aus einer der alteingesessenen Trevererfamilien stammte, einen der eher keltisch klingenden, nur zweigliederigen Namen der gallo-römischen Provinzbevölkerung trug und statt Toga und Tunika den regendichten gallischen Kapuzenmantel Modell »*cucullus*« bevorzugte, wird die nach italischem Vorbild errichteten Heiligtümer der Staatsgötter als fremd und gewöhnungsbedürftig empfunden haben. Um nach der Väter Sitte die Gottheit naturheiliger Orten zu empfinden, mußte er statt der repräsentativ angelegten römischen Stadttempel andere Orte aufsuchen, wo diese heiligen Traditionen zum Teil seit undenklichen Zeiten spürbar waren: Dazu gehörten an den Rändern des Stadt-gebietes von Trier die beiden großen Stammesheiligtümer an der Mündung des Altbachtals sowie auf dem gegenüber-liegenden Ufer der Mosel am Irminenwingert und mehr noch die Quell-, Berg- und Paßheiligtümer, die zum Teil fern-ab von größeren Siedlungszentren auf dem Lande lagen[62]. Um dort die vertrauten Stammesgottheiten zu finden und an ihren heilbringenden Kräften teilzuhaben, mußten die Gläubigen ihre Wohnplätze in Stadt und Land verlassen und sich wie später die Pilger auf den Weg zu den Stätten des Heils begeben. Zumindest bei den bedeutenderen dieser Heiligtü-mer erwartete die Pilger am Ende ihres Weges ein Torbau oder eine monumentale »Heilige Straße«, die Prozessionen räumlich auf das Heiligtum hinführte[63]. Herbergshäuser in vielen der abgelegenen Tempelbezirke boten den Heilssu-chenden Unterkunft in nächster Nähe der Gottheit; Badeanlagen ermöglichten ihnen den Kontakt mit dem heilenden Wasser. Handwerker im Dienste der Tempel hielten Weihegaben aus Ton, Metall oder Stein (s. S. 89 f.) feil, die die Pilger den Göttern nach Erfüllung eines Gelübdes weihen konnten. Mit solchen »frommen Reisen ... nach meist ferngelegenen Gnadenorten« übten die Treverer in römischer Zeit Verhaltensformen ein, die die mittelalterliche Christenheit im Sinne des Evangeliums umdeutete und als Wallfahrtswesen in der Nachfolge Christi zu höchster Bedeutung brachte[64].

DEAE·DIANAE
Q·POSTVMIVS
POTENS·V·S·

Erschütterungen

Die Glaubenswelten, die seit Caesar und Augustus im Trevererland Fuß gefaßt hatten, blieben jedoch nur eine begrenzte Zeit stabil. Die politischen und wirtschaftlichen Veränderungen, die das Imperium Romanum zwischen 1. und 3. Jahrhundert n. Chr. erlebte, wirkten sich auch auf die religiösen Erfahrungen und Erwartungen der Menschen aus[65]. Steuerdruck, Sicherheitsprobleme an den Grenzen und im Innern sowie neue wirtschaftliche Verhältnisse zwischen Rom und seinen Provinzen änderten das Leben in Stadt und Land. Begüterte Familien, die im 1. und 2. Jahrhundert durch großzügige Spenden und Stiftungen den Bau und Unterhalt der großen Heiligtümer sichergestellt hatten, zogen sich seit dem 3. Jahrhundert zunehmend auf ihre Landgüter zurück und stellten ihre Stiftertätigkeit ein, was vor allem die Heiligtümer der italisch-römischen Reichskulte hart traf[66]. Angst vor Raub und Plünderung, vielleicht aber auch neue Glaubensvorstellungen, bewogen viele Menschen, ihre Schätze zu vergraben, anstatt sie wie bisher im Tempel zu deponieren[67].

Wohl ebenfalls aus einem Gefühl der Verunsicherung heraus änderte die Bevölkerung bestimmte religiöse Verhaltensmuster: häufiger als bisher weihte man einheimischen Gottheiten auch in den Städten Weihestatuen, Altäre und Kleinheiligtümer (s. S. 198)[68]; Gutsbesitzer und andere Vermögende stifteten besonders in ländlichen Siedlungen auffällige sog. Jupitergigantensäulen, deren hoch aufragender, über einen Giganten hinwegreitender Jupiter das Vertrauen auf den Sieg der römischen Götterordnung symbolisierte und der Umgebung die Loyalität des Stifters gegenüber Kaiser und Imperium ausdrückte (s. S. 202 ff.)[69]. Ein weiterer wichtiger Bereich, in dem sich das religiöse Verhalten von Teilen der gallo-römischen Bevölkerung änderte, betrifft die Ausbreitung orientalischer Kulte während des 2. und 3. Jahrhunderts n. Chr.

Erlösung? Kulte aus dem Orient

Obwohl die Treverer wie ihre keltischen Vorfahren allerorts in der Natur göttliche Kräfte verspürten, und ihnen die römischen Staatsgötter wie Übermenschen Beistand in allen Lebenslagen versprachen, vermochten weder Naturgottheiten noch menschengestaltige Götter alle religiösen Bedürfnisse zu erfüllen . Zwar waren die Lehren der gallo-römischen Religion dank ihrer Lebensnähe und ihres Diesseitsbezuges leicht zu begreifen, doch blieben gerade deshalb die Gläubigen bei der Suche nach dem tieferen Sinn des irdischen Daseins allein[70]. Wer die Schwelle zum Tod überschritten hatte, war »des Lichtes beraubt« und trat in das freudlose Reich der Unterweltgötter (manes) ein. In vager Hoffnung auf ein Weiterleben nach dem Tod gaben deshalb seit der Eisenzeit die Treverer ihren Verstorbenen Teile ihrer persönlichen Habe mit in das Grab, doch vermochten weder Jupiter und seine Familie noch die altkeltischen Naturgottheiten den Glauben an ein solches individuelles Fortleben abzusichern[71].

Wer sich mit dieser Ungewißheit vor dem Jenseits nicht zufrieden geben wollte, wird ein offenes Ohr für die Lehren östlicher Heilsprediger gehabt haben, die Rom seit dem 2. Jahrhundert v. Chr. bei Handelskontakten und Feldzügen im Orient und in Ägypten kennengelernt hatte[72]. Besonders die Mythen der ägyptischen Unterweltsgöttin Isis (s. S. 221 ff.) und ihres wiedererstandenen Brudergemahls Osiris, der kleinasiatischen Muttergottheit Kybele und ihres Liebhabers Attis (s. S. 217 ff.), die griechischen Mysterienkulte (S. 215 f.) und schließlich der exklusive, Männern vorbehaltene kosmische Erlösungskult des Mithras (S. 211 ff.) zogen in Italien und den Provinzen zahlreiches Publikum an, da Gläubige im Falle einer Einweihung in die jeweiligen Mysterien auf Erlösung - in neutestamentlichem Sinne einer »Befreiung von drängender Not« -[73] hoffen durften. Unter diesem Blickwinkel waren es weitere gemeinsame Anliegen der Gläubigen, im Diesseits durch die Zugehörigkeit zu der verschworenen »Mystengemeinschaft« Rückhalt zu erhalten, und für diese »Letzte Reise« eine Perspektive »jenseits des Hades« zu erhalten, die ihnen der altkeltische und der italische Väterglaube nicht bieten konnte[74].

Römische Soldaten, Amtsträger, Kaufleute und Reisende trugen diese Kulte etwa seit der Zeitenwende von den Ostküsten des Mittelmeers bis zur Nordsee und zum Atlantik. Auch an Rhein und Mosel fanden die östlichen Götter Anhänger, die als sichtbares Zeichen ihres Glaubens Bildwerke und Inschriften aus Stein oder Ton stifteten[75].

Zu einem eigenen Kultbau reichte in Trier das Geld - wenn unsere bisherigen Funde repräsentativ sind - nur bei den Anhängern des kleinasiatischen Erlösungsgottes Mithras: Diesem errichtete wohl im späten 3. Jahrhundert n. Chr. Martius Martialis als hochrangiger Mithraspriester ein halb unterirdisch gelegenes Heiligtum. Den Platz dafür hatte er direkt auf seinem Anwesen bestimmt, das am Nordrand des großen gallo-römischen Tempelbezirks im Altbachtal lag[76]. Von innen und außen unterschied sich das Mithräum deutlich von klassischen und gallo-römischen Heiligtümern, entsprach aber in allen wesentlichen Details dem Schema der Mithräen, wie sie zu Hunderten in allen Reichsteilen bestanden: Durch einen Vorraum mit schlicht gestaltetem Eingang stieg man wenige Stufen hinab in einen langen überwölbten Kellerraum, der mit zwei einander gegenüber liegenden, langen seitlichen Bänken, mehreren Weihealtären und einem zentralen Kultbild so eingerichtet war, daß sich die Gläubigen zum regelmäßigen Gottesdienst auf den Bänken beiderseits des Mittelgangs niederlassen und die Kulthandlungen im Altarraum an der Stirnseite beobachten konnten.

Wie auf dem zentralen Altarbild dargestellt, stand im Mittelpunkt des astrologisch ausgerichteten Kultes Mithras, der als Sohn des allmächtigen Sonnengottes in den Lauf der Gestirne eingreift, dabei die kosmische Macht des Taurus (Stier) bezwingt und dadurch die Menschheit erlöst[77]. Um an dem Erlösungsgeschehen teilzuhaben, mußten die Gläubigen sich einem strengen Ritual unterziehen, ehe sie Aufnahme in die Gemeinde der Eingeweihten (Mysten) fanden. Frauen blieb der Kult grundsätzlich verwehrt, sodaß sie mit Isis, Kybele oder einer der anderen orientalischen Göttinnen Vorlieb nehmen mußten[78].

Obwohl die Jünger des Mithras im 2. und 3. Jahrhundert sehr erfolgreich neue Anhänger unter den aufsteigenden Mittelschichten der Freigelassenen und unter den Soldaten warben, blieben der Glaube an die Allgewalt der Sonne und die damit verbundenen blutigen Reinigungsrituale Episode und »Sackgasse« unter den Wegen zu den Göttern. Da allen Kandidaten vor der Aufnahme in den Kreis der Eingeweihten schwere Prüfungen bevorstanden, blieb die Zahl der Mysten gering, zumal Frauen keinen Zugang hatten. Neben dem elitären Selbstverständnis behinderte auch der Mangel an sozialem Engagement eine rasche Ausbreitung dieser Erlösungsreligion. Wie zahlreiche Mithräen des Imperium Romanum fand auch der von Martius Martialis im Altbachtal gestiftete Kultraum zusammen mit den anderen, gallo-römischen Kultbauten der Umgebung ein gewaltsames Ende: Eindringlinge setzten im späten 4. oder frühen 5. Jahrhundert das Bauwerk in Brand, stürzten die Weihesteine um und zerschlugen das zentrale Kultbild so gründlich, daß nur noch Splitter übrigblieben - und kein Mithrasjünger je mehr an einen Wiederaufbau zu denken wagte[79].

Abb. 9: Umgestürzte Weihesteine im Mithräum des Martius Martialis im Altbachtal Trier

Flammen über dem Altbachtal

Spätestens als die Flammen der Zerstörung über dem Tempelbezirk im Altbachtal und den anderen heidnischen Heiligtümern loderten, war klar, daß die alten gallo-römischen Götter ihre Kraft verloren hatten, ebenso wie der Glaube an eine Erlösung durch Mithras und andere Mysterienkulte aus dem Orient. Wenngleich die Brandstifter und Bilderstürmer weder im Altbachtal noch an ihren vielen anderen Tatorten eindeutig zu identifizieren sind[80], steht fest, daß an der Wende vom 4. zum 5. Jahrhundert n. Chr. ein neuer religiöser Glaube die Oberhand gewonnen hatte, der durch seine Ausschließlichkeitslehre den Bruch mit den alten Vorstellungen forderte.

Die ersten Christen: Bilderarm und kompromißlos

Neben Mithras, Isis und der Großen Mutter brachte der Orient in der römischen Kaiserzeit noch eine weitere Erlösungsreligion an die Mosel. Sie entstand in Judäa zu der Zeit, als Rom auch dieses Land unterwarf und dem bedrückten Volk nur noch die Hoffnung auf Erlösung durch einen Messias ließ[81]. Noch Jahre vor der Zerstörung des Jerusalemer Tempels löste sich aus den etablierten antirömischen Gruppierungen der Judäer eine Gruppe, die Jesus als ihren Heiland anerkannte und damit vom orthodoxen Judentum abfiel. Aus der intensiven Auseinandersetzung mit heidnischer und jüdischer Theologie entwickelten in den folgenden Jahrzehnten die Apostel und Jünger Jesu das Lehrgebäude einer neuartigen Religion, die den Zeitgenossen überzeugende Alternativen zum bestehenden Vielgötterglauben bot[82]: Das Erscheinen des Gottessohnes auf Erden hatte die Erlösung in greifbare Nähe gerückt; seine Auferstehung versprach reale Hoffnung auf ein Weiterleben nach dem Tod. Im Diesseits boten die offene Liturgie und das auf die Bekehrung Ungläubiger abzielende Missionierungsgebot auch minder berechteter Bevölkerung, wie Sklaven und Frauen, die Möglichkeit, dem neuen Glauben beizutreten[83]. Dem Gleichheitsgedanken kamen die frühen Christen auch durch das Gebot der Nächstenliebe und die daraus abgeleitete soziale Fürsorge für Arme und Kranke nach[84]. In der Gestalt der Gottesgebärerin Maria fanden besonders die Frauen eine Integrationsfigur, wodurch sich der neue Glauben wohltuend von seinem Hauptrivalen, dem Mithraskult, unterschied, der exklusiv den Männern vorbehalten blieb und Frauen von der Erlösung ausschloß[85]. Nicht wenige Frauen mögen sich auch aufgrund der christlichen Sexualethik zum Konvertieren entschlossen haben, da der Schutz von Ehe und Keuschheit Freiräume schuf, die in den vom Tabulosigkeit und Laszivität geprägten Milieu der herkömmlichen Kulte nicht bestanden[86]. Die neue »frohe Botschaft« für die verschiedenen Zielgruppen christlicher Missionstätigkeit bleibt bis gegen Ende des 3. Jahrhunderts hinein eine Sache des Wortes. Erst im 4. Jahrhundert bilden die Christen in Trier die Botschaft ihres Glaubens auch ab, einerseits auf Grabinschriften und vereinzelt auf reliefverzierten Sarkophagen (s. S. 262 ff.), andererseits auf Schmuck und Luxusgütern, besonders den berühmten Elfenbeinpyxiden (s. S. 248 ff.)[87]. Jenseitsperspektiven, Gleichheitsdenken, Armenfürsorge und die Entfaltungsmöglichkeiten von Frauen und sozial Benachteiligten waren die Hauptargumente, mit denen Anhänger und Missionare des Christentums auch an Rhein und Mosel wohl seit ca. 200 n. Chr. für die Nachfolge Christi warben[88]. Anders als im

Orient konnten sie hier bei ihrer Missionstätigkeit nicht auf die Vorarbeit jüdischer Gemeinden setzen, obwohl auch Trier ein Zeugnis jüdischer Präsenz aus der Römerzeit aufzuweisen hat[89].

Wie die christlichen Missionare im Trevererland genau vorgingen, ist nirgends überliefert. Nur ihr Erfolg wird sichtbar, und zwar bezeichnenderweise zuerst auf den Gräberfeldern: Gewiß nicht zufällig läßt sich hier auf dem Friedhof von St. Maximin erstmalig der Wandel in den Jenseitsvorstellungen archäologisch fassen: Um die Toten für die Wiederauferstehung zu rüsten, betten die Angehörigen sie in einem nach Möglichkeit unzerstörbaren Steinsarg auf Hobelspäne und überschütten den Leichnam mit Kalk, um die physischen Reste des Toten zu konservieren[90]. Den Grabinschriften schickt man nicht mehr das düstere *DM - Dis Manibus* (»Den Unterweltsgöttern«) voraus, sondern betont den christlichen Frieden: *Quiescit in pace* - »er ruht in Frieden« - oder *iacet in Pace* - »er liegt in Frieden«[91]. Wer es sich leisten kann, bestattet seine Verstorbenen bei den Gräbern frommer Männer und Frauen. Solche finden die Gläubigen Triers auf den großen Friedhöfen nördlich und südlich der Römerstadt, wo im 3. Jahrhundert auch vornehme, zum Teil offenbar schon christliche Familien ihre Begräbnisstätten hatten[92]. Aus manchen der Grabbauten und Grüfte, die vornehme christliche Familien für ihre Verstorbenen errichtet hatten, entstehen so allmählich christliche Begräbniszentren, von denen besonders zwei - St. Matthias und St. Maximin[93] - mit dem Aufkommen christlicher Heiligen- und Reliquienverehrung beträchtliches Ansehen gewinnen[94] (Abb. 4).

Die Gläubigen, die vor solchen Heiligengräbern zum Beten und Opfern zusammenkamen, galt es vor Wind und Wetter zu schützen. Unter Rückbesinnung auf alte, vorchristliche Stiftertraditionen erkannten vornehme Familien hier die Möglichkeit, standesgemäß zu handeln und den Gedanken sozialer Fürsorge geschickt mit neuen Formen von Repräsentation und Selbstdarstellung zu verbinden[95]. So finanzierten sie an den Gräbern »Besonderer Toter« den Bau von Gedenkkapellen und Versammlungsräumen, in denen die frühchristlichen Gemeinden zur Verehrung ihrer Heiligen zusammenkommen konnten. Bei der Planung orientierten sich die Baumeister am zeitgenössischen Repertoire von Bauformen, das für Versammlungsräume gerne auf repräsentative dreischiffige Hallen des Basilica-Typs, für Grabkapellen gerne auf die Funeralarchitektur kaiserzeitlicher Gräberfelder zurückgriff[96].

Fromme Stifterpersönlichkeiten aus vornehmen Familien sorgten also dafür, daß Triers Christen wohl noch im 4. Jahrhundert n. Chr. die ersten regelrechten Kirchenbauten erhielten, nachdem sich die christlichen Gemeinden der Stadt wie überall im Imperium Romanum während der Anfänge der Christianisierung mit schlichten, unauffälligen Versammlungsräumen begnügt hatten, die trotz zahlreicher Ausgrabungen in der Stadt von den Archäologen bisher noch nicht geortet werden konnten[97]. Abgesehen vom Dom, dessen Anfänge als Bischofskirche archäologisch

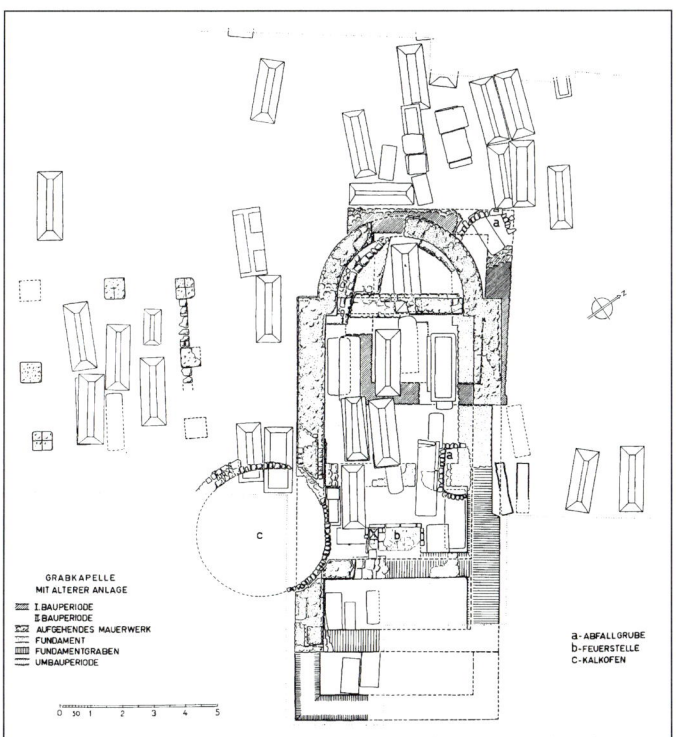

GRABKAPELLE
MIT ÄLTERER ANLAGE

I. BAUPERIODE
II. BAUPERIODE
AUFGEHENDES MAUERWERK
FUNDAMENT
FUNDAMENTGRABEN
UMBAUPERIODE

a - ABFALLGRUBE
b - FEUERSTELLE
c - KALKOFEN

0 50 1   2   3   4   5

Abb. 12: Verehrung »Besonderer Toter« auf den frühchristlichen Gräberfeldern des spätantiken Trier

noch im dunkel liegen[98], standen die frühesten Kirchen also auf Gräberfeldern, freilich nicht zufällig: Einerseits konnten sich dort, an den Gräbern der Heiligen, die Gläubigen unmittelbar dem Kontakt mit ihren »Besonderen Toten« widmen; andererseits machte die Lage der Kirchen auf den Gräberfeldern den Bruch deutlich, durch den sich die frühen Christen von den späten Heiden der Stadt Trier absetzten.

Wer sich im 3. oder 4. Jahrhundert zum Christen taufen ließ, mußte also die alten »Wege zu den Göttern« verlassen und seine Richtung ändern, und zwar nicht nur im übertragenen, sondern auch im örtlichen Sinn: Weder das Kapitol am alten monumentalen Zentrum der Stadt noch die altehrwürdigen naturheiligen Orte im Umland mit ihren gallo-römischen Heiligtümern behielten ihre Funktion als Zentren religiöser Verehrung; beiderorts brach die Kultausübung ab - oder wurde unterbrochen, doch steht der Zeitpunkt nicht fest (s. o.). Wer Christus nachfolgen wollte, mußte einen anderen Weg wählen und dem Gebot der neuen Religion folgend die neuen Heiligtümer aufsuchen, die bei den Gräbern der »Besonderen Toten« des frühchristlichen Trier entstanden. Erst später konnte die frühe Kirche Heiligtümer inmitten der Siedlungen einrichten und so die Gläubigen zur gemeinschaftlichen Kultausübung dort empfangen, wo sie lebten und arbeiteten. Anstelle naturheiliger keltischer Orte und monumentaler römischer Tempel suchten jetzt die Gläubigen Gott in seinem Haus inmitten der Siedlung auf und vollzogen dort das Opfer, das im Gegensatz zu früher jetzt unblutig - als Liebesmahl- konzipiert war. Die vielgerühmte »Kirche im Dorf« stand am Ende eines langen und verschlungenen »Weges zu den Göttern«, der im Trierer Land an naturheiligen Stätten und an den monumentalen Stadttempeln der römischen Religion anfing und über die frühchristlichen Grab- und Gebetsstätten auf den Gräberfeldern zu den Stadt- und Dorfkirchen des beginnenden Mittelalters führte. Dieser Weg verlief nicht immer ohne Zwang: unter Caesar kamen die römischen Götter im Gefolge der Legionen, Gratian (378 - 383 n. Chr.) und Theodosius I. (379 - 395 n. Chr.) beendeten durch Gesetz und Zwang die Verehrung der nichtchristlichen gallo-römischen Naturheiligtümer in Trier und seinem Umland[99]. Dennoch wird außerhalb der Stadt Trier, bei den »pagani« (»Heiden / Dörfler«) auf dem Land, das früheste Christentum erst während des 5. Jahrhunderts n. Chr. durch Grabsteine und Kleinaltertümer faßbar[100]. Jenseits aller Zufälligkeiten der Überlieferung zeigt sich hier, daß die Anstöße zur Christianisierung im Trierer Land wie in den Nachbarprovinzen mehr von den Städten und den dortigen Oberschichten ausgingen, während die Landbevölkerung den neuen Glauben nur zögernd annahm[101].

Der Trierer Dom als bislang früheste Trierer Stadtkirche und seine berühmte Reliquie nehmen auf diesem Weg eine Sonderstellung ein - vielleicht haben kaiserlicher Planungswille, ein berühmtes heidnisches Vorgängerheiligtum oder eine bedeutende Reliquie aus dem Heiligen Land die Kirche an der Stätte des heutigen Doms besonders hervorgehoben[102]. Was genau war, kann mangels verläßlicher Quellen nicht mehr entschieden werden. Daß die Kaisermutter Helena bei Ausgrabungen in Jerusalem ein hölzernes Kreuz gefunden hat, wird schwer zu widerlegen sein - umgekehrt weiß aber jeder, der je in Jerusalem archäologisch gegraben hat, daß Holzgegenstände dort ebenso schnell verrotten wie überall sonst außerhalb von Wüsten und Feuchtböden, sodaß einem Ausgräber nach 300 Jahren normalerweise kein Finderglück hold ist ...

1 Max Weber, Wirtschaft und Gesellschaft. Grundriß der verstehenden Soziologie. (Tübingen[5] 1976), 243.

2 Zu den Anfängen moderner Altertumsforschung in Trier G. Groß, Trierer Geistesleben unter dem Einfluß von Aufklärung und Romantik 1750 - 1850. Trier (1956), 93 ff.; ders., P. Sanderad Müller OSB (1748 - 1819), Kurtrier. Jahrbuch 16, 1976, 55 ff.; zur Ausgrabungstätigkeit der Gesellschaft für nützliche Forschungen K. M. Reidel, Geschichte der Gesellschaft für nützliche Forschungen zu Trier (1801 - 1900). Trier (1975), 44 ff. kurz auch D. Ahrens (Hsg.), Johann Anton Ramboux - Ansichten von Trier. Katalog Trier (1991), 117 Abb. 88.

3 Als Überblick über die Bestände des Museums Schindler, Führer (1980), 31 ff.; zur Geschichte des Landesmuseums allg. Rheinisches Landesmuseum Trier (Hsg.), Festschrift 100 Jahre Rheinisches Landesmuseum Trier. TGF 14. Mainz (1979), IX ff.; R. Schindler, Museumsbericht 1965 bis 1976. Trierer Zeitschrift 39, 1976, 119 ff.

4 Vgl. O.-H. Frey in Rheinisches Landesmuseum Trier (Hsg.), Hundert Meisterwerke keltischer Kunst. Schmuck und Kunsthandwerk zwischen Rhein und Mosel. Trier (1992), 18 ff.; J. Metzler in J.-L. Brunaux (Hsg.), Les sanctuaires celtiques et leurs rapports avec le monde mediterranéen. Kolloquium St. Riquier 1990. Paris (1991), 28 ff. - Kurze allgemeine Orientierung A. Haffner in Führer Hunsrück (1977), 45 ff.

5 Probleme der Romanisierung W. Dehn in R. Laufner (Hsg.), Geschichte des Trierer Landes I, 1964, 91 f; dazu H. Löhr in Trier Augustusstadt (1984), 18 f. (»... Qua lität der archäologischen Quellen weiterhin desolat...«). Frühchristliche Denkmäler: Gauthier, L'Evangélisation (1980), 21 ff.

6 Vgl. F. Drexel, Die Götterverehrung im römischen Germanien. 14. Bericht der Römisch-Germanischen Kommission, (1922), 24 f., dazu G. Bauchhenß, Götterweihungen aus Städten des römischen Deutschland. In: H.-J. Schalles u.a. (Hsg.), Die römische Stadt im 2. Jahrhundert n. Chr.. Kolloquium Xanten 1990. Köln - Bonn 1992, 325 ff.

7 Holzskulpturen: Y. Mottier, Die Holzstatue aus dem antiken Hafen von Genf: Der Merkur der Kelten. Helvetia Archaeologica 25, (1994), 42 ff. - Musée Archéologique de Dijon (Hsg.), L'art de la Bourgogne Romaine. Ausstellungskatalog Dijon (1973), Nr. 57 - 73 (Holzskulpturen der Seinequellen); S. Deyts, Dijon - Musée Archéologique. Sculptures gallo-romaines mythologiques et religieuses. Inventaire des collections publiques françaises 20. Paris (1976), 130 - 131 (Essarois); - dies., Les bois sculptés des Sources de la Seine. Gallia Suppl. 42, 1983, Paris (1983), v.a. 155 ff. Dies., Le sanctuaire des Sources de la Seine. Dijon (1985), 21 ff. S. a. F. Unruh, Aufbruch nach Europa: Heimat der Kelten am Ursprung der Donau. Ausstellungskatalog Stuttgart (1994), 40 f. Abb. 10 (Pforzheim), Taf. 20 (Fellbach-Schmiden); RGA[2], 327.

8 Weber a. O. (Anm. 1), 245.

9 Zu den methodischen Problemen anschaulich Ch. Thomas, Christianity in Roman Britain to A.D. 500. London (1985), 17 ff.

10 A. Haffner in Trier Augustusstadt (1984), 27 ff. Heinen, Trier, (1985), 17 ff.; Chr. Goudineau, César et la Gaule (o. J., ca. 1990), 147 ff.

11 A. Haffner in ders. (Hsg.), Heiligtümer (1995), 11 ff.; W. Kimmig und F. Müller in H. Dannheimer u. R. Gebhard (Hsg.), Das keltische Jahrtausend. Ausstellungskatalog Rosenheim (1993), 170 - 176 bzw. 176 - 188 ff. - J. J. Hatt in Amt der Salzburger Landesausstellung (Hsg.), Die Kelten in Mitteleuropa. Ausstellungskatalog Hallein (1980), 52 ff.

12 Unruh a. O. (Anm. 7), 35 ff.; - J.-L. Brunaux, Les Gaulois. Sanctuaires et rites. Paris (1986), 69 - 80.

13 Frey a. O. (Anm. 4), 20 ff.

14 Brunaux a. O. (Anm. 4), 119 ff. J. Scheid in Les nouvelles de l'Archéologie: Les sanctuaires celtiques et la découpe du corps humain. Numéro 35 (1989), 5 ff.; P. Méniel, Les animaux dans les sanctuaires gaulois du nord de la France. In: J.-L. Brunaux (Hsg.), Les sanctuaires celtiques et leurs rapports avec le monde Romain. Paris (1991); P. Méniel, Les sacrifices d'animaux chez les Gaulois. Paris (1992), 11 ff.

15 Brunaux a.O. 1986 (Anm. 4), 45 ff.; L. Pauli, Einheimische Götter und Opferbräuche im Alpenraum. In: ANRW II, 18,1 (1986), 835 ff. - ders., Heilige Plätze und Opferbräuche bei den Helvetiern und ihren Nachbarn. Archäologie der Schweiz 14, 1991, 124 ff.

16 P. Vouga, La Tène. Leipzig (1923), 7 ff.; zur Deutung F. Müller in Schweizerisches Landesmuseum (Hsg.), Gold der Helvetier. Ausstellungskatalog Zürich (1991), 74.

17 Martberg: A. Haffner in Trier Augustusstadt (1984), 106 ff.; - Titelberg: J. Metzler, Das treverische Oppidum auf dem Titelberg, Luxemburg. in Trier-Augustusstadt (1984), 68 ff.

18 Trier-Römersprudel: E. Hollstein, Mitteleuropäische Eichenchronologie. TGF XI. Mainz (1980), 131 f.; Weisgerber, Hochscheid, (1975), 141. - Bastendorf: F. Reinert, Bastendorf et les traditions de culte indigènes. In: Dossiers d'Archéologie hors-série no. 5 (1995), 63 ff.

19 Brunaux a. O. (Anm. 4), 12 - 28 u. 91 - 100. Vgl. die Beiträge von J.-L. Brunaux und G. Wieland in Haffner (Hsg.), Heiligtümer 1995, 55 ff.; A. Reichenberger, Zur Interpretation der spätlatènezeitlichen Viereckschanzen. Jahrbuch Römisch-Germanisches Zentralmuseum Mainz 40, 1993, 353 ff. Wichtige neue Befunde und Überlegungen R. Krause u. G. Wieland, Eine keltische Viereckschanze bei Bopfingen am Westrand des Rieses. Germania 71, 1993, 59 ff. Übersicht über den Gesamtbestand in Südwestdeutschland: K. Bittel, S. Schiek, D. Müller, Die keltischen Viereckschanzen. Atlas archäolog. Geländedenkmäler in Baden-Württemberg Bd. 1. Stuttgart (1990), 61 ff.; Mitteleuropa allg. J.-L. Brunaux in ders. 7 ff. Im Trierer Land einstweilen höchstens Eisenach, vgl. A. Haffner in Führer Südwestliche Eifel Bd. 33, (1977), 195 f.

20 W. Kimmig in H. Dannheimer u. R. Gebhard (Hsg.), Das keltische Jahrtausend. Ausstellungskatalog Rosenheim (1993), 170 ff.

21 Zu den Anfängen S. Bauer u. H.P. Kuhnen, Frühkeltische Opferfunde von der Oberburg bei Egesheim, Lkr. Tuttlingen. In: A. Lang, H. Parzinger u.a. (Hsg.), Kulturen zwischen Ost und West. Festschrift G. Kossack. Berlin (1993), 260 ff. dies. in A. Haffner (Hsg.), Heiligtümer (1995), 51 ff. Materialsammlung zu Horten der La Tène - Zeit: G. Kurz, Keltische Hort- und Gewässerfunde in Mitteleuropa. Deponierungen der Latènezeit. Mat.-hefte z. Archäologie in Bad.-Württ. 33. Stuttgart (1995), 100 ff. - allg. Pauli 1986 (Anm. 4), 816 ff. Unruh a. O. (Anm. 7), 29 ff.

22 Bauer u. Kuhnen a. O. (Anm. 21), 262 f.; M. Konrad, Ein Fibel-Depotfund aus Bregenz (Brigantium) - Weihefund in einem Tempel ? Germania 72, 1994, 224 f.

23 Pauli (1986) (Anm. 15), 837 ff.

24 Zu den einzelnen Gottheiten und ihrer Darstellung s. S. 94 ff. Allgemein Simon, Die Götter der Römer. München (1990), 13 ff.; R. M. Ogilvie, ... und bauten die Tempel wieder auf. Die Römer und ihre Götter im Zeitalter des Augustus. München (1984), 16 ff.; G. Wissowa, Religion und Kultus der Römer. München 1912 (Nachdruck 1971), 118 ff. - unter besonderer Berücksichtigung der provinzialrömischen Götterwelt Ph. Filtzinger, Hic saxa loquntur - Hier reden die Steine. Kleine Schriften zur ... römischen Besetzungsgeschichte Südwestdeutschlands 25. Stuttgart (1980), 208 ff.

25 Vgl. R. Bianchi-Bandinelli, Die römische Kunst. Dresden (1983), 20ff. - S.a. Enea nel Lazio. Ausstellungskatalog Rom (1981), 111 ff.

26 Wissowa a. O. (Anm. 24), 28 ff. - H.-W. Dämmer, San Pietro Montagnon (Montegrotto). Ein vorgeschichtliches Seeheiligtum in Venetien. Mainz (1986), 27 u. 41 ff.

27 Wissowa a. O. (Anm. 24), 38 ff. G. Colonna (Hsg.), Santuari d'Etruria. Ausstellungskatalog Progetto Etruschi. Arezzo (1985), 23 ff.; S. A. Tokarev, Die Religion in der Gechichte der Völker. Berlin (1978), 576 f.

28 M. Trunk, Römische Tempel in den Rhein- und westlichen Donauprovinzen. Ein Beitrag zur architekturgeschichtlichen Einordnung römischer Sakralbauten in Augst. Forschungen in Augst 14. Augst (1991), 12 ff. - Allg. H. Kähler, Der römische Tempel. Raum und Landschaft. Frankfurt (1982), 5 ff. L. Crema, Manuale di storia dell'architettura antica. Milano (1967), 150 ff.

29 I. M. Barton (Hsg.), Roman Public Buildings. Exeter Studies in History Nr. 22. Exeter (1989), 67 ff. ; M. J. T. Lewis, Temples in Roman Britain. Cambridge (1966), 57 ff.

30 P. Garnsey / R. Saller, Das römische Kaiserreich. Wirtschaft, Gesellschaft, Kultur. Hamburg (1989), 231 ff.

31 Zur Priesterschaft Ogilvie a. O., (Anm. 24)114 ff.

32 Wirtschaftliche Situation italischer Tempel in später Republik und Kaiserzeit G. Bodei Giglioni, »Pecunia fanatica«. L'incidenza economica dei templi laziali. Rivista storica italiana (1977), 41 ff; abgedr. in F. Coarelli (Hsg.), Studi su Praeneste (1978), 11 ff. - Hinweise auf Tempelwerkstätten in Gallien: V. Rey-Vodoz, Les offrandes dans les sanctuaires gallo-romains. In Brunaux (Hsg.), Anm 4, 218 f. - Im römischen Germanien: H.-J. Kellner u. G. Zahlhaas, Der Römische Tempelschatz von Weißenburg i. Bayern. Mainz (1993), 67 f; M. Konrad, Ein Fibel-Depotfund aus Bregenz (Brigantium) - Weihefund in einem Tempel ? Germania 72, 1994, 228. - Allg. B. Gralfs, Metallverarbeitende Werkstätten im Nordwesten des Imperium Romanum. Hamburg 1994, 50.

33 Simon a. O. 119 ff.; Ogilvie a.O.(Anm. 24) 108 ff. Beispiele von Lararien: M. Martin, Römermuseum und Römerhaus Augst. Augster Museumshefte 4. Augst (1987), 94 f. Abb. 84.

34 Vgl. J. Garbsch, Römisches Votivbrauchtum. In: Prähistorische Staatssammlung München (Hsg.), Idole - Frühe Götterbilder und Opfergaben. Ausstellungskatalog München (1985), 18 - 20 u. 177 - 209. Neuzeitliche Parallelen: L. Kriss-Rettenbeck, Ex Voto. Zeichen, Bund Abbild im christlichen Votivbrauchtum. Freiburg (1972), 164 ff.

35 Heinen, Trier 41 ff.

36 Zu den Anfängen des römischen Trier Kat. Trier Augustusstadt (1984), 48 ff.; K. J. Gilles, Eine weitere unedierte Münze der Treverer aus Trier - Neue Aspekte zu den Anfängen Triers. Funde u. Ausgr. im Bez. Trier 21 = Kurtrier. Jahrbuch 29, 1989, 7 ff. - ders., Neue Funde und Beobachtungen zu den Anfängen Triers. Trierer Zeitschrift 55, 1992, 193 ff. - Zur Einrichtung des römischen Kultwesens in Trier J. Scheid, Sanctuaires et Territoire dans la Colonia Augusta Treverorum. In Brunaux (Hsg.) a. O. (Anm. 4), 46 ff.

37 Zum Kaiserkult in Trier J. Krier / L. Schwinden, Die Merscher Inschrift CIL XIII 4030. Trierer Zeitschrift 37, 1974, 125 ff; Wightman, Roman Trier (1970), 209; zur Kontroverse um die Stellung des »Sacerdos Romae et Augusti«, J. Krier, Die Treverer außerhalb ihrer Civitas. Trierer Zeitschrift Beiheft 5. Trier (1981), 93 f.; Trier Augustusstadt (1984), 250 f.; Scheid a. O. (Anm. 36), 48 f. Allg. J. Deininger, Die Provinziallandtage der römischen Kaiserzeit. Vestigia 6. München (1965), 24 ff.; A. Wlosok (Hsg.), Römischer Kaiserkult. Darmstadt (1978), 46 ff.

38 Überblick Römer an Mosel und Saar (1983), 163 ff.; Trier Augustusstadt (1984), 242 ff.; Trunk, Tempel (1991), 219 ff.

39 Gose, Altbachtal (1972), 262 ff. Abb. V. dazu Trier Augustusstadt (1984), 248 f.; Scheid a. O. (Anm. 36), 44.

40 Gose, Lenus Mars (1955), 21 ff.; dazu Trier Augustusstadt (1984), 243 ff.

41 Trunk, Tempel (1991) a.O. 219 ff.

42 Zu beiden Städten Trunk, Tempel (1991) 153 ff. (Augst) u. 173 ff. (Avenches). Kurz auch W. Drack / R. Fellmann, Die Römer in der Schweiz. Stuttgart (1988), 323 ff.

43 Zur politischen Rolle Scheid a.O. (Anm. 36) 49 ff.; E. Goddard in Provinzialrömische Forschung. FS G. Ulbert. Espelcamp (1996), 201 ff.

44 Einführend I. Fauduet, Les temples de tradition celtique en Gaule Romaine. Paris (1993), 51 ff. Drexel (a. O. Anm. 6), 14 ff.

45 P. D. Horne, Roman or Celtic Temples ? A case study. in: M. Henig / A. King (Hsg.), Pagan Gods and Shrines of the Roman Empire. Oxford (1986), 15 ff.

46 Überblick über den Bestand Kat. Steindenkmäler (1988), XV - XXV Abb. 1 - 6; dazu Tawern: S. Faust, Der gallo-römische Tempelbezirk von Tawern. Kurtrier. Jahrbuch 27, 1987, 42 ff. Zu inhaltlichen Aspekten Wightman, Trier (1970), 219 - 227. siehe. a. S. 72 ff.

47 K.-H. Schmidt in J. Untermann, Die Sprachen im römischen Reich der Kaiserzeit. Beiheft Bonner Jahrbücher 40. Köln-Bonn (1980), 30 ff.

48 Überblick über den Bestand: I. Fauduet, Atlas des sanctuaires romano-celtiques de Gaule. Les fanums. Paris (1993), 118 ff.; Ch. Goudineau, I. Fauduet / G. Coulon (Hsg.), Les sanctuaires de tradition indigène en Gaule Romaine. Actes du Colloque de Argentomagus. Paris (1992), 7 ff. A.-B. Follmann-Schulz, Römische und ein-

heimische Tempel in Niedergermanien. In: H.-J. Schalles u.a. (Hsg.), Die römische Stadt im 2. Jahrhundert n. Chr. Der Funktionswandel des öffentlichen Raumes. Kolloquium 2. - 4. 5. 1990 in Xanten. Köln - Bonn (1992), 243 ff.; dies., Die römischen Tempelanlagen in der Provinz Germania Inferior. In: ANRW Bd. 18, II (1996), 672 - 793: »Die Befunde zeigen, daß der Umgangstempel das Gotteshaus der nichtstädtischen Siedlungen gewesen ist und einheimischen Göttern geweiht war.« (S. 256).

49 Fauduet, Atlas (Anm 48) 1993, 124 f. - S. a. J. L. Lewis, Temples in Roman Britain. London (1966), 45 ff.

50 G. Wieland in A. Haffner (Hsg.), Heiligtümer und Opferkulte der Kelten. Archäologie in Deutschland. Sonderheft 1995, 85 ff. s. a. Schindler in Gose, Altbachtal 262 f.

51 Zum Götterverständnis der Weihenden vgl. E. Schwertheim, Die orientalischen Religionen im römischen Deutschland. Verbreitung und synkretistische Phänomene. ANRW 18, 1 (1986), 809 f. S. a. Drexel a. O. (Anm. 4), 64 f.

52 Daten zusammengestellt bei Fauduet, Atlas (1993), 124 f.

53 F. Schleiermacher, Zu den sogenannten Kulttheatern in Gallien. In: Corolla Memoriae Erich Swoboda Dedicata. Wien (1966), 206 ff.; E. Will, Théatres sacrées de la Syrie et de l'Empire. Mélanges de l'Université St. Joseph a Beyrouth 37, 1960, 209 ff.

54 Wightman, Trier (1970), 211 ff.

55 Im Trierer Land etwa Gusterath oder der »Judenkirchhof« bei Gerolstein: s. S. allg. K.-J. Gilles, Römische Bergheiligtümer im Trierer Land. Trierer Zeitschrift 50, 1987, 195 ff.

56 Im Treverergebiet etwa der Burgkopf bei Fell, der Martberg bei Koblenz oder der Titelberg (Lux.) s. u. S. 72 ff; besonders eindrucksvolle Vergleichsbeispiele: die Schauenburger Flue bei Augst (CH), vgl. Th. Strübin in Kommission f. Archäologische Forschung und Altertumsschutz des Kantons Basel Landschaft (Hsg.),Baselbieter Heimatbuch Bd. 12. Liestal (1973), 214 ff; - ders., Helvetia Archaeologica 18, 1974, 34 ff.; - der galloromische Tempelbezirk von Kempten /Allg., vgl. G. Weber, Archäologischer Park Cambodunum. 1. Abschnitt: Der galloromische Tempelbezirk. Kempten (1990, 7 ff. (mit weiterer Lit.).

57 Im Treverer Land etwa Heckenmünster, Hochscheid, Möhn, Niedaltdorf und der Kultbezirk vom Irminenwingert in Trier, s. S. 74 ff. - Allg. zu Quell- und Wasserkulten A. Krug, Heilkunst und Heilkult. Medizin in der Antike. München (1984), 173 ff. F. Unruh, Medicus curat - natura sanat. Heilkunde und Heilkulte am römischen Limes. Stuttgart (1993), 20 ff.; Ch. Landes (Hsg.), Dieux guérisseurs en Gaule Romaine. Ausstellungskatalog Musée Archéologique Henri Prades. Lattes (1992), 21 ff.

58 Etwa Trier - Altbachtal, s. S. 58 f.; vergleichbar Thun-Allmendingen, vgl. S. Martin-Kilcher, Das römische Heiligtum von Thun-Allmendingen. Archäol. Führer der Schweiz 28. Bern 1995, 4 ff.

59 Im Trierer Land v. a. Tawern und Belginum - Wederath, s. S. 82 f.; vergleichbar in der Schweiz etwa Petinesca - Studen, vgl. W. Drack / R. Fellmann, Die Römer in der Schweiz. Stuttgart (1988), 231 ff.

60 Als Beispiele etwa der Diana - Stein von Bollendorf oder die Intarabus-Aedicula von Ernzen auf dem Ferschweiler Plateau, vgl. Führer Südwestliche Eifel (1977), 143 ff Abb. 4 u. 6; - allg. Wightman, Trier (1970), 223.

61 RiRP 588 ff.; Trunk a.O. 219 ff.; H. Cüppers, Der Tempel des Asklepios an der Moselbrücke zu Trier. Funde u. Ausgrabungen 14, 1982 (=Kurtrier. Jahrbuch 22, 1982), 7 ff.; E. Gose, Der Tempel am Herrenbrünnchen in Trier. Trierer Zeitschrift 30, 1967, 82 ff.

62 RiRP 593 ff; E. Gose, Der Tempelbezirk des Lenus Mars in Trier. TGF Trier (1955), 9ff.

63 Vgl. etwa die Exedren an der via sacra zum Heiligtum des Lenus Mars, s. S. 190 u. Gose, Lenus Mars (1955), 91 ff. zur politischen Funktion der Exedrae und ihres Heiligtums Scheid a. O. (Anm. 36) 51 f.

64 Zum Begriff Wallfahrt allg. O. A. Erich, R. Beitl, Wörterbuch der deutschen Volkskunde. Stuttgart (1955), 852 f.; zur christlichen Ausprägung des Wallfahrtsgedankens L. Kriss-Rettenbeck / G. Möhler (Hsg.), Wallfahrt kennt keine Grenzen. Ausstellungskatalog Bayerisches Nationalmuseum München (1984), 10 ff.

65 Als Überblick Garnsey / Saller a. O. (Anm. 30), 231 ff.; E. M. Schtajerman, Die Krise der Sklavenhalterordnung im Westen des römischen Reiches. Berlin (1964), 251 ff.; mit anderen Akzenten G. Alföldy, Die Krise des Imperium Romanum und die Religion Roms. In: ders., Die Krise des Römischen Reiches. Ausgewählte Beiträge. Stuttgart (1989), 349 ff.

66 P. Brown, Die letzten Heiden. Eine kleine Geschichte der Spätantike. Frankfurt (1995), v.a. 56 ff. Ausführlicher E. Patlagean, Pauvreté Economique et pauvreté sociale à Byzance. Paris (1977), 181 ff.

67 Als Überblick H.-P. Kuhnen (Hsg.), Gestürmt - geräumt - vergessen ? Der Limesfall und das Ende der Römerherrschaft in Südwestdeutschland. Ausstellungskatalog Württ. Landesmuseum Stuttgart (1992), 39 ff. Interessante Momentaufnahme E. Künzl, Die Alamannenbeute aus dem Rhein bei Neupotz. Plünderungsgut aus dem römischen Gallien. Mainz (1993), 473 ff. Neue Interpretationsmuster L. Hedeager, Iron-Age Societies. Oxford (1992), 72 ff.

68 Bauchhenß a. O. (Anm. 36), 333 ff.

69 G. Bauchhenß / P. Noelke, Die Iupitersäulen in den germanischen Provinzen. Beihefte Bonner Jahrbücher 41. Bonn (1981), v.a. 83 f.; zu den politischen Hintergründen der Denkmälergruppe G. Bauchhenß, Die große Iuppitersäule aus Mainz. CSIR Deutschland II,2. Mainz (1984), 19 ff.

70 Überblick über die gallo-römische Religion J.-J. Hatt, Mythes et Dieux de la Gaule. I. Les grandes divinités masculines. Paris (1989), v.a. 102 ff. - kurz S.A. Tokarev, Die Religion in der Geschichte der Völker. Berlin (1978) 590 - 593.

71 M. Witteyer / P. Fasold, Des Lichtes beraubt - Totenehrung in der römischen Gräberstraße von Mainz-Weisenau. Ausstellungskatalog Mainz - Frankfurt (1995), 38 ff. J. M. C. Toynbee, Death and Burial in the Roman World. London (1971), 33 ff. J.-J. Hatt, La tombe gallo-romaine. Paris (1986), 326 ff.

72 M. Sartre, L'Orient romain. Provinces et sociétés provinciales en Méditerranée orientale d'Auguste aux Sévères. Paris 1991, 459 ff.

73 Zum Begriff U. Osterloh u. H. Engelhard (Hsg.): Biblisch-theologisches Handwörterbuch. Göttingen (1954), 116 - 119.

74 R. Turcan, Les cultes orientaux dans le monde romain. Paris (1989), 16 ff. Vor allem unter dem Gesichtspunkt des Synkretismus E. Schwertheim, Die orientalischen Religionen im römischen Deutschland. Verbreitung und synkretistische Phänomene. ANRW II, 18,1. Tübingen (1986), 806 ff. Klassisch, aber streckenweise überholt F. Cumont, Die orientalischen Religionen im römischen Heidentum.⁷ Stuttgart (1975), 18 ff. S. a. Alföldy a. O. (Anm. 65), 381 ff.

75 M. J. Vermaseren, Die orientalischen Religionen im Römerreich. Leiden (1981); Grimm, Ägypt. Religion (1969); Schwertheim, Oriental. Gottheiten (1974) s. a. Kat. Steindenkmäler I, 54 ff; Heinen, Trier (1985), 190 ff.

76 Gose, Altbachtal (1972), 110 ff.

77 Ältere Forschungen zur Mithras- »Theologie« übersichtlich bei R. Merkelbach, Mithras. Frankfurt / M. (1984), 75 ff.; zum aktuellsten Erklärungsversuch als kosmische Religion vor astrologischem Hintergrund D. Ulansey,The Origins of the Mithraic Mysteries. Cosmology and Salvation in the Ancient World. Oxford (1989), speziell zu den bildlichen Darstellungen R. Vollkommer, Art. »Mithras« in: LIMC VI,1, 583 ff.

78 M. Clauss, Mithras - Kult und Mysterien. München (1990), 31 ff.; ders., Cultores Mithrae. Wiesbaden (1992),;

79 Gose, Altbachtal (1972), 110 f.

80 Zerstörung von Mithräen und die Rolle der Christen M. Clauss, Mithras - Kult und Mysterien. München (1990), 175 ff.; Kuhnen (Hsg.), a. O. (Anm. 36), 42 f. - F. Fischer, Schicksale antiker Kultdenkmäler in Obergermanien und Raetien. In: H. Weimert (Hsg.), 4. Heidenheimer Archäologie-Colloquium »Leben und Umwelt im Neolithikum«. Heidenheim (1991), 29 ff. - zur Diskussion auch F. Behn, Das Mithrasheiligtum zu Dieburg. Römisch-germanische Forschungen 1. Berlin (1928), 44 f.; I. Huld-Zetsche, Mithras in Nida - Heddernheim. Gesamtkatalog Museum Vor- und Frühgeschichte. Bd. 6. Frankfurt / M., 1986, 42 u. 46 ff.

81 R. Eisenman / M. Wise, Jesus und die Urchristen - Die Qumran Rollen entschlüsselt. München 1993, 14 ff. Zur historischen Situation H.-P. Kuhnen (Hsg.): Mit Thora und Todesmut - Judäa im Widerstand gegen die Römer von Herodes bis Bar-Kochba. Stuttgart (1994), 13 ff.

82 H. Chadwick, The Early Church. Harmondsworth (1967), 12 ff. - Materialreich zu den Abläufen der Christianisierung: A. von Harnack, Die Mission und Ausbreitung des Christentums. (Stuttgart), 1924, 559 ff.; kurz E. Dassmann, Die Anfänge der Kirche in Deutschland. Von der Spätantike bis zur früh fränkischen Zeit. Stuttgart - Berlin - Köln (1993), 13 ff.

83 P. Brown, Die Heiligenverehrung. Ihre Entstehung und Funktion in der lateinischen Christenheit. Leipzig (1991), 53 f.

84 Zur sozialen Wirksamkeit der frühchristlichen Gemeinden: J. Geffcken, Der Ausgang des griechisch-römischen Heidentums. Darmstadt (1972), 282 ff. A. Knecht, System des Justinianischen Kirchenvermögensrechtes. Stuttgart (1905), 43 ff. Harnack a. O. (Anm. 82), 114 ff.

85 Harnack a. O. (Anm. 82), 170 ff. Brown a. O. (Anm. 33), 54 f.

86 Zur Ehe im frühen Christentum vgl. B. Quint und R.-C. Gerest in J. Martin / B. Quint (Hsg.), Christentum und antike Gesellschaft. Darmstadt (1990), 167 - 208 bzw. 209 - 240. - Patlagean a. O. (Anm. 36), 114 ff. Asketisches Leben als Schutz für Frauen P. Brown, Die Keuschheit der Engel. Sexuelle Entsagung, Askese und Körperlichkeit im frühen Christentum. München (1994), v.a. 271 - 295; im Bezug auf Wallfahrten ders., Heiligenverehrung 50 ff.; W. Schuller, Frauen in der römischen Geschichte. München (1992), 90 ff.

87 F. Gerke, Der Trierer Agricius-Sarkophag. Ein Beitrag zur Geschichte der altchristlichen Kunst in den Rheinlanden. Beiheft Trierer Zeitschrift 18, 1949, 1 ff. - allg. A. Grabar, Les voies de la création en iconographie chrétienne. Paris (1979), 17 ff.

88 Gauthier, L'Evangélisation (1986) 10 ff. L. Duchesne, über die Anfänge des Christentums in Gallien und Trier mit besonderer Berücksichtigung der These von Louis Duchesne. Trierer Zeitschrift 5, 1930, 80 ff. S. a. Heinen, Trier (1985), 331 ff.

89 A. Altmann, Das früheste Vorkommen der Juden in Deutschland in Trier. Trierer Zeitschrift 5, 1930, 104 ff. Abb. 1 - 2, 8.

90 Zum Befund in Trier Katalog Trier - Kaiserresidenz (1984), 234 f. u. Abb. S. 179. Im Gegensatz zu der dort vorgeschlagenen Deutung als »örtliche Grabsitte« handelt es sich um eine überregionale, epochentypische Erscheinung, vgl. zur Sitte allg. und zu einem Zusammenhang mit Auferstehungsvorstellungen D. Watts, Christians and Pagans in Roman Britain. London - New York 1991, 59 - 62; Ch. Thomas, Christianity in Roman Britain to AD 500. London (1985), 128 u. 237; C. Green in R. Reece (Hsg.), Burial in the roman World. London (1977), 46 ff.

91 Gose, Frühchristliche Inschriften (1958); E. Förster u. Th. Th. Kempf in Kat. Frühchristliche Zeugnisse (1965), 17 - 53 u. 175 - 208. dazu K. Krämer, Die früh-christlichen Grabinschriften Triers. Untersuchungen zu Formular, Chronologie, Paläographie und Fundort. TGF VIII (1974), 7 ff.; N. Gauthier, Recueil des Inscriptions chrétiennes de la Gaule I: Première Belgique. Paris (1975), 117 ff.; H. Merten, Katalog der frühchristlichen Inschriften des Bischöflichen Dom- und Diözesanmuseums Trier. Trier (1990), 19 ff.

92 Katalog Trier Kaiserresidenz (1984), 205 f. u. 210 - 216.; kurz Merten a. O. (Anm. 91), 13 f. Kritisch zum Forschungsstand N. Gauthier, L'Evangélisation des pays de la Moselle. Paris (1985), 21 ff. Vorsichtig auch G. Waldherr, Martiribus sociata - Überlegungen zur »ältesten« christlichen Inschrift Rätiens. In: K.-H. Dietz u.a. (Hsg.), Klassisches Altertum, Spätantike und frühes Christentum. FS A. Lippold. Würzburg (1993), 573 f. (Märtyrer- und Reliquienkult wahrscheinlich erst im 6. Jahrhundert. n.Chr.).

93 Gauthier a. O. (Anm 92), 27 - 30; H. Cüppers, RIRP (1986), 633 ff. dazu W. Weber in Bischöfliches Dom- und Diözesanmuseum (Hsg.), Zwischen Andacht und Andenken - Kleinodien religiöser Kunst und Wallfahrtsandenken aus Trierer Sammlungen. Ausstellungskatalog Trier (1992), 91 ff; - Zu St. Maximin A. Neyses, Die Baugeschichte von St. Maximin in Trier. In: Bischöfl. Generalvikariat Trier (Hsg.), Die ehemalige Abteikirche St. Maximin in Trier - Geschichte - Renovierung - Umnutzung. Trier (1995), 7 ff.; - E. Zahn in Führer Trier (1977), 90 ff. Zu St. Matthias H. Cüppers in Frühchristliche Zeugnisse (1965), 165 ff. - ders. in Führer Trier (1977), 226 ff.

94 Zum Aufkommen des Heiligenkultes und der Reliquienverehrung Brown a. O. (Anm. 83), 35 ff; A. Legner, Reliquien in Kunst und Kult. Darmstadt (1995), 11 ff.

95 Brown a. O. (Anm. 83), 52 f.

96 H. Kähler, Die frühe Kirche. Kult und Kultraum. Frankfurt / Wien (1982), 93 ff. A. Grabar, Martyrium. Recherches sur le culte des reliques et l'art chrétien antique. Paris (1946), 400 ff.

97 Vgl. z. B. das sog. frühchristliche Zentrum von Emona, vgl. L. Plesnicar-Gec, Strokrscanski center v Emoni (Old Christian Center in Emona). Ljubljana 1983, 33 ff.

98 Als Überblick H. Cüppers in Führer Trier (1977), 104 ff.; Th. Th. Kempf in Frühchristliche Zeugnisse (1965), 222 ff. - J. Zink, Die Baugeschichte des Trierer Domes von den Anfängen im 4. Jahrhundert. bis zur letzten Restaurierung. in »Der Trierer Dom«. Rhein. Verein für Denkmalpflege und Landschaftsschutz (Hsg.): Jahrbuch 1978/79., 17 ff. Zuletzt W. Weber, Der Quadratbau des Trierer Domes und sein polygonaler Einbau - eine »Herrenmemoria« ?. In: E. Aretz u.a. (Hsg.), Der Heilige Rock zu Trier. Studien zur Geschichte und Verehrung der Tunika Christi. Trier 1995, 915 ff.

99 Wightman, Trier 229 f.; Heinen, Trier (1985), 343 ff. Gilles a. O. (Anm. 5), 201 ff.

100 Gauthier, L'Evangélisation (1986), 136 f.

101 Wightman, Trier 235. - Vgl. A. S. Esmonde Cleary, The Ending of Roman Britain. London (1989), 127 f. Brown 1995 a. O. (Anm. 33), 56 ff. s. a. H. Bender, Die Christianisierung von Flachlandraetien nach den archäologischen Zeugnissen von der Mitte des 5. bis zum Ende des 7. Jahrhundert. In: E. Boshoff u. H. Wolff (Hsg.), Das Christentum im bairischen Raum. Von den Anfängen bis ins 11. Jahrhundert. Wien (1994), 79 ff. - Christliche Symbole auf spätantiker Argonnen-Terra Sigillata als Hinweis auf das Vordringen christlichen Glaubens im ländlichen Kontext: W. Dijkman, La terre sigillée décorée à la molette à motifs chrétiens dans la stratigraphie maastrichtoise (Pays-Bas) et dans le nord-ouest de l'Europe. Gallia 49, 1992, 129 ff.

102 H. Heinen, Helena, Konstantin und die Überlieferung der Kreuzesauffindung im 4. Jahrhundert. In: E. Aretz u.a. (Hsg.), Der Heilige Rock zu Trier (a.O.), 83 ff. Kritisch E. D. Hunt, Holy Land Pilgrimage in the Later Roman Empire AD 312 - 460. Oxford (1984), 38 ff.

Abb 13: Die spätantike Doppelkirchenanlage des Trierer Doms auf dem Stadtmodell im Rheinischen Landesmuseum Trier

Zwischen Esus und Jesus:
Der Wandel der antiken Religion im Spiegel schriftlicher Zeugnisse

von Frank Unruh

Ähnlich auf gleicher Basis

»Rom ... hat keinen einzigen gallischen Gott verdrängt. Vielmehr hat es die Gleichsetzung regionaler und lokaler gallischer Gottheiten mit römischen Göttern hingenommen und wohl auch gefördert, was dank einer fundamentalen, durch den gemeinsamen indogermanischen Ursprung bedingten Wesensähnlichkeit erleichtert wurde.«

Mit dieser Feststellung in seinem Buch »Trier und das Trevererland in römischer Zeit« verweist der Trierer Althistoriker Heinz Heinen[1] auf die wesentliche Voraussetzung für die Überlagerung der einheimischen Religion der keltischen Treverer durch das Kultwesen der mediterranen Großmacht Rom. Mit der Eroberung Galliens durch Gaius Iulius Caesar in den Jahren 58 bis 50 v. Chr. war auch das Gebiet des im heutigen Trierer Raum ansässigen Stammes unter die direkte Herrschaft der Römer gefallen, und mit der politischen Unterwerfung stellte sich ihnen die Aufgabe, ebenfalls die Lenkung der Geschicke auf religiösem Gebiet in die Hand zu nehmen. Caesar selbst hatte in seinem allseits bekannten »Gallischen Krieg« (*De bello Gallico*) einen Exkurs der gallischen Religion, ihren Göttern, den Kulthandlungen und ihren Priestern, den Druiden, gewidmet. Überhaupt sind wir allein auf die Überlieferung durch griechische und römische Autoren angewiesen, um etwas über die Kulte der Kelten zu erfahren, da diese - außer einigen wenigen Weihinschriften oder etwa dem Kalender von Coligny[2] - keine Zeugnisse in eigener Sprache hinterlassen haben.

Auch wenn sich Caesars Angaben unspezifisch auf die Gallier beziehen, so lassen sie doch grundlegende Schlüsse auf die Ausprägung des Religionswesens im Trevererland zu. Denn allen gallischen Stämmen scheinen nach Aussage Caesars bestimmte Züge im religiösen Verständnis gemeinsam gewesen zu sein. Dies betrifft zunächst den Rang, den die Religion im Leben der Gallier einnahm: »Das ganze Volk der Gallier ist religiösen Bräuchen in hohem Maße ergeben« (bell. Gall. 6,16,1). Und um seinen römischen Lesern auch die Götterwelt der fremden Stämme nahezubringen, schildert er diese in seinem Rechenschaftsbericht mit Gestalten und Begriffen, die den Römern vertraut waren:

»Unter den Göttern verehren sie am meisten Merkur. Er hat die meisten Bildnisse, ihn halten sie für den Erfinder aller Künste, ihn für den Führer auf Wegen und Wanderungen, ihm sprechen sie den größten Einfluß auf Handel und Gelderwerb zu. Nach ihm verehren sie Apollo, Mars, Jupiter und Minerva. Von diesen haben sie ungefähr dieselbe Vorstellung wie die anderen Völker: Apollo soll Krankheiten vertreiben, Minerva die Grundkenntnisse des Handwerks und der Künste lehren, Jupiter die Herrschaft über die Götter ausüben, Mars Kriege führen. ... Alle Gallier rühmen sich, von Dis Pater abzustammen, das sei ihnen von den Druiden überliefert worden« (bell. Gall. 6,17,1f.;18,1).

Daß der römische Feldherr eine solche Übersetzung vornehmen konnte, liegt sicher mit in der Tatsache begründet, die H. Heinen in der eingangs zitierten Passage anführt: in der im gemeinsamen indogermanischen - besser: indoeuropäischen - Ursprung von Galliern und Römern begründeten Wesensverwandtschaft auf dem Gebiet der Religion. Es fällt jedoch auf, daß Caesar nicht die keltischen Namen der angesprochenen Gottheiten erwähnt. Sie waren wohl für den Zweck seiner Darstellung unwesentlich, für die moderne Forschung gab dieser Mangel allerdings Anlaß zu regen wissenschaftlichen Auseinandersetzungen über das Wesen der gallischen Götterwelt. Denn die Namen keltischer Götter und Göttinnen wurden durchaus überliefert.

Alteuropäische Dreigestirne

Leider sind entsprechende Zeugnisse aus der antiken Literatur wahre Raritäten. Eines ist eine Passage aus dem Epos »Der Bürgerkrieg« (*De bello civili*), das der römische Dichter Marcus Annaeus Lucanus in der Mitte des 1. Jahrhunderts n. Chr., zur Zeit Kaiser Neros, verfaßte. Lucan schildert den Abzug der Legionen Caesars aus Gallien, die gegen den großen Kontrahenten Pompeius ins Feld geführt werden sollten. Bei den Galliern sei dies natürlich ein Anlaß zur Freude gewesen, alle - unter ihnen ausdrücklich auch die »Trevirer« - hätten sich ihr hinge-geben, »... ebenso ihr, von denen der wilde Teutates mit unheilvollem Blut besänftigt wird und der ent-setzliche Esus mit barbarischen Brandopfern, wie auch Taranis, mit einem Altar nicht sanfter als jener der skythischen Diana« (1,144-146).

Zwischen
Esus und
Jesus
der Wandel der anti-
ken Religion im Spie-
gel schriftlicher
Zeugnisse

39

Daß der Dichter hier drei Namen keltischer Götter erwähnt - Teutates, Esus und Taranis -, hat zu der Vermutung Anlaß gegeben, daß mit ihnen die drei höchsten Gottheiten der Kelten genannt werden. Dieser Schluß beruht wiederum auf der Annahme einer gemeinsamen indoeuropäischen Wurzel für die Religionen Alteuropas, wie sie im Eingangszitat vorausgesetzt wird. Denn zumindest für die Götterwelt der Römer und Germa-nen kann davon ausgegangen werden, daß ihr jeweils eine Trias, eine »Dreiheit«, von Gottheiten vorstand, die über die wesentlichen Bereiche des Gemeinschaftslebens der Stämme bzw. des römischen Stadtstaates wachte. Über das römische Pantheon präsidierte die nach ihrem Haupttempel auf dem Capitolium in Rom so benannte »kapitolini-sche Trias«, die aus Jupiter, Juno und Minerva bestand. Der Historiker Cornelius Tacitus (etwa 55 - 120 n. Chr.) erwähnt in seiner Schrift Germania entsprechend drei Götter, die bei den germanischen Stämmen einen bedeuten-den Rang eingenommen zu haben scheinen: In verblüffender Übereinstimmung zu dem, was Caesar über die Gal-lier schreibt, an erster Stelle Merkur, den sie »von den Göttern am meisten verehren,« sodann Herkules und Mars. Tacitus hat ebenfalls die germanischen Namen dieser Gottheiten nicht genannt. Mit Recht ist aber von der Forschung eine Gleichsetzung mit den aus der späteren Sagaliteratur überlieferten Göttern Odin, Tyr und Thor vorgenommen worden.[3]

Bei der Identifizierung der von Caesar und Lucan genannten gallischen Götter konnten ebenfalls später ent-standene Quellen weiterhelfen. So existieren zur Dichtung Lucans Kommentare aus der Spätantike und dem frühen Mittelalter, die man im 10. Jahrhundert in einer Handschrift zusammengestellt hat und die jetzt in der Berner Bur-gerbibliothek aufbewahrt wird. Sie tragen daher, und weil der eigentliche Verfasser nicht bekannt ist, den Namen »Berner Scholien«, lateinisch *Commenta Bernensia*. Es finden sich darin zwar mehrere, teilweise voneinander abwei-chende Gleichsetzungen, doch ist die Identifikation von Teutates mit Merkur, von Esus mit Mars und von Taranis mit Jupiter als weitgehend zutreffend akzeptiert worden.[4]

Grundlage für die Annahme von ranghohen Götterdreiheiten in den alteuropäischen Religionen ist die sogenannte, von dem französischen Religionswissenschaftler Georges Dumézil (1898 - 1986) aufgestellte Dreifunktionentheorie, nach welcher der sakral-kosmische Bereich entsprechend den drei »irdischen«, d. h. sozialen Grundfunktionen »Herrschaft«, »Kriegertum« sowie »Fruchtbarkeit und Wachstum« gedacht und aufgebaut ist. Jedem dieser drei Bereiche sei demgemäß eine gesellschaftliche Institution, etwa Priesterschaften (Herrschaft), Militär (Kriegswesen) oder Ackerbauern (Wachstum), sowie jeweils eine bestimmte Gottheit zugeordnet.[5] Nach Ansicht von Jean-Jacques Hatt, einem Straßburger Archäologen, war diese göttliche »Ressortverteilung« in der keltischen Religion weniger eindeutig: Taranis (nach Caesar/Lucan = Jupiter) sei in erster Linie Herrscher des Himmels, aber auch für die Kriegführung und den Ahnenkult, der der dritten Funktion zugeordnet wird, zuständig. Teutates (Mercurius) hingegen fungiere als Gott des Stammes vorwiegend in seinen kriegerischen, aber auch den friedlichen Aktivitäten. Esus (Mars) schließlich wache über das Wohlergehen, habe aber ebenfalls einen kriegerischen Aspekt.[6]

Fremde Götter in »römischer Übersetzung«

Hieraus wird ein grundsätzliches Problem eines Vorganges ersichtlich, der als interpretatio Romana - »römische Deutung« - bekannt ist. Dieser Begriff ist von Tacitus in seiner Germania für den Vergleich germanischer Götter mit (dem römischen Leser) bekannten römischen verwendet worden. In diesem speziellen Fall handelt es sich um abermals nicht mit germanischen Namen genannte *dei*, deren Kult von einem Priester in Frauenkleidern verwaltet werde, die aber *interpretatione Romana Castorem Pollucemque memorant*, nach römischer Deutung also an das männliche Zwillings - Götterpaar der Dioskuren erinnerten (43).[7] Das besagte Problem ist aber weniger mit den Namen verbunden, als an der mediterran orientierten Perspektive und den damit verknüpften Vorstellungsinhalten verhaftet, mit denen die römischen - und auch griechischen - Autoren den germanischen oder gallischen Religionsäußerungen gegenübertreten. Außer den bei Caesar wie bei Lucan als abstoßend und barbarisch aufgefaßten und dargestellten Ritualen im Opferbrauchtum der Gallier[8], betrifft dies auch das Verständnis der Götterwelt. Das Beispiel des Mars, also vermutlich Esus, mag es verdeutlichen.

Während Apollo, für den der ihm meist beigelegte keltische Name Grannus durch Inschriften bezeugt ist, von Caesar in seiner Heilfunktion richtig erkannt wird, »... soll Krankheiten vertreiben« (bell. Gall. 6,17,2), wird Mars-Esus nur in seiner kriegerischen Funktion dargestellt: »... [er soll] Kriege führen. Ihm geloben sie, sooft sie einen Kampf beschlossen haben, meist die Kriegsbeute« (ebd. 6,17,3). Nun ist aber gerade aus dem Trierer Raum eine gallo-römische Verkörperung des Mars bekannt, bei der vielmehr der Aspekt eines Heilgottes im Vordergrund steht.

Von Lenus Mars geheilt

Mehrere Kultbezirke auf dem Territorium der civitas Treverorum, dem in römischer Zeit so benannten Verwaltungsbezirk, der das Stammesgebiet der Treverer umfaßt, bezeugen die Bedeutung des Lenus Mars, der »vielleicht die Hauptgottheit des Stammes gewesen« ist.[9] Aufschlußreich sind hinsichtlich seiner Funktion zahlreiche Weihungen, seien es Inschriften, Statuen oder Terrakotten. Es finden sich Darstellungen von Kindern mit diversen Weihgaben, Vögel oder Früchten, aber auch inschriftlich belegte Heilungen von Krankheiten, vorwiegend ebenfalls bei Kindern. Ein spezieller keltischer Beiname des Mars war »Iovantucarus«, was in etwa mit: »der die Jugend (= die Kinder) liebt,« übersetzt werden kann (Abb. 34).[10] Besonders deutlich wird der heilende Aspekt des Lenus Mars an einer griechisch-lateinischen Inschrift vom Heiligtum des Gottes auf dem Mart- bzw. Marberg bei Pommern, Kr. Cochem-Zell, an der Mosel. Ein offensichtlich gebildeter Mann aus dem östlichen Mittelmeerraum, der leider seinen Stand oder Beruf verschweigt, schildert, unter Anspielung auf ein Zitat des römischen Philosophen Titus Lucretius Carus (etwa 94 - 55 v. Chr.), sein schweres Schicksal, aber auch das rettende Eingreifen der Gottheit:

»Als ich die schweren Qualen des Körpers und der Seele nicht mehr ertragen konnte, weil ich häufig an der Schwelle des Todes wandelte, bin ich, Tychicus, durch die göttliche Liebe des (Lenus) Mars gerettet worden und stiftete dieses geringe Geschenk für die große Fürsorge« (CIL XIII 7661 = IG XIV 2562).[11]

Das »geringe Geschenk« wird eine Statuette des Lenus Mars oder ein Gefäß gewesen sein. Das Zeugnis des Tychikos, so sein Name in der griechischen Version, ist in mehrerer Hinsicht aufschlußreich: Zum einen belegt es nachdrücklich - »durch die göttliche Liebe des Mars gerettet« - die Heilfunktion des angeblich nur kriegerischen Gottes, zum anderen ist die Tatsache zu vermerken, daß ein »Ausländer« sich an eine Gottheit der Treverer gewandt hat. Ihm muß die heilende Kraft des einheimischen Lenus Mars durchaus bekannt gewesen sein. Vom römischen Mars oder dem griechischen Ares hätte er Hilfe gegen seine seelischen und körperlichen Qualen wohl kaum erbeten, eher schon von Asklepios bzw. Aesculap oder anderen klassischen Heilgöttern des Mittelmeerraumes. Dagegen wäre ihm der Besuch in einem Heiligtum Apollos im Trevererland, etwa bei Hochscheid, Kr. Bernkastel-Wittlich, im Hunsrück[12], weit weniger befremdlich erschienen, auch wenn diesen sein Beiname Grannus als keltischen Gott ausgewiesen hätte, der mit seiner Kultgenossin Sirona ein einheimisches Götterpaar verkörpert (Kat 23 -24). In diesem hätte Tychikos eine bildliche Übersetzung des Apollo, nach klassischer Auffassung ebenfalls ein Heilgott, und der Hygieia, der göttlichen Personifikation der Gesundheit, erblicken können.

Keltische Götter klassisch gewandet

Denn in der klassischen bildlichen Darstellungsform der Hygieia (Abb. 14) tritt Sirona in ihrem Kultbild in Hochscheid in Erscheinung (Kat. 24): Um ihren rechten Arm windet sich eine Schlange - das Attribut des Aesculap, der als Vater Hygieias gilt - und züngelt nach Eiern, die auf einer Schale in der linken Hand der Göttin liegen.[13] Auch Apollo, d. h. Grannus, präsentiert sich in klassischer Ikonographie: Mit Lorbeerkranz, Kithara (Leier) und dem Fabelwesen Greif als seinem Begleiter (Kat. 23).[14] Daß die Attribute Apollos von den Treverern auch in ihrem Symbolgehalt verstanden wurden, ist kaum anzunehmen: »Die Leier, die uns eine Vorstellung der himmlischen Harmonie vermittelt; der Greif, der ihn uns als eine auch auf Erden wirkende Gottheit zeigt[15]; die Pfeile, mit denen er als Gott der Unterwelt und als Schadenbringer in Erscheinung tritt.«

Diese Deutung der chrakteristischen Kennzeichen eines Kultbildes des Apollo stammt von Maurus Servius Honoratus, der im 4. Jahrhundert n. Chr. einen Kommentar zu den Eklogen (»Gedichtauswahl«) des Publius Vergilius Maro (70 - 19 v. Chr.) verfaßte (Serv. in Verg. ecl. 5,66). Apollo ist nach dieser, allerdings schon vom Gedankengut

Zwischen
Esus und
Jesus
der Wandel der anti-
ken Religion im Spie-
gel schriftlicher
Zeugnisse
42

Abb 14: Statue der Hygieia, sog. Hygieia Hope. Marmor (H 190,5 cm). Römische Kopie des
2. Jahrhunderts n. Chr. nach einem griechischen Vorbild des 4. Jahrhunderts v. Chr.

der Spätantike geprägten Darstellung Gott der drei Weltbereiche: des Himmels, der Erde und der Unterwelt. Im Gegensatz zu den Bildnissen aus Hochscheid wird der Lorbeer, die heilige - und heilende Pflanze des Gottes[16], nicht hervorgehoben, stattdessen aber die Pfeile, die Apollo in seiner schädigenden und strafenden Funktion verschießt. Dieser Aspekt trat an einem Heiligtum wie Hochscheid bezeichnenderweise in den Hintergrund, waren doch die hilfesuchenden Pilger in der Regel durch ihre Krankheiten schon genug gestraft.

Wo Bären und Bäume Götter waren

Welcher Art waren nun die Heiligtümer, an denen einheimische und auswärtige Bewohner des Trevererlandes Heilung suchten und - wie das Beispiel des Tychikos zeigt - in vielen Fällen auch fanden? Beim großen Heiligtum des Lenus Mars am Irminenwingert auf dem linken Moselufer im Westen Triers (Abb. 22 f.), beim Pilgerheiligtum des Apollo Grannus und der Sirona von Hochscheid (Abb. 28) sowie bei einem Kultbezirk unbekannter Gottheiten in Heckenmünster, Kr. Bernkastel-Wittlich (Abb. 30)[17], handelt es sich um Kultanlagen, die in der Nähe von Quellen entstanden sind. Für keltische Kultstätten, die den gallorömischen vorangingen, fehlen zwar bislang archäologische Nachweise, von ihrer Existenz kann aber ausgegangen werden. Die im Kultbezirk des Lenus Mars in Trier-West verehrten Xulsigien, keltische Wasser- und Heilgöttinnen, die eine »nichtklassische Erscheinungsform« von Nymphen verkörpern[18], weisen auf den ursprünglichen Charakter des Quellheiligtums hin (Abb. 22).[19] Möglich ist allerdings, daß die vorrömischen Kultstätten der Treverer keine dauerhaften Bauten besaßen, sondern heilige Orte in der Natur waren, an denen sich die Verehrung einer Gottheit unmittelbar vollzog. Außer Quellen können Berge, Felsen, Flüsse, Bäume oder Haine solche naturheiligen Plätze gewesen sein. Wie sich ein römischer Dichter einen keltischen Hain vorstellte, läßt sich an einem weiteren Zitat aus dem »Bürgerkrieg« des Lucanus ersehen, in dem eine Kultstätte beschrieben wird, die Caesars Soldaten vor der Belagerung von Massilia/Marseille zerstört haben sollen:

»Da stand ein Hain, seit Menschengedenken nie entweiht; mit verschränkten Ästen bildete er einen Bezirk von Dunkelheit und Schattenkühle, dessen Kuppel Sonnenstrahlen nicht durchdrangen. Hier hatten kein bäuerlicher Pan, kein Waldeskönig Silvanus und keine Nymphe ihre Stätte, sondern ein Götterkult barbarischen Brauchs: die Altäre waren mit gräßlichen Schlachtbänken versehen und alle Bäume mit Menschenblut geweiht. ... keinem Lufthauch boten die Bäume ihr Laub, sondern raschelten von selbst. Dazu floß überall aus dunklen Quellen Wasser, und düster standen, ohne Kunst und roh aus dem Holz gehauen, Götterbilder da. ... Diesen Ort besuchten keine Leute, um ihn aus der Nähe zu verehren, vielmehr überließ man ihn den Göttern; wenn Phoebus am Mittagshimmel stand oder dunkle Nacht das Firmament umfing, so wagte nicht einmal ein Priester einzutreten, fürchtete er doch, den Herrn des Hains zu überraschen« (3,399-425).

Abb. 15. Darstellung der Göttin Artio aus Muri bei Bern. Bronze (H ca. 20 cm).
Auf dem Sockel die Weihinschrift DEAE ARTIONI / LICINIA SABINILLA.

Anschaulicher als eine solche abwertend tendenziöse und zudem fiktive Darstellung vermitteln jedoch einige Denkmäler auf dem Ferschweiler Plateau einen Eindruck von »starken Orten« der Treverer. Hervorzuheben ist der beeindruckenden Athmosphäre ihrer Örtlichkeit wegen eine Inschrift, die an einem Felsen in der im Volksmund »Schweineställe« oder »Schweigestelle« genannten Schlucht bei Ernzen, Kr. Bitburg-Prüm, eingemeißelt wurde (CIL XIII 4113; Kat. 32). Sie ist der Bärengöttin Artio (Abb. 15) gewidmet, als deren Verehrer sich ein einheimischer Gall-romane namens Biber zu erkennen gibt.[20] Über die sakrale Ausstrahlung eines solchen Ortes in der Natur berichtet der römische Philosoph Lucius Annaeus Seneca (ca. 4 - 65 n. Chr.) - treffender als sein Neffe Lucan über den keltischen Hain - seinem Freund Lucilius, wenn er schreibt[21]: »Wenn eine Höhle mit ausgezehrten Felsen einen Berg tief innen schweben läßt, nicht von Menschenhand geschaffen, sondern durch natürliche Ursachen zu solcher Geräumigkeit ausgehöhlt, wird sie deine Seele mit einer Ahnung von Heiligkeit erschüttern. Die Quellen großer Flüsse verehren wir; am unerwarteten Ausbruch eines gewaltigen Stromes aus dem Verborgenen stehen Altäre; die Quellen warmen Wassers werden verehrt, und manche Seen hat ihr geheimnisvolles Dunkel oder ihre unermeßliche Tiefe geweiht« (Epist. 4,41,3).

Götter im römischen Staatsdienst

Wenn römische Dichter und Philosophen somit ein gewisses Verständnis für naturheilige Orte an den Tag legten, so war ihre Sicht doch durch die Einschätzung der von Rom unterworfenen Völker als Barbaren geprägt. Die römische Führungsschicht hatte sich längst von den als primitiv empfundenen Naturkulten, die von der einfachen Bevölkerung weiterhin gepflegt wurden, weit entfernt. Die römischen Gottheiten, wie die der Kelten einst ebenfalls an ihren Wirkungsstätten in der Natur verehrt, sind unter griechischem Einfluß zu menschlich aussehenden und handelnden Personen geworden. Die Gebildeten in Rom, wie etwa Seneca, suchten das Wesen des »Göttlichen« aber nicht in diesen personifizierten Gestalten der Mythologie. Denn in deren literarischen und bildlichen Darstellungen waren die Götter kaum noch Sinnbilder für den Urgrund des Seins, die Kräfte der Natur oder die schöpferischen Fähigkeiten des Menschen. Allenfalls für »das Volk« bestand ihre Funktion noch darin, den Menschen in ihren Nöten beizustehen. Die römische Elite dagegen hat ihre Verehrung zur »Bürgerpflicht« umgewidmet, zur Loyalitätsbekundung gegenüber der *res publica*, deren Bestand sie garantieren sollten: Die Götter Roms hatten Ämter in der Politik bekommen.

Einer der besten auswärtigen Kenner des republikanischen Rom, der griechische Historiker und Politiker Polybios aus Megalopolis (etwa 200 - 120 v. Chr.), schreibt in seiner »Weltgeschichte« (Historiai) über die machtpolitischen Hintergründe der »abergläubischen Götterfurcht« im römischen Staat[22]:

»... dieser Bereich ist bei ihnen so tragödienhaft ausgeschmückt und hat ihr Leben und ihr Gemeinwesen so durch und durch erfaßt, daß eine Steigerung nicht mehr möglich ist. Das mag vielen erstaunlich erscheinen.

Ich glaube freilich, daß sie dies im Hinblick auf die Masse so eingerichtet haben. Denn wenn es möglich wäre, ein Staatswesen aus Weisen zu bilden, wäre es vielleicht unnötig, so vorzugehen. Da aber jede Masse wankelmütig und von gesetzwidrigen Wünschen, blindem Zorn und unbändiger Wut erfüllt ist, kann man die Massen nur durch die Furcht vor dem Unsichtbaren und durch Mythen, wie sie nur der Tragödie eigen sind, zusammenhalten« (6,56,8-11). Die politischen Komponenten der römischen Religion, mit der in der Kaiserzeit alle von Rom Beherrschten - somit auch die Treverer - konfrontiert waren, sollen im folgenden verdeutlicht werden.

Von Jupiter zur Weltmacht berufen

Zwischen
Esus und
Jesus
der Wandel der anti-
ken Religion im Spie-
gel schriftlicher
Zeugnisse
46

Mit Vergil wurde bereits (siehe oben S. 41) der römische Autor genannt, durch dessen Werke, allen voran die Aeneis, die römische Mythologie und ihre Göttergestalten in einen nicht unmittelbar naheliegenden Dienst gestellt wurden: den der Verherrlichung Roms und der ideologischen Begründung der römischen Weltherrschaft. Der aus Andes bei Mantua stammende Dichter verkündete in seiner IV. Ekloge, noch zur Zeit des Bürgerkrieges nach der Ermordung Caesars, dessen Adoptivsohn Octavianus, dem späteren Augustus, den Anbruch eines neuen »Goldenen Zeitalters«. In dem Heldenepos um den Troianer Aeneas wird, an die Welt der homerischen Epen anknüpfend, aus der ursprünglich griechischen Mythologie eine Art politischer Theologie für das jetzt augusteische Imperium Romanum abgeleitet. An mehreren Stellen wird der Herrschaftsanspruch an die Nachkommen des troianischen Helden, die Römer, und an ihren Herrscher, Augustus, in Form von Visionen und Prophezeiungen verkündigt. Die in der Aeneis manifestierte Romideologie kann hier nicht ausführlich behandelt werden; einige Beispiele werden genügen.

Mit Sicherheit von fundamentaler Bedeutung ist das »Jupiterorakel« im 1. Gesang, wo »der Vater der Menschen und Götter« seiner Tochter Venus, die über die Leiden ihres Sohnes Aeneas auf seinen Irrfahrten klagt, dessen Nachkommen eine grandiose Zukunft vorhersagt:

»Ihnen setze ich keine Grenzen der Macht und keine zeitlichen Schranken: / Herrschaft ohne Ende habe ich ihnen verliehn. Ja selbst die grimmige Juno, / die jetzt Meer und Lande mit Furcht und den Himmel ermattet, / wird zum Besseren wenden den Sinn, wird mit mir gemeinsam fördern / die Römer, die Herren der Welt, das Volk in der Toga. / Also ist es beschlossen. ...« (Aen. 1,278-283). An einer anderen Stelle, im 6. Gesang, wird der räumlich wie zeitlich grenzenlose Herrschaftsauftrag Jupiters an die Römer konkreter formuliert:

»... du aber, Römer, in Herrschaft zu lenken die Völker, sei eingedenk / - darin wirst du Meister sein -, dem Frieden zu geben Gesittung, / Schonung zu schenken den Unterworfenen und niederzukämpfen die Stolzen« (Aen. 6,851-853).

Hinter den wohlgesetzten Worten scheint nur wenig verhohlen eine fast zynische Herrschaftsideologie durch. Die Kunst, »in Herrschaft zu lenken die Völker« (*regere imperio populos*), worin die Römer ihre Meisterschaft beweisen würden, lag nämlich darin, stets selbst zu bestimmen, welcher Kategorie die Völker jeweils zuzurechnen

Abb. 16. Druide in Ausübung seines Amtes. Karikatur von Gustave Doré (1832 - 1883).

seien: »Unterworfene« (*subiecti*) oder »Stolze« (*superbi*), weitere Alternativen wurden nicht angeboten und die Völker nicht nach ihrer Meinung gefragt. Sollten *subiecti* durchaus einmal Bekundungen des Unmuts über den »gesitteten Frieden« von Roms Gnaden äußern, konnten sie rasch zu *superbi* werden.

Friede den Göttern, Krieg den Druiden

Vor diesem Hintergrund ist auch die Frage nach Toleranz zu sehen, die immer wieder im Zusammenhang mit der römischen Religionspolitik gegenüber den Bewohnern der Provinzen des Imperiums gestellt wird. Zwar haben die Römer keine gallische Gottheit verdrängt, andererseits aber auch kaum eine - im Gegensatz zu vielen anderen, die bei den von ihnen beherrschten Völkern verehrt wurden - in ihr Pantheon aufgenommen. Eine Ausnahme ist Epona, die als Schutzgöttin der domestizierten Pferde mangels eines römischen Äquivalents dort eine »Nische« besetzen konnte.[23] In den weiter oben angeführten Zitaten wird immer wieder die Ablehnung der keltischen Opferbräuche als grausame und barbarische Unsitten deutlich. Hinter ihnen sah man das Wirken einer Priesterschaft, der Druiden (Abb. 16), die als für den Prozeß der Romanisierung Galliens gefährlich eingeschätzt wurden. Daher sind von römischer Seite wiederholt Maßnahmen ergriffen worden, das Druidentum zu unterdrücken, wenn nicht gar auszurotten. Einen derart dominierenden Einfluß in der Gesellschaft der Gallier, wie er von Caesar beschrieben wird (bell. Gall. 6,13;16), sollten diese Priester nie wieder ausüben dürfen. Stattdessen wurden die Priesterschaften in den gallischen Provinzen nach römischem Vorbild organisiert und in den Herrschaftsapparat eingebunden. So stellten auch die Treverer Oberpriester für den Herrscherkult der Göttin Roma und des Augustus in Lugdunum/Lyon, wo alljährlich Vertreter der gallischen Stämme zum Landtag der drei Provinzen (*Tres Galliae*) zusammentrafen. Der Kaiserkult in der civitas Treverorum selbst wurde von Priestern (*flamines*) des Lenus Mars im Stammesheiligtum am Irminenwingert in Trier ausgeübt. Die weniger bedeutenden Kulte überließen die Römer weitgehend der privaten Initiative, die ein gewisses Fortbestehen einheimischen Kultbrauchtums ermöglichte.[24]

»Römisch machen« mit Strategie und Psychologie

In Zusammenhang mit den alteuropäischen Götterdreiheiten angesprochen (siehe oben S. 39) wurde die kapitolinische Trias Jupiter, Juno und Minerva. Sie war gewissermaßen das religiöse Etikett, mit dem eine römische Stadt als solche ausgezeichnet wurde. Das als Zentrum einer römischen Stadtgründung angelegte Forum war in der Regel auch der Ort, in dessen Nähe der Kapitolstempel stand, der, als Abbild des Haupteiligtums auf dem Capitolium in Rom oberhalb des Forum Romanum, aus einer Stadt in der Provinz ein »kleines Rom« werden ließ. Für Trier sind zwar die kapitolinische Trias in einem kleinformatigen Hochrelief (Kat. 2)[25] sowie Jupiter und Juno durch thronende Statuen (Kat.3)[26] als archäologische Funde überliefert, das Kapitol selbst ist jedoch noch nicht lokalisiert worden.[27]

Nicht nur der Kapitolstempel in der Hauptstadt der *civitas* allein war im Land der Treverer ein untrügliches Kennzeichen römischer Herrschaft auch im religiösen Bereich. Für die im Kultwesen an Naturorte oder eingefriedete Bezirke mit Holzbauten gewöhnten keltischen Stämme bedeutete die monumentale bauliche Ausgestaltung von

Heiligtümern in- und außerhalb der Siedlungen insgesamt eine Umwälzung, die ihnen das Eindringen einer fremden Macht nur umso mehr bewußt machte. Daß die Römer dabei durchaus mit psychologischen Mitteln operierten, erläutert Tacitus an der Vorgehensweise seines Schwiegervaters Iulius Agricola gegenüber den britannischen Stämmen:

»Damit sich nämlich die verstreut wohnenden, rauhen und daher leicht zum Krieg geneigten Menschen durch Annehmlichkeiten an Ruhe und Muße gewöhnten, ermunterte man sie jeden für sich und gewährte ihnen öffentliche Unterstützung, daß sie Tempel, Marktplätze und (Stein-)Häuser erbauten, lobte dabei die Willigen und tadelte die Säumigen: So trat das Eifern um Ehre an die Stelle des Zwangs. ... Und dies wurde von den Unkundigen »Kultur« genannt, wo es doch Teil ihrer Sklaverei war« (Agr. 21). Und in diese Romanisierungsstrategie waren nicht nur die Kultplätze, sondern auch, wie bereits gezeigt, die gallischen Gottheiten und die Priester eingebunden.

Göttliche Garanten des Imperium Romanum

Jupiter als Verkünder der Weltherrschaft Roms ohne Grenzen in Zeit und Raum ist bereits aufgetreten. In gleicher Weise dienten aber auch, wie erwähnt, die anderen Gottheiten des römischen Pantheon der politischen Zielsetzung, den Bestand des Imperium Romanum zu erweitern und zu erhalten. Um die Himmlischen jedoch diesem Zweck gegenüber wohlgesonnen zu stimmen und zu bewahren, mußten ihre Schutzbefohlenen auf Erden ebenfalls ihren Teil zur Verwirklichung des Maximalprogramms beitragen. Daß es den Römern in vorbildlicher Weise gelungen sei, ihrem Herrschaftsanspruch gerecht zu werden, meint zumindest der griechische Rhetor Aelius Aristides aus Smyrna, der in einer Lobrede auf Rom, gehalten vor Kaiser Antoninus Pius (138 - 161 n. Chr.), die Götter gewissermaßen als Zeugen dafür anführt:

»... denn die Götter, wie es scheint, sehen auf euch herab, erhalten gnädig euer Imperium und verleihen euch die Gunst, es ewig zu besitzen. Zeus (Jupiter), weil ihr euch für ihn um den Erdkreis, seine vorbildliche Schöpfung, wie man sagt, vorbildlich kümmert, Hera (Juno), weil sie durch rechtmäßig geschlossene Ehen geehrt wird, Athena (Minerva) und Hephaistos (Vulcanus), weil die Künste geachtet werden, Dionysos (Bacchus) und Demeter (Ceres), weil man ihnen gegenüber die Feldfrüchte keinen Schaden leiden läßt, Poseidon (Neptunus), weil ihm das Meer von Seeschlachten rein gehalten und es von Handels- statt von Kriegsschiffen befahren wird. Im Chor vereint, blicken Apollo, Artemis (Diana) und die Musen unablässig auf ihre Diener in den Theatern hinab; Hermes (Mercurius) indessen braucht nicht auf Wettkämpfe und Gesandtschaften zu verzichten, Aphrodite (Venus) nicht auf Kindersegen und Liebesdienste. Wann waren jemals die Zeiten begünstigter oder wann hatten die Städte je mehr Anteil daran?« (104f.).

Ohne auf alle Details einzugehen, sind doch als wesentliche Errungenschaften der römischen Herrschaft, die Aristides hier und an anderen Stellen seiner Rede hervorhebt[28], die Sicherheit von Verkehr und Handel zur See und auf dem Land, die allgemeine Gültigkeit des Rechts, die Effektivität der Landwirtschaft, die Förderung von Kunst und Kultur sowie nicht zuletzt auch, wie bei Venus angedeutet, das Anwachsen der Bevölkerung, festzuhalten. Mit dem Hinweis auf Jupiter verknüpft, klingt die Vorstellung vom *orbis Romanus*, dem von den Römern beherrschten Erdkreis, an. Aristides verwendet in seiner griechisch gehaltenen Rede den Ausdruck *oikoumene*, der »bewohnte Welt«

bedeutet, der aber in der griechischen Literatur der römischen Kaiserzeit mit orbis Romanus synonym wurde. Beide Begriffe haben sich bis heute im kirchlichen Sprachgebrauch erhalten, indem »ökumenisch« die katholische Weltkirche oder die konfessionsübergreifende Zusammenarbeit bezeichnet, und *orbis* erscheint im Segen des Papstes zu den christlichen Hochfesten: *urbi* (»für die Stadt ...« = Rom) *et orbi* (»... und für den Erdkreis« = die christliche Welt).

Kein Stellenmangel im Götterhimmel

In seiner »Rede auf Rom« hat Aelius Aristides die bedeutendsten Götter und Göttinnen des römischen Pantheons - mit den Namen der ihnen entsprechenden griechischen Gottheiten - sowie die ihnen zugeordneten Daseinsbereiche angeführt. Dabei erfüllten die Mitglieder der kapitolinischen Trias sicher die wichtigsten Funktionen für das gesamte Staatswesen, da ihnen umfassendere »Ressorts« als den anderen zugeordnet waren. Aber die römische Götterwelt kannte eine noch weit detailliertere Aufgabenverteilung, als es das Zitat aus der Romrede andeutet. Bestimmte Kräfte einzelner Götter (Hypostasen) wurden von ihnen abgetrennt und konnten, meist als deren Kinder aufgefaßt und personfiziert, selbst zu Göttern werden, die sich aber recht schnell von ihren Eltern »abnabelten« und ein unabhängiges Dasein führten. Was das Heilwesen im Trevererland angeht, so ist die griechische Hygieia, die »Gesundheit« als »Tochter« des Asklepios, bereits als ikonographisches Vorbild für das Kultbild der keltischen Heilgöttin Sirona in Hochscheid vorgestellt worden (S. 41 f.).

Einzelne Abschnitte im Leben des Menschen, besonders Geburt und Kindheit, standen unter dem Schutz spezieller Gottheiten. Aber auch abstrakte Begriffe, körperliche Phänomene und selbst Menschen - meist legendäre Gestalten - hat man in den göttlichen Rang erhoben. Einige Beispiele führt um 230 n. Chr. der christliche Autor Marcus Minucius Felix in dem Dialog Octavius an, um seinem Spott über die römische Vielgötterei Ausdruck zu verleihen: Romulus (der vergöttlichte Gründer Roms), Picus (ein legendärer italischer Urkönig), Tiberinus (ebenfalls ein Sagenkönig, zugleich Gottheit des Flusses Tiber), Consus (Gott der eingelagerten Feldfrüchte), Pilumnus (Schutzgott bei Geburten und Eheschließungen) und Volumnus (Schützer der Neugeborenen). Man »fand und verehrte die Kloakengöttin (Cloacina [oft mit Venus gleichgesetzt]), ... den Schrecken (Pavor) und die Blässe (Pallor). Schließlich wurde von irgendwem gar die Fiebergöttin (Febris) aufgebracht. Das ist nun der Glaube, der diese Stadt groß gemacht hat: ein Glaube an Krankheiten und Schwächen!« (25,8).

Bedeutender als letztere, und zwar vor allem im politischen Sinn, waren die oft auch auf Münzen dargestellten personifizierten Begriffe *Fortuna* (»glückliches Geschick«), *Victoria* (»Sieg«), *Spes* (»Hoffnung«), *Concordia* (»Eintracht«), *Fides* (»[Vertrags-] Treue«), *Pax* (»Frieden«), *Securitas* (»[Staats-] Sicherheit«), *Aeternitas* (»Ewigkeit«) und noch viele mehr. Einige dieser meist weiblichen Gottheiten besaßen eigene Tempel in Rom, so z. B. Fides und Concordia, während der »Friedensaltar« (*ara Pacis Augustae*) ein für die Politik des Augustus wichtiges Monument war.[29] Fortuna wurde auch von einzelnen Personen durch Weihungen verehrt, die ihr eine glückliche Wendung in ihrem Leben oder den erfolgreichen Abschluß einer Unternehmung zu verdanken hatten. Besonders die beheizten römischen Bäder (Thermen), ob privat oder öffentlich, wurden gern unter den Schutz der *Fortuna balnearis* (Kat. 16)[30] gestellt.

Genialer Schutz für alle und alles

Ein besonderer Aspekt der antiken Religion ist die Vorstellung von der Existenz eines persönlichen Schutzgeistes, der von der Geburt bis zum Tod über das Leben eines jeden Menschen wacht. Der Philosoph Epiktetos aus Hierapolis, ein Verteter der kaiserzeitlichen Stoa (etwa 50 - 130 n. Chr.), gibt in seinen »Lehrvorträgen« (Diatribai) - aufgezeichnet von seinem Schüler Flavius Arrianus - die griechische Version dieser Auffassung wieder:

»[Zeus] hat einem jeden einen Aufseher zur Seite gestellt, nämlich den Schutzgeist (daimona) eines jeden, und hat ihm aufgetragen, ihn [den Menschen] zu beobachten, und dies ohne Schlummer und ohne sich überlisten zu lassen« (Arr. Epict. 1,14,12).[31]

Nach römischer Ansicht hatte jeder Mann seinen Genius (Kat.17)[32], jede Frau dagegen ihre Juno. Daß letztere namentlich mit der Mutter- und Frauengöttin der kapitolinischen Trias identisch ist, zeigt vermutlich, daß Juno, wie alle anderen römischen Götter auch, ursprünglich nicht als Person der Mythologie aufgefaßt worden war, sondern daß sie als im Leben jeder einzelnen Frau wirksame, göttliche Kraft galt.[33] Junones - nicht zu verwechseln mit den namensgleichen gallo-römischen Muttergottheiten (Kat. 27)[34] - wie Genii wurden zusammen mit der Frau bzw. dem Mann geboren und starben auch mit ihnen zusammen. Losgelöst von dieser individuellen Beziehung entwickelte sich in Rom aber auch die Vorstellung, daß gesellschaftliche Institutionen und Korporationen, wie Truppenteile, Handwerkergilden (Kat. 33 f.)[35], der Senat in Rom oder gar das römische Volk, ihren jeweiligen Genius besaßen. Genien waren mit Gemeinwesen (*genius civitatis, g. pagi, g. viciniae*) verbunden[36], und ihre Verknüpfung mit Örtlichkeiten hat sich im noch heute bildungssprachlich verwendeten Begriff *genius loci* (»Geist des Ortes«) erhalten.

Zum Gott erhoben oder Gott auf Erden?

Wie jede Person besaß auch der römische Kaiser seinen Genius, und dieser konnte ihm dazu dienen, zu Lebzeiten göttliche Ehrungen zu empfangen, ohne sich in seiner Person selbst zum Gott zu erheben.[37] Dies war nämlich besonders in Rom politisch mit Risiken behaftet. Verehrt wurde so mit dem *genius Augusti* die im kaiserlichen Amt und in der Person des Herrschers wirkende göttliche Kraft, die sich aber nicht prinzipiell von der unterschied, die sich in jedem Einzelnen manifestierte. Erst nach seinem Tod konnte der Kaiser unter die Staatsgötter Roms aufgenommen werden. Dieser Akt (*consecratio*) wurde auf einen Beschluß des Senats hin vorgenommen, der ihn jedoch mißliebigen Herrschern auch verweigerte. Für den Kult des vergöttlichten Kaisers (*divus*) errichtete man Tempel und Altäre, an denen eigene Priesterschaften ihren Dienst versahen. Gaius Octavianus, der dieses Verfahren mit der Vergöttlichung seines Adoptivvaters, C. Iulius Caesar, einführte, hat aus den Iden des März 44 v. Chr. sicherlich die richtigen Lehren gezogen. Dabei drückte schon der Ehrenname, der ihm im Jahre 27 v. Chr. auf Senatsbeschluß verliehen worden war, den sakralen Aspekt der Herrschaft des ersten römischen Kaisers aus: »Augustus« bedeutet »der Erhabene«; er ist mit den Begriffen *augurium* und *auctoritas* - die Einholung göttlicher Zustimmung für Amtshandlungen und das durch außerordentliche Verdienste erworbene Ansehen - sinnverwandt.[38]

In den Provinzen des Imperiums allerdings ließ sich schon der lebende Princeps auf diese Weise göttlich verehren, wenn auch meist im Verein mit der vergöttlichten Personifikation der Hauptstadt und ihres Imperiums, der Göttin Roma, wie an dem oben (S. 48) erwähnten Heiligtum der *Tres Galliae* in Lyon. Für die *civitas Treverorum* ist durch eine Inschrift belegt, daß hier der Kult des Augustus mit dem des Lenus Mars im Stammesheiligtum am Irminenwingert (Trier-West) verknüpft war (Kat. 33 h).[39] In abgeschwächter, weniger personaler Form hat man dem »göttliche Wesen« bzw. »Wirken« des Kaisers (*numen Augusti*) Verehrung gezollt.[40] Eine standardisierte Loyalitätsbekundung gegenüber dem Princeps und den Angehörigen seiner Familie zeigt die auf Weihinschriften oft vertretene Anfangsformel an: IN H(*onorem*) D(*omus*) D(*ivinae*) - »Zu Ehren des göttlichen (Kaiser-)Hauses«.[41]

Somit zeigt sich uns der römische Polytheismus in seinen verschiedenen Ebenen, von den Gottheiten der kapitolinischen Trias, in der die drei höchsten des Pantheons über die wichtigsten Institutionen des Staatswesens wachen, über die für einzelne Lebensbereiche der Menschen zuständigen Götter und Göttinnen bis hinab zu den personifizierten und vergöttlichten abstrakten Begriffen. Die in jedem Einzelnen wirksame Teilhabe an den göttlichen Kräften in Gestalt von Genien und Junones stellte zwar die »privateste« Ebene der Religion dar, in der Person des Kaisers jedoch ist sie auf das gesamte Gefüge des Imperium Romanum ausgedehnt worden. In den Provinzen schon zu Lebzeiten mit göttlichen Ehrungen bedacht, in Rom selbst erst nach seinem Tod, wurde der Herrscher durch den Akt der *consecratio* in den Kreis der Staatsgötter erhoben. Unter dem sakralen Aspekt des römischen Prinzipats verband sich die weltliche mit der überirdischen Sphäre, die - im Gegensatz zu heute - im Altertum generell nicht streng voneinander geschieden waren.

Die Allmutter vom Nil

Das Ausgreifen der politischen Einflußnahme Roms auch auf die Geschicke der Länder des östlichen Mittelmeerraumes, das sich seit dem 3. Jahrhundert v. Chr. in verstärktem Maße vollzog, hatte zwei wesentliche Konsequenzen für das Religionswesen der Römer: zum einen die Umgestaltung der italischen Götterwelt nach dem Vorbild der griechischen Mythologie, zum anderen, und mit dem ersten verbunden, das Eindringen orientalischer Kulte aus den Gebieten, die seit den Eroberungszügen Alexanders des Großen in die griechische Kultursphäre einbezogen worden sind. Rom hatte damit teil an dem, was als hellenistische Koiné (von griech. koinos = »gemeinsam«) bezeichnet wird, und der Hellenismus wurde zum Mittler, aber auch zum Taktgeber auf dem Gebiet der kulturellen und religiösen Entwicklung des Mittelmeerraumes.

Auf die Überformung durch und die Gleichsetzung der altrömischen Götter mit den Gestalten der griechischen Götterwelt wurde schon hingewiesen. Mit den Kulten der orientalischen Gottheiten trat jedoch eine Erscheinungsform der Religion auf, die zwar nicht grundsätzlich der römischen widersprach, aber neue Elemente in das religiöse Geschehen einbrachte, denen man zunächst mit äußerstem Mißtrauen begegnete und die man bisweilen auch durch Maßnahmen der Staatsgewalt zu unterdrücken versuchte. Zum einen zeichneten sich die östlichen Religionen aus durch eine andersartige Vorstellung über die in ihnen verehrten Gottheiten: Der Glaube an die Götter und Göttinnen des Orients schloß zwar jeweils nicht die Existenz anderer Gottheiten aus, jene wurden aber von ihren Verehrern als gegenüber den anderen »überwertig« erfahren und anerkannt. Dieser subjektive »Eingottglaube« wird als

Henotheismus bezeichnet (von griech. hen = »eines«). Auf diese eine bevorzugte Gottheit wurden gern die Namen und Eigenschaften anderer Götter übertragen, um ihre universelle Größe und Macht zu umschreiben.[42]

Dies soll am Beispiel der ägyptischen Göttin Isis veranschaulicht werden. Seinen durch eine Mischung aus Burleske, Frivolität und Ernst geprägten Roman »Verwandlungen« (Metamorphoses) oder auch: »Der Goldene Esel«, beschließt der Verfasser, Apuleius aus Madaura (etwa 124 - 180 n. Chr.), mit der Einweihung des aus seiner Eselsgestalt erlösten Helden Lucius in die Mysterien der Göttin. Bevor dieser jedoch zurückverwandelt wird, erscheint ihm Isis im Traum und stellt sich folgendermaßen vor:

»Ich, Allmutter Natur, Beherrscherin der Elemente, erstgeborenes Kind der Zeit, Höchste der Gottheiten, Königin der Geister, Erste der Himmlischen; ich, die ich in mir allein die Gestalt aller Götter und Göttinnen vereine, mit einem Wink über des Himmels Gewölbe, die heilsamen Lüfte des Meeres und der Unterwelt vielbeklagtes Schweigen gebiete. Die alleinige Gottheit, welche unter so mancherlei Gestalt, so verschiedenen Bräuchen und vielerlei Namen der ganze Erdkreis verehrt: mich nennen die Erstgeborenen aller Menschen, die Phrygier, Göttermutter von Pessinous; ich heiße bei den Athenern, den Ureinwohnern Attikas, kekropische Minerva, bei den inselbewohnenden Zypriern Venus von Paphos, bei den bogenschießenden Kretern netzwerfende Diana, bei den dreisprachigen Siziliern unterweltliche Proserpina, bei den Eleusiniern Urgöttin Ceres. Andere nennen mich Juno, andere Bellona, andere Hekate, Rhamnousia wieder andere. Sie aber, welche die aufgehende Sonne mit ihren ersten Strahlen beleuchtet, die Äthiopier beider Länder, und die Besitzer der ältesten Weisheit, die Ägypter, die mich mit den angemessensten eigensten Gebräuchen verehren, geben mir meinen wahren Namen: Königin Isis« (Met. 11,5). In entsprechender Umkehrung zur griechischen Romrede des Aristides (S. 49) erscheinen in dem lateinischen Roman die griechischen Götter mit römischen Namen. Wie Apollo (S. 40) wird auch Isis als Gottheit des Himmels, der Erde und der Unterwelt dargestellt.

Geheimnisvolle Begegnungen

In ihrem Mythos war Isis ursprünglich eng mit Osiris verbunden. Dieser wurde von Seth, der Verkörperung des Bösen, die auch in Eselsgestalt erschien, getötet und zerstückelt.[43] Isis sammelte die verstreuten Teile des Leichnams und bestattete sie. Seitdem lebte Osiris in der Unterwelt weiter und fungierte dort als Herrscher und Richter über die Toten. Ursprünglich ein Unsterblichkeitsritual für die letzteren, nahmen die Isismysterien im Lauf der Zeit - wohl unter griechischem Einfluß - die Gestalt eines Kultes für Lebende an.[44] Und damit ist das zweite besondere, der Obrigkeit oft suspekte Merkmal der orientalischen Religionen verknüpft, das Ritual der Einweihung. Auch dieses Geschehen wird im »Goldenen Esel« geschildert: »... so höre denn und - glaube, traue! Es ist wahrhaftig. Ich ging bis zur Grenzscheide zwischen Leben und Tod. Ich betrat Proserpinas Schwelle, und nachdem ich durch alle Elemente gefahren war, kehrte ich wieder zurück. Zur Zeit der tiefsten Mitternacht sah ich die Sonne in ihrem hellsten Licht leuchten; ich erblickte die unteren und die oberen Götter von Angesicht zu Angesicht und betete sie in der Nähe an. Sieh, nun hast du alles gehört: aber auch verstanden? Unmöglich« (Met. 11,23).

Der Verfasser scheint hier auf eigene Erfahrungen zurückgreifen zu können, denn in einer Verteidigungsschrift

- ihm wurde in einem Prozeß die mißbräuchliche Anwendung von Liebeszauber vorgeworfen - sagt er aus, an zahlreichen Geheimkulten in Griechenland teilgenommen zu haben (Apol. 55,4f.). Nach seiner Schilderung drang Lucius bis zum Tor der Unterwelt vor, erfuhr in der Finsternis aber eine Erleuchtung, die als Gottesschau - das Erlebnis der Begegnung des Sonnengottes Rê mit Osiris? - vorzustellen ist.[45] Daß mit Proserpina, eigentlich die römische Totengöttin, Isis gemeint sein kann, hat diese weiter oben ja selbst von sich gesagt.

Isis ist aber nicht nur allein als All- und Muttergöttin verehrt worden. So trat sie oft zusammen mit Serapis auf, der unter hellenistischem Einfluß den ursprünglich mit dem Isismythos verbundenen Osiris verdrängt hatte. Charakteristisch für seine Verehrung waren opulente Mahlfeiern, deren ständig rauchende Herde und Grills den christlichen Autor Quintus Septimius Florens Tertullianus (etwa 150 - 230 n. Chr.) zu der spöttischen Bemerkung veranlaßten: »Der Rauch beim Serapismahl alarmiert die Feuerwehr« (Apol. 39,15).[46] Isis und Serapis finden sich als Paar auf einem Relief vereint, das aus dem Brunnen des gallorömischen Kultbezirkes auf dem Metzenberg bei Tawern, Kr. Trie-Saarburg, geborgen wurde (Kat.48).[47] Die Götter vom Nil waren mit den Römern also auch bis an die Mosel gekommen und wurden in einheimischen Tempelanlagen verehrt.

Sonnenanbeter in der Mithras-Grotte

Zu den orientalischen Religionen, die ebenfalls ihren Weg ins Trevererland gefunden hatten, zählte der Mithraskult. Er wurde meist durch römische Soldaten oder Kaufleute, die aus dem Osten des Imperiums stammten, verbreitet. Da diese jedoch stärker in den Städten und Militärlagern am Rhein und den anderen Limesabschnitten vertreten waren, sich in Trier dagegen weniger Fremde aufhielten, war hier die Mithrasverehrung, wie die orientalischen Religionen insgesamt, nicht so häufig anzutreffen wie dort.[48]

Die Gestalt des Mithras geht auf den altpersischen Gott Mithra zurück, dessen Mythos in Grundzügen bekannt ist: Aus einem Fels geboren, jagt er den Urstier, tötet ihn in einer Felshöhle und bewirkt damit die Befruchtung der Erde. Auch beim Kult des Mithras existierten Einweihungsriten. Sie vollzogen sich stufenweise aufsteigend in sieben Graden, die bildlich auf einem Fußbodenmosaik aus Ostia (Abb. 17)[49], literarisch in einem Brief des Kirchenvaters Hieronymus (etwa 350 - 420 n. Chr.) überliefert sind. Er bezieht sich darin auf die Aktion eines römischen Stadtpräfekten namens Gracchus, »der die Höhle des Mithras und all die scheußlichen Bilder, vor denen der »Rabe« (*corax*), die »männliche Braut« (*nymphus*), der »Soldat« (*miles*), der »Löwe« (*leo*), der »Perser« (*Perses*), der »Sonnenläufer« (*heliodromus*), der »Vater« (*pater*) eingeweiht werden, zerstört, zertrümmert und beseitigt« hat (epist. 107,2).[50]

Die sieben Weihegrade waren - in der von Hieronymus genannten Reihenfolge - mit den sieben Planetengöttern der Antike, zugleich auch Gottheiten für jeden Tag der Woche, verbunden: Merkur (Mittwoch) - Venus (Freitag) - Mars (Dienstag) - Jupiter (Donnerstag) - Luna (Montag) - Sol (Sonntag) - Saturn (Samstag). Die Verknüpfung der Weihegrade mit Gestirngottheiten zeigt die engen Beziehungen der Mithrasmysterien zur Astrologie (siehe weiter

FELICISSIMVS
EX VOTO-F

Zwischen
Esus und
Jesus
der Wandel der anti-
ken Religion im Spie-
gel schriftlicher
Zeugnisse

55

unten) an, die wohl auch wesentlich zu deren Entstehung beigetragen hatte.[51]

Die Mithräen, d. h. die Kultstätten der Mithrasreligion, unterschieden sich grundsätzlich von den in der Antike üblichen Tempeln: Während bei diesen sich das Kultbild der Gottheit im Innenraum des Heiligtums, der cella, befand, die Gläubigen aber am außen davor stehenden Altar der Kulthandlung beiwohnten, waren Gottesbild und Liturgie des Mithraskultes in einem Raum vereinigt.[52]

Doch nicht nur räumlich zeichnete sich diese Religion durch eine kultische Exklusivität aus: Sie ist nur Männern zugänglich gewesen, Frauen waren von ihr ausgeschlossen. Aus diesem Grunde und wohl auch wegen der straffen Organisation mit ihrer »Rangordnung« rekrutierten sich seine Anhänger vorwiegend aus dem kaiserlichen Verwaltungsapparat und dem »Männerbund« früherer Zeiten schlechthin, dem Militär. Da sich Soldaten und Beamte zudem der Loyalität gegenüber dem Kaiserhaus verpflichtet fühlten, verstanden sie die Ausübung ihrer Religion als Bekundung der Treue gegenüber den römischen Herrschern, die ihrerseits den Mithraskult mit Wohlwollen und nach Kräften förderten.[53] Diese Bindung an das Kaisertum bot die besten Voraussetzungen für den Bestand des Kultes wie auch für seinen raschen Untergang im 4. Jahrhundert n. Chr., als Roms Herrscher den christlichen Glauben annahmen.

Gefahren für die römische Ordnung?

War der Kult des Mithras infolge seiner kaiserlichen Protektion gut in das römische Staatswesen integriert, wurden andere orientalische Religionen von vielen Zeitgenossen, besonders aber von der Staatsgewalt, mit erheblich mehr Mißtrauen und Ablehnung wahrgenommen. Geheimnisvolle Weiheriten, orgiastische Feiern und exaltierte Umzüge wurden als sittenloses Gebaren angesehen, hinter dessen Kulissen noch weit schlimmeres zu befürchten stand. Da sich aber die immer breiter werdende, dem Zeitgeist verpflichtete Strömung hin zu den Mysterien des Orients nicht unterdrücken ließ, versuchte man, sie durch Assimilation in kontrollierte Bahnen zu lenken. Hier half das auch bei den gallo-römischen Gottheiten angewandte Verfahren der »römischen Deutung«: Isis hat man in Italien mit Venus gleichgesetzt[54], und aus dem Trevererland ist die Statue einer »Isis-Fortuna«, gefunden auf dem Gelände der römischen villa rustica von Fließem-Otrang, Kr. Bitburg-Prüm, erhalten (Kat.48)[55] Ferner hat man den ebenfalls weit verbreiteten Kult des semitischen Baal der Stadt Doliche im Nordosten Syriens romanisiert, indem der Gott zum Jupiter Dolichenus avancierte[56] Der ohnehin offiziell protegierte Mithras ist dagegen mit der »unbesiegten Sonne« (Sol Invictus) identifiziert worden[57], der sich vor allem seit dem 3. Jahrhundert n. Chr. auch die römischen Kaiser verpflichtet fühlten, da sie den Sonnengott als ihren »Begleiter« (comes Augusti) ansahen.[58]

Himmlische Kräfte und irdische Geschäfte

Eng mit der Vorstellungswelt der orientalischen Religionen verbunden ist der gar nicht so selten noch bei heutigen Zeitgenossen vorhandene Glaube an die Macht der Sterne. Die Astrologie, die in der Angebotspalette des modernen Esoterikmarktes einen prominenten Platz einnimmt, war im antiken Rom eine der am meisten in Anspruch genommenen Methoden, etwas über die eigene Befindlichkeit, mehr aber noch über die Zukunft in Erfahrung zu bringen. Grundlegend für das astrologische Denken ist die Annahme einer ursächlichen Beziehung zwischen den Bewegungen und Konstellationen der Himmelskörper und Vorgängen auf der Erde, die über die offensichtlich wahrnehmbaren Einflüsse von Gestirnen, wie die Gezeiten, den Wechsel von Tag und Nacht oder den Rhythmus der Jahreszeiten, hinausgeht. Was diese Phänomene betrifft, war man sich in der Antike nicht recht im Klaren darüber, ob die Himmelskörper sie nur »anzeigen« oder direkt verursachen. Die Astrologie geht hingegen davon aus, daß aus der Stellung der Gestirne, vor allem der damals bekannten, schon beim Mithraskult genannten (S. 54) sieben Planeten, das Schicksal, d. h. der gegenwärtige Zustand wie auch die zukünftige Entwicklung, einzelner Menschen, aber auch von Völkern und Staaten, sogar der Welt, abzulesen sei.

Die wissenschaftliche Basis für die Sterndeutung wurde durch die Beobachtung und Berechnung der scheinbaren und tatsächlichen Bewegungen am Firmament gelegt. Die Wiege der Astronomie, in der Antike schon sprachlich nicht von der Astrologie geschieden, stand im Zweistromland, wo man sie einerseits zur Bestimmung der Kalenderdaten für religiöse Feste, andererseits im Sinne einer Deutung von Zeichen göttlicher Willens- oder Absichtsbekundungen einsetzte.[59] Allgemein bekannt sind natürlich die »Weisen aus dem Morgenland«, mit großer Wahrscheinlichkeit orientalische Sterndeuter, die eine auffällige Himmelserscheinung als göttliches Zeichen für die Geburt eines »Königs der Juden« interpretiert haben und daraufhin nach Bethlehem gezogen sein sollen (Mt 2).

Üblicherweise stand in der Astrologie jedoch die Berechnung von Gestirnkonstellationen, vor allem am Tag der Geburt eines Menschen, noch heute als »Horoskop« geläufig, im Mittelpunkt. Wie bei den orientalischen Kulten, hat auch bei der Sterndeutung der Hellenismus im Imperium Romanum eine entscheidende Vermittlerrolle gespielt. Die Betätigung in diesem Metier war schon in Rom ein einträgliches Geschäft gewesen, wie Decimus Iunius Iuvenalis (etwa 60 - 140 n. Chr.) in seinen »Satiren« bezeugt:

»Doch der Chaldäer genießt noch größeres Vertrauen: den Worten des Astrologen schenkt man Glauben, als flössen sie aus Ammons Orakel; denn das delphische ist verstummt, und das Dunkel der Zunkunft liegt wie ein Bann auf dem Menschengeschlecht. Aus der Zunft der Sterndeuter gilt am meisten der mehrfach verbannte Mann ... Für seine Kunst findet der höheren Lohn, dessen Hände im Eisenring geklirrt haben und der lange im Soldatenkerker gesessen hat. Kein Astrologe hat Genie, den der Staat nicht öfter bestrafte, nur der, der dem Tod schon ins Auge sah, der knapp mit Verbannung davonkam und nach hartem Exil auf [der Kykladeninsel] Seriphos wieder freigelassen wurde. Den konsultiert deine Frau ...« (6,554-566).

Juvenal gebraucht »Chaldäer« gleichbedeutend mit »Astrologe«, was die traditionelle Herkunft der Sterndeutung wie die des Ausübenden selbst aus Mesopotamien noch in römischer Zeit anzeigt. In der Satire wird auch der anrüchige Stand des Astrologen betont, der oft genug mit einem Bein im Gefängnis stand oder sogar einem Todesurteil entgegensah, wenn es nicht mit Verbannung abgemildert wurde. Besonders Versuche, das Todesdatum von Menschen per Horoskop zu ermitteln, galten als Verbrechen. Es gab einerseits mehrere Versuche der Staatsgewalt, die »Chaldäer« aus Rom zu vertreiben, andererseits zogen gerade Mitglieder des römischen Herrscherhauses ihren »Hofastrologen« vor politischen Entscheidungen zu Rate oder ließen sich, wie Kaiser Tiberius etwa, sogar selbst in der Kunst der Sterndeutung unterweisen.[60]

Auf privater Ebene scheinen, wenn Iuvenal hier nicht nur ein Klischee bedient, Frauen die beste Kundschaft der Sterndeuter gewesen zu sein. Neben der berufsmäßigen Sterndeutung gab es damals, wie heute noch, die laienhaft betriebene Privatastrologie, die sich auf dem Niveau unserer Zeitungshoroskope bewegte. Zeugnisse dafür sind sog. Steckkalender aus Ton, »astrologische Kalender, so abgegriffen und speckig wie Bernsteinkugeln,« vor dessen Benützerinnen der Satiriker besonders warnt (Sat. 6,567-569). Derartige Horoskope für den Hausgebrauch sind indessen auch in Trier gefunden worden (Kat.54)[61], das sich darin abermals als kleines Abbild der Hauptstadt am Tiber erweist.

Fluch und Segen aus der Unterwelt

Das der Astrologie zugrundeliegende Prinzip der Entsprechungen zwischen himmlischen und irdischen Vorgängen und Ereignissen weist auf eine weitere, zu unrecht als »prälogisch« oder »primitiv« abqualifizierte Ebene menschlicher Vorstellungsweisen hin: das Denken in Analogien und Sympathien, auch als »magisches« Denken bezeichnet.[62] Mit Magie wird heutzutage, wenn man von der illusionistischen Bühnenzauberei absieht, vor allem der in Kinofilmen in reißerischer Form präsentierte Voodoo-Kult der karibischen Inseln verbunden. Sofort assoziiert werden damit kleine Püppchen, die, mit Nadeln durchstochen, mißliebige Mitmenschen darstellen, auf die durch diese Prozedur Schädigungen an den entsprechenden Körperstellen, wenn nicht gar der Tod »übertragen« werden soll.

Was heute als exotisches Horrorritual erscheint, war in der klassischen Antike gang und gäbe. Zahlreich sind die in der Literatur überlieferten magischen Handlungen und Hilfsmittel. Auch Puppen nach Art des Voodoo-Zaubers gehörten dazu, wie Quintus Horatius Flaccus (etwa 65 - 8 v. Chr.) in seinen »Satiren« über das Treiben der Hexe Canidia berichtet.[63] Dabei war man von der Wirksamkeit der Magie, besonders der schadenbringenden »schwarzen« im Gegensatz zur meist eigennützlichen »weißen«, durchaus überzeugt. Schließlich mußte sich, wie bereits angedeutet, der Verfasser des antiken Zauberromans »Der Goldene Esel«, Apuleius, 158/59 n. Chr. in einem Prozeß gegen den Vorwurf der Anwendung eines Liebeszaubers gegenüber einer reichen Witwe verteidigen. Mit geschickten Argumenten entkräftete er die Anklage durch den Hinweis, in Persien, der Heimat der Zauberkunst, sei »Magier« - man denke an die »Weisen aus dem Morgenland«, die bei Matthäus *magoi* heißen (2,1) - ein Name für »Priester«, was nichts Verwerfliches beinhalte. Und seine Gegner konnte der Schriftsteller nur als tollkühn bezeichnen, daß sie es wagten, ihn vor den Kadi zu ziehen, wenn er tatsächlich über magische Kräfte geböte.[64]

Anklänge an die Voodoo-Magie zeigen auch die häufig verwendeten Bleitäfelchen, deren eingeritzte Texte dem Gegner Schaden zufügen sollten. Die weichen Täfelchen wurden oft zusammengerollt sowie mit einem Nagel durchbohrt an einem Ort, möglichst in der Nähe des potentiellen Opfers, deponiert und der Schadenszauber so an dieser Stelle »fixiert«. In Trier sind mehrere solcher *tabellae defixionum* im Arenakeller des Amphitheaters entdeckt worden, der als Ort mit einer nahen Beziehung zu den Göttern der Unterwelt galt (Kat. 54).[65] An derartigen Stätten, zu denen auch Gräber, Heiligtümer, Schlachtfelder, Brunnen und Flüsse zählten, war es besonders leicht, sich ins magische »Internet« einzuklinken, um etwa Fernwirkungen seiner bösartigen Absichten zu erzielen. Im Amphitheater konnte der Fluch aber auch unmittelbar Konkurrenten in der Arena zugedacht sein, wie ein sehr ausführliches Bleitäfelchen aus der Kampfbahn von Karthago beweist, auf dem alle dem »Absender« bekannten ägyptischen Dämonen angerufen werden, um den gegnerischen Gladiator außer Gefecht zu setzen.[66]

Aber nicht nur orientalische Quälgeister wurden für solch »negatives Doping« bemüht. Auf einer der erwähnten Trierer *tabellae*, die aus dem 4. Jahrhundert n. Chr., aus bereits christlicher Zeit also, stammen kann, werden die Götter Mars und Diana, diese als Mondgöttin auch mit dem magischen Aspekt des Erdtrabanten verknüpft, ins Spiel gebracht.[67] Magie ist auch auf politischem Gebiet eingesetzt worden, um erfolgreiche und beliebte Persönlichkeiten zu schädigen. Bisweilen finden sich mehrere Formen des Abwehr-, Schadens-, Liebes- oder Offenbarungszaubers in einer magischen Handlung vereint. Eines der weitesten Felder für die Anwendung zauberischer Mittel ist jedoch, angesichts der elementaren Bedeutung der Gesundheit für den Menschen, das Gebiet der Heilkunde, und man könnte meinen, einen aktuellen Kommentar zur magischen Quacksalberei zu vernehmen, wenn man in der »Naturkunde« (*Naturalis historia*) des Gaius Plinius Secundus (23 - 79 n. Chr.) liest: »... wir haben zwar ... schon öfters die Verlogenheit der Magier aufgedeckt und wir wollen sie auch weiterhin enthüllen. Doch verdient diese Materie wie kaum eine, daß man noch mehr darüber sagt, schon deshalb, weil diese betrügerischste aller Künste auf dem ganzen Erdkreis und in den meisten Zeitaltern (!) große Bedeutung hatte. ... Daß sie [die Magie] zuerst aus der Heilkunde geboren wurde, wird niemand bestreiten, auch nicht, daß sie sich unter wohltätigem Anschein gleichsam als eine höhere und heiligere Medizin eingeschlichen hat. So konnte sie den verlockendsten und meistersehnten Verheißungen [- der Heilung von Krankheiten -] die Kräfte eines Aberglaubens hinzufügen, der auch jetzt noch das Menschengeschlecht am meisten im Dunkel gefangenhält. Und, um dies noch hinzuzufügen, vereinigte sie damit die Künste der Astrologie, da doch jeder begierig danach ist, seine eigene Zukunft zu erfahren, und glaubt, er könne dies am zuverlässigsten vom Himmel erlangen. So schlug sie mit dreifacher Fessel die Sinne der Menschen in ihren Bann und wuchs zu solcher Höhe empor, daß sie auch heute noch bei einem großen Teil der Völker übermächtig ist ...« (Nat. 30,1,1f.).

Daß es gerade im Heilwesen nur allzusehr »menschelt«, hat also schon in der Antike die aufgeklärteren Geister nicht verwundert. Und selbst das Phänomen, daß an abergläubischen Vorstellungen gegen jede vernünftige Argumentation mit schier unglaublicher Hartnäckigkeit festgehalten werden kann, war schon dem Philosophen, Botaniker und Psychologen Theophrastos aus Lesbos (etwa 370 - 287 v. Chr.) präsent, der in seinen »Charakterstudien« dieses Verhalten so karikiert: »Wenn eine Maus einen Mehlsack angefressen hat, geht er [der Abergläubische] zum Zeichendeuter und fragt, was zu tun sei. Und wenn dieser antwortet, er solle ihn beim Sackmacher flicken lassen, so hört er nicht darauf, sondern geht heim und bringt sein Opfer dar« (Char. 16,6).

Philosophie als Geschenk des gütigen Gottes

Im folgenden wird zunächst die Welt der Götter und Dämonen zu verlassen sein. Denn der Hauptgegenstand der »Weisheitslehre«, der Philosophie, ist das Denken, und zwar eines, das, um es mit Goethe auszudrücken, dann einsetzt, wenn jemand »mit den Vorstellungsarten seiner Vor- und Mitwelt uneins« ist.[68] Dieses Leiden am geistigen Unvermögen seiner eigenen wie der vorhergehenden Zeit zwingt also den Philosophierenden dazu, »das Bisherige und Gewohnte aufzugeben und nach Neuem zu suchen.«[69] Dieses muß er dann prüfen, eine Entscheidung darüber fällen und ihm folgen, sei es daß es Gott - als oberstes Prinzip des Seins überhaupt-, das Erkennen oder das Führen des Lebens betrifft. Und römisches Philosophieren war immer auf dieses Führen des Lebens ausgerichtet, mehr praktisch orientiert als die griechische Philosophie, die theoretische Fragen nach dem Wesen des Seins oder den grundsätzlichen Möglichkeiten des Erkennens stellte.[70]

Die grundsätzliche Ausrichtung der römischen Philosophie als »Daseins-Philosophie und Geist-Philosophie«, die »zunächst das In-der-Welt-Sein zum Gegenstand hat« und dabei »Ideal-Verhaltensweisen zur Welt skizziert«[71], wird besonders bei Seneca deutlich, der ja schon weiter oben (S. 44) die überwältigenden Empfindungen angesichts naturheiliger Orte geschildert hatte. In einem weiteren seiner »Briefe über Sittenlehre an Lucilius« erläutert er seinem Freund die Inhalte der Philosophie, allerdings seiner eigenen, deren Lehre die der jüngeren Stoa ist, »doch mit epikureischen Einsprengseln.« Ihr Ziel ist, Ruhe des Gemüts unter einem vernunftgemäßem Genuß des dem Menschen durch Vorsehung, Erkennen und Natur Gewährten zu erlangen.[72] Demnach gilt für die Philosophie:

»... es ist nur das glückliche Leben, auf das sie abzielt: dahin führt sie, dahin öffnet sie die Wege. Sie zeigt, was wirkliche, was scheinbare Übel sind, sie befreit den Geist von Eitelkeit, sie gibt ihm wahre Größe, die aufgeblasene aber und auf bloßem Anschein beruhende weist sie in ihre Schranken und duldet keine Unkenntnis des Unterschieds zwischen Größe und Blasiertheit. Die ganze Natur ebenso wie ihre eigene ist Gegenstand ihrer Lehre. Sie gibt Auskunft über Wesen und Art der Götter, über die Unterirdischen, über Hausgötter und Genien, über die Seelen, die in die zweite Klasse göttlicher Wesen gehören, wo sie verweilen, was sie treiben, was sie können und was sie wollen« (Epist. 90).[73]

Wenn Seneca hier auf Götter und Genien zu sprechen kommt, so vor allem deswegen, um den Wert der Philosophie für die Lebenspraxis zu unterstreichen. Sie gehören zur »ganzen Natur«, in welcher sie die »erste Klasse göttlicher Wesen« bilden, die menschlichen Seelen dagegen die »zweite«. Im Gegensatz zur epikureischen Lehre, nach welcher die Götter - als außerhalb des Kosmos Wohnende - sich nicht um das menschliche Treiben kümmerten und der Mensch sich daher nicht um sie zu kümmern brauchte[74], ging die Stoa davon aus, daß die Götter gegenwärtig und wirksam wären, indem sie durch ihre Vorsehung die Welt regierten und sich dabei nicht nur um die Belange aller Menschen, sondern auch um die jedes Einzelnen kümmerten.[75] Dies galt auch für den mit der »ganzen Natur« gleichgesetzten »kosmischen Gott« Senecas. über das Motiv gefragt, was »seinen« Gott dazu veranlaßt habe, antwortet der Philosoph: »Seine Güte« (*bonitas*; Epist. 65,9).[76]

Abkehr und Erleuchtung im Neuplatonismus

Gehörte die Philosophie Senecas im 1. Jahrhundert n. Chr. zur kaiserzeitlichen Fortführung der klassischen Stoa, die um 300 v. Chr. Zenon aus Kition in Athen begründet hatte, so fällt in das 3. Jahrhundert n. Chr. die Neuformierung einer weiteren philosophischen Schule, die sich zwar namentlich an den Begründer der Akademie des

5. Jahrhunderts v. Chr., Platon, anschloß, tatsächlich aber ein eigenes System entwickelte, das für das Denken der Spätantike bestimmend werden sollte. Dieser »Neuplatonismus« sah sich schon mit dem beginnenden Aufstieg des Christentums konfrontiert, und seine Vertreter haben teilweise aktiv in die Auseinandersetzung mit diesem eingegriffen. Der Begründer der neuplatonischen Schule war Ammonios Sakkas aus Alexandria (175 - 242 n. Chr.), zu dessen Vorlesungen aber auch prominente Vertreter der Lehre Jesu gingen, unter ihnen Titus Flavius Clemens oder Origenes Adamantius.[77] Zu dieser Zeit suchten eben die Nachfolger Christi noch nach einer philosophischen Orientierung ihres eigenen Denkens, um in der anspruchsvoll geführten, geistigen Konfrontation mit »heidnischen« Intellektuellen bestehen zu können. Die frohe Botschaft der Schrift allein bot für einen entsprechenden Disput kaum ausreichende Grundlagen.

Für den Neuplatonismus selber war jedoch ein anderer Schüler des Ammonios von Bedeutung: der vermutlich ebenfalls aus Ägypten stammende Plotinos (204 - 270 n. Chr.). Einen Feldzug des römischen Kaisers Gordian III. gegen die persischen Sasaniden wollte er quasi als »Studienreise« nutzen, um die iranische und indische Philosophie näher kennenzulernen. Danach ließ er sich im Gefolge reicher Gönner und Freunde in Rom nieder, wo er fortan den Angehörigen der Führungsschicht als Berater und Lehrer diente und später auch in engere persönliche Beziehungen zu Kaiser Gallienus und dessen Gattin Salonina trat, die ihm besondere Gunst gewährten. Ansehen und Verehrung, nicht zuletzt bei der einfachen Bevölkerung, trugen ihm seine einnehmende, von der stetigen Suche nach dem Göttlichen bestimmte Lebensführung ein, aber ebenso die ihm nachgesagten übersinnlichen Fähigkeiten.

Sein Schüler Porphyrios, ein Syrer, dem wir die Überlieferung der Lehren Plotins zu verdanken haben, berichtet über Begebenheiten okkulter Art aus dem Leben des Meisters, dessen zum Teil visionäre Einsichten in das Weltgefüge durchaus dem Charakter eines Mystikers entsprechen.[78]

So schildert er bildhaft die Begegnung der menschlichen Seele mit dem göttlichen Urgrund des Seins, den er mit verschiedenen Namen, wie das Eine, das Erste, das Ewige, das Höchste, das Gute, das Übergute oder auch Gott, belegt: »So kann ... die Seele, wenn sie unerleuchtet ist, Jenen nicht sehen, ist sie aber erleuchtet, so hat sie, was sie suchte. Und das ist das wahre Endziel für die Seele, Jenes Licht zu berühren und es zu sehen - in sich selber, nicht in einem fremden Licht, sondern in eben dem, durch welches sie überhaupt sieht. Denn das, wodurch sie erleuchtet wurde, ist eben das Licht, das es zu sehen gilt (man sieht ja auch die Sonne nicht in einem fremden Licht). - Und wie kann dieses Ziel Wirklichkeit werden? - Trenne dich von allen Dingen!«[79]

Dieser Gedanke der Abwendung von allen materiellen Dingen hat nicht nur die Lebensweise Plotins und den Ursprung seines Philosophierens bestimmt, sie prägte ebenso seine Vorstellung von der Annäherung der Seele an Gott, die als Rückkehr zu ihrem eigenen göttlichen Ursprung verstanden wird. Der Weg, den die Seele antritt, ist der des Philosophierens - im Sinne Plotins -, und an seinem Ende steht die Schau der Ewigkeit, »wenn wir ... im Zustand der Bewußtlosigkeit, der Ekstase, des Einfachwerdens von dem göttlichen Licht plötzlich erfüllt und mit dem göttlichen Urwesen so unmittelbar eins werden, daß jeder Unterschied zwischen ihm und uns verschwindet.«[80]

Philosophie und »Vätererbe« gegen die »Götterfeinde«

Plotins Schüler Porphyrios erkannte in der aufstrebenden Lehre des Christentums eine Konkurrenz für die traditionelle Religion, auch wenn die neuplatonische Philosophie selbst schon für ein Gottesverständnis eintrat, das dem christlichen Monotheismus sehr nahe kam. Allerdings hat sie, in Gegensatz zu diesem, der nur einen einzigen Gott akzeptiert, die Existenz anderer Götter nicht geleugnet und auch nicht ihre Verehrung abgelehnt. In seiner Streitschrift »Wider die Christen«, die immerhin 15 Bücher umfaßte[81], verteidigt Porphyrios das »Vätererbe« des traditionellen Glaubens gegen die von ihm als »Götterfeinde« angesehenen Christen. Dabei sieht er ihre geistigen Wurzeln in den »fremdländischen ... Fabeleien der Juden«, an deren »Satzungen«, gemeint ist das im Pentateuch der jüdischen Bibel enthaltene mosaische Gesetz, die Thora, sie sich nicht einmal halten würden, sondern stattdessen darangegangen seien, »sich eine neue, isolierte, ausweglose Lehre zurechtzuzimmern, welche weder den Überlieferungen der Griechen noch jenen der Juden die Treue bewahrt« (Fragm. 1,70-73 = Eus. praep. ev. 1,2,1ff.).[82]

Feindschaft gegen die religiöse Tradition - in römischer Terminologie: Preisgabe *des mos maiorum*, der von den Vorfahren her überlieferten Sitten - war einer der Hauptvorwürfe gegen das Christentum. Auch die Ablehnung der Götter gehörte dazu, und ein häufig angewandtes Argument im Kampf gegen die Christen war, daß die Abkehr von der Verehrung der traditionellen Gottheiten, in deren Schutz ja das Imperium Romanum stand, diesem Schaden zugefügt habe. Porphyrios hat ebenfalls diesen Standpunkt vertreten und führt, um die schädlichen Auswirkungen des christlichen Glaubens auf den Staat zu veranschaulichen, das Beispiel einer nicht genannten Stadt - vermutlich Rom - an, der die Götter keine »öffentliche« Hilfe mehr gewährten:

»Jetzt aber wundert man sich, wenn die Seuche seit so vielen Jahren die Stadt fest im Griff hält, da es keinen Aufenthalt des [Heilgottes] Asklepios und der anderen Götter mehr gibt; denn weil Jesus verehrt wird, hat niemand mehr irgendeine öffentliche Hilfeleistung von Göttern wahrgenommen« (Fragm. 80 = Eus. praep. ev. 5,1,9f.).[83]

Ein Protest für Götter und Gelder

Nach zahlreichen Vorgeplänkeln im 2. und 3. Jahrhundert stand die eigentliche Auseinandersetzung zwischen den Vertretern der traditionellen Religion und denen der Lehre des Nazareners aber noch bevor. Ihren Gipfel erreichte sie, weil damit das Herz des römischen Traditionalismus, der Senat in Rom, betroffen war, im »Streit um den Victoria-Altar«. Als Kaiser Gratian im Jahre 382 den bisher als Unterpfand römischer Sieghaftigkeit angesehenen Altar der Göttin Victoria aus dem Senatsgebäude entfernen ließ, führte dies zu vehementen Protesten bei den noch in Mehrheit vertretenen »heidnischen« Senatsmitgliedern. Zwei Jahre später wandte sich der römische Stadtpräfekt (*praefectus urbi*) Quintus Aurelius Symmachus, ein gefeierter Redner, der sich 369/70 auch in Trier aufgehalten hatte[84], mit einer amtlichen Bittschrift als Sprecher der altgläubigen »Fraktion« an Valentinian II., den Bruder und noch minderjährigen Nachfolger Gratians. Diese als III. Relatio bekannte Eingabe sollte den jungen Herrscher überzeugen, die Maßnahmen seines Vorgängers rückgängig zu machen. Dabei waren auch handfeste materielle Interessen im Spiel, hatte Gratian doch den traditionellen Priesterkollegien eine Reihe staatlicher Zuschüsse gestrichen.[85]

Symmachus plädiert für die Wiederaufstellung des Altares, indem er historische Beispiele für die Frömmigkeit heidnischer und die Toleranz christlicher Vorgänger Valentinians aufzählt, um danach die politische Bedeutung der Siegesgöttin für Rom hervorzuheben. Dabei geht es ihm im wesentlichen um den Altar, den für den traditionellen Kult entscheidenden sakralen Gegenstand, und nicht um das Bildnis der Göttin, das in der *curia* verblieben war. Dem christlichen Kaiser gegenüber stellt er allerdings nur die moralische Bedeutung der Opferstätte als Ort des Schwurs auf die kaiserlichen Worte und Gesetze in den Vordergrund.

Da aber nicht nur dieser eine Altar, sondern das gesamte altrömische Kultwesen auf dem Spiel stand, unternimmt er den Versuch zu begründen, warum die Gesamtheit der Götter auch unter dem christlichen Kaiser ihren Platz im Staatswesen behalten müsse. Unter Rückgriff auf die neuplatonische Lehre des Porphyrios drückt Symmachus den Gedanken religiöser Toleranz so aus:

»Es ist angemessen, daß das, was alle verehren, als Eines angesehen wird. Wir sehen dieselben Sterne, der Himmel ist uns gemeinsam, dasselbe Weltall umhüllt uns. Warum ist es so wichtig, nach welcher Methode jemand die Wahrheit sucht? Man kann nicht nur auf einem einzigen Weg zu einem so erhabenen Geheimnis gelangen« (Rel. 3,10).

Der traditionsgebundene Symmachus, überzeugt davon, daß am politischen Erfolg und der Größe des Imperium Romanum Macht und Gnade der Götter abzulesen seien, läßt diesen Gedanken in einem persönlichen Auftritt die Göttin Roma selbst vortragen. Im weiteren Verlauf seiner Bittschrift erhebt er die Forderung nach Wiederherstellung der materiellen Grundlagen des traditionellen Kultwesens, wobei er betont, welche Bedeutung die Dienste der heidnischen Priesterschaften für die Allgemeinheit besäßen. Letztendlich kann Symmachus aber sein Begehren nur auf das Gewohnheitsrecht stützen. Auch sein Appell an die Toleranz, die er mit dem pluralistischen Gottesverständnis der neuplatonischen Philosophie begründet, hat den altrömischen Göttern wenig geholfen: Wurden sie, die seiner religiösen Einstellung so wesenseigen waren, damit doch zu »Abkömmlingen« des einen göttlichen Geistes reduziert und entwertet.[86]

Aus Göttern werden Dämonen

Somit blieben die Argumente des Symmachus stumpfe Waffen im Kampf um den Erhalt der Erhalt der altrömischen Religion, zumal der »Streit um den Victoria-Altar« literarisch durch zwei Antwortbriefe des vermutlich in Trier geborenen[87] Mailänder Bischofs Ambrosius (etwa 340 - 397) entschieden wurde. In diesen beiden Schriften legt er gegenüber der traditionalistischen Argumentation seines Kontrahenten die christlichen Standpunkte dar. Schon die Einleitung des 17. Briefes macht unmißverständlich die neue, für die Altgläubigen unerfreuliche Lage klar: Während »alle Menschen« jetzt dem christlichen Kaiser dienten, diene dieser jetzt »dem allmächtigen Gott und dem heiligen Glauben. Ein sicheres Heil gibt es nur, wenn jeder den wahren Gott, daß heißt den Gott der Christen, der die ganze Welt regiert, aufrichtig verehrt. Er ist allein der wahre Gott, der aus innerstem Herzen angebetet wird.« Und, unter Anspielung auf Psalm 95, Vers 5, bestreitet Ambrosius zugleich die Qualifikation aller anderen Götter: »Die Götter der Heiden sind Dämonen« (Epist. 17,1).

Der von dem Mailänder Kirchenvater formulierte Anspruch gründet sich auf der wesentlichsten Neuerung, die mit dem Christentum in die römische Religion - und in die Politik - eingezogen ist: der Glaube der Christen an einen einzigen Gott, der seine Wurzeln im jüdischen Monotheismus hat. Grundlage dafür bildet bekanntlich das erste Gebot des in den fünf Büchern der Weisung, der jüdischen Thora, enthaltenen »Dekaloges«. Die göttliche Weisung schließt die Verehrung anderer Götter und die Anfertigung von Bildnissen, die eine Gottheit oder irgendein Lebewesen darstellten, aus (Exodus/2. Mose 20,3-5). Die ausschließliche Existenz eines einzigen Gottes wurde jedoch erst im 6. Jahrhundert v. Chr. durch den als »Zweiten Jesaia« bezeichneten, anonymen Propheten formuliert, aus dessen Text über die »Botenformel«: »So spricht der Herr ...«, Gott selbst verkündet: »Ich bin der Erste, ich bin der Letzte, außer mir gibt es keinen Gott« (Jes. 44,6).[88] Bei Ambrosius werden die römischen Götter als solche abqualifiziert und in den Stand unheilbringender Geistwesen, von deren Existenz (vgl. den Abschnitt zur Magie oben S. 58 ff.) man durchaus überzeugt war, hinabversetzt.

Zwischen
Esus und
Jesus
der Wandel der anti-
ken Religion im Spie-
gel schriftlicher
Zeugnisse

64

Aus dem gelobten Land in alle Welt

Aus seinen Worten wird jedoch etwas deutlich: die Ablösung des Christentums von seinem religiösen Ursprung, dem Judentum. Denn schließlich spricht der Bischof vom »Gott der Christen« (*deus Christianorum*). Aus den Berichten und Briefen des Neuen Testaments, auch aus den überlieferten Äußerungen Jesu in den Evangelien, ist schon die fundamentale Ablehnung der orthodoxen jüdischen Religion mit ihren zahlreichen Vorschriften und der Konzentration des Kultes auf den Tempel in Jerusalem abzulesen. Die Bewegung, die Jesus von Nazareth begründete, war ursprünglich eine der zahlreichen Gruppierungen im derzeit schon von Rom beherrschten Palästina, die auf das Eingreifen eines Erlösers hofften, der das Judentum von der »Befleckung« durch die religiöse wie politische Mißwirtschaft der Tempelpriester reinigen und Israel zur vergangenen Herrlichkeit, wie man sie im Königtum Davids zu sehen glaubte, zurückführen sollte.

Doch lösten sich die ersten Christen, wohl auch durch die Verfolgung von seiten orthodoxer Gruppen bedingt, noch im Lauf des 1. Jahrhunderts von dieser Fixierung auf eine Erlösung der Juden durch einen jüdischen Messias: neben die »Judenchristen« traten in immer größer werdender Zahl die »Heidenchristen«, was vor allem der unermüdlichen Überzeugungsarbeit des Apostels Paulus, eines ehemaligen Verfolgers, der einst Saulus hieß, zu verdanken war. Mit dem Gedanken einer Glaubensverbreitung an alle Menschen, schon am Schluß des Matthäusevangeliums von Jesus selbst geboten (28,19), verließ das Christentum sein jüdisches »Elternhaus«. Obwohl es sich zunächst weiterhin der zahlreichen jüdischen Gemeinden im Mittelmeerraum, darunter auch in Rom, zu seiner Verbreitung bediente, richtete es die Botschaft des Evangeliums ebenso an Griechen, Römer und andere Völker im Herrschaftsbereich des Imperium Romanum. Wie auch im Fall anderer, im Orient entstandener Religionen bot der Hellenismus der neuen Bewegung gute Voraussetzungen für ihre Mission.

Grundzüge einer neuen Religion mit alten Wurzeln

Entscheidend für das christliche Selbstbewußtsein, eine eigene Glaubensüberzeugung zu vertreten, war die als historisch verbürgt angesehene Erlösungstat Jesu durch die Auferstehung nach dem Tod am Kreuz. Opfer, wie sie im

Tempel in Jerusalem dargebracht wurden, waren damit nicht mehr nötig, auch wenn die Feier der Eucharistie den Charakter einer Opferhandlung, im Sinne der erinnernden Vergegenwärtigung (Anamnese) des einen und einzigen Opfers am Kreuz, annahm.[89] Alle Sünden der Menschheit waren durch den Gehorsam des Menschen Jesus gegenüber dem Willen Gottes gesühnt worden.[90] Alle Gebote des Gesetzes und die Lehren der Propheten ließen sich auf das »Doppelgebot« der Gottes- und der Nächstenliebe zurückführen (Mt. 22,34-40), eine Vorstellung, die zwar auch dem hellenistischen Judentum eigen war, doch nahm sie im Christentum eine Wendung, wonach der Dienst am Nächsten als Erweis der Liebe zu Gott verstanden wurde.[91] Die Idee von der konkret ausgeübten Nächstenliebe als dem eigentlichen Dienst an der Gottheit war ein revolutionäres Element in der Geschichte der antiken Religionen, der das herkömmliche Kultverständnis sprengen und zum entscheidenden Faktor für den Erfolg der christlichen Mission werden sollte, galt doch bislang das Prinzip des *do ut des* (»ich gebe, damit du gibst«) im Sinne eines Tauschgeschäftes für den Verkehr mit den Göttern.[92] Entscheidend ist für die Christen der Gehorsam gegenüber dem Gebot der Nächstenliebe, nicht die Aussicht auf einen Verdienst von seiten Gottes, der den Menschen mit der Gabe, sich seines Nächsten anzunehmen, aus Gnade beschenkt hat.[93]

Es waren aber nicht jegliche Verbindungen zur jüdischen Religion abgerissen: Obwohl der Vater, der Sohn und der Heilige Geist als Dreiheit angerufen wurden, hat man sie, durch ihre Nennung »im Namen« vereinigt, als Aspekte des einen göttlichen Wesens angesehen.[94] Auch das Bildnisverbot der jüdischen Bibel galt unter den frühen Christen nach wie vor, mit den Worten des Paulus: »Da wir also von Gottes Art sind, dürfen wir nicht meinen, das Göttliche sei wie ein goldenes oder silbernes oder steinernes Gebilde menschlicher Kunst und Erfindung« (Apg. 17,29).

Triumph über Götterbilder und Todesqualen

Damit waren auch Götterbildnisse der anderen Religionen in der Umwelt des frühen Christentums inbegriffen, und, was in erster Linie die Verfolgungen durch den römischen Staat begründete, auch die Bilder und Altäre des römischen Kaiserkultes. Die Verweigerung der Christen, vor den Staatsgöttern Roms oder dem Genius des Herrschers Opfer darzubringen, ließ sie in den Verdacht geraten, Feinde des Staates zu sein und sich im Geheimen und Verborgenen gegen ihn zu verschwören. Auf diese früheren Verfemungen nimmt auch Ambrosius in dem erwähnten 17. Brief an Kaiser Valentinian II. Bezug: Sollten christliche Senatoren gezwungen werden, vor dem Altar der Viktoria zu opfern, käme dies einer Verfolgung gleich und wäre ein Rückfall in die Zeit der heidnischen Kaiser vor Konstantin (Epist. 17,9).

In der Zeit der Verfolgungen entwickelte sich ein weiteres Merkmal christlicher Identitätsfindung, das später für die Entstehung eigener Kultstätten entscheidend werden sollte: die Bereitschaft, für die Bezeugung des Glaubens den Tod zu erleiden. Als »ganz besondere Tote« verkörperten christliche Männer und Frauen, die dieses »Zeugnis« (griech. *martyrion*) ablegten, zugleich den Triumph über den Tod, da der ihrige als göttliche Gnade aufgefaßt wurde, der sie unmittelbar ins Paradies einziehen ließ.[95] Die Wunder, die sich an ihren Gräbern, in Gegenwart ihrer sterblichen Überreste oder anderer Dinge, die mit ihnen in Kontakt gewesen sind, ereigneten, stifteten ein eigenes Gemeinschaftsgefühl, das nicht zuletzt Ambrosius selbst die Auffindung der Gebeine der Märtyrer Gervasius und Protasius »zum Nutzen aller« (Epist. 22,10) in neue organisatorische Formen geleitet.[96]

Frauen zwischen Glaubensarbeit und Schweigegebot

An den christlichen MärtyrerInnen erweist sich ein entscheidender Faktor, der dem Christentum neben der tätigen Nächstenliebe bei seiner Ausbreitung wohl den größten Nutzen bescherte: die Akzeptanz von Frauen, die vom öffentlichen Leben der antiken Gesellschaft allgemein, besonders aber im Judentum weitgehend ausgeschlossen waren. Dort waren sie zudem nicht an der Ausübung des Kultes beteiligt. Jesus hatte nach den Zeugnissen der Evangelien den Anstoß zu einer Neubewertung der Würde von Frauen gegeben, die wohl schon von Anfang an von dieser Botschaft angezogen wurden. Allerdings findet sich die traditionelle Bevormundung von Frauen in dem bekannten Ausspruch des Paulus wieder, es »sollen die Frauen in der (Gemeinde-)Versammlung schweigen« (1. Kor. 14,34). Derselbe Apostel bekundet jedoch in seinem Römerbrief seine Hochschätzung für eine Diakonin in Kenchrai bei Korinth, die vielen und ihm selbst Schutz gewährt habe, und in seinen Grußworten erscheinen zahlreiche weitere Namen, die für das Ansehen von Frauen schon in den ersten christlichen Gemeinden Zeugnis ablegen (Röm. 16,1-16).

Nach den schriftlichen Quellen blieb die Einschätzung der Stellung von Frauen im frühen Christentum zwiespältig.[97] Zwar betont der christliche Autor Titus Flavius Clemens aus Alexandria (etwa 150 - 215), daß Mann und Frau »im Hinblick auf das Menschsein« von ihrer Natur und sittlichen Befähigung her gleichwertig seien, doch werde die Frau, »soweit es die Eigentümlichkeit ihres Körpers betrifft, ... zur Schwangerschaft und zur Führung des Haushalts gelangen« (Strom. 4,59,1;60,1). In Verfolgung des emanzipatorischen Impetus, den Jesus in den Evangelien vorgelegt hatte, wurde in der real existierenden Kirche allenfalls mit angezogener Handbremse gefahren, was die tatsächliche Gleichberechtigung von Frauen betraf. Ihnen blieben untergeordnete »Ämter« in dienenden und pflegenden Tätigkeiten - seit dem 4. Jahrhundert als Diakonissen - vorbehalten, von priesterlichen Funktionen waren sie ausgeschlossen - ein Bild, das sich in der katholischen Kirche bis heute kaum verändert hat. Nicht zu unterschätzen ist allerdings ihre Rolle bei der Seelsorge und Mission im häuslichen und nachbarschaftlichen Bereich, der das Christentum große Bekehrungserfolge zu verdanken hatte.

Die Gaben, mit denen reichere christliche Frauen die Armen, ihre aus der Nächstenliebe erwachsene Klientel, bedachten, boten ihnen die Möglichkeit, aus eigenem Recht eine öffentliche Rolle zu übernehmen: »Sie gaben Almosen in eigener Person, sie besuchten die Kranken, sie stifteten Heiligtümer und Armenhäuser in ihrem eigenen Namen, und man erwartete von ihnen, daß sie als Teilnehmer am Kult der heiligen Stätten voll sichtbar in Erscheinung traten«.[98]

Ein gewisser Schutz für Frauen aus der einfachen Bevölkerung ging von der Unauflöslichkeit der Ehe aus, wie sie ebenfalls von Jesus in den Evangelien gefordert worden ist (Mt. 19,6). Denn vor allem im Judentum waren Frauen in Scheidungsfällen nicht nur rechtlich benachteiligt, sondern auch gesellschaftlichen Ächtungen ausgesetzt. Im Gegensatz dazu konnten römische Frauen zwar mit wesentlich weiterem Handlungsspielraum auftreten, trugen aber auch in ihrer Gesellschaft ein ungewisses Risiko. Daher bedeutete die eheliche Gleichstellung von Mann und Frau für letztere einen sozialen Fortschritt. Seit der Mitte des 2. Jahrhunderts war es, obwohl von manchen kirchlichen Autoritäten nicht gern gesehen, Witwen erlaubt, wieder zu heiraten. Sicherheit fanden unverheiratete Frauen später in klösterlichen Gemeinschaften, wie sie Ambrosius in Mailand und Umgebung eingerichtet hatte.[99] Daß er in seinem zweiten Brief in Sachen Viktoria-Altar hinsichtlich »unserer Jungfrauen ..., diese untadelige Schar und diese keusche Gemeinschaft,« das Lob der Keuschheit singt (Epist. 18,12), überdeckt die Tatsache, daß das Leben in gottgeweihter Jungfräulichkeit für viele Christinnen der einzige Weg war, eine gewisse Gleichberechtigung und Anerkennung zu erlangen. Was den verheirateten Frauen zustand[100], hat weiter oben Clemens von Alexandria deutlich ausgesprochen.

Konkurrenz der göttlichen Mütter

Da man sich in den Kreisen christlicher Autoritäten der Bedeutung von Frauen für die frühchristliche Bewegung durchaus bewußt war, beobachtete man konkurrierende religiöse Gruppierungen mit Unmut und versuchte sie unter dem christlichen Imperium Romanum auch gänzlich zu unterdrücken. Gefahr drohte dem Christentum weniger von einem exklusiv Männern vorbehaltenen Kult wie dem des Mithras, der ja durch seine Bindung an das herrschaftliche System mit der Bekehrung der römischen Kaiser rasch obsolet wurde, als vielmehr von den Kulten der Muttergöttinnen, seien es die ägyptische Allmutter Isis oder einheimische Gottheiten wie Ritona oder die Matronen, die auch für Trier bezeugt sind.[101] Das Problem dieser Konkurrenz, der nicht nur Frauen anhingen, wurde auf höchster Ebene als derart brennend empfunden, daß man sich schließlich genötigt sah, auch im Christentum die Verehrung einer göttlichen Muttergestalt zuzulassen. Hier bot sich natürlich Maria in der Funktion als Mutter des Gottessohnes Christus an, und im Jahre 431 beschloß ein ökumenisches Konzil in Ephesos, dem traditionellen Kultzentrum der Göttin Artemis, den in zahllosen theologischen Diskussionen erörterten Begriff einer »Gottesmutter« Maria offiziell zukommen zu lassen.[102] Erste Marienfeste und -kirchen, Zeichen ihrer ständig wachsenden Popularität im frühen Christentum, gab es allerdings schon seit dem 4. Jahrhundert. Ein Vorgängerbau der heutigen Kirche St. Paulin in Trier, gegen Ende des Jahrhunderts in der früheren nördlichen Nekropole der römischen Stadt errichtet, war vielleicht der Gottesmutter (*Dei genetrix*) geweiht.[103]

Römisch gleich christlich

Der Kirchenvater Ambrosius trug mit seinen Entgegnungen auf die Bittschrift des Symmachus entscheidend zur Entwicklung eines christlichen Romverständnisses bei. Auch er läßt die Göttin Roma auftreten, bei ihm allerdings zum Christentum bekehrt. Ambrosius war noch aus anderen Gründen für die politische Selbstfindung des christlichen Imperium Romanum von Bedeutung: Er brachte den Geltungsbereich des römischen Rechts mit der Ausbreitung des christlichen Glaubens zur Deckungsgleichheit und grenzte ihn scharf von der »barbarischen« Welt außerhalb des Imperiums ab. Damit förderte er die Gleichsetzung von römischer und christlicher Identität auch im politischen Sinne: *Romanitas = Christianitas.*[104]

In der Tagespolitik zeichnete sich der Mailänder Bischof ebenfalls als kompromißloser Vertreter des christlichen Romgedankens aus: Kaiser Theodosius, der nach der Ermordung eines Truppenführers in Thessaloniki ein

Blutbad anrichten ließ, wurde von ihm im Jahr 390 zur öffentlichen Kirchenbuße gezwungen. Ein Jahr später ließ der Kaiser alle heidnischen Opfer verbieten, erklärte die traditionelle Eingeweideschau zum Majestätsverbrechen und beschlagnahmte die altgläubigen Kultplätze. 393 kam das Ende für die Olympischen Spiele, drei Jahre danach das für die Mysterien der Demeter in Eleusis.[105] Damit hatte das Christentum seinen politisch bereits errungenen Sieg - von dem kurzen Zwischenspiel des »abtrünnigen« Kaisers Julianus (361 - 363) abgesehen - auch rechtlich sanktioniert.

Sieg auf ganzer Linie?

Allerdings bedeutete dies nicht, daß der Glaube an die gallorömischen, in geringerem Maße auch an die orientalischen Gottheiten etwa im Land der Treverer damit schlagartig sein Ende fand. Wahrscheinlich besaß die Hauptstadt der *civitas Treverorum* schon in der zweiten Hälfte des 3. Jahrhunderts eine christliche Gemeinde, ausreichend groß, um von einem Bischof geführt zu werden. Doch obwohl seit der Bekehrung Kaiser Konstantins (306 - 337) zum Christentum die Bedeutung des Christentums im Lauf des 4. Jahrhunderts immer mehr zunahm, lebten in den ländlichen Gebieten die gallo-römischen Traditionen fort, und selbst in Trier löste sich die stark an Rom orientierte Oberschicht nur allmählich von heidnischen Vorstellungen und Lebensweisen.[106]

Zwischen
Esus und Jesus
der Wandel der anti-
ken Religion im Spie-
gel schriftlicher
Zeugnisse
68

Ein prominentes Beispiel für das Nebeneinander christlicher und traditioneller Identität in der persönlichen Lebensführung ist der vor allem durch sein Gedicht Mosella bekannte Schriftsteller Decimus Magnus Ausonius (etwa 310 - 395). Er gehörte zwar nominell dem neuen Glauben an - etwas anderes hätte seine Stellung als »Prinzenerzieher« kaum zugelassen - in seiner geistigen Ausrichtung und seinem dichterischen Schaffen kommt jedoch wesentlich stärker die klassische Götterwelt der Antike zum Tragen als etwa die Gestalt des christlichen Erlösers oder die Mythen und Erzählungen in der jüdischen Bibel und dem Neuen Testament.[107]

Auch bei vielen anderen Zeitgenossen wird die Christianisierung des Imperium Romanum nicht in der Weise »durchgegriffen« haben, wie es die oben geschilderte politische Auseinandersetzung und rechtliche Sanktionierung im Laufe des 4. Jahrhunderts annehmen ließen. So zeigt allein schon die wiederholte Einschärfung restriktiver Maßnahmen, daß letztere vor allem in den ländlichen Regionen kaum oder nur sehr zögerlich Wirkung zeitigten. Viele der alten Kultstätten sind noch bis zum Ende des 4. oder Anfang des 5. Jahrhunderts aufgesucht worden.[108]

Auf lange Sicht war den keltischen, römischen und orientalischen Gottheiten als identifizierbaren Wesen keine Chance mehr gegeben, auch den in der Völkerwanderungszeit mit den Franken neu hinzugekommenen germanischen nicht. Im Volksglauben lebten sie dennoch als Geister und Dämonen weiter, während ihre Funktionen vielfach von den christlichen Heiligen übernommen wurden, die sich teilweise sogar Teile ihrer Identität als Attribute aneigneten. Der Bär etwa - das weibliche Tier wurde von den Kelten als Göttin Artio verehrt (siehe oben S. 43 f.; Abb. 15) - wurde Begleittier einiger Heiliger im ehemaligen Verbreitungsgebiet keltischer Bärenkulte. Die Quellheiligtümer des Lenus Mars und des Apollo Grannus im Trevererland sind zerstört worden, Quellen und Brunnen erhielten aber neue Beschützer, so den Heiligen Vitus oder die Gottesmutter Maria. Daß man an alten Kultstätten trotzdem noch lange Zeit überkommenen Ritualen nachging, zeigen beredte Klagen christlicher Zeitzeugen und wiederholte

Verbotserlasse kirchlicher Konzile. Auch wurden nicht alle Kultbilder und Weihesteine vernichtet, dagegen letztere oft in christliche Altäre »umgeweiht«. Götterbilder und Kulthandlungen sind - nun im Zuge einer »christlichen Übersetzung« (*interpretatio christiana*) - umgedeutet und in Gestalt von Votivgaben für Heilungen, Waschungen an Quellen und anderen Bräuchen ins christliche Ritual übernommen worden.[109] Jesus hat zwar im offiziellen Sinn den Sieg errungen, im Bereich der Volksfrömmigkeit jedoch behielten Esus, Lenus, Grannus, Sirona und andere, wenn auch eher als namenlose Dämonen, noch lange Zeit ihren Platz in der Vorstellungswelt der Bewohner des Trevererlandes.

1 H. Heinen, Trier und das Trevererland in römischer Zeit. 2000 Jahre Trier. Bd. 1 (Trier³ 1993) 181.

2 Beispiele für Inschriften in: A. Haffner (Hrsg.), Heiligtümer und Opferkulte der Kelten. Arch. in Deutschland, Sonderh. 1995, 115; zum Kalender von Coligny s. B. Maier, Lexikon der keltischen Religion und Kultur (Stuttgart 1994) 81 f. s. v. Coligny.

3 G. Mildenberger, Sozial- und Kulturgeschichte der Germanen: von d. Anfängen bis zur Völkerwanderungszeit (Stuttgart u. a.2 1977) 90 f.; Caesar gesteht dagegen den Germanen nur sichtbare elementare Erscheinungen als Gottheiten zu, allerdings auch in einer Trias: »die Sonne, das vulkanische Feuer und den Mond« (bell. Gall. 6,21,2), die aber doch wieder - unter Vorbehalt - mit Tyr, Odin und Thor identifiziert werden könnten.

4 Heinen,Trier 180; Maier (Anm. 2) 43 s. v. Berner Scholien.

5 R. Schmitt, RGA² VI (1986) 276 - 280 s. v. Dumézilsche Dreifunktionentheorie; Maier (Anm. 2) 105 s. v. Dumézil.

6 J.-J. Hatt, Die keltische Götterwelt und ihre bildliche Darstellung in vorrömischer Zeit. In: Die Kelten in Mitteleuropa: Kultur. Kunst. Wirtschaft. Salzburger Landesausstellung, 1. Mai-30. Sept. 1980 im Keltenmus. Hallein, Österreich (Salzburg 1980) 52 f.

7 Vielleicht ist hierin eine mißverstandene Deutung der Götter Njörd und Frey zu sehen, die zwar Vater und Sohn sind, von denen aber zumindest Frey eine Zwillingsschwester hat (Freya), Njörd möglicherweise die - etymologisch verwandte - bei Tacitus erwähnte Göttin Nerthus (»d. h. Mutter Erde«; Germ. 40); s. R. I. Page, Nordische Mythen (Stuttgart 1993) 50.

8 Zu Lucan s. o. das Zitat; zu Caesar bell. Gall. 6,16.

9 Heinen, Trier 183.

10 W. Binsfeld/K. Goethert-Polaschek/L. Schwinden, Katalog der römischen Steindenkmäler des Rheinischen Landesmuseums Trier. Bd. 1. Götter- u. Weihedenkmäler. Trierer Grabungen u. Forsch. XII 1. Corpus Signorum Imperii Romani. Deutschland IV 3. Gallia Belgica: Trier u. Trierer Land (Mainz 1988) 97 - 99 Nr. 183 - 187 Taf. 46 u. 48 (zit. als CSIR Deutschland IV 3. Bd. 1); H. Finke, Neue Inschriften. Ber. RGK 17, 1927, 15 - 19; Heinen (Trier) 183 f.; Maier (Anm. 2) 180 s. v. Iovantucarus.

11 Merten, Mars 1985, 19 - 22; das besagte Zitat ist De rerum natura (»Das Wesen der Welt«) 3,459-461 - ebd. 22; vgl. N. Kyll, Weihe- und Votivgaben aus der Römerzeit des Trierer Landes. ebd. 29, 1966, 20; Heinen, Trier 185.

12 G. Weisgerber, Das Pilgerheiligtum des Apollo und der Sirona von Hochscheid im Hunsrück (Bonn 1975); CSIR Deutschland IV 3. Bd. 1 (Trier0) XVII Abb. 5b; 8 f. Nr. 13 Taf. 4; 154 f. Nr. 317 Taf. 76; H. Cüppers (Hrsg.), Die Römer in Rheinland-Pfalz (Stuttgart 1990) 389 - 391; Heinen, Trier 188 f.

13 Heinen, Trier 188 Abb. 67; Kat. Steindenkmäler Trier ; siehe auch F. Unruh, Medicus curat, natura sanat: Heilkunde u. Heilkulte am röm. Limes. Begleith. zur Dok. d. röm. Vergangenheit beim u. im Kreiskrankenhaus Öhringen (Stuttgart 1993) 29 f.; speziell zur Hygieia: H. Sobel, Hygieia: d. Göttin d. Gesundheit (Darmstadt 1990).

14 Kat. Steindenkmäler Trier .

15 Der Greif wurde aber u. a. auch Apollons Schwester Artemis, Dionysos, Zeus und Nemesis, der rächenden Vergeltung, zugeordnet; s. Ziegler, RE VII (1912) 1918 - 1923 s. v. Gryps.

16 Dazu Ch. Rätsch, Heilkräuter der Antike in Ägypten, Griechenland und Rom: Mythologie u. Anwendung einst u. heute (München 1995) 222 - 227.

17 CSIR Deutschland IV 3. Bd. 1 , Trier XV f. Abb. 2; XVII Abb. 5b; Cüppers , Trier593 - 595; 389 - 391; 381 - 383.

18 Dazu vgl. M. Euskirchen, Epona. Ber. RGK 74, 1993, 734 m. Anm. 541.

19 Heinen, Trier 184; CSIR Deutschland IV 3. Bd. 1 (Anm.10) 100 Nr. 189 Taf. 48; einen Eindruck von einem frühen trevirischen Gewässerheiligtum vermittelt Bastendorf/Luxemburg (seit etwa 50 v. Chr.); s. F. Reinert, Bastendorf et les traditions de culte indigènes. In: Luxembourg de la préhistoire au Moyen Age. Dossiers d'Archéologie, Hors-Série No. 5 (Dijon 1995) 63 f.

20 Literaturhinweise im Katalogteil (S. 94 ff.); kritisch zum esoterischen »Mißbrauch archäologischer Daten« in Verbindung mit »starken Orten« jetzt J. Obmann/D. Wirtz, Orte der Kraft? Bodendenkmale im Spannungsfeld zw. Arch. u. Esoterik. Kölner Jahrb. 27, 1994, 565 - 594.

21 In den »Briefen über Sittenlehre an Lucilius« (Epistulae morales ad Lucilium).

22 H.-J. Klauck, Die religiöse Umwelt des Urchristentums II: Herrscher- u. Kaiserkult, Philosophie, Gnosis. Kohlhammer Studienbücher Theologie 9,2 (Stuttgart u. a. 1996) 139.

23 Euskirchen (Anm.8) 736.

24 Heinen, Trier 180 - 182.

25 CSIR Deutschland IV 3. Bd. 1 , Trier 160 f. Nr. 325 Taf. 78 f.

26 CSIR Deutschland IV 3. Bd. 1 , Trier 57 f. Nr. 97 Taf. 28 - 29; 60 f. Nr. 100 Taf. 30.

27 Heinen, Trier 181 f.; H. G. Frenz, in: Cüppers , RIP 210; ebd. 579 - 582.

28 Detaillierte Anm. zur Romrede des Aristides bei R. Klein (Hrsg.), Die Romrede des Aelius Aristides. Texte zur Forsch. 45 (Darmstadt 1983).

29 Dazu K. Christ, Geschichte der römischen Kaiserzeit von Augustus bis zu Konstantin (München 1988) 151 - 154; H. P. L'Orange, Das römische Reich: Kunst u. Gesellschaft (Darmstadt

1985) 215 - 236.

30 Kat. Steindenkmäler Trier 46 f. Nr. 77 Taf. 23.

31 Klauck, Urchristentum II (Anm. 22) 100 f.

32 CSIR Deutschland IV 3. Bd. 1 , Trier 48 - 54 Nr. 81 - 89 Taf. 24 - 26 u. 124.

33 So G. Wissowa, Religion und Kultus der Römer. Handb. d. klass. Altertumswiss. V 4 (München2 1912) 181 f.; K. Latte, Römische Religionsgeschichte. Handb. d. Altertumswiss. V 4 (München 1960) 105; für eine relativ späte Entwicklung der Vorstellung persönlicher Junones dagegen: J. Bayet, La religion romaine: histoire politique et psychologique. Petite bibliothéque Payot 281 (Paris² 1976) 66.

34 Kat. Steindenkmäler Trier 59 f. Nr. 99.

35 Vgl. die Weihung an den G. der Bootsleute (g. proretarum) auf dem Vordersteven eines Weiheschiffes von der Römerbrücke in Trier; Cüppers , RIP 613 Abb. 549; ders., Die Trierer Römerbrücken. Trierer Grabungen u. Forsch. 5 (Mainz 1969) 117 Abb. 129; H. Menzel, Die römischen Bronzen aus Deutschland II. Trier (Mainz 1966) 114 f. Nr. 279 Taf. 86 - 88; R. Schindler, Führer durch das Landesmuseum Trier (Trier 1980) 78 Abb. 234.

36 Dazu H. G. Frenz, in: Cüppers , Trier 104; Kat. Steindenkmäler Trier 30 Nr. 46 Taf. 10; 70 Nr. 120 Taf. 36; 102 Nr. 195 Taf. 49.

37 Dazu E. Meyer, Einführung in die antike Staatskunde (Darmstadt4 1980) 255.

38 Augustus selbst schreibt in seinem Tatenbericht (Res gestae divi Augusti, auch: Monumentum Ancyranum), ihm sei, nachdem er »die Flammen des Bürgerkrieges gelöscht hatte,« für dieses Verdienst (quo pro merito meo) der Name A. verliehen worden; seit seiner Ehrung 27 v. Chr. habe er »an auctoritas alle übertroffen, an Amtsgewalt (potestas) aber um nichts mehr besessen als die übrigen« seiner Kollegen in der Magistratur (Mon. Anc. 34); s. K. Christ (Anm. 29) 88 f.; Bayet (Anm. 33) 174.

39 Zu dieser Inschrift aus Mersch/Luxemburg (1. Hälfte 2. Jh. n. Chr.) s. Heinen, Trier 182; F. Reinert, Les nécropoles rurales à l'aube de la romanisation. In: Luxembourg, (Anm. 19) 62.

40 Siehe dazu die Verweise auf entspr. Weihungen in Kat. Steindenkmäler Trier 246.

41 So z. B. auf einem Altar für die galloröm. Pferdegöttin Epona; Kat. Steindenkmäler Trier 42 Nr. 67 Taf. 18; Euskirchen (Anm. 188) 683 Kat. 259.

42 G. Lanczkowski, Einführung in die Religionsphänomenologie (Darmstadt³ 1992) 47.

43 T. Hägg, Eros und Tyche: d. Roman in d. ant. Welt. Kulturgesch. d. ant. Welt 36 (Mainz 1987) 222; Knaurs Lexikon der ägyptischen Kultur (München u. a. 1978) 299 f. s. v. Seth.

44 H.-J. Klauck, Die religiöse Umwelt des Urchristentums I: Stadt- u. Hausreligion, Mysterienkulte, Volksglaube. Kohlhammer Studienbücher Theologie 9,1 (Stuttgart u. a. 1995) 112 f.

45 Klauck, Urchristentum I (Anm. 44) 117 f.; G. Hölbl, Ägyptische Religionen im Römischen Reich. In: H. Beck/P. C. Bol (Hrsg.), Spätantike und frühes Christentum. Ausstellung im Liebieghaus, Mus. alter Plastik, Frankfurt a. Main. 16. Dez. 1983 bis 11. März 1984 (Frankfurt, Main 1983) 101.

46 Klauck, Urchristentum I (Anm. 44) 118 f.

47 Cüppers , RIP 569 - 571.

48 Heinen, 190 f.

49 R. Merkelbach, Die Römischen Mithrasmysterien. In: Beck/Bol (Anm. 45) 126 - 128 Abb. 53.

50 Klauck, Urchristentum I (Anm. 44) 121 f.; von anderen wird für nymphus auch die Bedeutung »Bienenlarve«, die den Mysten zweiten Grades in einer Art »Verpuppungsstadium« bezeichnen soll, angenommen; so Merkelbach (Anm. 49) 128 f.

51 Dazu D. Ulansey, The Origins of the Mithraic Mysteries: Cosmology and Salvation in the Ancient World (New York u. a. 1989).

52 Christ (Anm. 29) 573.

53 Klauck, Urchristentum I (Anm. 44) 125; Lanczkowski (Anm. 42) 115; Merkelbach (Anm. 49) 137.

54 Christ (Anm. 29) 567.

55 Cüppers , Trier224 Abb. 122; 367 - 371; Kat. Steindenkmäler Trier 56 f. Nr. 96 Taf. 27.

56 Christ (Anm. 29) 571.

57 Vgl. dazu die beiden Altäre aus dem Mithräum im Altbachtal, Trier: Kat. Steindenkmäler Trier 121 f. Nr. 249 Taf. 59: D(eo) I(nvicto) M(ithrae); 122 f. Nr. 250 Taf. 59: D(eo) I(nvicto) S(oli).

58 Heinen, Trier 193 f. Abb. 71; Christ (Anm. 29) 674; 735; 741; besonders ausgeprägt zeigt sich die Sol-Verehrung an den Münzen des Aurelianus (270 - 275 n. Chr.): M. R.-Alföldi, Antike Numismatik. Kulturgesch. d. ant. Welt 2 (Mainz 1978) 161 f. 172 Abb. 350 u. 351 (Legende auf der Vorders.: SOL DOMINVS IMPERII ROMANI); vgl. Christ (Anm. 29) 695 f.; O. P. Wenger, Römische Kaisermünzen. Orbis Pictus 63 (Bern u. a. 1975) 60 Nr. 70 (Solbüste zwischen d. Kaiserpaar); bei Probus (276 - 282 n. Chr.): R.-Alföldi a. a. O. 166 f. Abb. 352; auch noch Konstantin (306 - 337 n. Chr.), s. H. v. Heintze, Sol Invictus. In: Beck/Bol (Anm. 45) 145 f.: Antiochia 324/25 n. Chr., Legende SOLI COMITI AVG(usti) N(ostri).

59 Klauck, Urchristentum I (Anm. 44) 185 - 190.

60 Klauck, Urchristentum I (Anm. 44) 189 f.

61 Vgl. dazu. J. Carcopino, Rom: Leben u. Kultur in d. Kaiserzeit (Stuttgart2 1979) 209 Abb. 50.

62 Zu den Begriffen »Magie« bzw. »Magisches Denken« s. H. Biedermann, Handlexikon der magischen Künste von der Spätantike bis zum 19. Jahrhundert (München u. a. 1976) 202 - 205; W. Arnold/H. J. Eysenck/R. Meili (Hrsg.), Lexikon der Psychologie. Bd. II/2 (Freiburg, Breisgau 1972) 483 f.

63 Sat. 1,8,23-36;40-45; Klauck, Urchristentum I (Anm. 44) 175 - 179.

64 Klauck, Urchristentum I (Anm. 44) 171 f.

65 Ein Beispiel bei A. Önnerfors (Hrsg.), Antike Zaubersprüche: zweisprachig (Stuttgart 1995) 52 f. Nr. 21; CIL XIII 11340, III; Heinen, Trier 279 - 281; allg. s. Klauck, Urchristentum (Anm. 44) 179 - 181.

66 Önnerfors (Anm. 65) 49 - 51 Nr. 20.
67 CIL XIII 11340, III; Önnerfors (Anm. 65) 52 f. Nr. 21; Heinen, Trier 364; zur Gleichsetzung Luna - Diana in der magischen Praxis s. Biedermann (Anm. 62) 199 - 201 s. v. Luna.
68 Zit. bei G. Maurach, Geschichte der römischen Philosophie: e. Einführung (Darmstadt 1989) 1.
69 Maurach (Anm. 68) 1.
70 Maurach (Anm. 68) 1 f.
71 Maurach (Anm. 68) 180.
72 Maurach (Anm. 68) 128; kennzeichnend sind die Titel einiger seiner zahlreichen Werke: etwa »über das glückselige Leben« (De vita beata), »über die Muße« (De otio), »über die Ruhe des Geistes« (De tranquilitate animi) etc.; s. Klauck, Urchristentum II (Anm. 22) 83.
73 Zit. bei Christ (Anm. 29) 530 f.
74 H. J. Störig, Kleine Weltgeschichte der Philosophie in zwei Bänden. Bd. 1 (Frankfurt, Main 1976) 199; vgl. Epikur, Von der Überwindung der Furcht: Katechismus. Lehrbriefe. Spruchslg. Fragmente. übers. O. Gigon (München 1983) 45 ff.; W. Weischedel, Die philosophische Hintertreppe: 34 große Philosophen in Alltag u. Denken (München[13] 1985) 67
75 Weischedel (Anm. 74) 67.
76 Maurach (Anm. 68) 126.
77 Christ (Anm. 29) 685; 693; Störig (Anm. 74) 204.
78 Christ (Anm. 29) 693 f.; Störig (Anm. 74) 204; Weischedel (Anm. 74) 70 - 76.
79 Zit. nach R. Harder (Hrsg.), Plotin (Frankfurt, Main u. a. 1958) 93.
80 Weischedel (Anm. 74) 75 f.
81 Das Gesamtwerk ist bis auf wenige Fragmente verloren, von denen A. v. Harnack 97 herausgegeben hat; sicher Porphyr. zuzuweisen ist davon aber nur die Hälfte; die im folgenden zit. Fragmente stammen aus »Der Vorbereitung auf das Evangelium« (Praeparatio evangelica) von Eusebios aus Caesarea, der darin die »heidnische« Argumen-tation zu widerlegen versucht; P. Guyot/R. Klein, Das frühe Christentum bis zum Ende der Verfolgungen: e. Dokumentation. Bd. 2. Die Christen in der heidnischen Gesellschaft. Texte z. Forsch. 62 (Darmstadt 1994) 345 f.
82 Zit. nach Christ (Anm. 29) 694 f.; vgl. Guyot/Klein (Anm. 81) 183 - 185.
83 Guyot/Klein (Anm. 81) 196 f.
84 Heinen, Trier 353; s. auch Ausonius, Mosella. hrsg. u. übers. B. K. Weis (Darmstadt² 1994) 8 f.
85 R. Klein, Der Streit um den Victoriaaltar: d. dritte Relatio d. Symmachus u. d. Briefe 17, 18 u. 57 d. Mailänder Bischofs Ambrosius. Texte z. Forsch. 7 (Darmstadt 1972) 18 f.; Heinen, Trier 248.
86 Klein (Anm. 85) 39.
87 Heinen, Trier 248.
88 Zur Entwicklung des Monotheismus s. K. Jaroš, Wurzeln des Glaubens: z. Entwicklung d. Gottesvorstellung v. Juden, Christen u. Muslimen. Kulturgesch. d. ant. Welt 63 (Mainz 1995).
89 Dazu B. J. Hilberath/Th. Schneider, in: P. Eicher (Hrsg.), Neues Handbuch theologischer Grundbegriffe (München 1991) Bd. 1, 430 s. v. Eucharistie; Bd. 4, 121 - 125 s. v. Opfer.
90 Siehe dazu auch den Christushymnus in Phil. 2,6-11; H. Kessler, in: Eicher (Anm. 89) Bd. 1, 363 - 365 s. v. Erlösung/Soteriologie.
91 H. Braun, Jesus - der Mann aus Nazareth und seine Zeit (Stuttgart 1984) 129 - 132.
92 Klauck, Urchristentum I (Anm. 44) 46.
93 Braun (Anm. 91) 132 - 135.
94 Jaroš (Anm. 88) 150 - 152.
95 Dazu P. Brown, Die Heiligenverehrung: ihre Entstehung u. Funktion in d. lat. Christenheit (Leipzig 1991).
96 Brown (Anm. 95) 44 f.
97 Wichtige Quellen und Erläuterungen zu dieser Thematik bei Guyot/Klein (Anm. 81) 4 - 25; 235 - 253.
98 Brown (Anm. 95) 53.
99 K. S. Frank, Geschichte des christlichen Mönchtums. Grundzüge 25 (Darmstadt4 1988) 38.
100 Frank (Anm. 99) 11 f.
101 Kat. Steindenkmäler Trier 144 - 146 Nr. 300 - 302; 131 - 140 Nr. 266 - 292; E. Dassmann, Die Anfänge der Kirche in Deutschland: von d. Spätantike bis zur frühfränkischen Zeit. (Stuttgart u. a. 1993) 165 f.
102 Jaroš (Anm. 88) 167 f.; W. Beinert, in: Eicher (Anm. 89) Bd. 3, 308 s. v. Maria/Mariologie.
103 V. Schaubler/H. M. Schindler, Heilige und Namenspatrone im Jahreslauf (Augsburg 1992) 467; Heinen, Trier 335 f.; Cüppers , RIRP 35 - 637.
104 F. Unruh, Das Bild des Imperium Romanum im Spiegel der Literatur an der Wende vom 2. zum 3. Jh.n.Chr. Habelts Dissertationsdr., R. Alte Gesch. 29 (Bonn 1991) 8.
105 Christ (Anm. 29) 794.
106 Heinen, Trier 328 - 330.
107 Heinen, Trier 339.
108 Heinen, Trier 343 f.; s. dazu auch A. Rousselle, Croire et guérir: la foi en Gaule dans l'Antiquité tardive (Paris 1990) bes. 320 ff.
109 Heinen, Trier 345; Unruh, Medicus (Anm. 13) 25 f.

Zwischen
Esus und
Jesus
der Wandel der anti-
ken Religion im Spie-
gel schriftlicher
Zeugnisse
71

Tempelbezirke im Trierer Land

von Karl-Josef Gilles

Die Tempelanlagen im Stadtgebiet von Trier

Die Tempelanlagen und Kultbezirke des Stadtgebietes von Trier unterscheiden sich vor allem von der Sakralarchitektur und ihrer Größe deutlich von den ländlichen Heiligtümern. Während auf dem Lande die noch an keltische Vorbilder angelehnten Umgangstempel dominieren, ist bei den großen Tempeln im Stadtgebiet der Rückgriff auf griechisch-römische Traditionen unverkennbar. Bemerkenswert ist auch die Ausdehnung des Tempelbezirks am Altbach im Südosten der Stadt, der mit einem Areal von 5 ha nicht nur einen der größten Kultbezirke nördlich der Alpen bildet, sondern von allen bekannten Tempelanlagen des Trevererlandes den umfassendsten Überblick über die Kulte und Kultbauten der Römerzeit bietet.

Der Tempelbezirk am Altbach

Der am südöstlichen Stadtrand des antiken Trier am Altbachtal gelegene Tempelbezirk wurde bereits in den 20er und 30er Jahren mit einem dichten Netz von Suchschnitten erforscht. Obwohl damals nur etwa ein Siebtel der Gesamtfläche (5 ha) untersucht werden konnte, gelang es, nicht nur mehrperiodige Bebauungspläne zu erstellen, sondern auch mehr als 70 Baukomplexe nachzuweisen. Damit ist der Tempelbezirk der größte des Trevererlandes und zählt zugleich zu den ausgedehntesten Kultbezirken nördlich der Alpen.

Die Anfänge des Heiligtums reichen, wie vorrömische Gruben und einzelne Pfostenstellungen vermuten lassen, vielleicht noch bis in keltische Zeit zurück. Die ersten gesicherten Holztempel datieren in augusteische Zeit und haben meist viereckigen oder quadratischen Grundriß. Ab der Mitte des 1. Jahrhunderts n. Chr. treten an ihre Stelle in Stein ausgeführte Quadrat-, Rechteck- oder Rundbauten. Spätestens im 2. Jahrhundert erfährt der Tempelbezirk eine Erweiterung nach Osten mit vielen kleinen und kleinsten Kultanlagen, in denen offenbar einheimische Gottheiten verehrt wurden. Die vorherrschende Bauform im Kultbezirk bildet der in keltischer Tradition stehende gallo-römische Umgangstempel.

In der Mitte des 2. Jahrhunderts errichtet man ein Kulttheater mit halbkreisförmig um eine Bühne angelegten, steinernen Sitzreihen, die aufgrund von Inschriften bestimmten Personen vorbehalten waren. Kaum hundert Jahre später wird dieses Theater wohl infolge geänderter Kultformen aufgegeben und weicht einem größeren Baukomplex, der vielleicht als Wohngebäude für Priester und Tempelbeamte diente. Im 4. Jahrhundert wird in einem Teil dieses Gebäudes noch ein Mithräum errichtet. Bemerkenswert ist auch, daß der gesamte Bezirk bei Errichtung der Stadtmauer im 2. Jahrhundert in die Ummauerung einbezogen wurde. Nach Zerstörungen um 275 n. Chr. infolge der Germaneneinfälle gelangt der Tempelbezirk zu neuer Blüte und wird, von kürzeren Unterbrechungen in der Mitte des 4. Jahrhunderts abgesehen, bis ins ausgehende 4. Jahrhundert n. Chr. genutzt.

Funde: Kat. 3 c, 3 g, 6 h, 6 m, 9 a, 10 a, 11, 12 f, 12 h-l, 17 a, 22 b, 22 d, 23 c, 25 a, 27 a-c, 27 f, 28 a-b, 30, 34 a, 34 k, 36, 41, 42 a-b, 44 a-b, 53 a-b, 54 b.
Literatur: Gose, Altbachtal. - Kat. Steindenkmäler Trier XV Abb. 1.

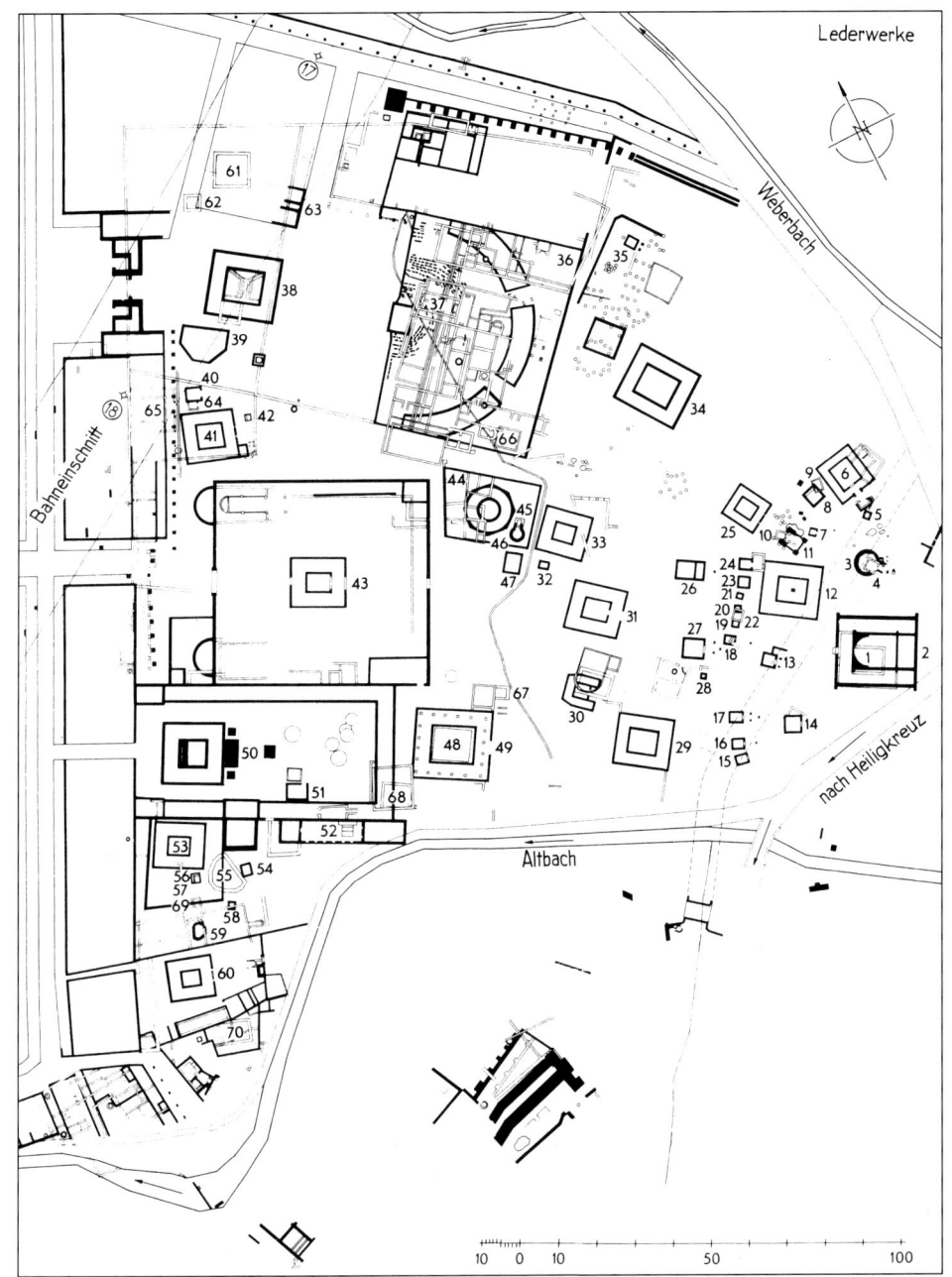

Abb. 19: Der Tempelbezirk am Altbach in Trier
1, 2, 6, 10, 12, 25, 29-31, 33, 34, 38, 41, 43, 49, 53, 60, 65 Umgangstempel. 4-5, 7-9, 11, 13-24, 32, 35, 40,
54, 56-59, 61, 62, 64, 68 kleinere Kapellen. 26 Tempel mit Vorhalle. 27 Tempel mit Säulenvorbau. 39,55 Halbrund-
kapelle. 3 Rundbau. 45 Achteckbau. 46 Kapelle mit Rundbau. 48 Holzpfostentempel. 50 Podientempel. 28 Aedicula.
37 Mithraeum. 36 Theater. 44 Wohnhaus. 47 Keller.

Der Tempel des Lenus Mars am Irmenwingert

Auch das große Heiligtum am »Irminenwingert« auf dem gegenüberliegenden Moselufer am Fuße des Markusberges ist nur partiell erforscht und nie systematisch untersucht worden. Unterhalb einer als heilkräftig verehrten Felsquelle, dem »Heidenborn« (Abb. 6), wurde schon im 1. Jahrhundert n. Chr. ein von einer Mauer begrenzter, trapezförmiger Bezirk mit Seitenlängen von rund 100 m angelegt. Innerhalb dieses heiligen Bezirks (*temenos*) konnten unweit der westlichen Bezirksmauer ein Tempel (6 x 7 m) und eine kleinere Kapelle (3 x 3 m) beobachtet werden, aus der Weihungen an Mars Iovantucarus, die Xulsigien-Quellgottheiten und an Lenus Mars vorliegen. Südlich schlossen an diesen Bezirk mehrere Hausgrundrisse an, die wegen ihrer kleinräumigen Gliederung teils als Herbergen, wegen verschiedener Kanäle und Wasserleitungen teils auch als Baderäume gedeutet wurden, in denen die Pilger im Schutze der Götter das heilkräftige Wasser zur Gesundheitsförderung anwenden konnten.

An seiner Nordwestseite wurde der Bezirk im frühen 2. Jahrhundert n. Chr. für die Errichtung einer monumentalen Tempelanlage verkürzt. Dieser Tempel war auf drei Seiten von einem 32 m tiefen und 28 m breiten Säulengang umgeben. Seine Cella, deren Fundamente und aufgehende Mauern im Podiengeschoß noch erhalten sind, erreicht mit der von einem hohen Giebel begrenzten Vorhalle eine Ausdehnung von ca. 25 auf 13 m.

In einer zweiten Phase wurde die Front des Tempels ebenso wie der Zwischenraum zu den Umfassungsmauern mit einer pompösen Freitreppe ausgestattet. Davor war auf einer Zwischenterrasse ein großer Altar errichtet. Etwa 60 m vor der mit einer breiten Portikus versehenen Eingangshalle des Tempelbezirks wurden an der Zugangs- oder Prozessionsstraße zwei im Grundriß U-förmig angelegte Bänke entdeckt, auf denen, nach den Weihungen auf den Rückenlehnen, Delegationen einzelner Treverergaue bei festlichen Anlässen Platz nahmen. Ein ihnen zuzuordnender Altar war dem Lenus Mars und seiner Kultgenossin Ancamna geweiht. Der zweiten Bank war vermutlich ein weiterer, dem treverischen Gott Intarabus gewidmeter Altar zuzuweisen.

Nordöstlich des Tempels sind unter hohen Sandablagerungen mächtige Mauerzüge einer reich gegeliederten Nischenfront beobachtet worden. Mit einer wenig stärkeren, parallel dazu verlaufenden Mauer könnten sie als Teil einer Bühnenfront auf die Außenwand eines großen Kulttheaters hindeuten, wie es in kleinerer Form etwa für die Tempelbezirke von Möhn (Kreis Trier-Saarburg) oder Pelm belegt ist.

Nach den vorliegenden Funden dürfte das Heiligtum spätestens seit frührömischer Zeit bis ins ausgehende 4. Jahrhundert n. Chr. genutzt worden sein.

Funde: Kat. 33 a-h. Literatur: Gose, Lenus Mars. - Kat. Steindenkmäler Trier XV f. Abb. 2.

Der große Tempel am Moselufer (»Asklepiustempel«)

Erst in den Jahren 1977 - 1979 konnten westlich des Forums ausgedehnte und massive Mauerzüge eines Tempelpodiums mit Umgang und der dazugehörigen Cella mit großer Apsisnische aufgedeckt werden. Im Nordteil eines von Portiken eingefaßten Hofraumes, der bei Zugrundelegung des antiken Trierer Straßenrasters eine Fläche von

Abb. 20: Blick auf den Tempelbezirk im Altbachtal

Abb. 21: Blick auf den Lenus-Mars-Tempel und das Kulttheater am »Irminenwingert«.

Abb. 22: Blick auf den großen Tempel am Moselufer
(»Asklepiustempel«) von Süden.

mehr als 170 x 88 m einnahm, erhob sich in dessen Mittelachse ein hochragendes Tempelpodium von 45 Länge und 26 m Breite. Innerhalb dieses Areals wurden im gleichmäßigen Abstand die Mauern einer Cella von 32,50 x 17 m Größe aufgedeckt. An ihrer nördlichen Schmalseite konnte eine monumentale, apsidenförmige Nische nachgewiesen werden, die am Rundungsansatz eine Spannmauer hatte. Von letzterer winkelten wiederum zwei Mauern ab, die offensichtlich als Verstärkungsmauern für einen größeren Sockel des Kultbildes dienten.

Obwohl die Baureste im Laufe der Jahrhunderte weitgehend abgetragen worden waren, konnte aufgrund von Kleinfunden die Errichtung des Tempels auf das letzte Drittel des 1. Jahrhunderts n. Chr. festgelegt werden. Ob diese Tempelanlage, die mit den großen Podientempeln am Fuße des Markusberges (vgl. S. 70) oder am Herrenbrünnchen (s.v.) durchaus konkurrieren kann, aufgrund einer bereits 1734 im südlichen Bereich des großes Hofraumes entdeckten Weihinschrift für Asclepius primär dieser Gottheit zugeschrieben werden kann, bleibt künftigen Untersuchungen vorbehalten.

Funde: Kat. 15 b, 34 m. Literatur: H. Cüppers, Der Tempel des Asclepios an der Moselbrücke zu Trier. Funde und Ausgrabungen im Bezirk Trier 14 = Kurtrierisches Jahrbuch 22, 1982, 7*-13*.

Tempel am »Herrenbrünnchen«

Oberhalb des Altbachtales bildete der große Tempel am »Herrenbrünnchen« nach Osten hin den monumentalen Abschluß der Stadt. An einem leichten Nordosthang wurden hier auf einer Fläche von 65 x 23 m die bis zu 4,10 m starken Mauern eines Podientempels mit vorgelagerter Freitreppe und Altarpodium freigelegt. Der Tempel selbst bestand aus einer Säulenvorhalle (*pronaos*) und der Cella mit einer Nische für ein monumentales Kultbild (*adyton*). Vor der Tempelfront erhoben sich sechs rund 13 m hohe Säulen, die Architrav und Giebel trugen.

Weihungen an Mars Victor und (Mars?) Intarabus lassen auf einen Tempel des Gottes Mars schließen, der offenbar schon im ausgehenden 1. oder frühen 2. Jahrhundert n. Chr. errichtet worden war. Erhalten sind auch Quader einer monumentalen Bogenarchitektur sowie vermutlich vier mächtige Kalksteinsäulen mit maskenverzierten Kapitellen, die im Kernbau des Trierer Domes unter Bischof Nicetius (526-566) zur Wiederherstellung des mächtigen Quadratbaues wiederverwendet worden sind.

Funde: Kat. 37. Literatur: E. Gose, Der Tempel am Herrenbrünnchen in Trier. Trierer Zeitschrift 30, 1967, 81-100.

Tempelbezirke auf dem Lande

Wesentlich bescheidener als die großen Kultbezirke und Tempelanlagen der Stadt Trier nehmen sich die ländlichen Heiligtümer aus, die wir mindestens vier Gruppen zuordnen können. Zum einen kennen wir eine größere Zahl von Tempelbezirken, die wie das Heiligtum am »Irminenwingert« mit Wasser und Quellen in Verbindung stehen und als Quell- oder Pilgerheiligtümer zu deuten sind. Die dort verehrten Götter werden in der Regel als Heilgottheiten charakterisiert. Zudem lassen verschiedene Nebengebäude auf Pilgerherbergen, aber auch auf Heilbäder oder einen Kurbetrieb mit Trinkkuren aus der heiligen Quelle schließen.

Zur zweiten Gruppe zählen die Heiligtümer bei Ortschaften (*vici*), wo sie meist an den Ausfallstraßen am

Abb. 23: Frührömische Kultbauten im Tempelbezirk am Altbach.

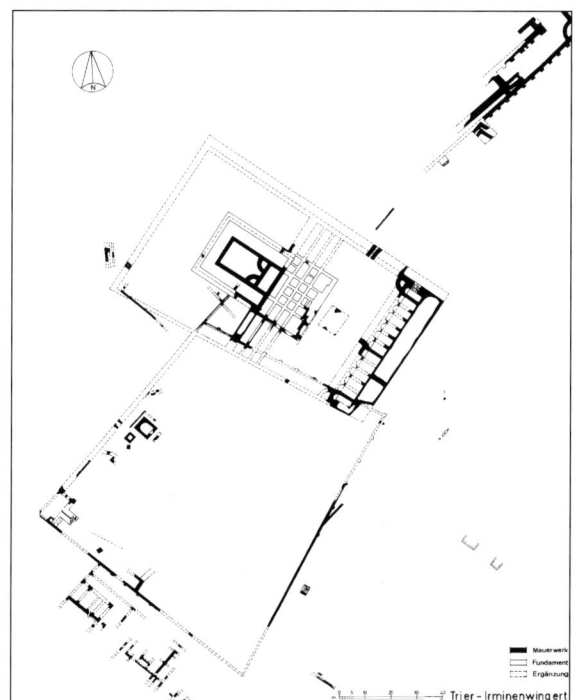

Abb. 24: Der Tempelbezirk am »Irminenwingert« (Lenus-Mars-Tempel)

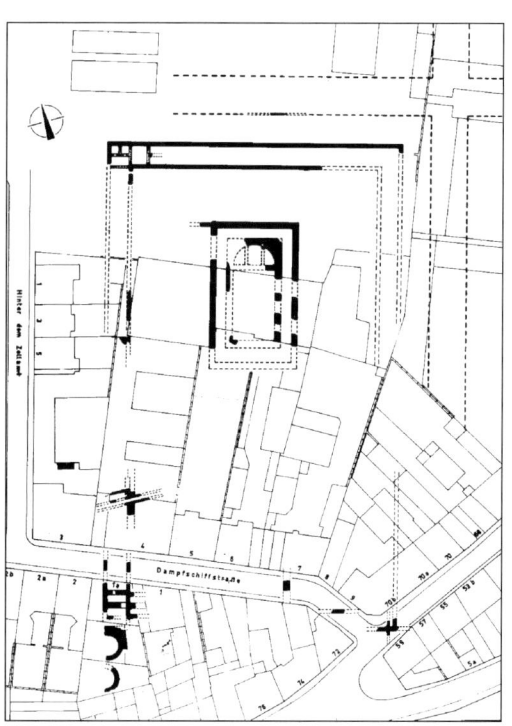

Abb. 25: Der große Tempel am Moselufer (»Asklepiustempel«).

Ortsrand errichtet waren. Darunter befinden sich allerdings auch Kultanlagen, die weniger von der einheimischen Bevölkerung als von vorüberziehenden Reisenden oder Händlern, wie Tawern (vgl. S. 82) oder Bausendorf (Kreis Bernkastel-Wittlich), benutzt wurden.

Sicherlich gehörte auch zu jedem größeren Gutshof ein kleinerer ummauerter Kultbezirk, der entweder am Rande des Gehöftes, wie in Lösnich (Kreis Bernkastel-Wittlich), oder in geringerer Distanz zur Hofanlage, wie in Newel, errichtet war. Wenn auch bisher nur wenige solcher kleinerer Heiligtümer nachgewiesen sind, ist dies zweifellos auf den Forschungsstand zurückzuführen, da sich die Ausgrabungen früherer Jahre bei römischen Villen häufig auf das »Herrenhaus« konzentrierten und die Nebengebäude aussparten. Die relativ große Entfernung des Heiligtums von Otrang ist wohl als Ausnahme zu betrachten.

Zur vierten Gruppe zählen Bergheiligtümer, die oft nur aus einzelnen oder kleineren Tempeln bestehen. Hier vermißt man Nebengebäude wie Priesterwohnungen, Herbergen oder Kaufläden. Auch wurde in diesen Fällen bislang keine Mauer, die den heiligen Bezirk, den *temenos*, vom profanen Bereich trennte, beobachtet. Oft liegen die Heiligtümer innerhalb vorrömischer Befestigungen, so daß die Tempel offenbar auf ältere Traditionen oder gar ältere Kultstätten zurückgreifen.

Literatur: Kat. Steindenkmäler Trier XVI-XIX Abb. 3-6.

Quell- und Pilgerheiligtümer:

Hochscheid (Kreis Bernkastel-Wittlich)

Südwestlich von Hochscheid konnten in einem quellreichen Gebiet des Idarwaldes umfangreiche Reste eines Quellheiligtums untersucht werden. Ein nahezu quadratischer, bereits im letzten Drittel des 1. Jahrhunderts n. Chr. errichteter Umgangstempel (13,5 x 14 m) wies in der Mitte der Cella eine gefaßte Quelle auf, aus der die Pilger das »heilbringende« Wasser schöpften. Nahebei waren in der 2. Hälfte des 2. Jahrhunderts n. Chr. die Kultbilder des Heilgötterpaares Apollon Granus und Sirona aufgestellt worden.

Jeweils mehr als 60 bis 120 m entfernt waren in nordöstlicher Richtung drei Nebengebäude errichtet. Gebäude II (42 x 22m) war um einen zentralen Hof gebaut und diente während des 2. und 3. Jahrhunderts n. Chr. als Herberge. Wenig westlich davon lag eine erst in der 2. Hälfte des 2. Jahrhunderts errichtete Heiltherme (24,50 x 9,10 m) mit der obligatorischen Raumabfolge römischer Bäder. Die Bestimmung eines vierten Gebäudes (14,80 x 8,90 m) mit Mauern, die weitgehend aus Lehmfachwerk bestanden, ist dagegen ungeklärt. Es umfaßte vier unterschiedlich große Räume, an die sich nach Osten eine 27,20 x 4,40 m lange, vielleicht offene Halle anschloß. Es war als einziges der Nebengebäude nahezu gleichzeitig mit dem Tempel errichtet worden, dürfte allerdings schon in der 1. Hälfte des 3. Jahrhunderts n. Chr. aufgegeben worden sein. Das Ende dieses Quellheiligtums fällt in Zeit der Germaneneinfälle um 275/76 n. Chr.

Funde: Kat. 23 a-b, 24 a.

Literatur: G. Weisgerber, Das Pilgerheiligtum des Apollo und der Sirona von Hochscheid im Hunsrück (Bonn 1975). - Kat. Steindenkmäler Trier XVII Abb. 5 b.

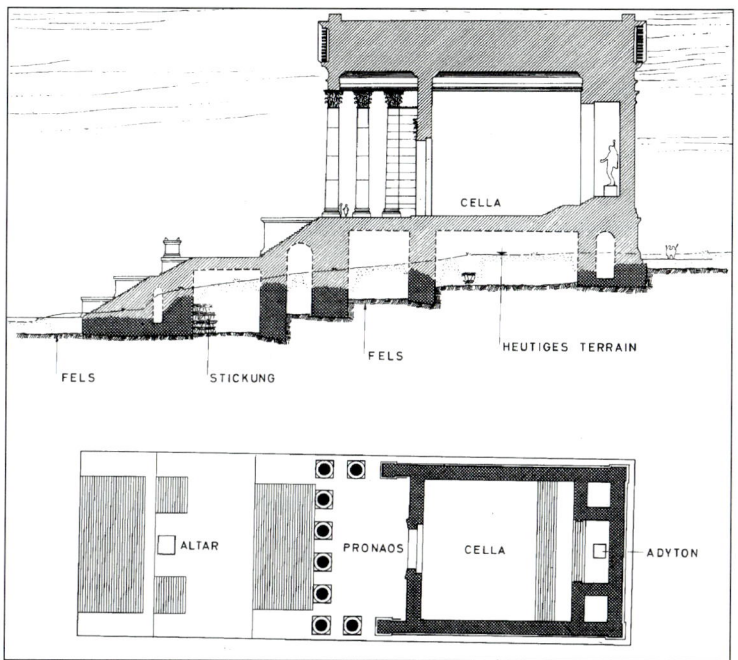

Abb. 26: Der Tempel am Herrenbrünnchen in Trier

Abb. 27: Blick auf den Tempel am Herrenbrünnchen von Westen

Heckenmünster (Kreis Bernkastel-Wittlich)

Um den »Wallenborn«, einer noch heute brodelnden Schwefelquelle, erstreckte sich in römischer Zeit ein ausgedehnter Tempelbezirk, dessen Temenosmauern ein Areal von 75 x 33 m umschlossen. Innerhalb des so begrenzten Kultbezirks lagen drei Tempel, zwei nahezu quadratische gallo-römische Umgangstempel und ein achteckiger Bau von etwa 9 m Durchmesser, in dem sich vermutlich die antike Quellfassung befand. Zwei weitere Mulden mit sprudelndem Mineralwasser lagen, wohl von einer einfachen Dachkonstruktion geschützt, unweit der südwestlichen Bezirksmauer und vor einem im Grundriß H-förmigen Gebäude, das vielleicht als Bühne eines Theaters für kultische Spiele diente.

Außerhalb des heiligen Bezirks konnten mindestens acht Profanbauten beobachtet werden, von denen vier als Herbergen zu deuten sind. Drei (1, 4, 5) bilden langgestreckte Gebäude mit vorgelegten Säulenhallen, über die die einzelnen Zimmer zu betreten waren. Besondere Aufmerksamkeit verdient das etwa 30 x 20 m große Gebäude 2, bei dem sich die einzelnen Gästezimmer um einen Binnenhof gruppierten. Der Eingang dieser »Hofherberge« war offenbar in Art der Herrenhäuser römischer Gutshöfe gestaltet und zeigte einen von zwei Risalitbauten flankierten Säulengang. Bau 6 könnte als Priesterwohnung oder als Laden für Devotionalien gedient haben. Eindeutig ist dagegen die Funktion des Gebäudes 8 als Heiltherme, in dem der Gast hinter einer breiten Eingangshalle mit einem Fußwaschbecken zu einem großen geheizten Becken von 50 m² gelangte, in dem er in Ergänzung zu den Trinkkuren auch Badekuren machen konnte. Ein kleinerer, danebenliegender Raum, der in seiner letzten Phase ebenfalls beheizt war, könnte als Tepidarium gedient haben. Bau 7/7a diente ebenfalls als beheiztes Bad. Die Zweckbestimmung der Gebäude 3 sowie der drei U-förmigen Mauerzüge vor Bau 1 und 4 ist dagegen nicht geklärt. Ebensowenig sind die hier verehrten Gottheiten bekannt.

Die Anfänge des Heiligtums reichen nach den Funden bis ins 1. Jahrhundert n. Chr. zurück. Nach einer Blüte im 2. und 3. Jahrhundert wurde auch dieser Kultbezirk bei den Germaneneinfällen um 275/76 stark in Mitleidenschaft gezogen. Dennoch lassen wenige Funde, insbesondere Münzen, eine Nutzung noch bis ins ausgehende 4. Jahrhundert erkennen.

Literatur: W. Binsfeld, Das Quellheiligtum Wallenborn bei Heckenmünster (Kreis Wittlich). Trierer Zeitschrift 32, 1969, 239-268.

Judenkirchhof bei Pelm, Stadt Gerolstein (Kreis Daun)

Innerhalb eines nahezu rechteckigen, rund 66 x 36 m großen, von einer vielleicht 0,80 m hohen Mauer begrenzten Bezirks konnten im Laufe der Jahre mindestens sechs Gebäude nachgewiesen werden. Mittelpunkt des Tempelbezirks war ein gallo-römischer Umgangstempel (F), der nach einer im Jahre 124 n. Chr. errichteten Bauinschrift der Göttin CAIVA geweiht war. Weitere kleinere Tempel bildeten wohl auch die unmittelbar nordöstlich davon beobachteten Mauerzüge, Gebäude E und ein kleinerer fast quadratischer Vorgängerbau zu Gebäude A, dem offenbar schon ein frührömischer Holzbau voranging. Im 4. Jahrhundert n. Chr. mußte der Quadratbau, in dem der Torso eines Herkules und jüngst dessen Keule zum Vorschein kamen, einem größeren mehrräumigen Gebäude weichen, das ebenfalls dem Kultbetrieb gedient haben wird. Gleichzeitig mußte in diesem Bereich die Temenosmauer um

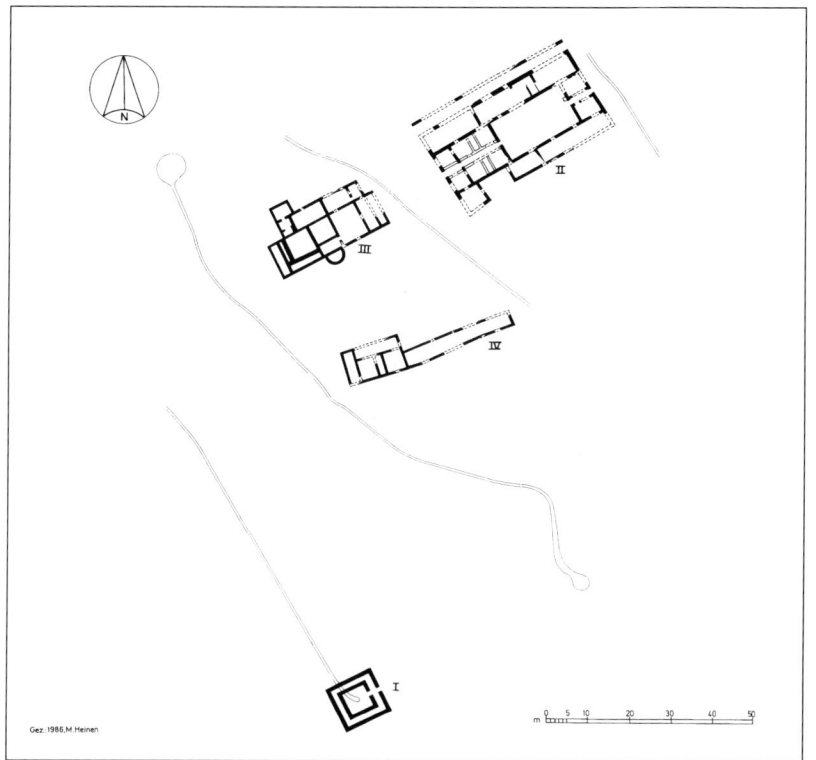

Abb. 28: Das Quellheiligtum von Hochscheid

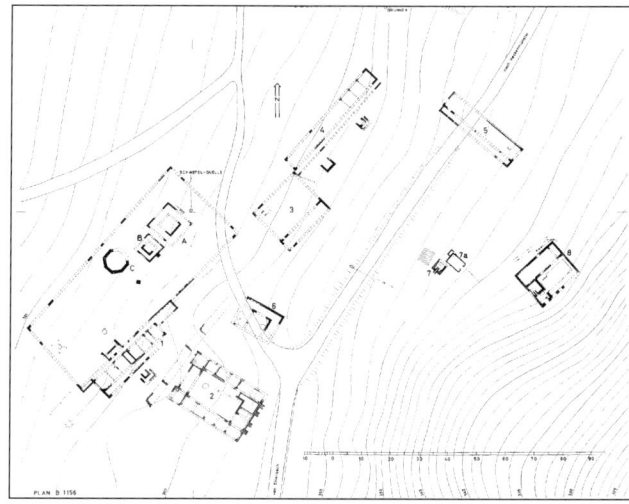

Abb. 29: Das Quellheiligtum von Heckenmünster

Abb. 30: Modell des Quellheiligtums von Heckenmünster (Ausschnitt).

mehr als 5 m nach Südosten vorverlegt werden. Gebäude (C) im südöstlichen Mauerwinkel kann als Schatzhaus angesprochen werden, wohingegen das langrechteckige Gebäude (B), das in einer späteren Phase über die Temenosmauer hinaus erweitert wurde, in seiner Funktion unklar bleibt.

Außerhalb des Heiligtums wurde bisher nur ein etwa halbkreisförmiges Polygon (H) mit einem rechteckigen Anbau (G) beobachtet, möglicherweise die Reste eines einfachen Theaters. Im nahen Umfeld sind auch noch Priesterwohnungen, Pilgerherbergen und Läden für Devotionalien zu erwarten.

Aufgrund der vorliegenden Funde, darunter eine umfangreiche Münzreihe vom 1. bis späten 4. Jahrhundert n. Chr., dürfte sich das Heiligtum eines langen und intensiven Zuspruchs erfreut haben.

Funde: Kat. 22 o, 29. Literatur: R. Schindler, in: Führer zu vor- und frühgeschichtlichen Denkmälern 33: Südwestliche Eifel (Mainz 1977) 314 f. - W. Binsfeld, CAIVA DEA. Archäologisches Korrespondenzblatt 17, 1987, 373 f. - Kat. Steindenkmäler Trier XVIII Abb. 5 a.

Tempelbezirke bei Vici:
Vicus Belginum (Wederath-Hinzerath)

Schon im vorigen Jahrhundert fand man am östlichen Ende des an der Römerstraße Trier - Bingen gelegenen Vicus Belginum unweit des sog. Stumpfen Turmes mit zwei Weiheinschriften an Epona und einer Weihung auf einem Bronzetablett an Merkur deutliche Hinweise auf ein größeres römisches Heiligtum. Zwischen 1969 und 1973 konnte ein weiterer, am westlichen Ortsrand gelegener Tempelbezirk teilweise untersucht werden. Dabei zeigte sich, daß sich unmittelbar westlich an den Vicus ein unregelmäßiges, etwa 120 x 70 m großes Areal anschloß, das von einer Mauer umgeben war. Am westlichen Ende dieses Bezirks konnten ein gallo-römischer Umgangstempel (15,60 x 16,90 m; Cella: 8,50 x 9,70 m) und ein kleinerer Quadratbau (4,25 x 4,35 m), wohl eine Kapelle, sowie die Fundamente eines freistehenden Altares festgestellt werden. Die Temenosmauer weist in der Südostecke umfangreiche Einbauten und im Norden eine trapezförmige Ausbuchtung mit zwei nach innen rechtwinklig ansetzenden Armen auf, die wie in Heckenmünster als Bühne gedeutet werden können, zumal schon 1924 unmittelbar daneben ein Inschrift entdeckt wurde, die vom Bau und der Wiederherstellung einer Theaterbühne (*proscenium*), berichtet. Bei Prospektionen konnten jüngst nördlich anschließend zwei weitere kleinere Bezirke mit je einem Umgangstempel und verschiedenen noch ungeklärten Bauten beobachtet werden.

Die Kleinfunde datieren den Tempelbezirk ins 1. bis ausgehende 4. Jahrhundert n. Chr. Sichere Anhaltspunkte auf die hier verehrten Gottheiten liefern die bisher vorliegenden Funde, darunter das Weiherelief eines Knaben oder die Bronzestatuette einer Amme, jedoch nicht.

Literatur: W. Binsfeld, Ein Heiligtum in Belginum-Wederath. Trierer Zeitschrift 39, 1976, 39-44. - Kat. Steindenkmäler Trier XIX Abb. 6 a.

Vicus Tawern (Kreis Trier-Saarburg)

Oberhalb des römischen Vicus von Tawern konnten auf den spornartigen Ausläufern des Metzenberges, über den die Römerstraße von Trier nach Metz führte, in den Jahren 1986/87 die ausgedehnten Reste eines römischen Tempelbezirks untersucht sowie in den folgenden Jahren konserviert und teilweise auch rekonstruiert wer-

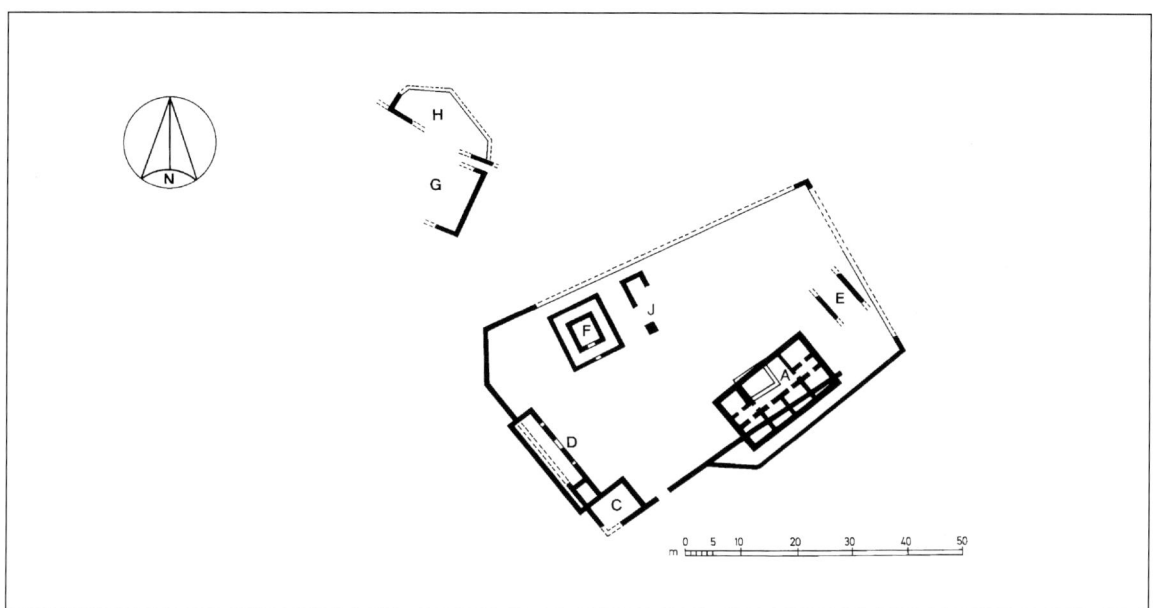

Abb.31: Der Tempelbezirk »Judenkirchhof« bei Gerolstein-Pelm

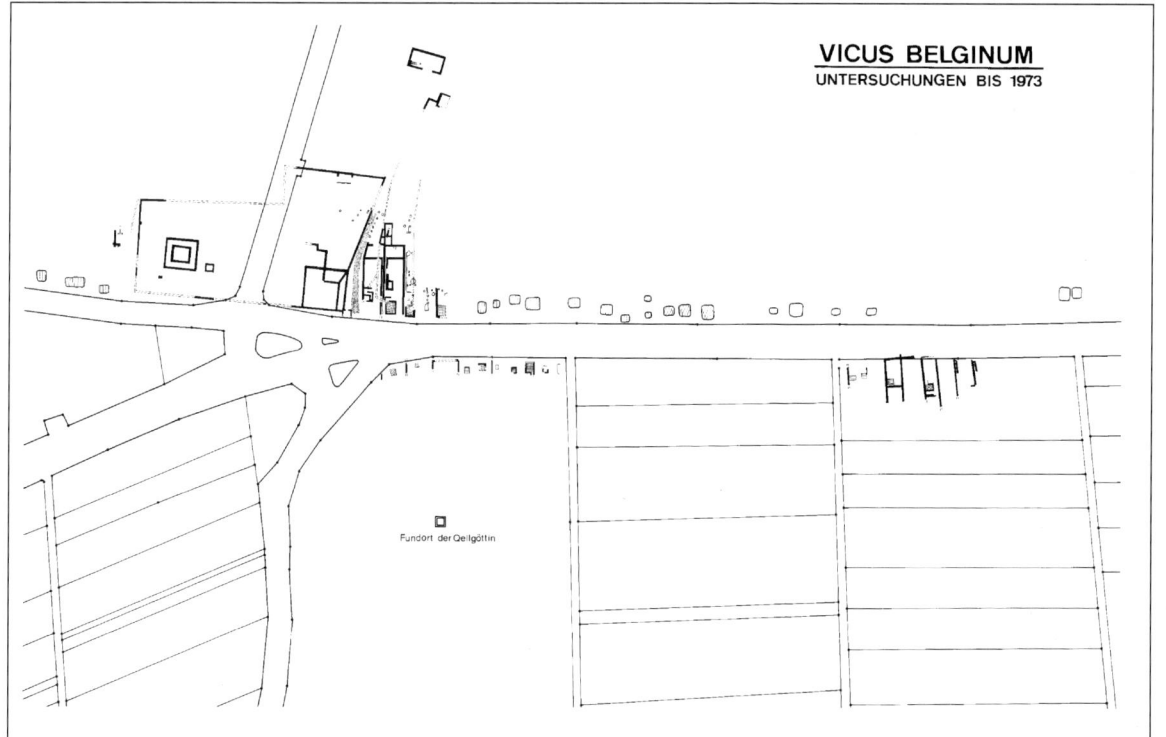

Abb.32: Der Vicus von Belginum mit dem Tempelbezirk am westlichen Ortsrand

den. Der trapezförmige Bezirk liegt in einem leichten Hanggelände und erreicht eine Ausdehnung von rund 46 x 36 m. Wohl nicht zufällig erlaubt dieser Platz für die aus Richtung Metz kommenden Reisenden den ersten Blick auf das rund 18 km entfernte Trier, das für die meisten wohl das Ziel ihrer Reise war.

Insgesamt ließen sich mindestens sechs verschiedene Tempel oder Kapellen nachweisen. Zu den ältesten Anlagen zählen die quadratischen bzw. rechteckigen Kapellen A (3,20 x 3,20 m), B (3,70 x 4,80 m), II (3,90 x 4,55 m) und III (5,85 x 7,50 m). Noch im 2. Jahrhundert n. Chr. mußten die kleineren Kapellen A und B einem gallo-römischen Tempel (I) weichen, der jedoch auf nur drei Seiten einen offenen Umgang (10,80 x 9,80 m) aufwies. Wenig später dürfte auch Tempel III für einen unmittelbar westlich dahinter errichteten Tempel (IV), ebenfalls mit nur dreiseitigem Umgang (ca. 10 x 8,20), niedergelegt worden sein.

Zahlreiche Umbauten und Veränderungen lassen auch die übrigen Baureste erkennen. So war der heilige Bezirk (*temenos*) im Laufe der Jahre mindestens zweimal nach Süden und einmal nach Osten erweitert worden. Mehrere Phasen lassen auch die Schatzhäuser in der Südwest- (a, c, d) und in der Nordostecke (e) des Tempelbezirks erkennen. Mit einer Ausdehnung von 5,20 x 5 m bildete das Schatzhaus b in der Nordwestecke das größte seiner Art. Zwei Toranlagen erschlossen von Osten bzw. Westen den Bezirk. Ferner wurden im Innern des Bezirks mehrere Fundamente von freistehenden Altären und ein rund 15 m tiefer, quadratischer Brunnenschacht (lichte Weite: 1,05 m) freigelegt, wobei letzterer nach einer vorliegenden Inschrift als »heiliger«, dem Merkur geweihter Brunnen (*puteus*) zu betrachten ist.

Zahlreiche Funde lassen - von einer kurzen Unterbrechung in der Mitte des 4. Jahrhunderts einmal abgesehen - eine starke Frequentierung des Tempelbezirks vom frühen 1. bis späten 4. Jahrhundert n. Chr. erkennen, ehe die Anlage, wie der mit zahlreichen Steindenkmälern verfüllte Brunnenschacht erkennen läßt, Opfer christlicher Fanatiker wurde. Die Mehrzahl der Weihungen und Steindenkmäler nimmt auf Merkur Bezug, nur eine Weihung nennt Apollon, ein Relief zeigt Epona und ein weiteres Isis und Serapis. In den östlichen Mittelmeerraum weisen auch zwei Terrakotten vom Typ der Artemis von Ephesos. Daß dieses Heiligtum weniger von Einheimischen als von vorüberziehenden Händlern aufgesucht wurde, läßt auch eine umfangreiche Münzreihe erkennen, die sich zumindest für die Spätantike deutlich von den Münzreihen anderer Fundplätze der Region abhebt und relativ hohe Anteile nichttrierischer bzw. nichtgallischer Prägungen, vor allem aus den Münzstätten des Balkans oder der östlichen Provinzen, aufweist.

Trotz zahlreicher Sondagen haben die Ausgrabungen auf dem Metzenberg nur ein größeres Nebengebäude (ca. 22 x 21 m) erbracht, das offenbar an seiner Ost- und Westflanke von einer offenen Säulenhalle (*porticus*) flankiert wurde. Vermutlich dürfen wir in dem nicht beheizbaren Gebäude einen Laden für Devotionalien sehen. Priesterwohnungen und Herbergen sollten wir dagegen in dem rund 500 m entfernten, am Fuße des Berges gelegenen Vicus suchen. Ob dort noch ein weiteres kleineres, vornehmlich der einheimischen Bevölkerung vorbehaltenes Heiligtum zu erwarten ist, müssen künftige Untersuchungen zeigen.

Funde: Kat. 48 a.

Literatur: S. Faust/K.-J. Gilles, Der galloömische Tempelbezirk von Tawern. Funde und Ausgrabungen im Bezirk Trier 19 = Kurtrierisches Jahrbuch 27, 1987, 42*-52*.

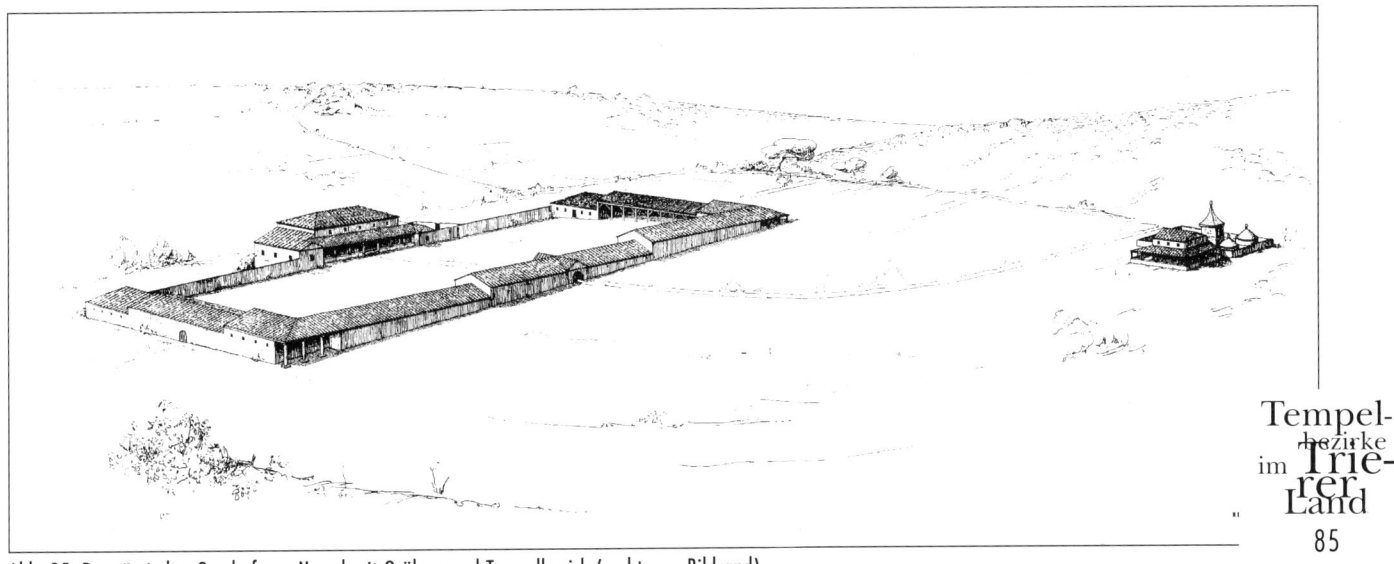

Abb. 35: Der römische Gutshof von Newel mit Gräber- und Tempelbezirk (rechts am Bildrand)

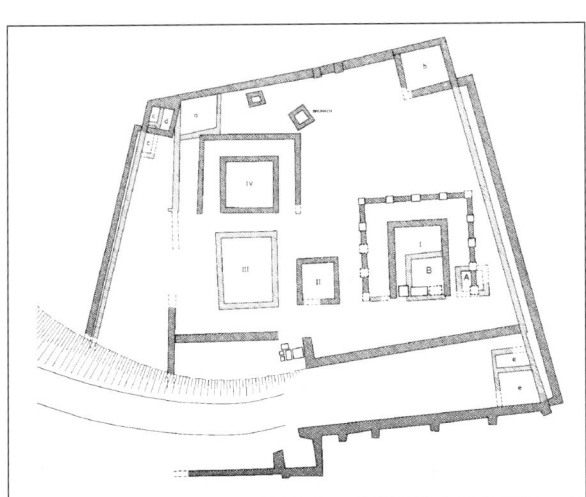

Abb. 33: Der Tempelbezirk auf dem Metzenberg bei Tawern

Abb. 34: Blick von Osten auf den konservierten und teilweise rekonstruierten Tempelbezirk von Tawern

Tempelanlagen bei Villen: Villa Newel (Kreis Trier-Saarburg)

Rund 90 m nordöstlich des Wirtschaftshofes der Villa von Newel wurde unmittelbar neben einem 20 x 13 m großen Gräberbezirk ein Umgangstempel (12,10 x 12,25 m) mit nahezu quadratischer Cella (5,50 x 5,70 m) festgestellt. Im Gegensatz zu den Gebäuden des Gutshofes scheint der Tempel aufgrund der Kleinfunde nur vom 1. bis späten 3. Jahrhundert n. Chr. genutzt worden zu sein. Hinweise auf die hier verehrten Gottheiten haben die Grabungen leider nicht ergeben.

Literatur: H. Cüppers/A. Neyses, Der römerzeitliche Gutshof mit Grabbezirk und Tempel bei Newel. Trierer Zeitschrift 34, 1971, 143-225.

Villa Otrang-Fließem (Kreis Bitburg Prüm)

Tempel-bezirke im Trierer Land
86

Rund 1 km südlich des großen römischen Landgutes von Otrang liegt, durch eine Senke von ihm getrennt, ein kleinerer Tempelbezirk. Neben einem gallo-römischen Umgangstempel (11,50 x 12,25 m, Cella: 5,70 x 6,65 m) konnte hier ein langrechteckiger Tempel (6 x 9,60 m) mit einer Säulenvorhalle ergraben werden. Reste größerer Statuen eines Mars oder der Kopf einer Minerva und eine Säule mit der Darstellung der Minerva und des Aktäon lassen wie die übrigen Kleinfunde, insbesondere die Münzen, eine intensive Kulttradition vom 1. bis ausgehenden 4. Jahrhundert n. Chr. erschließen. Eine sekundär im Herrenhaus der Villa verbaute Statuette der Isis-Fortuna könnte einen Hinweis darauf geben, daß den Besitzern der Villa neben den relativ weit entfernten Tempeln noch ein kleines Hausheiligtum zur Verfügung stand.

Funde: Kat. 6 c, 34 n, 38 b. Literatur: E. Gose, Der Tempelbezirk von Otrang bei Fließem. Trierer Zeitschrift 7, 1932, 123-133. - Kat. Steindenkmäler Trier XVI Abb. 4 a.

Bergheiligtümer:
Der Burgkopf bei Fell (Kreis Trier-Saarburg)

Auf einem schmalen, schwer zugänglichen Berggrat mit schroffen Schieferfelsen konnten im Bereich einer spätkeltischen Höhenburg drei Tempelanlagen beobachtet werden, ohne daß diese von einer Temenosmauer umgeben waren. Tempel I, in dem das Kultbild eines Silvanus entdeckt wurde, bestand zunächst nur aus einer rechteckigen Cella (5,45 x 6,90 m), die erst im frühen 4. Jahrhundert n. Chr. einen Umgang erhielt, der zur Bergseite von einer aus dem Schieferfels gearbeiteten Bank begrenzt wurde. Rund 18 m südlich lag auf einer tiefer gelegenen Felsterrasse eine zweite größere Cella (Tempel II: 8,80 x 7,10 m), die von einem lediglich zur Bergseite durch den abgearbeiteten Fels begrenzten Umgang umgeben war. Tempel I und II wiesen mächtige, in den Fels geschlagene Pfostenlöcher (Dm. 0,80 m) von quadratischen, offenbar frührömischen Holzvorgängerbauten auf. Auf einer weiteren Terrasse konnte noch ein drittes Gebäude mit rechteckigem Grundriß (6,10 x 5,30 m), vermutlich ein weiterer Tempel (III), beobachtet werden. Nach den in dessen Fundamenten aufgefundenen Spolien - darunter Bruchstücke eines Altars - scheint er erst nach den Zerstörungen in Folge der Germaneneinfälle von 275/76 n. Chr. errichtet worden zu sein. Wie Tempel II wurde auch er schon vor der Mitte des 4. Jahrhunderts wieder aufgegeben. Tempel I bestand dagegen noch bis in die 80er Jahre des 4. Jahrhunderts.

Literatur: K. J. Gilles, Römische Bergheiligtümer im Trierer Land. Zu den Auswirkungen der spätantiken Religionspolitik. Trierer Zeitschrift 50, 1987, 195-254. - Kat. Steindenkmäler VI Abb. 4c.

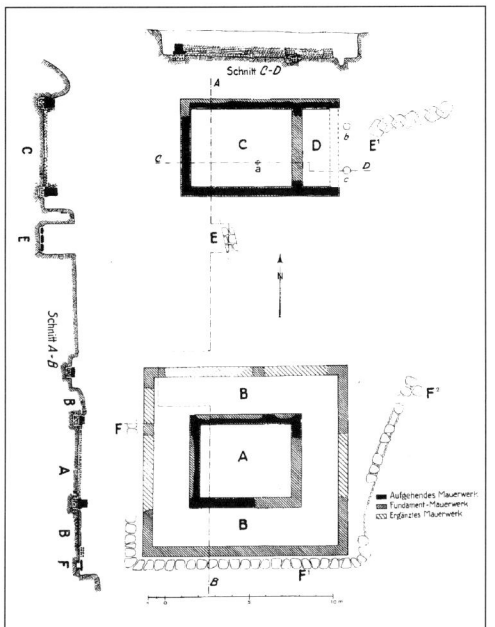

Abb. 36: Grundriß und Schnitt durch die Tempelanlage bei der Villa von Otrang-Fließem.

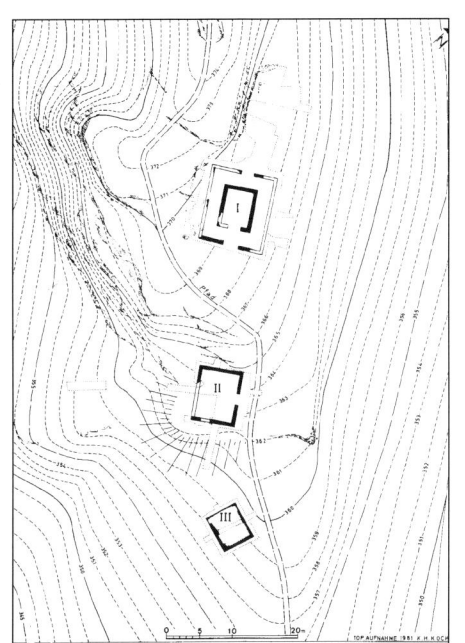

Abb. 37: Die Tempelanlagen des römischen Bergheiligtums auf dem Burgkopf bei Fell.

Abb. 38: Rekonstruktion von Tempel I bei Fell in der 1. Hälfte des 4. Jahrhunderts.

Mit der Eroberung Galliens, die 50 v. Chr. unter Caesar abgeschlossen ist, halten auch italisch-römische Gottheiten im keltischen Trierer Land Einzug. Während der Neuorganisation der gallischen Provinzen wird Trier zwischen 16 und 13 v. Chr. zur Colonia Augusta Treverorum erhoben und damit Hauptstadt des Stammesgebietes (*civitas*) der keltischen Treverer, später auch der Provinz Gallia Belgica. Ab 286 n. Chr. ist Trier zeitweise Kaiserresidenz. Im 4. Jahrhundert gehen die heidnischen Kulte unter. Trier wird ein bedeutendes Zentrum des frühchristlichen Gallien.

Spiegel der Gesellschaft: Was Arme und Reiche den Göttern gaben

Weihgaben Die Kultbilder aus Heiligtümern römischer und gallo-römischer Gottheiten blieben uns nur selten erhalten. Oft wurden sie im ausgehenden 4. Jahrhundert, als die heidnischen Kulte endgültig verboten und die Kultstätten verlassen wurden, mutwillig zerstört. Bronzene Bildwerke stellten daneben auch eine wichtige Rohstoffquelle dar: sie wurden daher häufig kleingehackt und eingeschmolzen.

Gefunden wurde aber eine große Anzahl von privaten Weihungen: Große Altäre mit Inschriften, Statuen aus Stein und Bronze gehören ebenso zu den aufwendigen Gaben an die Götter wie qualitätvolle Statuetten aus diesen Materialien. Sie stammen von einer vergleichsweise wohlhabenden Bevölkerungsschicht, die überwiegend aus romanisierten Galliern bestanden haben wird.

Daneben brachte man den Göttern aber auch schlichte Gegenstände dar: einfache kleine Weihaltäre, in großer Serie flott angefertigte Bronzestatuetten und - die typische Massenware - Terrakotten. Hinzu kommen Nahrungsmittelgaben, Tier- und Trankopfer, Geldspenden, Räucherwerk, Blumen, Kränze, Kultgeräte, Gefäße und Waffen, Fibeln, Schmuck, Spiegel, Glasgefäße und andere Gegenstände des täglichen Gebrauchs. Nur durch den Fundort im Heiligtum lassen sich viele als Weihegaben identifizieren. Wenige Objekte tragen Weihinschriften. Einfache Gefäße konnten durch Graffiti an die Götter dediziert werden. Organisches blieb nur in Ausnahmefällen erhalten. *Literatur:* Kyll, Weihe- und Votivgaben 7-114.

Weihinschriften, meist auf steinernen Tafeln, Sockeln und Altären, seltener auf Sockeln oder Platten aus Bronze, stellen unsere wichtigste Quelle zur einheimischen Religion dar: Sie überliefern uns, mit welchen italisch-römischen Göttern die gallischen Gottheiten gleichgesetzt wurden, indem sie oft beide Namen nennen. Da unsere literarischen Quellen zur gallo-römischen Religion spärlich sind, kennen wir viele Götter namentlich nur aus Inschriften.

Die Texte berichten uns von Stiftungen und Weihungen unterschiedlicher Art und verschiedenen Umfangs. Begüterte Einzelpersonen und Personengruppen errichteten oder renovierten Tempel mit ihren Kultstatuen und dem Inventar oder andere zum Heiligtum gehörende Bauten, legten Brunnen an oder erbauten Theater. Die zugehörigen Inschrifttafeln dürften in der Regel am Bau selbst angebracht gewesen sein.

Sockel von Statuen oder Statuetten aus Bronze und Stein sowie steinerne Weihaltäre nennen den Namen des Gottes im Dativ, den des oder der Weihenden, eine meist abgekürzte Weiheformel, selten aber den Grund für die Weihung.

Häufig wird dem Namen der Gottheit die abgekürzte Formel *In h(onorem) D(omus) D(ivinae)* oder *num(inibus) Aug(ustorum)* vorangestellt: Neben die eigentliche Götterweihung tritt so die Ehrung der vergöttlichten Mitglieder des Kaiserhauses.

Altäre haben meist eine typische Form: Hochformatige Quader werden oben und unten von einem ausladenden Profil abgeschlossen. Die Frontseite zwischen diesen beiden Profilen trägt die Inschrift. An den Seiten der Deckplatte befinden sich zwei Rollen, dazwischen oft eine Schale.

Bronzestatuetten Eine Vielzahl von Göttergestalten aus Kupferlegierungen, meist Bronze, in kleinem Format wurde gefunden. Obwohl die Weihung romanisierter Gallier sicher oft nicht an den römischen Gott, sondern an die ihm durch die Römer angeglichene gallische Gottheit ähnlicher Funktion gerichtet war (*Interpretatio Romana*), wurde hier die Darstellungsweise wesensverwandter römischer Götter mit ihren Attributen übernommen. Dies zeigt, daß von den Kelten unserer Region in vorrömischer Zeit keine bildliche Vorstellung und damit natürlich auch keine streng festgelegte Form der Darstellung für ihre Gottheiten entwickelt worden war.

In der Regel gehen die Bronzestatuetten im Typus auf großplastische Vorbilder der griechischen Kunst klassischer und hellenistischer, seltener - wie im Fall von Laren und Genien sowie einiger Mars-, Fortuna- und Viktoriadarstellungen - auf solche der römischen Zeit zurück. Allerdings überliefern sie diese häufig in vielfältiger Brechung und Umwandlung. Attribute können weggelassen oder zugefügt werden. Man darf davon ausgehen, daß dem Bronzehandwerker Schöpfer und Zeitstellung seines Vorbildes meist nicht geläufig waren. Statuetten dienten als Weihegaben in öffentlichen Heiligtümern, wurden aber auch in privaten Tempeln und Lararien im Haus aufgestellt. Leider kennen wir aber nur von wenigen der Bronzestatuetten im Bestand des Rheinischen Landesmuseums Trier Fundort, Fundzusammenhang und Aufstellungsort.

Eine enge zeitliche Eingrenzung aufgrund des Stils ist nur bei den qualitätvollen Exemplaren möglich. Beim größten Teil handelt es sich um Arbeiten des 2. und 3. Jahrhunderts

n. Chr. Neben dem religiösen Aspekt spielt bei den herausragenden Erzeugnissen des Bronzehandwerkes ein ästhetischer eine für uns nicht einschätzbare Rolle. In der Regel gehörte zu den Statuetten ein Sockel aus Bronze oder Stein, vielleicht auch aus Holz, der uns aber nur sehr selten erhalten blieb. Keine der kleinformatigen Weihinschriften aus Bronze aus unserem Arbeitsgebiet wurde mit einer zugehörigen Statuette gefunden.

Erwerb und Weihung großer und qualitätvoller Statuetten aus Bronze konnten sich nur gut situierte Römer und romanisierte Gallier leisten, also derselbe Personenkreis, der auch mittelgroße Votivaltäre und Steinbildnisse bezahlen konnte. Kleinformatige Statuetten von mäßiger Qualität wurden dagegen in großer Serie hergestellt und dürften kaum teurer gewesen sein als Terrakotten. Daher sind sie als Weihegaben der einfachen Bevölkerung anzusprechen.

Auch Gebrauchsgegenstände können mit Götterdarstellungen verziert sein, wobei häufig ein innerer Zusammenhang zwischen Funktion und Gottheit besteht.

Terrakotten, d. h. kleine Statuetten aus gebranntem Ton, sind einfach und schnell herzustellen, denn sie können in großer Stückzahl aus zweiteiligen, lange wiederverwendbaren Formen gepreßt werden; ihr Material ist leicht zu beschaffen. Es handelt sich um typische Massenartikel, deren Erwerb sicher nicht sehr teuer war. In großer Zahl fanden sie sich als Weihgeschenke in den gallo-römischen Tempelbezirken von Dhronecken, Gusenburg und Pelm sowie im Altbachtal zu Trier. In anderen Bezirken hingegen sind sie eher selten. Die Vielzahl gleichartiger Terrakotten in einigen ländlichen Heiligtümern zeigt, daß sie in unmittelbarer Nähe, wohl in Devotionalienläden, erworben werden konnten. Neben den Götterdarstellungen finden sich auch Figuren und Büsten von Männern, Frauen und - besonders zahlreich - von Kindern aus Ton. Vermutlich stellen sie die Personen dar, zu deren Gunsten ein Gelübde getan oder eine Bitte geäußert worden war. Auch in privaten Heiligtümern wurden Terrakotten aufgestellt. Als Beigabe konnten sie mit dem Verstorbenen ins Grab gelangen.

Das wichtigste Herstellungszentrum für unser Gebiet lag im Süden Triers, im großen Handwerker- und Töpferviertel.

Einige Terrakotten von auffallend guter Qualität folgen eng der römischen Darstellungsweise von Göttern. Sie wurden offensichtlich unmittelbar nach bronzenen Vorbildern geschaffen. Im Vergleich zu den Tonstatuetten, bei denen die Formen stark vereinfacht wurden, ist ihre Zahl allerdings verschwindend gering. Meist blieb nur ein Exemplar erhalten, obwohl auch hier sicher Serienproduktion vorliegt.

Die Mehrzahl der Terrakotten gibt die Gottheit in einer reduzierten Form wieder, die den technischen Bedürfnissen der einfachen zweiteiligen Negativform entspricht: Der Umriß ist geschlossen; auf Lücken wird verzichtet; alle seitlich oder nach vorne heraustretenden Teile werden eng mit dem Körper verbunden. Durch Hinzufügen oder Verändern von Kleidung und Attributen kann eine Grundform leicht für unterschiedliche Götterdarstellungen verwendet werden. Steinstatuen oder Bronzevorbilder spielen dabei keine große Rolle.

Der größte Teil der Götterdarstellungen aus Ton wurde im 2. und 3. Jahrhundert hergestellt. Wenige Exemplare bezeugen aber auch noch eine Trierer Produktion im 4. Jahrhundert n. Chr. (Faust) *Literatur:*

K. Latte, Römische Religionsgeschichte. Handbuch der Altertumswissenschaft V 4 (München 1960). - G. Ristow, Religionen und ihre Denkmäler im antiken Köln. Zur Religionsgeschichte des römischen Köln (Köln 1975). - Simon, Götter. - H. H. Scullard, Römische Feste. Kalender und Kult. Kulturgeschichte der antiken Welt 25 (Mainz 1985).

1. Töten mit schuldigem Respekt: Stieropfer auf einem Wandgemälde FO Trier, Palastgarten, vor der Südostecke des Kurfürstlichen Palais, 1943. 1. Hälfte des 2. Jahrhunderts n. Chr. Bei der Anlage eines Löschwasserbeckens im Palastgarten (unter und neben dem heutigen langgestreckten Wasserzierbecken) stieß man auf die Reste eines römischen Gebäudes, dessen Wände wie üblich bemalt waren. W. von Massow konnte eine in Grüntönen gehaltene Wand rekonstruieren, deren Hauptbild eine mythologische Szene - Medea hilft Jason beim Raub des Goldenen Vlieses - wiedergibt. Dem oberen Bereich dieser Wandmalerei ist das Bild des Stieropfers zuzuordnen.

Ein bärtiger Opferdiener *(victimarius)* hat links einen weißen Stier an einem Strick zum Altar geführt. Der muskulöse Mann ist mit einem Schurz *(limus)* bekleidet und trägt in der Linken eine Axt *(securis)* oder einen Hammer *(malleus)*, mit dem das Tier betäubt und getötet wird. Ein anderer mit einer Tunika bekleideter, durch seine Größe als jugendlich gekennzeichneter Opferdiener *(minister)* wendet dem Betrachter den Rücken zu. Er hält in der gesenkten Rechten eine silberne (nicht gläserne) Kanne, die der Maler mit gelben Glanzlichtern konturiert hat. Sie enthält entweder das Wasser, das der rituellen Reinigung des Opfernden *(sacerdos)* bzw. des Tieres *(victima)* vor dem Opfer diente, oder den Wein, der beim Hauptopfer verwendet wurde. Das Tier und auch der Altar wurden mit Wein besprengt, das Tier mit gesalzenem Mehl *(mola salsa)* bestreut *(immolatio)*. Zwischen Stier und Altar steht, dem Betrachter zugewendet, ein weiterer Opferdiener, der eine flache in Grau gehaltene Schale hält. Unterhalb der Schale ist schwach eine rechte Hand erkennbar; sie und ein beschuhter Fuß rechts vom Altar sind die einzigen Reste des Priesters *(sacerdos)*, den man sich mit der Toga bekleidet, deren Saum er, den Hinterkopf verhüllend, über sein Haupt gelegt hatte, vorstellen muß. Der Priester hielt einen kleinen zweigähnlichen Gegenstand über den Hörneraltar, auf dem ein breitrandiger Topf *(olla)* steht. Vielleicht ist hier der Fortgang des Opfers angedeutet: Nach der Schlachtung des Tieres wurden nämlich die Eingeweide *(exta)*, Leber Herz, Lunge, Galle und Milz, in einem Topf gekocht und anschließend auf dem Altar verbrannt. Das übrige Fleisch des Tieres war profan und wurde nach dem Opfer auf die Teilnehmer der Feier verteilt.

Welcher Gottheit das Opfer galt, ist nicht bekannt. Die Malerei kann vielleicht als Kopie eines alten Bildes angesehen werden, denn die sie rahmenden Klapptüren kennzeichnen sie als Nachbildung eines wertvollen Gemäldes, das vor grellem Tageslicht geschützt werden muß. (Klaus-Peter Goethert)H. des Bildes: 0,765 m, Br. des Bildes: 1,03 m, Br. mit den Klapptüren: 1,695 m. EV 1943,16. *Literatur:* Trierer Zeitschrift 18, 1949, 317-318. - W. von Massow, Neue Wandmalereien der Römerzeit in Trier. Forschungen und Fortschritte 20, 1944, 145-147. - E. M. Wightman, Roman Trier and the Treveri (London 1970) 87 Taf. 6 a. - P. Hoffmann, Das Bild einer Villa Rustica auf einer Wandmalerei aus Trier? Trierer Zeitschrift 56, 1993,123. - H. Cüppers, Malkunst im Norden des Imperiums. Römische Wandmalerei in Trier. Archäologie in Deutschland 1987 Heft 4, 32-33. - Zur Lage des Hauses: Römer an Mosel u. Saar 319 Nr. 278. Zum Opferritus: F. Fless, Opferdiener und Kultmusiker auf stadtrömischen historischen Reliefs (Mainz 1995) bes. 72 ff. (Das Tieropfer).

1 Wandgemälde mit einem Stieropfer

Unter dem Einfluß von Etruskern und Griechen haben seit dem 7. Jahrhundert v. Chr. die altüberlieferten Naturgottheiten der Römer Menschengestalt angenommen. Unzählige Götter, die sich mit typischen Kennzeichen ausweisen, sind für verschiedene Bereiche im römischen Staatswesen und Privatleben zuständig.

"... denn die Götter, wie es scheint, sehen auf euch [die Römer] herab, erhalten gnädig euer Imperium und verleihen euch die Gunst, es beständig zu besitzen.

Zeus (Jupiter), weil ihr euch für ihn um den Erdkreis, seine vorbildliche Schöpfung, wie man sagt, vorbildlich kümmert, Hera (Juno), weil sie durch rechtmäßig geschlossene Ehen geehrt wird, Athena (Minerva) und Hephaistos (Vulkan), weil die Künste geachtet werden, Dionysos (Bacchus) und Demeter (Ceres), weil man ihnen gegenüber die Feldfrüchte keinen Schaden leiden läßt, Poseidon (Neptun), weil ihm das Meer von Seeschlachten rein gehalten und es von Handels- statt von Kriegsschiffen befahren wird. Im Chor vereint, blicken Apollo, Artemis (Diana) und die Musen unablässig auf ihre Diener in den Theatern hinab; Hermes (Merkur) indessen braucht nicht auf Wettkämpfe und Gesandtschaften zu verzichten, Aphrodite (Venus) nicht auf Kindersegen und Liebesdienste. Wann waren jemals die Zeiten begünstigter oder wann hatten die Städte je mehr Anteil daran?"

Aelius Aristides (etwa 117 - 187 n. Chr.)
Lobrede auf Rom (Kapitel 104 f.)

Götter in Menschengestalt die italisch-römische Götterwelt

2. Dreifacher Vorsitz im Götterhimmel: Die Kapitolinische Trias
FO Trier, Fleischstraße 17/18, 1901. Spätes 2. Jahrhundert n. Chr. Im Jupitertempel auf dem Kapitol in Rom, dem höchsten Heiligtum des römischen Reiches, standen neben der Sitzstatue des Jupiter in eigenen abgetrennten Kammern *(cellae)* solche seiner Frau Juno und seiner Tochter Minerva. In der Zeit um den Tag seiner Weihung am 13. September feierte man die Ludi Romani (vom 5.-19. September).

In von den Römern begründeten Städten des Imperiums wurde nach dem Vorbild Roms ein Tempel dieser sog. Kapitolinischen Trias errichtet. Er lag meist in der Nähe des Forums am Kreuzungspunkt der beiden Hauptstraßenachsen. In Trier konnte die Lage des Kapitols bisher nicht nachgewiesen werden. Die kleine, in der Fleischstraße gefundene Gruppe erlaubt keine Lokalisierung.

Die Götter der Kapitolinischen Trias sitzen dicht nebeneinander auf einem gemeinsamen Thron mit rankenverzierter Rückenlehne, die sie nach hinten reliefartig abschließt. Vor jeder Gestalt steht ein eigener, schräggestellter Fußschemel. Der bärtige Jupiter trägt einen Mantel, der Schoß und Beine bedeckt und mit einem Bausch auf der linken Schulter aufliegt. Der weggebrochene rechte Unterarm lag auf dem Oberschenkel; die heute fehlende Hand faßte das stark bestoßene Blitzbündel. Mit der ebenfalls verlorenen Hand des linken Armes hielt der Gott das Zepter. Zu seiner Linken

thront Juno im hochgegürteten Gewand. Der verschleierte Kopf und beide Hände fehlen. Die Haltung der Arme und Beine ähnelt der ihres Gatten ebenso wie die Drapierung des Mantels. Minerva, zur Rechten des Jupiter, trägt über dem langen Gewand einen Mantel und die Ägis. Den Kopf mit korinthischem Helm wendet sie etwas nach links. Ihre linke Hand hielt einen stabförmigen Gegenstand. Der rechte Arm ist dicht an der Schulter weggebrochen. Er war erhoben und gewinkelt. Wie eine Ansatzspur zeigt, griff die Hand an den Helm.

Das kleine Weihgeschenk hat nicht die Kultbilder ,sondern die Trias in der Giebelmitte des von Kaiser Domitian im späten 1. Jahrhundert n. Chr. errichteten Neubaues des Kapitolinischen Jupitertempels zum Vorbild, die uns Münzbilder und zwei Reliefdarstellungen überliefern.

Der Neufund einer marmornen Weihegruppe von 1,2 m Länge bei Guidonia, nordöstlich von Rom, überliefert uns dasselbe Vorbild, allerdings in der Beinstellung von Minerva und Juno verändert und durch das Hinzufügen von Eule, Adler und Pfau, der typischen Tiere der Götter, erweitert. Hier blieb der Kopf der Juno mit Diadem und Schleier erhalten (A. M. Reggiani, Gruppo sculptureo con rappresentazione della Triade Capitolina. Bollettino di Archeologia 11/12, 1991, 215-218). (Faust) Weißer Marmor. - H. 0,39 m, B. 0,405 m. Inv. ST 3196. *Literatur:* Schindler, Führer 28 Abb. 74. - Kat. Steindenkmäler Trier 160 f. Nr. 325 Taf. 78; 79. - B. H. Krause, Trias Capitolina (Dissertation Trier 1981) 39 f.; 172 f.; 666. - LIMC II 1, 1094; II 2, 806 Nr. 289 s. v. Athena/Minerva (F. Canciani).

3. Erschaffer der Menschen, Vater der Götter: Jupiter

Zum altitalischen Himmelsgott flehte man um Regen und Gedeihen beim Ackerbau. Im Laufe der Zeit wurde er zum obersten Gott der römischen Staatsreligion. Leistete man einen Schwur, so rief man ihn an, so daß jeder bei einem Meineid seinen göttlichen Zorn und seine Strafe fürchten mußte. Bis in die Spätantike blieb er der oberste Schwurgott. Bei Verträgen, Rechtsprechung und Krieg war er stets zugegen.

3 a) Statue eines thronenden Jupiter

Geopfert wurden ihm Schwein, Schaf und Stier (Suovetaurilien). Auf dem Kapitol in Rom verehrte man ihn zusammen mit Juno und Minerva. Weiteres siehe unter "Kapitolinische Trias" (Kat. 2). *Literatur:* Simon, Götter 107-118.

Figuren des thronenden Jupiter sind besonders in Niedergermanien verbreitet, wo sie recht zahlreich in der Umgebung von Köln, Bonn und bis an den Niederrhein gefunden worden sind. Diese Figuren standen meistens auf einer mit Götterbildern verzierten Schuppensäule. *Literatur:* P. Noelke. Die Jupitersäulen und -pfeiler in der römischen Provinz Germania inferior. Beihefte der Bonner Jahrbücher 41 (Köln 1981) 263 ff.

Fünf Statuetten des thronenden Jupiter wurden im Bereich der Stadt Trier geborgen, von denen drei mit Sicherheit in Häusern Aufstellung fanden. Von der Figur aus der Johannisstraße wissen wir, daß sie sich auf einem Postament und nicht auf einer Schuppensäule erhob. Für die übrigen drei Statuetten aus Privathäusern und für die Statuette vom Petrisberg möchte man die gleiche oder eine ähnliche Postierung annehmen.

Hinsichtlich einer weiteren Statuette vom westlichen Trierer Moselufer (Hornstraße) und drei Figuren aus dem Trierer Land (Neumagen, Bitburg, Idenheim) kann über die Art der Aufstellung nichts Genaues gesagt werden. (Goethert)

3a) Statue eines thronenden Jupiter FO Trier, am östlichen Hang des Petrisberges, 1885. Ende 1. Jahrhundert n. Chr. Dem majestätisch

3 b) Statuette eines thronenden Jupiter

2 Kapitolinische Trias

thronenden obersten Himmelsgott ist der ihm heilige Adler,
der auf der Weltkugel sitzt, beigesellt. In der angehobenen
Linken hielt der Gott das Zepter, in der Rechten den Blitz.
Die Rückseite des Thrones zeigt Herkules mit Löwenfell,
Keule, Köcher und Bogen. Das Relief wird von einem Rahmen
mit Ranken eingefaßt. Die unterhalb der unteren Rahmenleiste nur grob bearbeitete, tiefer liegende Fläche greift auf die
Seiten um. Hier war sicherlich ein Bauglied zur Befestigung
und Aufstellung des Bildwerkes eingelassen.

Götter in
Menschen-
gestalt –
die italisch-
römische
Götterwelt
98

Die Sitzstatue spiegelt wie auch die übrigen Statuetten des thronenden Jupiter der Trierer Sammlung jenen über einem Adler mit ausgebreiteten
Schwingen thronenden Jupiter wider, der die Giebelmitte des von Kaiser Domitian geweihten Jupitertempels auf dem Kapitol in Rom schmückte.
Gerade dieser Typus fand in den nördlichen Provinzen des
römischen Imperiums großen Anklang und wurde von den
Bildhauerwerkstätten z. T. leicht variierend weit verbreitet.

3 c) Statuette eines thronenden Jupiter

Die vollständige Gruppe der Giebelmitte mit der thronenden Juno und Minerva zu seiten des Jupiter ist uns in ver-
kleinertem Maßstab in einer Trierer Marmorgruppe überliefert (Kat. 2).

Der Bildhauer des Trierer Jupiter hat einige kleine Veränderungen gegenüber der Giebelgruppe vorgenommen. Den
oberen Teil des Thrones hat er nach Art der Altäre umge-
staltet. Der im Tempelgiebel zum Aufflug ansetzende Adler
unter den Füßen des Gottes ist hier an seine Seite gerückt.
Jupiter über den Schwingen des Adlers ist auf Lampen des
1. Jahrhunderts n. Chr. ein beliebtes Motiv.

Herkules erscheint auch im Giebel des kapitolinischen Tempels unterhalb der thronenden Juno; jedoch hat der Bildhauer im Gegensatz zum obersten Himmelsgott die Figur
aus dem Giebel in veränderter Haltung wiedergegeben.
(Goethert) Kalkstein. - Größte H. mit Plinthe: 0,87 m. Inv. 11430. *Literatur:* Hettner,
Steindenkmäler 12 f. Nr. 21. - Kat. Steindenkmäler Trier 60 f. Nr. 100 Taf. 30.

3 d) Statuette eines thronenden Jupiter

3 e) Bronzestatuette des Jupiter

3b) Statuette eines thronenden Jupiter FO Trier, Johannisstraße, 1878; das zugehörige Postament mit Gesims und Sockel barg man in der Ecke eines römischen Hauses auf zwei dicken Sandsteinplatten. Dort war die Figur einst auf dem Postament aufgestellt. 1. Hälfte des 2. Jahrhunderts n. Chr. Die erhobene Linke des Gottes hielt ein Zepter aus Metall, das - wie das noch an der Bruchkante erkennbare Bohrloch auf der Plinthe zeigt - neben dem linken Fuß verankert war. Die auf dem Oberschenkel ruhende Rechte hielt ein Blitzbündel aus Metall. In den Füllungen des Thrones sind Tücher drapiert, die im oberen Teil mit Hilfe von Ziernägeln befestigt sind, eine Eigenart, die sich an fast allen Trierer Stücken beobachten läßt. Wie bei dem Relief der Kapitolinischen Trias (Kat. 2) ruhen die Füße des Gottes auf einem niedrigen Fußbänkchen, das bei diesem Darstellungstypus selten vorkommt. (Goethert) Kalkstein. - Größte H. 0,41 m. Inv. 552 und 731. *Literatur:* Hettner, Steindenkmäler 11 f. Nr. 17/18. - Kat. Steindenkmäler Trier 61 f. Nr. 101 Taf. 31.

3c) Statuette eines thronenden Jupiter FO Trier, Altbachtal (südlich der Kaiserthermen), 1876. 2. Jahrhundert n. Chr. Die Statuette zeigt trotz der einfachen, etwas derben Ausführung alle Eigenheiten des thronenden Jupiter aus dem Giebel des kapitolinischen Tempels in Rom. Die Linke hielt ein Zepter aus Metall, worauf das runde Einlaßloch neben dem Adler auf der Weltkugel hindeutet. Die Seiten des Thrones sind unverziert; die Gestaltung der Rückenlehne entspricht jener vom Petrisberg. (Goethert) Kalkstein. - Größte H. 0,56 m. Inv. Reg. c 206. *Literatur:* Hettner, Steindenkmäler 12 Nr. 20. - Kat. Steindenkmäler Trier 63 Nr. 104 Taf. 31.

3d) Statuette eines thronenden Jupiter FO Metzelstraße/Böhmerstraße, 1902; das Stück war in einer Mauer verbaut. 2. Jahrhundert n. Chr. In der einfachen Ausführung der linearen Wiedergabe des Gewandes und der Körperoberfläche und in der kubusartigen Gestaltung des Thrones läßt sich die Statuette jener aus dem Altbachtal an die Seite stellen. Der unverzierte Thron erhebt sich über einem 10 cm hohen Sockel, gegen den er an der Frontseite abgesetzt ist. (Goethert) Kalkstein. - Größte H. 0,38 m. Inv. ST 2897. *Literatur:* Kat. Steindenkmäler Trier 62 f. Nr. 103 Taf. 32.

3e) Bronzestatuette des Jupiter FO unbekannt. 2./3. Jahrhundert n. Chr. Die kleine Bronzestatuette des Jupiter gehört zu den seltenen Exemplaren, die mit der zugehörigen Basis in antiker Verbindung erhalten blieben. Der nackte Gott steht auf dem rechten Bein; das linke ist entspannt zurückgesetzt. In der Hand des leicht vorgestreckten rechten Armes hält er das auf dem Unterarm aufgelegte Blitzbündel, das hier - wie bei kleinformatigen Darstellungen üblich - auf ein an beiden Seiten spitz zulaufendes längliches Gebilde mit schrägen Kerben reduziert wurde. Der linke Arm ist gewinkelt erhoben. Die Hand hielt das heute verlorene Zepter, von dem Reste in der Durchbohrung erhalten blieben. Seine Spitze war in einem Bohrloch auf der Basis verankert. Haupt- und Barthaar des von einem zackigen Blattkranz umgebenen kräftigen Kopfes sind durch Kerben und Rillen gegliedert. Ein kurzer Bart verdeckt den Übergang zwischen Kinn und Brust.

Der Befestigung der Statuette dient ein Loch unter dem rechten Fuß, in welchem der originale Niet erhalten blieb. Bei der Kleinheit des Objektes war eine zweite Verbindung unter dem linken Fuß offenbar nicht erforderlich; zumal das im Bohrloch vor dem linken Fuß verankerte Zepter ebenfalls für Halt sorgte.

Diese kleine Jupiterdarstellung gehört zu den einfachen Gaben an den Gott, die in großer Serie hergestellt werden konnten. (Faust) Bronze. - H. mit Sockel: 8 cm, H. des Sockels: 2,5 cm. Inv. G O 21. *Literatur:* Menzel, Bronzen Trier 2 Nr. 3 Taf. 2.

3f) Terrakottastatuette des Jupiter FO Dhronecken (Kreis Bernkastel-Wittlich), Tempelbezirk, 1899. 2./3. Jahrhundert n. Chr. Eine Terrakotte aus dem gallo-römischen Tempelbezirk bei Dhronecken im Hunsrück gibt den Gott in derselben Haltung wieder wie die kleine Bronzestatuette. Den Erfordernissen des Materials entsprechend wurde der rechte Arm und die das Blitzbündel haltende Hand mit der Körperseite verbunden dargestellt; ein auf der linken Schulter aufliegender, im Rücken hinab-

3 f) Terrakottastatuette des Jupiter

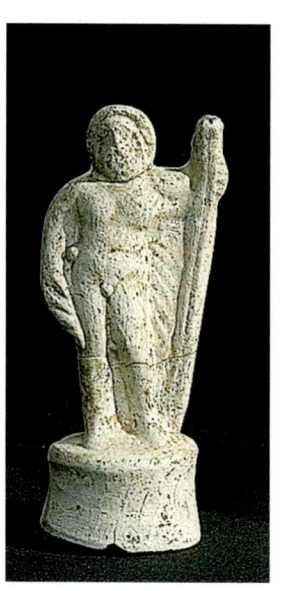

3 g-h) Terrakottastatuetten des Jupiter.

4a) Kolossalstatue der Juno

fallender Mantel füllt die Partie zwischen linker Körperseite und Zepter. Die ausdrucksvolle Gestaltung des Kopfes zeigt, daß der Entwurf dieser Tonfigur unmittelbar nach einem guten Vorbild, wohl aus Bronze, gefertigt wurde. (Faust) Weißer Ton. - H. mit ergänztem Postament: 22,2 cm. Inv. 1899,1058. *Literatur:* Hettner, Drei Tempelbezirke 57 Nr. 1 Taf. VIII 26. - Römer an Mosel u. Saar 153 f. Nr. 90 a.

3g) Terrakottastatuette des Jupiter FO Trier, Tempelbezirk Altbachtal, Nischenkeller, 1929. 2./3. Jahrhundert n. Chr. In gleicher Haltung zeigt eine weitere Terrakotte den Jupitertypus stärker vereinfacht. Für die Herstellung großer Serien war diese schlichte Ausprägung natürlich sehr gut geeignet. Durch Weglassen des Blitzbündels und Hinzufügen eines Helmes wurde diese Grundform in derselben Trierer Werkstatt zu einer Darstellung des Mars umgewandelt (Kat. 34). (Faust) Weißer Ton. -H. 12,8 cm. AT FNr. 7454. *Literatur:* van Boekel, Terracotta figurines 236 Abb. 23 b.

3h) Terrakottastatuette des Jupiter FO Leudersdorf (Kreis Daun), 1878. Wohl 2. Jahrhundert n. Chr. Majestätisch thronend wie in der Kapitolinischen Trias, mit dem Zepter in der linken Hand, zeigt eine weitere Darstellung aus Ton den obersten römischen Reichsgott. Auch hier trägt er einen Mantel, der - den Oberkörper weitgehend unbedeckt lassend - über die linke Schulter herabfällt. Ein für den Gott ungewöhnliches Attribut stellt das hohe Diadem im welligen Haar dar. Das Blitzbündel in der rechten Hand ist durch Kerben eindeutig gekennzeichnet.

Zusammen mit weiteren qualitätvollen Terrakotten, darunter einer zweiten, etwas größeren Darstellung des Jupiter, je einer der Juno (Kat. 4 c), Venus und Fortuna sowie fünf Muttergottheiten, wurde diese 1878 im Bereich der *villa rustica* von Leudersdorf in der Eifel gefunden. Es dürfte sich hier ursprünglich um den Bestand eines häuslichen Heiligtums gehandelt haben. (Faust) Weißer Ton. - H. 16,1 cm. Inv. 934. *Literatur:* Jahresbericht der Gesellschaft für nützliche Forschungen 1878-1881, 56 Nr. 2. - Schindler, Führer 38 f. Abb. 105.

4. Mütterlicher Schutz für Frauen und Eheleben: Juno

4a) Kolossalstatue der Juno FO Trier, Fleischstraße Nr. 17/18, 1901. 1. Jahrhundert n. Chr. Die kolossale weibliche Sitzstatue mit gegürteter Ärmeltunika und Mantel besteht in ihren bekleideten Teilen aus feinem Kalkstein, in den nackten, d.h. Kopf, Füßen und Unterarmen, hingegen aus weißem Marmor. Von diesen blieben nur die Vorderseite des Kopfes und der linke Vorderfuß mit Riemchensandale erhalten.

Ursprünglich bedeckte ein Stück des Mantels den Hinterkopf; diese heute verlorene Partie war vermutlich aus Stuck geformt. In den durchbohrten Ohrläppchen saß Schmuck, wohl aus Gold. Da die Gesichtszüge idealisiert sind und die Frisur keiner Mode entspricht, muß die matronale Darstellung als Juno, die Gattin des Jupiter und Schützerin der Ehe und der Geburt, angesehen werden.

Juno saß, wie die Herrichtung der Unterseite der Oberschenkel und der Rückseite zeigt, auf einem einzeln gefertigten Sitz. Im Bereich einer geglätteten Partie an der linken Körperseite, die bis zum halben Oberkörper reicht, war mittels Dübeln in runden Löchern die Seitenlehne befestigt. Wahrscheinlich war auf dieser einzeln gefertigten Partie auch der Unterarm der Göttin angegeben. Wie ein Dübelloch zeigt, war auch der rechte Arm einzeln gefertigt. Auch an der linken Seite der Figur finden sich Dübellöcher; sie liegen allerdings nicht in einer Ebene. Hier schloß sicher nicht die Gegenseite der Thronlehne an, sondern eine weitere Figur, nämlich Jupiter. Diese Junodarstellung ist demnach Teil einer "Kapitolinischen Trias". Wie das kleine Weihgeschenk aus Marmor (Kat. 2) wurde sie nach dem Vorbild der Giebelgruppe des domitianischen Kapitols in Rom gefertigt. Aufgrund der monumentalen Größe muß die Statue zur Ausstattung des bisher nicht lokalisierten Kapitolstempels der *Augusta Treverorum*

4 b) Relief mit Juno

4 c) Terrakottastatuette der Juno

gehört haben. (Faust) Torso: Kalkstein. - H. 1,41 m. Kopf: weißer Marmor. - H. 0,38 m. Fuß: weißer Marmor. - H. 0,085 m, B.0,105 m. Inv. ST 3194. *Literatur:* Schindler, Führer 28 Abb. 72. - Kat. Steindenkmäler Trier 57 f. Nr. 97 Taf. 28-29.

4b) Relief mit Juno FO Trier, St. Paulin, vor 1930. Späteres 2. Jahrhundert n. Chr. Das Relieffragment zeigt den mit einem Untergewand und einem Mantel bekleideten Unterkörper einer nach rechts gewandten, auf einem Stuhl sitzenden Frau. Unter ihrer Kleidung schaut noch die rechte Fußspitze hervor. Hinter der Thronenden blieb der Rest eines Gewandzipfels erhalten, der zu einer weiteren Person gehören muß. Vor dem Stuhl sitzt rechts von der Frau ein Vogel auf einem liegenden zylindrischen Gegenstand.

Aufgrund eines Vergleiches mit einem Sarkophagdeckel im Louvre, der das Parisurteil zeigt, und auf dem fast in identischer Weise die Frau, der Vogel und der Gegenstand dargestellt sind, läßt sich das Trierer Fragment deuten. Ursprünglich gehörte es ebenfalls zu einer Szene mit dem Parisurteil. Bei der Thronenden handelt es sich demzufolge um die Göttin Juno, begleitet von dem ihr zugeordneten Tier, dem Pfau. Das zylindrische Objekt ist der Köcher, den Amor abgelegt hat, bevor er sich mit seiner Fackel dem Paris als Bote der Venus nähert. Zu der Göttin Minerva müßte schließlich der Gewandrest gehören. Sie stand vermutlich einst hinter der Juno.(Klementa) Weißer Marmor. - Größte H. 0,445 m. Inv. 1930,145. *Literatur:* Kat. Steindenkmäler Trier 58 Nr. 98 Taf. 29. - Zu den Parissarkophagen: G. Koch/H. Sichtermann, Römische Sarkophage. Handbuch der Archäologie 34 (München 1982) 172 f. - Zu dem Sarkophagdeckel im Louvre: F. Matz, Ein römisches Meisterwerk. Der Jahreszeitensarkophag Badminton-New York (Berlin 1958) Taf. 23.

4c) Terrakottastatuette der Juno FO Leudersdorf (Kreis Daun), 1878. 2. Jahrhundert n. Chr. Im Chiton und mit einem stoffreichen Mantel steht die Göttin über einem sechseckigen Sockel. Das auf der linken Körperseite offene Manteltuch ist vor dem Leib einmal umgeschlagen und liegt als Schleier über dem Kopf. Nur die Hand des linken Armes tritt aus dem Gewand hervor und hält ein Weihrauchkästchen mit offenem Deckel. Der rechte Arm ist vor die Brust gewinkelt; die Hand hält einen kugeligen Gegenstand.

Der an klassische Vorbilder angelehnten, vielleicht einer Bronzestatuette nachgebildeten Terrakotta fehlen auf den ersten Blick sie eindeutig charakterisierende Attribute. Die majestätische matronale Erscheinung kennzeichnet sie jedoch als Juno, die auch verschleiert ohne Diadem dargestellt sein kann. Mit einem Kästchen im Arm begegnet uns diese Göttin auf Viergöttersteinen. Diese ausgesprochen qualitätvolle Terrakotte wurde mit weiteren Götterfiguren aus Ton im Bereich der *villa rustica* von Leudersdorf in der Eifel gefunden. Daß sich darunter auch zwei Statuetten des Jupiter befinden (Kat. 3 h), stützt die Deutung auf seine Gattin zusätzlich. (Faust) Weißer Ton. - H. 21,5 cm. Inv. 936. *Literatur:* Jahresbericht der Gesellschaft für nützliche Forschungen 1878-1881, 56 Nr. 3. - Schindler, Führer 40 Abb. 120. - van Boekel, Terracotta figurines 323 Abb. 56.

5. Gefiederte Begleiter der höchsten Götter: Adler und Pfau

5a) Statuette eines Adlers FO Trier, Lindenstraße, 1901. Darstellungen antiker Götter wurden nicht nur durch ihre Gesamterscheinung, Haltung und ihre Attribute, sondern auch durch Begleittiere charakterisiert. So wurde der Adler, der mächtigste Vogel Europas, mit Jupiter, dem höchsten Gott, verbunden. Zu seiner Gattin Juno gehört der Pfau. Minerva wird von der Eule begleitet. Außer dem Hahn (Kat. 22 d) sind Merkur, noch einige weitere Tiere zugeordnet: Am häufigsten werden Widder, Ziegenbock, Eber (Kat. 22 n) und Schildkröte mit ihm dargestellt. Bronze. - H. 5,1 cm. Inv. ST 1957. *Literatur:* Menzel, Bronzen Trier 48 Nr. 102 d Taf. 103.

5b) Statuette eines Pfaues FO Trier, 1902. Da Begleittiere von Götterstatuetten aus Bronze in der Regel von diesen getrennt gefertigt und erst auf der gemeinsamen Basis mit ihnen verbunden wurden, blieben sie oft einzeln erhalten, wie die Statuetten eines Adlers und eines Pfaus aus dem Stadtgebiet von Trier.

Der kleine Adler steht auf kurzen kräftigen Beinen. Seine Flügel liegen am Körper. Den Kopf wendet er nach rechts, vielleicht der zugehörigen Statuette zu.

Mit schön geschwungenem Hals ist der Pfau der Juno wiedergegeben. Da sein Schweif geschlossen ist und - die Rundung des Rückens aufnehmend - weit herabhängt, kann der Vogel nur am Rand einer Statuettenbasis gestanden haben. (Faust) Bronze. - H. 7 cm .Inv. 1902,297. *Literatur:* Westdeutsche Zeitschrift 22, 1903, 439. - Menzel, Bronzen Trier 46 Nr. 96 Taf. 45. - Schindler, Führer 59 Abb. 187.

6. Göttin der Künste, Herrin des Handwerks: Minerva, die kriegerische Göttin, Beschützerin der Städte und Siedlungen und der in diesen betriebenen Gewerbe, besaß in Rom einen Tempel auf dem Aventin in unmittelbarer Nachbarschaft des Dianaheiligtums. Ihr zu Ehren feierten ab dem 19. März fünf Tage lang die Gewerbetreibenden Feste (Quinquatrus), an denen auch Schüler und Lehrer Ferien hatten. In Trier scheint die Göttin keinen eigenen Tempel besessen zu haben. Im Kapitolstempel wurde sie zusammen mit Jupiter und Juno verehrt (Kat. 2).

Die Kelten verehrten eine Göttin, die "die Anfangsgründe des Handwerks und der Künste" lehrte, wie Caesar im 6. Buch des gallischen Krieges darlegt (VI 17*: ..Minervam operum atque artificiorum initia tradere,..*), so daß sie die römische Göttin Minerva mit der ihrigen, deren Namen wir nicht kennen, gleichsetzen konnten. Aber auch der kriegerische Aspekt kann der von den Römern mit Minerva geglichenen keltischen Göttin nicht wesensfremd gewesen sein, denn sie wird wie jene immer bewaffnet dargestellt.

5a-b) Statuetten eines Pfaues und eines Adlers (r.)

Rundplastische Bildnisse sind jedoch in den gallischen und germanischen Provinzen nur vereinzelt überliefert. Häufig begegnet sie dagegen auf den Viergöttersteinen (vgl. Kat. 39). Im Trierer Tempelbezirk des Altbachtales kamen zwei Relieffragmente mit der Darstellung der Göttin zutage, ein unfertig gebliebenes Relief wurde in der Nähe gefunden. Eine Statuette und ein weiteres Relief aus Trier sind verschollen. Die Köpfe zweier Statuetten wurden im Trierer Land geborgen. (Goethert) *Literatur:* Simon, Götter 168-181. - LIMC II 1, 1074-1110 s. v. Athena/Minerva (F. Canciani/G. Ch. Picard).

6a) Statuette der Minerva

6a) Statuette der Minerva FO Trier, Aachener Straße, 1880. 2. Jahrhundert n. Chr. Die Göttin wird in römischer Zeit stets in griechischer Art gekleidet und bewaffnet wiedergegeben, da die Römer sie mit der griechischen Athena gleichgesetzt haben. So trägt auch die Statuette Chiton, Mantel und Helm; auf der Brust hebt sich die Ägis ab. Bewaffnet ist sie mit Speer und Schild. Ihr zur Seite hockt die ihr heilige Eule.
In der Art der dreieckigen Drapierung des Mantels vor dem Körper weicht die Trierer Statuette allerdings von dem Repertoire der Minervadarstellungen ab und lehnt sich in dieser Eigenart an Wiedergaben der Isis-Fortuna an.
Die Kleinheit der Figur spricht dafür, daß sie als Hausgöttin Aufstellung und Verehrung gefunden hat. (Goethert) *Kalkstein.* - Größte H. 0,26 m. Inv. 3561. *Literatur:* Hettner, Steindenkmäler 40 Nr. 54. - Kat. Steindenkmäler Trier 117 Nr. 239 Taf. 57.

6b) Relief mit Minerva FO Trier, am Herrenbrünnchen, 1911. Wohl 2. Jahrhundert n. Chr. Das Relief ist nur in groben Umrissen angelegt und niemals fertiggestellt worden. Dennoch erkennt man, daß die frontal ausgerichtete Göttin über dem langen Untergewand einen Mantel und auf dem Kopf den Helm trägt. Die gesenkte Linke ruht auf dem Schildrand, die angehobene Rechte stützte sicherlich den Speer. Auf ihrer linken Schulter hockt die Eule. (Goethert) *Kalkstein.* - Größte H. 0,52 m. Inv. 1911,446. *Literatur:* Kat. Steindenkmäler Trier 118 Nr. 242 Taf. 58.

6c) Kopf einer Minervastatuette FO Fließem (Kreis Bitburg-Prüm), Tempelbezirk Otrang, 1833. 2./3. Jahrhundert n. Chr. Unter dem korinthischen Helm quillt bauschig das über der Stirnmitte gescheitelte und zu den Seiten gekämmte Haar hervor, das in langer breiter Masse im Nacken herabhängt. Der Kopf saß einst einer Statuette auf, die neben anderen Götterfiguren im Heiligtum von Otrang geweiht worden ist. Graugrüner Sandstein. - Größte H. 0,19 m. Inv. 1909,664. *Literatur:* Trierer Zeitschrift 7, 1932, 133 Abb. 9. - Kat. Steindenkmäler Trier 119 Nr. 245 Taf. 58.

6d) Kopf einer Minervastatue FO Winringen (Kreis- Bitburg-Prüm), 1886. 2. Jahrhundert n. Chr. Der zu einer lebensgroßen Statue gehörende Kopf war sorgfältig gearbeitet, wie man trotz der starken Beschädigungen an der Ausführung von Augen und Mund noch erkennen kann. Über dem welligen Haar trägt Minerva den für sie charakteristischen korinthischen Helm. Im gleichen Ort kamen Bronzestatuetten des Mars und die Sandsteinstatuette eines jugendlichen Gottes (wohl Merkur) zutage, die auf ein kleines lokales Heiligtum hinzuweisen scheinen. (Goethert) Grauer Sandstein. - Größte H. 0,24 m. Inv. 18575. *Literatur:* Hettner, Steindenkmäler 41 Nr. 56. - Kat. Steindenkmäler Trier 119 f. Nr. 246 Taf. 58.

6e) Terrakottabüste der Minerva FO Trier, Pacelliufer (römische Töpferei), Abfallgrube beim Schwarzfirnisofen, 1933 (kopflose Büste). FO Trier, am Neumarkt (heute Hindenburgstraße), 1903 (Kopf). 2. Jahrhundert n. Chr. Der großen, qualitätvollen Minervabüste aus dem Töpferviertel im Süden des römischen Trier fehlte bei der Auffindung der Kopf. Dieser wurde bald nach seiner Auffindung nach einem von der Größe her passenden weiblichen Einzelkopf der Göttin (heute verschollen), eindeutig identifizierbar am Helm, recht glücklich ergänzt.

Über einem profilierten Sockel ruht die Büste auf einem kleinen, stilisierten Blattkelch. Besondere Sorgfalt wurde hier auf die Wiedergabe der Ägis verwendet. Diesen von Vulkan verfertigten Götterschild erhielt die griechische Göttin Athena, der die römische Minerva in den wesentli-

6b) Relief mit Minerva

6c) Kopf einer Minervastatuette

6d) Kopf einer Minervastatue

chen Zügen entspricht, von ihrem Vater Zeus. Besondere Wirksamkeit erhielt die Ägis, als die Göttin das Haupt der Gorgo Medusa daran anbrachte. Dieses schenkte ihr Perseus, den sie gemeinsam mit Hermes bei der Überwindung des Ungeheuers, dessen Anblick in Stein verwandelte, unterstützt hatte.

Bei der Trierer Büste liegt die schuppenbedeckte Ägis, wie auch bei der Minerva der Kapitolinischen Trias (Kat. 2), beiden Schultern auf und reicht über die ganze Brust. Der untere Abschluß folgt bogenförmig dem Büstenabschnitt. Aus dem v-förmigen Halsausschnitt treten die Falten des Chiton hervor. Der äußere Rand des Schutzschildes ist als gekerbte Partie wiedergegeben, von der aus sich Schlangen zur Mitte hin bewegen. Dort sitzt das Gorgoneion mit Flügeln im Haar. (Faust) Rötlicher Ton. - H. mit ergänztem Kopf: 20,3 cm. Inv. ST 14597; Kopf ergänzt nach Inv. ST 6626. *Literatur:* Jahresbericht 1933. Trierer Zeitschrift 9, 1934, 137; 165 Taf. XVIII 8. - Schindler, Führer 40 Abb. 120.

6f) Bronzestatuette der Minerva FO Neumagen (Kreis Bernkastel-Wittlich), 1910. Eine kleine Bronzestatuette aus Neumagen zeigt die Göttin auf dem rechten Bein stehend; das linke ist entlastet leicht zur Seite gestellt. Der rechte Arm ist erhoben, die Hand hielt wohl die Lanze. Bekleidet ist Minerva mit einem Chiton und einem auf der linken Schulter aufliegenden und unter der rechten Achsel durchgeführten Mantel. Den Saum dieses Mantels zieht sie mit der Hand des gewinkelten linken Armes so eng um die Hüften, daß Spannfalten entstehen. Quer über die Brust liegt, wie an den Schlangen am Rand erkennbar, die Ägis. In unüblicher Stelle auf der rechten Schulter sitzt das Gorgoneion. Den nach rechts gewendeten Kopf bedeckt ein korinthischer Helm mit hohem Federbusch. (Faust) Bronze. - H. 10,2 cm. Inv. 1910,185. *Literatur:* Römisch-Germanisches Korrespondenzblatt 3, 1910, 75. - Trierer Jahresbericht 4, 1911, 24; 27 Taf. 2,1. - E. Fölzer, Römische Mitteilungen 25, 1911, 305 ff. Abb. 1 und 2. - Menzel, Bronzen Trier 29 Nr. 59 Taf. 28. - LIMC II 1, 1089; II 2, 800 Nr. 193 (F. Canciani).

6g) Bronzestatuette der Minerva FO Trier, Pacelliufer, 1933.
Einfacher ist das Gewandmotiv einer etwas kleineren Minervastatuette, die 1933 in Trier gefunden wurde; so gekleidet wird sie meist dargestellt: Über dem Chiton trägt die Göttin einen auf der linken Schulter und dem linken Arm aufliegenden, an dieser Körperseite offenen Mantel, der - den Oberkörper weitgehend freilassend - zur rechten Hüfte verläuft. Die Brust wird von der Ägis geschützt. Letztere ist stark vereinfacht wiedergegeben: Nur in Kaltarbeit wurden die Schuppen und das fast unkenntliche Gorgonenhaupt angegeben. Auch hier bedeckt ein Helm mit mächtigem Busch das Haupt. In der Durchbohrung der erhobenen rechten Hand steckte die Lanze. Position und Haltung der aus dem Manteltuch heraustretenden Linken zeigen, daß hier ein weiteres einzeln gefertigtes Attribut, nämlich ein auf dem Boden neben der Göttin stehender runder Schild, auf der gemeinsamen Basis mit ihr verbunden war. (Faust) Bronze. - H. 8,4 cm. Inv. 1933,19. *Literatur:* Jahresbericht 1933. Trierer Zeitschrift 9, 1934, 160 Abb. 27. - Menzel, Bronzen Trier 30 Nr. 61 Taf. 28.

6h) Bronzestatuette der Minerva FO wohl Kreis St. Wendel
(Saarland). Im Körper völlig flach gibt eine schlichte, nur 5,8 cm hohe Bronzestatuette die Göttin wieder . Durch den Helm mit hohem Busch auf dem Kopf ist die Identifizierung gesichert. Die Anordnung des Mantels über dem Chiton entspricht der des größeren Exemplares (Kat. 6 g). Allerdings ist die Armhaltung spiegelidentisch. Auf die Angabe der Ägis mit Schuppen und Gorgoneion wurde verzichtet. Möglicherweise soll die eingetiefte Linie unter beiden Brüsten diesen Schutzschild andeuten. (Faust) Bronze. - H. 5,8 cm. Inv. St. W. 8. *Literatur:* Menzel, Bronzen Trier 30 Nr. 62 Taf. 29.

6i) Bronzebüste der Minerva FO unbekannt, 1877 erworben.
Wohl 3. Jahrhundert n. Chr. Bei dieser Bronzebüste der Minerva liegt die Ägis mit dem stilisierten Gorgoneion in gleicher Weise auf Brust und Schultern wie bei der Terrakottabüste aus dem

6e) Terrakottabüste der Minerva

6h-f) Bronzestatuetten der Minerva

Trierer Töpferviertel (Kat. 6 e) und der Darstellung der Göttin in der Marmorgruppe der Kapitolinischen Trias (Kat. 2). Auf dem Kopf mit voluminösen, nach oben eingedrehten Haarpartien sitzt der korinthische Helm mit hohem Federbusch. (Faust) Bronze. - H. 8,1 cm. Inv. 179. *Literatur:* Menzel, Bronzen Trier 77 Nr. 183 e Taf. 104.

6j) Relief der Athena im Kampf gegen die Giganten

FO Trier, Neustraße, 1871. In hohem Relief auf leicht konvexer Grundplatte, deren plastisch abgesetzter äußerer Rand heute größtenteils fehlt, ist der Kampf der Göttin Athena/Minerva gegen einen der Giganten dargestellt. Die riesigen Giganten, Söhne der Erdgöttin Gaia, haben einen menschlichen Körper und in Schlangen endende Beine. Der Kampf und Sieg der olympischen Götter gegen diese urzeitlichen Mächte wurde als Symbol der Überwindung des Chaos durch die Ordnung angesehen.

Athena, mit Chiton und Helm, stürmt mit der waagerecht gehaltenen Lanze nach rechts. Der ihr zugewendete schlangenfüßige Gigant ist vom Rücken her mit seiner Gegnerin zugewendetem Kopf dargestellt. In der weit zurückgenommenen erhobenen Rechten hält er wurfbereit einen Stein. Sein einziges Kleidungsstück ist ein Manteltuch, das den linken Arm verdeckt und wohl mit dem Schutzschild der Athena, der Ägis, verschmilzt. (Faust) Bronze. - Dm. ursprünglich 4,5 cm, Dm. der Mittelplatte: 3,8 cm. Inv. G T 102. *Literatur:* Jahresbericht der Gesellschaft für nützliche Forschungen 1869/71, 146. - Hettner, Ill. Führer 92 Abb. 4. - Menzel, Bronzen Trier 51 f. Nr. 107 Abb. 5 und Taf. 47.

6k-o) Terrakottastatuetten der Minerva

Auch die relativ große Zahl von Terrakottastatuetten bezeugt die Beliebtheit der Minerva bzw. der ihr entsprechenden gallischen Gottheit in unserer Region. Die flaue Ausprägung einiger Stücke zeigt, daß die Tonfiguren in großer Serie aus lange verwendeten zweiteiligen Formen gewonnen wurden. Immer trägt die Göttin, wie auch bei Bronzedarstellungen,

6i) Bronzebüste der Minerva

6j) Relief der Athena im Kampf gegen die Giganten

6k-o) Terrakottastatuetten der Minerva

einen Helm und ein langes Gewand. Die Ägis kann stark vereinfacht wiedergegeben sein oder sogar ganz fehlen. Meist
hält Minerva einen runden Schild. Sie wird stehend, wie bei
Bronzestatuetten die Regel, häufiger aber thronend wiedergegeben.

Eine stehende Minerva aus rotbraunem Ton, mit Helm,
einer Lanze in der Rechten und einem runden Schild mit
Buckel, den die linke Hand vor die Körperseite hält, gehört
zu den spätesten Terrakottastatuetten aus Trier (Kat. 6 n). Sie
wurde als Grabbeigabe für ein Kind in einem Sandsteinsar-
kophag gefunden, der durch weitere Beifunde in das 4. Jahrhundert n. Chr. datiert wird. (Faust) **k) FO Trier, Altbachtal, Nischenkeller,** 1929. Weißer Ton. - H. 13,9 cm. AT FNr. 7416. **l) FO Trier, nördliches Gräberfeld
(Maar),** 1880. Weißer Ton. - H. 14,1 cm. Inv. 3717. *Literatur:* Jahresbericht 1879/89. Bonner Jahrbücher 69, 1880, 19. **m) FO Trier, Tempelbezirk Altbachtal, Nischenkeller,** 1929.
Roter Ton. - H. 16,3 cm. Inv. ST 10050. Literatur: Gose, Altbachtal 3 Abb. 38,4. **n) FO Trier-
Pallien, in einem Kindergrab des 4. Jahrhunderts,** 1914. Rotbrauner Ton. - H. 17,5 cm.

Inv. ST 9616 e. *Literatur:* Kat. Gläser Trier 319 f. Nr. 256 Taf. 24. **o) FO** unbekannt. Ankauf 1879. Weißer Ton. - H. 13,1 cm. Inv. 1839. P

**7. Kraftvoller Helfer bei Handel
und Kaufvertrag: Herkules** Der römische
Herkules entspricht dem griechischen Heros Herakles,
dem Sohn des Zeus und der Alkmene. Dieser mußte
im Dienste des Eurystheus von Mykene zwölf schwere
Arbeiten ausführen, die er aufgrund seiner über-
menschlichen Stärke und mit Hilfe der Göttin Athena
erfolgreich bestand. In Italien erfuhr Herkules schon
im 6. oder 5. Jahrhundert v. Chr. eine kultische Verehrung, die weit über seine Bedeutung im griechischen Raum hinausging. Im Giebel des Kapitolinischen Jupitertempels war sein Platz rechts unterhalb
der Trias. Wie Merkur fungierte er in Rom als Gott
der Kaufleute und des Handels. Er war für die Rich-
tigkeit von Maßen und Gewichten und die Einhaltung

7a-c) Bronzedarstellungen des Herkules

7d) Terrakottadarstellung des Herkules

von Verträgen zuständig.

Seine Darstellungen auf den Viergöttersteinen in unserem Gebiet (Kat. 39) zeigen ihn zusammen mit Juno, Minerva und Merkur, jeweils einmal auch mit Apollo, Mars, Vulkan und Jupiter.

7a) Bronzedarstellung des Herkules FO Trier, Oerenstraße, 1993. 3./4. Jahrhundert n. Chr. Ein flaches, einfaches Relief zeigt den bärtigen Herkules ruhig stehend mit rechtem Standbein und entlastet weit zur Seite gesetztem linkem Bein. Der Kopf des von ihm getöteten Nemeischen Löwen liegt auf der linken Schulter. Das Fell verdeckt den Arm völlig. Bis in den halben Unterschenkel reicht der Tierschwanz herab. Mit der Rechten faßt der Heros die Keule, seine mächtige, von ihm selbst verfertigte Waffe. Ihre Astlöcher sind zum Ornament stilisiert. Trotz der mäßigen Qualität der durch drei Nietlöcher an einem Kästchen o. ä. zu befestigenden Darstellungen ist die kräftige Gestalt des athletischen Helden gut getroffen. Sie erinnert an die Wiedergabe des Herkules auf vielen Viergöttersteinen. Bronze. - H. 8,1 cm. EV 1993,76. Unpubliziert.

7 b) Bronzestatuette des Herkules FO Hinzerath (Kreis Bernkastel-Wittlich), Bereich des *vicus Belginum*, 1854. Eine rundplastische kleine Statuette aus der römischen Siedlung Belginum, an der antiken Straße von Trier über den Hunsrück nach Mainz, stellt einen ruhig stehenden, breitschultrigen nackten Mann mit kurzem Vollbart dar, den das über den angewinkelten linken Arm liegende Tierfell als Herkules bezeichnet. Möglicherweise stützte er sich mit der Rechten auf seine einzeln gefertigte und heute verlorene Keule. Kleine kugelige Gegenstände in der linken Hand zeigen, nach welcher seiner Taten der Heros dargestellt ist: Es handelt sich um die goldenen Äpfel, die Atlas für ihn aus dem Garten der Hesperiden stahl, während Herkules für den Giganten das Himmelsgewölbe trug. Bronze. - H. 8,8 cm. Inv. G O 60. *Literatur:* Menzel, Bronzen Trier 27 Nr. 57 Taf. 26.

7c) Bronzestatuette des Herkules FO unbekannt, 1879 erworben. Kämpfend zeigt eine leider fundortlose, vielleicht italische Statuette Herkules: Er ist im leichten Ausfallschritt mit vorgesetztem linkem Bein dargestellt. Beide Fußsohlen stehen fest auf dem Boden. Der rechte Arm ist zum Schlag mit der heute verlorenen Keule gewinkelt erhoben. Das Fell des Löwen von Nemea, die Trophäe seiner ersten Tat, ist schützend um den linken Arm geschlungen; sein Kopfteil mit dem Gesicht des Tieres liegt auf dem Haupt des Helden. Zwei Tatzen sind vor der Brust verknotet. Mit der vorgestreckten linken Hand packte Herkules seinen Gegner, vielleicht die Hydra von Lerna, ein schlangenförmiges Untier. Da die Hand durchbohrt ist, wird diese hier tatsächlich mit dem Heros zu einer Gruppe zusammengestellt gewesen sein. Bronze. - Größte H. 16,7 cm. Inv. 1111. *Literatur:* Menzel, Bronzen Trier 27 f. Nr. 58 Taf. 26-27.

7d) Terrakottadarstellung des Herkules FO Trier, Pacelliufer (römische Töpferei), Ofen 4, 1983. 2. Jahrhundert n. Chr. Ähnlich wie die Bronzestatuette des kämpfenden Herkules (Kat. 7 c) zeigt auch eine sehr qualitätvolle, im Brust- und Schulterbereich beschädigte Terrakotte den Helden: Im weiten Ausfallschritt beugt er das vorgestellte linke Bein. Das rechte ist durchgedrückt zurückgesetzt. Der gut modellierte muskulöse Körper wendet sich dem Beschauer frontal zu. Mit dem rechten Arm schwingt Herkules die hier etwas klein geratene Keule, die auf seinem Kopf aufliegt. Den linken Arm schützt das Löwenfell. Vor der Hüfte und dem Oberschenkel sind Kopf und Pranken des Tieres angegeben.

Durch die Schrittstellung und die Haltung des rechten Armes entstehen Lücken in der Komposition, die hier aber geschlossen wurden. Zwischen den Beinen befinden sich auf Vorder- und Rückseite Buchstaben in zwei senkrechten Reihen. Da sie erhaben sind, müssen sie in der Form eingeritzt gewesen sein. Spiegelverkehrt nennen sie uns in unterschiedlicher Schreibweise den Namen ihres Verfertigers:

FIDELS FECIT, Fidelis hat (dies) gemacht. Auf der Rückseite ist neben dieser Signatur ein nach oben gerichteter stilisierter Phallus in gleichfalls erhabenen Linien angegeben. Die Flächen von Herstellerinschrift und Phallus stehen im stumpfen Winkel zueinander. Die gute Qualität der Statuette mit kleinteilig durchgebildeter Muskulatur weist darauf hin, daß Fidelis ein Vorbild wohl aus Bronze rein mechanisch abgeformt und nur im Bereich der weit ausladenden Keule verändert hat. (Faust) Rotbrauner Ton. - H. 22,3 cm. EV 1983,35. *Literatur:* Trier - Kaiserresidenz 91 Nr. 6 e.

8. Feuerbändiger mit Schmiedehammer: Vulkan Der Gott des Feuers dürfte schon in ältester Zeit in Rom verehrt worden sein. Er hatte einen eigenen Priester (*flamen*); sein Fest, die Volcanalia, wurde jedes Jahr am 23. August begangen. An diesem Tag warf das Volk im heiligen Bezirk des Vulkan, der Area Volcani, auf dem Forum lebende Tiberfische ins Feuer, die wohl als Ersatz für Menschenopfer galten. Mit diesem Opfer sollte der Gott dazu bewegt werden, das gerade eingebrachte Getreide in den Scheunen vor Feuersbrünsten zu schützen. Da Vulkan, dessen Name vermutlich etruskischen Ursprungs ist, in erster Linie das vernichtende Feuer, vor dem man sich hüten mußte, verkörperte, wurden seine Tempel auf Geheiß der etruskischen Seher (*haruspices*) außerhalb der Städte errichtet. In Ostia verehrte man Vulkan als Hauptgott; seine hohe Stellung gründete sich darauf, daß von den Getreidespeichern in Ostias Hafen die Brotversorgung Roms abhing.

Schon früh wurde Vulkan mit dem griechischen Gott Hephaistos gleichgesetzt. Bei beiden Gottheiten ist es umstritten, ob sie schon zu Beginn ihrer Verehrung neben dem Feuer auch Schmiedegötter waren. Da jedoch Feuer und Metalle seit frühester Zeit eng zusammengehören, war Hephaistos im griechischen, Vulkan im etruskisch-römischen Raum der göttliche Schmied, der das Feuer für seine Arbeit bändigen konnte. *Literatur:* Simon, Götter 248 ff.

Wie dem überlieferten Fundmaterial zu entnehmen ist, wurde der Gott Vulkan im Trierer Gebiet kultisch eher wenig verehrt. Der Gottt des Feuers und der Schmiedekunst findet sich alleine dargestellt auf drei Reliefs. Außerdem taucht er noch in Kombination mit anderen Gottheiten, so Juno, Minerva und Apoll, beziehungsweise mit Juno, Herkules und Minerva, auf zwei Viergöttersteinen (vgl. Kat. 39) auf.

8 Relief des schmiedenden Vulkan

FO Birkenfeld, am Krausberg, 1817. 2.-3. Jahrhundert n. Chr. In einer flach gewölbten Nische steht ein Mann, der an einem Amboß mit Hilfe einer Flachzange in seiner linken Hand eine Axt schmiedet. In der rechten Hand schwingt er einen Hammer. Bekleidet ist der Schmied mit dem kurzen Handwerkergewand, der Exomis. Über seinen Schultern sind noch die Rippen einer Muschel von der Nischenwölbung auszumachen. Auf den die Nische seitlich rahmenden Leisten befinden sich Ornamente, rechts vermutlich ein regelmäßiges Ornamentband aus Elementen, die an das Bild der sich überschlagenden Welle erinnern (Laufender Hund), links entweder dasselbe Muster oder ein Zickzackband.

Nach den Attributen und der Gewandtracht zu urteilen, ist auf dem Relief der Gott Vulkan beim Schmieden dargestellt, ein eher seltenes Motiv in der provinzialrömischen Kunst. Im Gegensatz zur sonst üblichen Darstellung trägt der Gott hier keinen Bart. Die sonderbare Fußstellung geht auf die grobe Ausarbeitung des Reliefs zurück und ist keine Anspielung auf die Lahmheit des Vulkan. Letztere wurde auch auf den provinzialrömischen Reliefs, wie allgemein seit der Klassik üblich, nicht mehr dargestellt. Nach P. M. Duval könnte statt des Gottes Vulkan auch ein schmiedender Handwerker abge-

8 Relief des schmiedenden Vulkan

bildet sein. ((Klementa) Roter Sandstein mit Einschlüssen. - H. 0,40 m. Inv. G 37 σ. *Literatur:* Kat. Steindenkmäler Trier 188f. Nr. 364 Taf. 97. - F. Brommer, Der Gott Vulkan auf provinzialrömischen Reliefs (Köln/Wien 1973) 9 f. Nr. 45 Taf. 40. - K.-J. Gilles, in: Museum Birkenfeld. Festschrift zum 75jährigen Bestehen (Birkenfeld 1985) 96 f. - P. M. Duval, Notes, Vulcain et les métiers du métal. Gallia. Fouilles et Monuments Archéologiques en France Métropolitaine 10 (Paris 1952) 50.

9. Herr über Weinlese und Festgelage: Liber Pater/Bacchus

Der Gott des Weines und der Tafelfreuden, den die Dichter häufiger nach griechischem Vorbild als Bacchus besingen, hatte auf dem Kapitol sein Heiligtum. Am 17. März feierte man ihm zu Ehren ein Fest, die Liberalia, an dem die jungen Männer durch Anlegen der Männertoga zu erwachsenen Bürgern erklärt wurden. Auf dem Lande brachte man Liber Pater beim Keltern Opfer dar. Dagegen wurde er am Weinfest *(vinalia rustica)* nicht gefeiert. Den altitalischen Gott hatten an diesem Tag Jupiter und Venus verdrängt.

Liber Pater/Bacchus tritt uns auf den kaiserzeitlichen Reliefs und in der statuarischen Plastik vielgestaltig entgegen. Kindlich, jugendlich oder zuweilen nach altitalischer Art bärtig trägt er meistens einen Efeukranz mit Früchten (Korymben) im Haar und hält den Thyrsusstab, Trauben oder ein Trinkgefäß (Kantharus) in der Hand. Bei Umzügen im Wagen stehend oder sitzend wird er von seinen meistens nicht mehr ganz standfesten, weinseligen Begleitern, den Satyrn, Silenen und Bacchantinnen, umringt. *Literatur:* Simon, Götter 126-134. - LIMC III 1, 540-566 s. v. Dionysos/Bacchus (C. Gasparri).

Die meisten Darstellungen des Bacchus sind aus dem Trierer Stadtgebiet bekannt. Eine Statue wurde im Tempelbezirk des Altbachtales ergraben, vier weitere marmorne rundplastische Beispiele kleinen Formates befanden sich einst in römischen Privathäusern. Aus einem großen Wohnhaus südlich der Kaiserthermen stammen Relieffragmente aus Kalkstein und Marmor, die Bacchus mit seinem Gefolge zeigten. Aus der Umgebung von St. Wendel (Saarland) gelangten eine Säule mit dem Reliefbild des jugendlichen Gottes und ein lebensgroßer Sandsteinkopf in die Trierer Sammlung.

9a) Fragmentarische Statue des Gottes Liber Pater/Bacchus

FO Trier, Tempelbezirk des Altbachtales, 1931. Mitte des 2. Jahrhunderts n. Chr. Die Figur wurde wie so viele andere Götterbilder im Tempelbezirk am Altbach zerschlagen ausgegraben. Das Abschlagen und Entfernen des Kopfes ist bei dieser Art der Zertrümmerung charakteristisch. Weitere Teile der Figur - ein Stück des Unterschenkels und eine Partie der Plinthe mit rechtem Fuß und Ansatz einer Stütze - konnten noch entdeckt und geborgen werden.

Die Darstellungen des Bacchus lehnen sich stets an klassisch griechisch-römische Vorbilder an, die den Gott meistens - ähnlich wie Apollo - in jugendlicher Nacktheit mit lockigem Haar, von dem zwei Strähnen auf Schultern und Brust fallen, zeigen.

So folgt auch der abgebildete Torso einem Typus des Bacchus, der in römischer Zeit vielfach kopiert und auch variiert worden ist, so daß man eine Ergänzung vorschlagen darf. Der gesenkte rechte Arm hielt wohl ein Trinkgefäß *(cantharus)*, der zurückgenommene linke Arm lag gewinkelt auf einer Stütze auf. Die Hand umfaßte eine Traube. Weißer Marmor. - H. 0,75 m. Inv. ST 13617. *Literatur:* Schindler, Führer Abb. 86. - Kat. Steindenkmäler Trier 20 f. Nr. 29 Taf. 8.

9b) Kopf des kindlichen Bacchus

FO Trier, Kaiserthermen, vor 1820. 2. Hälfte des 2. Jahrhunderts n. Chr. Der kindlich dargestellte Gott wird stets mit anderen Begleitern seines Gefolges wiedergegeben, etwa mit einem jugendlichen Satyr oder einem ältlichen Silen. Der stark zur Seite gedrehte und geneigte Kopf zeigt deutlich, daß das Bacchuskind zu einer Gruppe gehörte. Denkbar ist, daß er - wie wir es aus Statuengruppen im Vatikan

9b) Kopf des kindlichen Bacchus   9c) Kopf einer Bacchusstatuette

9a) Fragmentarische Statue des Gottes Liber Pater/Bacchus

und in München kennen - auf dem Arm eines alten Silen gehalten wird, dem er sich lachend zuwendet. Weißer Marmor. - Größte H. 0,19 m. Inv. Reg. c 75 a. *Literatur:* Hettner, Steindenkmäler 228 Nr. 668. - Kat. Steindenkmäler Trier 22 Nr. 32 Taf. 7.

9c) Kopf einer Bacchusstatuette FO Trier, Hommerstraße, um 1910. Ende des 2./Anfang des 3. Jahrhunderts n. Chr. Der jugendliche Bacchus wird meistens mit lockigem langem, über der Stirnmitte gescheiteltem und im Nacken zu einem Knoten aufgenommenem Haar wiedergegeben. Durch ein Haarband, das die Stirn überquert, wird es zusammengehalten. Die großen Blätter des Efeukranzes bedecken den Oberkopf.

Die Frisur mit dem Haarschmuck läßt sich an zahlreichen statuarischen Darstellungen nachweisen, ist aber in der vorliegenden Ausprägung nicht typengebunden. Weißer Marmor. - Größte H. 0,18 m. Inv. 1931,350. *Literatur:* Kat. Steindenkmäler Trier 21 f. Nr. 31 Taf. 9.

9d) Kopf des jugendlichen Bacchus FO Trier, Löwenbrücken, 1880. 2. Hälfte des 2. Jahrhunderts n. Chr. Die Frisur, die durch ein Stirnhaarband gehalten wird, ähnelt jener des Bacchusköpfchens aus der Hommerstraße. Der Efeukranz ist noch durch Früchte, die über beide Ohren herabhängen, bereichert. Das Köpfchen saß einst einer Statuette auf, die den jugendlichen Gott nackt, mit Weintraube oder Trinkgefäß und einem Thyrsusstab wiedergab. Sicherlich fand die Figur einst Aufstellung in einem Wohnhaus. Weißer Marmor. - Größte H. 0,092 m. Inv. 3603. *Literatur:* Hettner, Steindenkmäler 228 Nr. 667. - Kat. Steindenkmäler Trier 23 Nr. 33 Taf. 9.

9e) Säule mit Darstellung des Bacchus FO Tholey (Kreis St. Wendel), 1883, an der Straße gefunden. Inv. 9907. *Literatur:* Kat. Steindenkmäler Trier 25 Nr. 37 Taf. 11.

Das Gefolge des Liber Pater/Bacchus Satyrn, diese schalkhaften, ständig betrunkenen, tierhaften Begleiter des Weingottes Liber Pater/Bacchus, die gern Nymphen und Bacchantinnen belästigten, sind in marmorner Ausführung mehrfach - leider stets fragmentarisch - in Trier gefunden worden. Die Figuren erweisen sich als Kopien bekannter griechischer Statuen oder lehnen sich an solche an. Sie dienten zum Schmuck von Privathäusern oder von öffentlichen Gebäuden; drei Exemplare barg man in den Barabarathermen.

9f) Statuette eines Satyrn FO Wellen (Kreis Trier-Saarburg), 1875; aus der römischen Villa. 2. Hälfte des 2. Jahrhunderts n. Chr. Die in bewegter Schrittstellung wiedergegebene Figur gehört zu einer Gruppe, von deren Resten noch eine Büchse mit sich herauswindender Schlange geborgen werden konnte. Die sich über diese Büchse beugende Bacchantin (oder Nymphe), die vor dem Satyr kauerte, ist dagegen verloren gegangen. Der neugierige Satyr, der das Pedum, den Hirtenstab, in der Rechten hält und eine Nebris (Hirschkalbfell) umgelegt hat, schleicht sich an die Bacchantin heran, um sie bei einer geheimnisvollen Handlung zu überraschen, ein Thema, das auf dionysischen Sarkophagen oft vorkommt. Die Figuren sind und waren auch reliefmäßig angelegt und werden sicherlich - nach Ausweis der linken gerundeten Plinthenkante - in einer halbrunden Nische Aufstellung gefunden haben. (Goethert) Weißer Marmor. - H. mit Plinthe: 0,48 m. Den fehlenden Kopf hat man nach einem Reliefkopf aus den Trierer Barbarathermen ergänzt (Inv. 9522 Kat. Steindenkmäler Trier Nr. 305 Taf. 72). Inv. G 48. *Literatur:* Hettner, Steindenkmäler 228 f. Nr. 669.- Kat. Steindenkmäler Trier 149 f. Nr. 308 Taf. 72.

10. Jungfräulicher Schutz für Vegetation und Waidwerk: Diana, der die Sorge um den Nachwuchs und um die gerechte Tötung des Wildes oblag, gehört zu den altitalischen Gottheiten. Schon früh besaß sie ein Heiligtum in Rom auf dem Aventin. Wie viele römische Gottheiten war auch Diana vielgesichtig. So setzte man sie auch mit Juno Lucina, der Geburtsgöttin und Spenderin der Feldfrüchte, gleich. In ihrer Funktion als Göttin der belebten Natur, der Tiere und der Jagd wurde sie am häufigsten dargestellt. *Literatur:* Simon, Götter 51-58. - LIMC II 1, 792-855 s. v. Artemis/Diana (E. Simon/G. Bauchhenß). Anklänge an die alte italisch-römische Diana, die langgewan-

9d) Kopf des jugendlichen Bacchus

9f) Statuette eines Satyrn

det und mit der "Saufeder", der großen, für die Wildschweinjagd verwendeten Stoßlanze, wiedergegeben wird, können an den treverischen Denkmälern nicht festgestellt werden. Dieser Darstellungstypus wurde offenbar unter Augustus zugunsten der klassisch griechischen Ausprägung weitgehend verdrängt, so daß letztere Bildnisüberlieferung Eingang in die Provinzen fand. So zeigen die Denkmäler aus Trier und aus dem Trierer Land die Göttin stets in der klassisch griechischen Art im kurzen, gegürteten Jagdgewand, mit ihren charakteristischen Waffen, Bogen und Köcher, und mit den Begleittieren Hund und Hirsch.

Kleine Figuren der Diana wurden vielfach in den Lararien, in den Hauskapellen, in denen die Schutzgötter (Penaten) standen, gefunden. Daß die Göttin in ländlicher bewaldeter Umgebung Verehrung genoß, ist nur allzu verständlich. Noch heute erhebt sich am Waldrand in der Nähe von Bollendorf (Kreis Bitburg-Prüm) der von Quintus Postumius Potens geweihte ca. 3,50 m hohe Stein mit Inschrift und Relief. (Vgl. Abb. 8) (Goethert)

10a) Statue der Diana FO Trier, Tempelbezirk des Altbachtales, 1929. 1. Hälfte des 2. Jahrhunderts n. Chr. Die Göttin trägt die für sie charakteristische Kleidung, das hochgeraffte Jagdgewand und geschnürte Sandalen. Neben der Stammstütze sitzt der ihr heilige Hund; das sie charakterisierende Hirschfell ist über die Stütze gelegt. Mit der Rechten stützte sie sich einst auf den Jagdspeer.

Der Bildhauer hat für die Figur einen klassischen Typus gewählt, der in weiteren Kopien überliefert ist und möglicherweise ein griechisches Original des 4. Jahrhunderts v. Chr. widerspiegelt. Marmorne Kopien griechischer Originale werden selten in treverischen Heiligtümern geweiht. Sie fanden vielmehr in öffentlichen Bauten, wie beispielsweise in den Trierer Barbarathermen, ihre Aufstellung. (Goethert)

Grobkörniger weißer Marmor. - Größte H. ohne Plinthe: 1,33 m. Inv. ST 13875. *Literatur:* Schindler, Führer Abb. 103. - Kat. Steindenkmäler Trier 30 f. Nr. 47 Taf. 12.

10a) Statue der Diana

10b) Statuette der Diana FO Trier-Pallien, Im Hospitalsfeld. 2. Hälfte des 2. Jahrhunderts n. Chr. Die Jagdgöttin in eiligem Lauf mit flatterndem Jagdgewand ist in römischer Zeit nach einem griechischen Vorbild vielfach kopiert worden (Typus Artemis Versailles-Leptis Magna). Die Ausführung ist im einzelnen einfach, jedoch gut und flott - besonders am Gewand - charakterisiert. (Goethert) Grobkörniger weißer Marmor. - Größte H. ohne Plinthe: 0,88 m. Inv. 1964,114. *Literatur:* Schindler, Führer Abb. 88. - Kat. Steindenkmäler Trier 32 Nr. 50 Taf. 13.

10c) Statuette der Diana FO Trier, Saarbrücker Straße (ehemals Kapellenstraße), 1912. Die Jagdgöttin ist durch verschiedene Attribute deutlich gekennzeichnet. Die Rechte greift nach den Pfeilen im Köcher, die Linke umfaßt den Bogen. An ihrer linken Seite blickt der Hund zu ihr empor; neben dem rechten Fuß kauert ein an einem Apfel knabbernder Hase. Sie trägt hohe Jagdstiefel und einen Chiton mit Überschlag, der zwischen den Brüsten durch eine Art Agraffe zusammengerafft ist. Diese Drapierungsweise, die auch drei weitere treverische Denkmäler wiedergeben - man vergleiche das nachfolgend angeführte Relief aus dem Neunhäuserwald -, ist durchaus nicht als eine einheimische Tracht zu interpretieren, da sie sich auch sonst bei Darstellungen sportlicher mythologischer Frauen nachweisen läßt.

Das Figürchen wird man sicherlich in einer Hauskapelle verehrt haben. (Goethert) Kalkstein. - H. mit Plinthe: 0,335 m. Inv. 1913,689. *Literatur:* Kat. Steindenkmäler Trier 31 f. Nr. 49 Taf. 12.

10d) Relief der Diana FO Neunhäuserwald, zwischen Serrig und Greimerath (Kreis Trier-Saarburg), 1934. 3. Jahrhundert n. Chr. Die Drapierung des zwischen den Brüsten zusammengefaßten Gewandes, das hier streifenartig gestaltet ist, hat die Relieffigur mit der Statuette aus Trier gemeinsam. Die lässige ausruhende Haltung der überkreuzten Beine kommt bei Diana selten vor. Diesen Ruhegestus hatte ein griechischer Künstler für seine Statue gewählt, die in römischer Zeit im Apollotempel auf dem

10b) Statuette der Diana

10g) Bronzestatuette der Diana

10c) Statuette der Diana

10d) Relief der Diana

Palatin in Rom stand. Doch hat seine Schöpfung in der Kunst wenig Nachahmung gefunden.

Die Göttin stützt sich mit der Linken auf den Bogen. Hinter ihrer rechten Schulter wird am Reliefgrund der Köcher sichtbar. (Goethert) Roter Sandstein. - H. 0,50 m. Inv. 1934,293. **Literatur:** Kat. Steindenkmäler Trier 35 f. Nr. 54 Taf. 13.

10e) Relief der Diana FO Klüsserath (Kreis Trier-Saarburg). Wohl 1. Hälfte des 2. Jahrhunderts n. Chr. Diana erscheint in ländlicher Umgebung, worauf die beiden Bäume im Hintergrund hinweisen. Hund und Hirsch begleiten sie. Einen abwärts gerichteten Pfeil hält sie in der Rechten, während ihre Linke den Bogen umfaßt. Die Knüpfung des Gewandes auf der rechten Schulter ist gelöst, so daß die rechte Brustpartie entblößt ist, eine Eigenart, die man bei den sportlichen Amazonen beobachtet.

Den Ruhegestus der überkreuzten Beine hat die Göttin mit

10e) Relief der Diana

10f) Statuette der Diana

jener vom Relief aus dem Neunhäuserwald gemeinsam, jedoch hat der Bildhauer die Haltung im ganzen weiter variiert. (Goethert) Kalkstein. - H. 0,78 m. Inv. G 37 a. *Literatur:* Hettner, Steindenkmäler 38 Nr. 50. - Schindler, Führer Abb. 89. - Kat. Steindenkmäler Trier 33 f. Nr. 51 Taf. 12.

10f) Statuette der Diana FO bei Kyllburgweiler (Kreis Bitburg-Prüm), 1886. 3. Jahrhundert n. Chr. Die Haltung des Torso zeigt, daß die Göttin mit der Rechten sicherlich zum Köcher griff, während die Linke des erhobenen Armes vielleicht ähnlich zu ergänzen ist wie auf dem Relief aus Klüsserath. Dem Steinmetzen, der sicherlich nach einem Vorbild gearbeitet hat, war die Drapierung des Gewandes am Oberkörper offensichtlich unverständlich, weshalb er den gerafften Chiton zwischen den Brüsten als zwei sich kreuzende Bänder gestaltet hat (vgl. das Relief aus dem Neunhäuserwald). (Goethert) Roter Sandstein. - Größte H. 0,34 m. Inv. 12297. *Literatur:* Hettner, Steindenkmäler 38 f. Nr. 51. - Kat. Steindenkmäler Trier 34 Nr. 52 Taf. 13.

10g) Bronzestatuette der Diana FO Otzenhausen (Saarland), Ringwall "Hunnenring", vor 1845. 3. Jahrhundert n. Chr. Für die Jagd doppelt gegürteter kurzer Chiton, hohe Jagdstiefel, der Köcher

und die Knotenfrisur mit Haarschleife über der Stirn sind die Charakteristika der Diana. Die Göttin ist schreitend dargestellt. Der Fuß des durchgedrückten linken Beines berührt mit der Sohle, der des rechten nur mit der Spitze den Boden. Durch die Bewegung wird das Gewand an Bauch und Oberschenkel gepreßt; die untere Partie flattert nach hinten.

Um einen Pfeil aus dem Köcher hinter der rechten Schulter zu ziehen, ist der rechte Arm nach oben geführt. Die durchbohrte Hand des vorgestreckten linken Armes wird den einzeln gefertigten Bogen gehalten haben. (Faust) Bronze. - H. 12,9 cm. Inv. G 0 3. *Literatur:* J. Steininger, Geschichte der Treverer unter der Herrschaft der Römer (Trier 1845) 195 f. - Menzel, Bronzen Trier 30 f. Nr. 63 Taf. 29. - LIMC II 1, 849; II 2, 624 Nr. 367 s. v. Artemis/Diana (G. Bauchhenß).

10h) Terrakottastatuette der Diana FO Altrier (Luxemburg), 1899. 2./3. Jahrhundert n. Chr. In der gleichen Haltung wie die Bronzestatuette, ebenfalls mit doppelt gegürtetem Gewand, Stiefeln und Köcher, zeigt eine

10h) Terrakottastatuette der Diana

flaue Terrakotte Diana. Allerdings ist der Umriß der Figur hier geschlossen; sie steht fast unbewegt. Ungewöhnlich ist der Schleier, der ihr Haupt bedeckt. (Faust) Weißer Ton. - H. 17 cm. Inv. 1899,249. *Literatur:* Westdeutsche Zeitschrift 19, 1900, 410.

11. Alter Gott mit neuem Namen? Altar für Vertumnus oder Pisintus FO Trier, Tempelbezirk im Altbachtal, Casus-Heiligtum, Ausgrabungen 1924/25. Mitte des 2. Jahrhunderts n. Chr. Eine eigenartige Erscheinung stellt nach der Inschrift der Altarbekrönung und der Vorderseite des Schaftes ein Altar dar, der dem Gott Vertumnus oder Pisintus geweiht ist:

Deo	"Dem Gott
Vertumno	Vertumnus
sive	oder
Pisinto	Pisintus
C(aius) Fruendus	hat Caius Fruendus
v(otum) s(olvit) l(ibens) m(erito)	das Gelöbnis gern und nach Verdienst eingelöst."

Als Altaraufsatz sind an den Ecken vier menschliche Köpfe zum Teil mit Bart, andere wohl bartlos nach außen gerichtet. Dazwischen liegt auf einer quadratischen Platte ein dem Betrachter zugewandter Widderkopf. In die Inschriftseite sind ein auf der Spitze stehendes Schwert oder Dolch und eine Fackel eingeritzt.

Vertumnus ist ein alter italischer Gott, dessen etruskische Herkunft nicht zu leugnen ist. Nach den antiken Schriftstellern, die den Gott mehrfach mit Standbild und Tempel für Rom bezeugen, hat er vielfältige Verehrung genossen. Die Wesenszüge der Gottheit weisen auf eine Funktion als Fruchtbarkeitsgott hin. Schwert oder Dolch und Fackel mögen gemeinsam mit dem Widderkopf ein Opfer für den Gott andeuten.

Pisintus, sonst nicht belegt, wird als die keltische Gleichsetzung mit dem altrömischen Gott angesehen. (Schwinden) Vertumnus Kalkstein. - H. 1,17 m, B. 0,42 m, T. 0,315 m. Inv. ST 10083. *Literatur:*

J. B. Keune, Proserpina in Trier. Trierer Zeitschrift 1, 1926, 21. - H. Finke, Bericht der Römisch-Germanischen Kommission 17, 1927, 10 f. Nr. 31. - Gose, Altbachtal 8 Abb. 3. - Kat. Steindenkmäler Trier 167 f. Nr. 338 Abb. 10.

12. Göttin der Verführungskunst und Fruchtbarkeit: Venus

Die Anmut ausstrahlende Liebesgöttin besaß einen Tempel in der Nähe des Circus Maximus, der am 19. August, am Tag des ländlichen Weinfestes, der *vinalia rustica*, gestiftet worden ist, so daß Venus auch zusammen mit diesem Fest gefeiert wurde.

In Mittelitalien seit langem beheimatet weist, Venus recht vielseitige Wesenszüge auf. Ihre mütterliche Art kommt allein darin zum Ausdruck, daß sie Mutter des Aeneas, des Urvaters der Römer, ist. An ihre heilenden Kräfte glaubte man; als Göttin der Bäder, der Gärten und der Vegetation wurde sie verehrt. Gaius Julius Caesar erhob Venus zur Stammmutter der Julier und weihte ihr als Venus Genetrix auf seinem Forum in Rom einen Tempel. In der römischen Kaiserzeit wird sie vorzugsweise zusammen mit Mars dargestellt. *Literatur:* Simon, Götter 213-228. - LIMC II 1, 9-151 s. v. Aphrodite.

In der Stadt Trier kamen acht Fragmente von rundplastischen Darstellungen der Göttin zutage, die sie nach griechischen Vorbildern zeigen. Aus dem Trierer Land kennen wir bisher keine Skulpturen der Göttin aus Stein. Man darf annehmen, daß auch die wenigen Figuren aus Marmor, deren Fundorte sich nicht mehr ermitteln lassen, einst in Trierer Wohnhäusern - wie man aufgrund der kleinen Ausführungen vermuten möchte - untergebracht waren. (Goethert)

12a) Statuette einer Venus FO Trier, Fahrstraße, 1834. Wohl 2. Jahrhundert n. Chr. In griechischer Tradition steht die Darstellung der Liebesgöttin, die vielfach nackt wiedergegeben wird. Sie kann jenem Typus zugeordnet werden, der die Göttin gerade in dem Moment wiedergibt, als sie spielerisch mit der rechten Hand eine Haarlocke greift, während die andere Strähne auf die linke Schulter fällt. Der Fundort, mitten

11) Altar für Vertumnus oder Pisintus

12a) Statuette einer Venus

im römischen Wohnviertel, spricht für eine Aufstellung des Figürchens in einem Wohnhaus möglicherweise in einer Hauskapelle. (Goethert) Weißer Marmor. - Größte H. 0,33 m. Inv. G 49. *Literatur:* Hettner, Steindenkmäler 224 f. Nr. 657. - Kat. Steindenkmäler Trier 162 Nr. 327 Taf. 79.

12b) Statuette einer Venus FO unbekannt. Wohl 2. Jahrhundert n. Chr. Die Figur folgt einem berühmten Statuenvorbild griechischer Zeit (Typus Aphrodite von Fréjus), die in zahlreichen großplastischen Kopien, aber auch in kleinformatigen Ausführungen überliefert ist. In anmutiger Haltung zeigt sich Venus in langem, ungegürtetem Chiton, der die linke Schulter und Brustpartie freiläßt, und sich eng an der Körper schmiegt. (Goethert) Weißer Marmor. - Größte H. 0,158 m. Inv. G 52. *Literatur:* Hettner, Steindenkmäler 224 Nr. 655. - Kat. Steindenkmäler Trier 164 Nr. 331 Taf. 81.

12c) Kopf einer Venusstatuette FO Trier, Hindenburgstraße, 1859, im Atrium des Hauses des Piaonius Victorinus. Um die Mitte des 2. Jahrhunderts n. Chr. Für verschiedene Statuentypen der Venus sind bestimmte Frisurenformen charakteristisch, so daß einzeln gefundene Köpfe bestimmten Vorbildern zugewiesen werden können.

Ein berühmtes, vielfach kopiertes griechisches Standbild schmückte einst das Atrium des Hauses des Praetorianertribuns, der nach der Ermordung des Kaisers Postumus für kurze Zeit an die Regierung gelangte (269-271). Die Göttin war unbekleidet dargestellt, indem sie die Hände schamhaft vor den Körper hielt (Typus Aphrodite vom Kapitol). (Goethert) Weißer Marmor. - Größte H. 0,175 m. Inv. G 45. *Literatur:* Hettner, Steindenkmäler 226 f. Nr. 664. - Kat. Steindenkmäler Trier 165 f. Nr. 335 Taf. 81.

12d) Bronzestatuette der Venus FO unbekannt. 2. Jahrhundert n. Chr. Eine fundortlose Bronzestatuette zeigt Venus mit nacktem Oberkörper, einem um die Hüften geschlungenen und vor dem Schoß verknoteten Mantel sowie einfachen, zwischen den Zehen gehaltenen Riemchensandalen. Wie vom Winde erfaßt ist das Manteltuch gegen die Beine gepreßt; Saum und vom Knoten abstehende Gewandzipfel werden nach hinten geweht. Auf dem rechten Bein ruht die Last des Körpers; das linke ist entlastet zur Seite gestellt. Mit ihrer linken Hand bedeckt die Göttin Schoß und Unterbauch. Wie Vergleichsstücke zeigen, war der fehlende rechte Arm nach unten und etwas zur Seite geführt. Der kleine Kopf auf kräftigem Hals wendet sich ganz leicht nach links. Die das Gesicht rahmenden Haarsträhnen sind locker nach innen eingedreht und im Nacken zu einem auf den Rücken fallenden Schopf zusammengefaßt. Durch ein hohes Diadem, den einzigen Schmuck der Göttin, wird eine kunstvolle Haarschleife auf dem Oberkopf teilweise verdeckt. Feine Strähnen fallen vom Nacken aus auf Schultern und Brust. Ein von innen um den linken Oberarm liegender, am Ellenbogen endender Stoffrest und eine entsprechende kleinere Partie am rechten Oberarm zeigen, daß die Statuette auch einen im Bogen frei über dem Haupt schwebenden Schleier trug.

12b) Statuette einer Venus

Diese qualitätvolle Bronzestatuette geht auf ein großplastisches Vorbild aus dem 2. Jahrhundert v. Chr. zurück. Der gut modellierte, anmutig geschwungene Körper der Göttin der Liebe und Schönheit, mit langen Beinen, kleinen Brüsten, breiten Hüften und leicht gewölbtem Bauch, vermittelt uns das weibliche Schönheitsideal dieser Zeit. Bronze. - H. 16,6 cm. Inv. G 0 2. *Literatur:* Menzel, Bronzen Trier 37 ff. Nr. 80 Taf. 38.

12e) Bronzestatuette der Venus FO Hinzerath (Kreis Bernkastel-Wittlich), im Bereich des *vicus Belginum*, 1935. 2. Jahrhundert n. Chr. Zu den schönsten Kleinbronzen des Rheinischen Landesmuseums Trier gehört eine im Bereich des römischen *vicus Belginum*, an der antiken Fernstraße von Trier nach Mainz gefundene weibliche Statuette. Obwohl schon bald nach der Auffindung als Quellnymphe gedeutet, handelt es sich hier sicher um eine Darstellung der Aphrodite/Venus nach hellenistischem Vorbild.

Die Göttin steht mit leicht vorgebeugtem Oberkörper. Das unter dem Gewand kaum sichtbare rechte Bein trägt die

12c) Kopf einer Venusstatuette

Hauptlast des Körpers; mit den Zehen berührt der Fuß des übergeschlagenen linken den Boden. Nur durch die heute fehlende hohe Stütze unter der bis in Schulterhöhe erhobenen linken Hand wird dieses labile Standschema möglich. Hier muß eine einzeln gefertigte Vase, eine Statuette des Amor oder Priapus o. ä. auf gemeinsamer Basis mit der Venus verbunden gewesen sein. Der rechte Arm der Göttin ist gesenkt; seine leicht vor den Körper genommene Hand hielt - wie der ausgestreckte Zeigefinger und ein durchgehendes Bohrloch im Handinnern zeigen - ein Attribut. Der von vorne über den linken Oberarm geworfene stoffreiche Mantel liegt in wohlgeordneten Falten. Die schräg über den Rücken verlaufende Partie endet unter der linken Achsel. Da sie hier bei der angegebenen Armhaltung keinen Halt finden kann, hat der Bronzebildner bei aller Finesse der Gestaltung und Qualität der Ausführung sein Vorbild doch mißverstanden. Das Manteltuch verhüllt die Beine und die linke Körperseite. Oberkörper, rechte Hüfte und Nabelregion läßt es frei. Um die untere Hälfte der kleinen Brüste liegt ein stramm sitzendes Busenband. Große Sorgfalt wurde auf die Angabe der Frisur verwendet: Vom Mittelscheitel über der Stirn aus sind die Strähnen in lockeren Wellen gelegt und zu einer breiten Rolle am Hinterkopf gekämmt. Um das den Oberkopf eng umschließende Haar ist ein mit Silber eingelegtes Band gewunden, das die Strähnen zu einem kurzen, nach hinten stehenden vierteiligen Schopf zusammenfaßt. Ein silbernes Diadem wurde dem Haupt nach dem Guß angefügt. (Faust) Bronze. - H. 14,1 cm. Inv. 1935,107. *Literatur:* W. von Massow, Trierer Zeitschrift 15, 1940, 28 ff. - Menzel, Bronzen Trier 37 Nr. 79 Taf. 36 und 37. - Schindler, Führer 40 Abb. 116. - A. Haffner in: Gräber - Spiegel des Lebens (Mainz 1989) 28 f. Abb. 14.

12f) Terrakottastatuette der Venus FO Trier, Altbachtal, Avetakapelle. 2. Jahrhundert n. Chr. Eine Terrakotte aus dem Tempelbezirk des Altbachtales zeigt Venus in einer Haltung, die auf

12e-d) Bronzestatuetten der Venus

einen großplastischen griechischen Aphroditetypus des 2. Jahrhunderts v. Chr. zurückgeht, ein Zusammenhang, der dem Tonbildner sicher nicht bewußt war. Er schöpfte vielmehr aus dem allgemeinen Formgut seiner Epoche.

Die Göttin ist nackt. Ihre rechte Hand bedeckt die Brust, die linke den Schoß. Vom im Nacken zu einem Knoten gefaßten Haar fallen lose Strähnen auf Brust und Schultern. Ein Diadem ist Venus einziger Schmuck. Dicht neben ihrem linken Bein, das die Hauptlast des Körpers trägt, steht auf dem gemeinsamen rechteckigen Sockel ein kleiner Knabe, ihr Sohn Amor. Mit beiden Händen hält dieser einen runden Gegenstand über seinen Kopf. Gemeint ist ein großer, leicht konvex gewölbter Spiegel, ein Attribut der Göttin der Liebe und Schönheit. (Faust) Ton, weißlicher Überzug. - H. 20,1 cm. Inv. ST 10067. *Literatur:* Gose, Altbachtal 4 Abb. 38,9. - Schauerte, Terrakotten 160 Nr. 160 Taf. 18,1-3. - Kyll, Weihe- und Votivgaben 48 Taf. 7 oben.

12f) Terrakottastatuette der Venus

12g) Terrakottastatuette der Venus FO Dhronecken
(Kreis Bernkastel-Wittlich), Tempelbezirk, 1899. Bei einer kopflosen Tonfigur der Venus aus dem gallo-römischen Heiligtum von Dhronecken bei Thalfang ist die Handhaltung durch das Hinzufügen eines Hüften und Beine eng umschließenden Mantels verunklärt: Die Linke bedeckt nicht mehr die Scham, sondern hält den Wulst des hier verschlungenen Mantels, dessen Enden als Steilfalte zwischen den Beinen herabfallen. Auch diese Variante hat ihre Vorbilder in großplastischen Werken. (Faust) Rotbrauner Ton. - H. noch 20,5 cm. Inv. 1899,1043. Hettner, Drei Tempelbezirke 59 Nr. 23 Taf. VIII 25.

12h-l) Terrakottastatuetten der Venus FO Trier, Tempelbezirk Altbachtal, Nischenkeller, 1929. 2./3. Jahrhundert n. Chr. Zahlreiche Terrakotten der Venus im selben Typus mit geringen Größenabweichungen wurden als Votivgaben im Tempelbezirk des Altbachtales dargebracht. Das Photo zeigt eine Auswahl: Die nackte Göttin steht mit eng geschlossenen Beinen dem Beschauer zugewendet. Ein Tuch in ihrer herabhängenden

12g) Terrakottastatuette der Venus

12h-l) Terrakottastatuetten der Venus

Linken zeigt ebenso wie der Griff der rechten Hand ins offen auf die Schultern herabhängende Haar, daß sie eben dem Bade entstiegen ist.

Die geschlossene, auf eine Ebene beschränkte einfache Grundform mit wenig akzentuierter runder Basis eignete sich hervorragend für die Massenproduktion. Die lange wiederverwendeten zweiteiligen Tonformen wurden dabei natürlich immer flauer und konturloser. Offensichtlich fanden aber auch die aus alten Formen gewonnenen Exemplare ihre Käufer. Bevor man die Form wegwarf, schnitt man sie nach und verwendete sie noch einige Zeit weiter. Durch eine solche Retouche entstehen Exemplare, die zwar weniger

formlos sind als die unmittelbar davor aus der Form gewonnenen, dafür aber hart eingekerbte Details aufweisen (Kat. 12 h). (Faust) Weißer Ton. - H. 16,1 cm. AT FNr. 7465. *Literatur:* Gose, Altbachtal 203 f. Abb. 388,3. - Schauerte, Terrakotten 130 Nr. 28 Taf. 2,5-6. i) Weißer Ton. -H. 17 cm. AT FNr. 7469. *Literatur:* Gose, Altbachtal 203 f. Abb. 388,4. - Schauerte, Terrakotten 129 Nr. 12. j) Weißer Ton. - H. 17,6 cm. AT FNr. 7466. k) Weißer Ton. -H. 16,2 cm. AT FNr. 7463. *Literatur:* Gose, Altbachtal 203 f. Abb. 388,2. - Schauerte, Terrakotten 128 Nr. 7. l) Weißer Ton. - H. 16,3 cm. AT FNr. 7468. *Literatur:* Schauerte, Terrakotten 128 Nr. 8 Taf. 2,1-3.

12m) Bronzebüste der Venus FO Tholey (Saarland), 1883. Mit von der rechten Schulter geglittenem Gewand ist die Göttin Venus dargestellt. Ihr Haupt wendet sie leicht zur linken Schulter. Vom Mittelscheitel über der Stirn aus liegt ihr langes Haar zunächst glatt; an den Schläfen ist es nach oben eingeschlagen. Feine Strähnen fallen an den Halsseiten auf die Schultern. Ein Diadem mit drei kleinen Knöpfen ist ihr einziges Attribut. Da auf dem Oberkopf hinter dem Diadem eine stark korrodierte Eisenöse sitzt, wird die Büste als Laufgewicht einer Schnellwaage gedient haben. Möglicherweise gehört sie zu den Teilen einer Waage, mit denen zusammen sie gefunden wurde (Inv. 9358). (Faust) Bronze. - H. 10 cm. Inv. 9359 = 1938,2192. *Literatur:* Westdeutsche Zeitschrift 4, 1885, 218 Taf. XI 2. - Menzel, Bronzen Trier 77 Nr. 183 f Taf. 104.

Götter in
Menschen-
gestalt -
die italisch-
römische
Götterwelt
128

13. Unfehlbar und unverschämt: Amor

Der Liebesgott hatte in römischer Zeit längst seine Funktion als eigenständige Gottheit verloren, allenfalls wurde er als Allegorie verstanden. Meistens kindlich klein dargestellt, spielt er Menschen und den Göttern gern Streiche. Er wird als schalkhaft und zugleich als hinterlistig geschildert. Er begleitet eine Gottheit - vorzugsweise Venus - , indem er ihre Attribute hält. Gern entwendet er dreist den Göttern ihre Attribute, die er dann spielerisch verwendet.

Wir finden ihn oft vervielfältigt, d. h. mehrere Amores, puttenhaft wiedergegeben. Auf Reliefs oder als Brunnen- und Gartenfigur begegnet er vielfach in rein dekorativem Zusammenhang. Amor oder die Amores durchdringen nicht nur alle Bereiche des Lebens, sondern erscheinen auch im sepulkralen Bereich auf Sarkophagen und Grabreliefs. Häufig wird er mit den ihm eigenen Attributen Köcher, Pfeil und Bogen wiedergegeben. Auf die kleinen Schulterflügel wird oft verzichtet. *Literatur:* H. G. Döhl, Eros, Amor, Putto. Die Sammlung Benno Markus im Archäologischen Institut der Georg-August-Universität (Göttingen 1990). - LIMC III 1, 952-1049 s. v. Eros/Amor, Cupido (N. Blanc/F. Gury).

Figuren des Amor sind bisher - ähnlich wie jene der Venus - mit einer Ausnahme nur in Trier zutage gekommen. Der ländlichen Bevölkerung waren offenbar die vielfältigen Wesenszüge des Amor fremd. (Goethert)

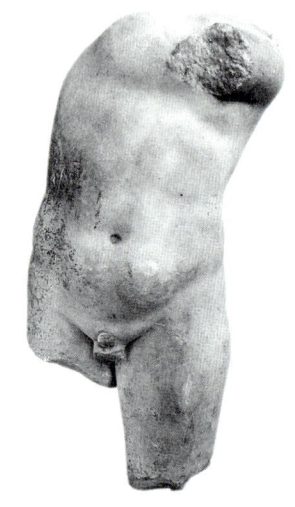

13a) Statuette eines Amor

13b) Statuette eines Amor

12m) Bronzebüste der Venus

13a) Statuette eines Amor FO Trier, wohl nahe den Kaiserthermen, 1877. Ungefähr Mitte des 2. Jahrhunderts n. Chr. Der sich leicht zu seiner linken Seite neigende nackte, geflügelte Amor hatte den rechten Arm erhoben, während der linke eng an den Körper gepreßt war und die Brust überquerte. In dieser Haltung hat die Figur einen Gegenstand oder ein Tier - vielleicht einen Delphin, wie vergleichbare Figuren annehmen lassen - emporgehalten. Zusammen mit der Statuette wurde ein Stützenfragment gefunden, das wohl mit einem Gewandstück und Blattwerk (?) verziert ist. Möglicherweise diente die Statuette als Gartenfigur. (Goethert) Weißer Marmor. - Größte H. 0,50 m. Inv. 103 und 104 (Stütze). *Literatur:* Hettner, Steindenkmäler 230 f. Nr. 675 und 676. - Kat. Steindenkmäler Trier 1 f. Nr. 1 Taf. 1.

13b) Statuette eines Amor FO Trier, Saarstraße, 1875. 1. Hälfte des 2. Jahrhunderts n. Chr. Der geflügelte Amor lehnt sich an einen Baumstamm und hält in der Linken einen Bogen. Die weiche Modellierung des Körpers und die von Kindern getragene Scheitelzopffrisur charakterisieren gut den kindlichen Gott. Hinsichtlich der allgemeinen Haltung hat sich der Bildhauer den Typus des schlafenden Amors zum Vorbild gewählt. Die Statuette wird wohl Aufstellung in einem Haus gefunden haben. (Goethert) Kalkstein. - H. mit Plinthe: 0,44 m. Inv. G 27. *Literatur:* Hettner, Steindenkmäler 54 f. Nr. 85 . - Kat. Steindenkmäler Trier 4 Nr. 5 Taf. 2.

13c) Liegender Somnus-Amor FO Trier, Liebfrauenstraße (Palais Kesselstatt), 1922. Anfang des 3. Jahrhunderts n. Chr. Der nackte kindliche Amor hat sich die Attribute des Gottes Herkules angeeignet. Schlafend liegt er mit ausgebreiteten Flügeln auf seinem Löwenfell; beide Füße berühren die Herkuleskeule, die den Abschluß der Platte bildet. Im Rücken des Gottes liegt sein Köcher, der aufgeklappt ist. Die rechte Hand hielt zwei Mohnkolben - Attribute des Somnus (Schlafes) -, deren bestoßene Reste nahe dem Plattenrand liegen.

Die Figur variiert einen Typus des schlafenden Amor, der in zahlreichen Exemplaren überliefert ist. Der liegende Amor begegnet uns sehr häufig im Grabbereich, da er als Todessymbol aufgefaßt wurde. Das Trierer Stück, das bei Ausgrabungen eines römischen Wohnhauses zutage kam, war offenbar zur Ausschmückung des Gartens oder eines Wohnraumes dort auch untergebracht. Die Figur eines weiteren liegenden Amor auf einem Löwenfell mit Mohnkolben in der linken Hand gehörte der dekorativen Ausstattung der Trierer Barbarathermen an. Weißer Marmor. - L. 0,725 m. Inv. 1922,123. *Literatur:* Kat. Steindenkmäler Trier 158 f. Nr. 323 Taf. 78. - M. Söldner, Untersuchungen zu liegenden Eroten in der hellenistischen und römischen Kunst (Frankfurt/M. 1986) 258 f. Kat. 160.

13d) Bronzestatuette des Amor FO Trier, an der Eisenbahnstation Trier-Süd, 1907/08. Wohl 2. Jahrhundert n. Chr. Im schnellen Lauf berührt der Knabe nur mit der Sohle des rechten Fußes den Boden. Sein linker Arm ist weit vor- und leicht nach oben gestreckt. Wie einige der zahlreichen Vergleichsstücke zeigen, wird die rund durchbohrte Hand eine Fackel gehalten haben. Um ein Gegengewicht zu diesem schweren Objekt zu bilden, ist die rechte Schulter weit zurückgenommen und der Arm mit abgeknickter Hand nach hinten und unten gestreckt. Entsprechend dem kindlichen Alter ist der Körper weich gebildet. Der pausbackige Knabe trägt die typische Kinderfrisur mit hochstehendem Schopf über der Stirn und dicken gedrehten Locken am Hinterkopf. Die Augensterne sind gebohrt und waren wohl in Silber eingesetzt. Trotz der fehlenden Flügel handelt es sich hier um eine Darstellung des Gottes Amor, des Sohnes der Venus, der seit dem Hellenismus häufig als übermütig spielender Knabe dargestellt wird. Die Fackel stellt symbolisch die "Liebesglut" dar. (Faust) Bronze. - H. 13,1 cm. Inv. ST 8870. *Literatur:* Trierer Jahresbericht 1, 1908, 18 Taf. 4,1-4. - 4. 1908 (1910) 42. - Menzel, Bronzen Trier 24 Nr. 51 Taf. 22 und 23. - Schindler, Führer 78 Abb. 239.

13e) Bronzestatuette des Amor FO Trier, Kaiserstraße, 1903. Mit durchgedrücktem linkem und gewinkelt erhobenem rechtem Bein läuft ein geflügelter nackter Knabe nach links. Er stützt mit beiden Armen einen großen Korb mit Früchten, den er auf der linken Schulter trägt. Seine dünnen Rückenflügel sind eingerissen. Oberkopf und Gesicht sind beschädigt. Die Oberfläche der kleinen Bronzestatuette ist stark angegriffen. (Faust) Bronze. - H. 4,8 cm. Inv. ST 8118. *Literatur:* Westdeutsche Zeitschrift 23, 1904, 378. - Menzel, Bronzen Trier 23 Nr. 49 Taf. 22.

13f) Bronzestatuette des Amor FO Trier, Barbarathermen, 1882. Dem nackten pausbackigen Knaben fehlen das rechte Bein vom halben Oberschenkel ab und der linke Unterschenkel. Trotzdem ist zu erkennen, daß er schreitend dargestellt war. Sein etwas zur Seite gestreckter linker Arm trägt ein von Früchten überquellendes schlankes Füllhorn. Der rechte Arm ist stark gewinkelt; seine Hand liegt in Achselhöhe vor der Brust. Nach rechts und etwas nach unten wendet der ungeflügelte Knabe den Kopf. (Faust) Bronze. - H. 6,1 cm. Inv. 6735. *Literatur:* Westdeutsche Zeitschrift 2, 1883, 221. - Menzel, Bronzen Trier 25 Nr. 52 Taf. 23.

13g) Bronzestatuette des Amor FO unbekannt, aus altem Bestand. Schlecht erhalten ist die Oberfläche dieser kleinen Darstellung eines Knaben. Von seinen Rückenflügeln blieb kaum mehr als der Ansatz erhalten. Es fehlen ihm beide Füße und der linke Arm von der Achsel an. Amor ist hier bei einer selten dargestellten Tätigkeit wiedergegeben: Die gespreizten Beine, der etwas zurückgelehnte Oberkörper und der Griff der rechten Hand zum Glied zeigen, daß er uriniert. Herkules, einer der Götter, deren Attribute Amor sich aneignet, wird manchmal trunken und sich erleichternd gezeigt. (Faust) Bronze. - H. 5,2 cm. Inv. 1964,10. *Literatur:* Menzel, Bronzen Trier 24 Nr. 50 Taf. 22.

13h) Bronzestatuette des Amor-Somnus FO Trier, Antoniusstraße, 1993. Das mollige ungeflügelte Knäbchen sitzt mit stark angezogenem linkem Bein und zu seiner Linken

13c) Liegender Somnus-Amor

Bronzestatuette des Amor

Götter in
Menschen-
gestalt –
die italisch-
römische
Götterwelt
132

13e) Bronzestatuette des Amor

13f) Bronzestatuette des Amor

13g) Bronzestatuette des Amor

geneigtem Körper. Ihm fehlen heute der rechte Fuß, der linke Arm und das ursprünglich von der rechten Hand gehaltene Attribut. Wie der erhaltene Ansatz zeigt, war der fehlende Oberarm etwa waagerecht gehalten. Vermutlich stützte die Hand den Körper. Den Kopf schmiegt das Kind an die linke Schulter. Im Haar über der Stirn trägt das Knäbchen kleine Flügel, Kennzeichen nicht nur des Merkur, sondern auch des Schlafgottes Hypnos/Somnus. Es handelt sich demnach wohl um den ausruhenden Amor-Somnus, in dessen rechter Hand Stengel mit Mohnkapseln, deren Saft schlafbringend ist, zu ergänzen sind (vgl. Kat. 13 c). (Faust)
Bronze. - H. noch 5,3 cm. EV 1992,56 FNr. 41. Unpubliziert.

14 Gott mit unbeugsamer Zeugungskraft: Priapus

Bronzestatuette des Priapus FO Trier, Mosel, unterhalb der Römerbrücke, zwischen 1975 und 1980. (Original in Privatbesitz). Der Vegetations- und Fruchtbarkeitsgott ist hier, wie für ihn üblich, mit leicht zurückgelehntem Oberkörper und großem, erigiertem Glied wiedergegeben. Ein den Oberkörper und beide Arme sowie Rücken und Gesäß völlig umhüllendes Manteltuch läßt dieses typische Merkmal des Priapus frei. Die rechte Hand ist unter dem Gewand in die Hüfte gestützt, während die linke den Tuchrand vor dem Unterkörper strafft. Den kahlen Kopf mit schütterem Vollbart bedeckt ein enganliegendes Tuch. Derart kleinformatige Bronzestatuetten des Priapus waren in der Regel mit Statuetten der Venus verbunden. Wahrscheinlich war dies auch bei diesem Exemplar aus der Mosel der Fall. (Faust) Original Bronze. - H. 7,8 cm. EV 1992, 195 a (Kopie). Literatur: S. Faust, Trierer Zeitschrift 57, 1994, 287 Nr. 4.

13h) Bronzestatuette des Amor-Somnus

14 Bronzestatuette des Priapus

15. Göttliches Geleit für Sieger: Viktoria,

die in Rom ihren Tempel auf dem Kapitol hatte, wird stets unbewaffnet und meistens geflügelt wiedergegeben. Sie verkündet den errungenen Sieg, begleitet bekränzend den Sieger, lenkt die Pferde eines siegreichen Gespannes oder bringt ein Siegesopfer dar. Eine Statuette und ein Relieffragment, die die Göttin in den uns bekannten Darstellungsschemata wiedergeben (man vergleiche auch hier die Lampenbilder Kat. 19 b, d), stammen aus Trier. In einem Heiligtum des Trierer Landes wurden Reliefplatten in etwas eigenwilligem, provinziellem Stil entdeckt. (Goethert) *Literatur:* T. Hölscher, Victoria Romana (Mainz 1967). - Simon, Götter 240-247.

15a) Statuette einer Viktoria FO Trier, an der Porta Nigra, 1876; in den Schuttmassen auf der spätantiken Plattenstraße geborgen. 2./3. Jahrhundert n. Chr. Der Bildhauer wählte für die Haltung unserer Figur einen klassisch griechischen Darstellungstypus der Aphrodite/Venus (Typus Aphrodite von Capua), der uns auch in der sogenannten Venus von St. Matthias überliefert ist, jener an der Oberfläche so stark zerstörten Figur, die neben der Klosterkirche den Steinwürfen der Wallfahrer ausgesetzt war (jetzt im Landesmuseum befindlich; Schindler, Führer Abb. 261).

Daß Viktoria gemeint ist, wird durch die an der linken Körperseite vorhandenen Bruchflächen deutlich, die eine genaue Ergänzung der Figur ermöglichen. Mit dem ausgestreckten linken Arm hielt die Göttin einen Schild, der auf einem bis in Oberschenkelhöhe hinaufreichenden Pfeiler ruhte. Ein Steg verband diesen mit dem Bein. Die rechte Hand hielt einen Schreibgriffel *(stilus)*, mit dem Viktoria auf den Schild einen Sieg oder die Taten des Siegers schrieb. Der linke Fuß ruhte auf einem Helm oder Globus.

Der Typus der Viktoria mit Siegesschild, der nach einer bekannten überlebensgroßen Bronzestatue in Brescia benannt wird (Typus Brescia), ist immer wieder auf Münzen belegt. In Obergermanien wird er besonders von den Bildhauern der Viergöttersteine bevorzugt.

Rundplastische Ausführungen in Marmor begegnen gerade in den gallischen und germanischen Provinzen selten. (Goethert) Weißer Marmor. - Größte H. 0,29 m. Inv. Reg. c 77. *Literatur:* Hettner, Steindenkmäler 233 f. Nr. 684. - Kat. Steindenkmäler Trier 168 f. Nr. 339 Taf. 82.

Darstellungen der schwebenden Siegesgöttin auf dem Globus mit Kranz und Palmenzweig, wie sie die beiden folgenden Denkmäler zeigen, sind besonders häufig in der Klein-

kunst als Bronzen und Terrakotten und auf Gemmen, Lampen und Münzen (vgl. hier Kat. 19 und 21) zu finden. Gerade dieser Bildnistypus wird in der Spätantike zum Symbol des Sieges schlechthin und findet Eingang in die Bildersprache der christlichen Kaiser, wobei der Globus von der Göttin getrennt wird und eigene Symbolkraft erhält.

15b) Relieffigur einer Viktoria FO Trier, Krahnenstraße (Mutterhaus), 1931; im Abbruchschutt einer römischen Mauer geborgen. An der gleichen Stelle kam ein Bronzetäfelchen mit der Weihung an Lenus Mars und Viktoria zutage (Kat. 34 m). 2. Jahrhundert n. Chr. Die Figur, deren Kleidung und Haltung der auf dem Globus schwebenden Viktoria entspricht, haftet mit ihrer Rückseite an einem Reliefgrund. Mit der Linken umfaßt sie den Palmzweig, während die einst erhobene Rechte sicherlich den Kranz gehalten hat. Die Ausführung ist sehr einfach, denn Einzelheiten hatte man offenbar nur mit Hilfe von Bemalung hervorgehoben. Von dieser fanden sich am Palmzweig noch Reste grüner Farbe. Ob das Relief aus dem nahe gelegenen Heiligtum an der Römerbrücke stammt, kann nicht mehr geklärt werden. (Goethert) Kalkstein. - Größte H. 0,25 m. Inv. 1931,29. *Literatur:* Kat. Steindenkmäler Trier 169 f. Nr. 340 Taf. 82.

15c) Zwei Reliefs mit Viktorien FO Wiersdorf (Kreis Bitburg- Prüm), 1978/79, in einem Heiligtum. Originalplatten in Wiersdorfer Privatbesitz. 1. Hälfte des 3. Jahrhunderts n. Chr. Beide geflügelte Viktorien auf der Weltkugel schwebend sind durch ihre Attribute Siegeskranz und Palmzweig in der üblichen Art gekennzeichnet. Die Wie-

dergabe der Bekleidung ist jedoch ungewöhnlich. Denn in der Regel umhüllt das flatternde Gewand beide Beine oder öffnet sich über dem linken Bein. Die Entblößung beider Beine läßt sich sonst nicht feststellen. Daß die Knüpfung des Gewandes auf der rechten Schulter gelöst ist, kommt zuweilen vor. In welchem Zusammenhang das Siegesdenkmal in dem ländlichen Heiligtum geweiht wurde, ist uns leider nicht bekannt. (Goethert) Sandstein (Original). - H. 0,855 m. EV 1981,46 (Kopien). *Literatur:* Kat. Steindenkmäler Trier 170 f. Nr. 341 Taf. 82

15d) Bronzestatuette der Viktoria FO Trier, Amphitheater, 1823. Wohl 3. Jahrhundert n. Chr. Der beliebte Typus der heraneilenden Siegesgöttin Viktoria auf der Kugel, mit knöchellangem, von der schnellen Bewegung an den Leib gepreßtem und nach hinten flatterndem Chiton, dem Palmzweig in der linken und dem Siegeskranz in der erhobenen rechten Hand, erfreute sich auch in der figürlichen Bronzekleinkunst großer Beliebtheit.

Die Statuette aus dem Amphitheater berührt die Kugel nur mit den Fußspitzen. Während der Kranz verloren ging, blieb der schmale Palmzweig unbeschädigt erhalten. Sein oberes Ende berührt die linke Flügelspitze. Das Diadem im Haar gehört zu den selteneren Attributen der Viktoria. (Faust) Bronze. - Größte H. 7,8 cm. Inv. G O 16. *Literatur:* Menzel, Bronzen Trier 33 f. Nr. 71 Taf. 32.

15e) Terrakottastatuette der Viktoria FO Trier, Engelstraße (Maar), 1879. Auch aus Ton wurden Darstellungen der heraneilenden Viktoria über der Kugel mit Siegeskranz in der erhobenen Rechten und Palmzweig in der linken Hand gefertigt. Bei der kleinen Terrakottastatuette aus Trier sind die Einzelformen infolge einer Retouche stark ornamental gebildet. Das linke Bein ist nicht wiedergegeben. Beide Arme verschmelzen mit dem Körper. (Faust) Weißer Ton. - H. 11,9 cm. Inv. 1975.

15f) Bronzeapplik der Viktoria FO wahrscheinlich Trier, vor 1927. Die hinten teilweise konkav gebildete Reliefdarstellung der Viktoria zeigt die Göttin nach rechts weit ausschreitend;

15c) Reliefs mit Viktorien

der Kopf mit Haarschleife wendet sich dem Beschauer zu. Der kleine, unten weggebrochene Zapfen unter der rechteckigen Grundplatte zeigt, daß das Relief aufgesteckt war. Der Befestigung an einem senkrecht stehenden Objekt dienten zwei heute beschädigte Ösen, eine vor der linken Schulter, die andere im Bereich des rechten Flügels. Der heute fehlende rechte Arm war einzeln gefertigt. Auf die Angabe des linken wurde verzichtet. Das sich an Oberkörper und linke Schulter schmiegende Teil soll - wie die Fiederung zeigt - der Palmzweig sein. Zum doppeltgegürteten, wadenlangen Chiton trägt Viktoria halbhohe Fellstiefel. Die Spitzen ihrer geschwungenen Flügel weisen nach unten. (Faust) Bronze. - H. 9,1 cm. Inv. 1927,124. *Literatur:* Menzel, Bronzen Trier 33 Nr. 70 Taf. 32.

16. Göttin am Ruder des Schicksals: Fortuna

16a) Marmorstatuette der Fortuna FO Pölich (Kreis Trier-Saarburg), römische Villa, 1887. Wohl 1. Hälfte des 4. Jahrhunderts n. Chr. Mit leicht zurückgelehntem Oberkörper thront eine Frau auf einem Sitz mit schmaler, senkrechter Rückenlehne und durch eingetiefte Linien verzierten Seiten. Sie trägt einen unter der Brust gegürteten Chiton mit Überschlag und einen Mantel, der die Beine bedeckt und vom Rücken her über die linke Schulter nach vorn fällt. Ein von der linken Hand gestütztes Füllhorn ermöglicht die Identifizierung als Fortuna. Durch eine Umarbeitung wurde die rechte Seite der Skulptur verändert: In vorbereitete Vertiefungen wurden neue Stücke des Gewandes und des Sitzes über der Grundplatte sowie ein Pilaster mit Kapitell hinter der Göttin eingesetzt. Einige dieser Plättchen, die bei der Auffindung komplett erhalten waren, gingen inzwischen verloren. Bei dieser Umarbeitung, deren Grund unklar bleibt, entfernte man das von der rechten Hand gehaltene Attribut bis auf den gebogenen stabförmigen Teil in der Hand und den Ansatz auf der Basisplatte. Nach der Aussage von Vergleichsstücken wird es

15d) Bronzestatuette der Viktoria

15e) Terrakottastatuette der Viktoria

15f) Bronzeapplik der Viktoria

sich hier um ein Steuerruder gehandelt haben.

Die blockhafte Gestaltung der kleinen Skulptur läßt die ursprüngliche Quaderform des Marmors noch unschwer erkennen. In den tiefgebohrten Augen werden Einlagen gesessen haben.

Nach dem Fundort der Statuette im Bereich des Bades der *villa rustica* von Pölich kann es sich hier um einen besonderen Aspekt der "Glücksgöttin" handeln: Als *Fortuna balnearis* schrieb man ihr Heilkräfte zu. (Faust) Marmor. · H. 0,26 m, B. 0,115 m, T. 0,26 m. Inv. 18564. *Literatur:* Kat. Steindenkmäler Trier 46 f. Nr. 77 Taf. 23. Die kleinformatigen Bronzestatuetten zeigen ein recht einheitliches Bild der römischen Göttin des Glücks und Erfolgs. Sie stellen Fortuna ruhig stehend, im langen Chiton, meist auch mit Mantel, dar. Im linken Arm hält sie das segenspendende Füllhorn mit Früchten. Die rechte Hand faßt meistens ein Steuerruder, Symbol für das Lenken des Schicksals, seltener eine Patera. Durch Hinzufügen eines Modius oder einer ägyptischen Federkrone konnte sie auch als Isis-Fortuna umgedeutet werden.

16b) Bronzestatuette der Fortuna FO unbekannt, auf der Auktion Garthe erworben, vor 1882. Die fundortlose Statuette in Trier wurde mit ihrer profilierten quadratischen Basis in einem Stück gegossen. Über dem einfach gegürteten Chiton, der die Arme freiläßt, liegt ein Manteltuch, das von der rechten Hüfte aus, vor dem Leib einen Wulst bildend, über den linken Arm geworfen ist. Im mittelgescheitelten Haar mit Nackenknoten und zwei auf die Schultern fallenden gedrehten Haarsträhnen sitzt ein Diadem. Die linke Hand faßt die Spitze eines schlanken, wohlgefüllten Füllhornes. Nur der Unterarm stützt dieses; es berührt weder Oberarm noch Schulter. Wie die Handhaltung zeigt, hielt die Göttin rechts ein Steuerruder. Auf dem Sockel finden sich allerdings keine Reste der Befestigung bzw. Hinweise auf seine genaue Position. (Faust) Bronze. · H. 12,4 cm. Inv. 5063. *Literatur:* Menzel, Bronzen Trier 31 Nr. 64

16c) Terrakottastatuette der Fortuna FO Hottenbach (Kreis Birkenfeld), "Auf dem Holzflürchen", Brandgrab, 1954. 2. Hälfte des 1. Jahrhunderts/Anfang des 2. Jahrhunderts n. Chr. Die Umsetzung einer Bronzestatuette wie 16 b) in das Material Ton stellt eine Terrakotte der Fortuna dar, die 1954 in der steinernen Aschenkiste eines Brandgrabes bei Hottenbach gefunden wurde. Alle Kleidungsstücke und Attribute, die die beschriebene Kleinbronze hatte, nämlich Chiton, Mantel, Diadem, Füllhorn und Steuerruder, treten hier, trotz der Unterschiede in Beinstellung und Gewandgestaltung, in gut vergleichbarer Weise auf. Zu dieser sehr qualitätvollen Arbeit existiert eine Replik aus Nida-Heddernheim in London, British Museum (vgl. van Boekel, Terracotta figurines 322 Abb. 54). Der Serie wird eine Bronzestatuette zum Vorbild gedient haben. (Faust) Weißer Ton. - H. 17,7 cm. Inv. 1954,73. *Literatur:* Jahresbericht 1945/58. Trierer Zeitschrift 24/26, 1956/58, 501 Taf. 10. - Schindler, Führer 40 Abb. 120. - Schauerte, Terrakotten 217 Nr. 393 Taf. 48,4-6. - van Boekel, Terracotta figurines 32 Abb. 53.

17. Göttlicher Schutz für Väter und vieles andere: Genius und Genien

Ursprünglich war der römische Genius eine Verkörperung der schützenden Funktion, die der Mann als Vater und Familienoberhaupt innehatte. Der Beginn seiner Verehrung liegt in der römischen Frühgeschichte. Nach Livius, dem römischen Geschichtsschreiber (59 v. - 17. n. Chr.), soll der Genius gegen Ende des 3. Jahrhunderts v. Chr. als gleichberechtigte Gottheit in den römischen Götterhimmel eingegangen sein. Es ist jedoch anzunehmen, daß er zu dieser Zeit noch keine feste Bildgestalt besessen hat. Zunächst wurde der Genius nur in den Familien verehrt (*Genius familiaris*); am Geburtstag seines Patrons opferte man ihm Wein, Weihrauch und Blumen. Die Statuette des *Genius familiaris* stand zusammen mit den Ahnenbildern, den Penaten (ebenfalls Schutzgottheiten der Wohnstätte), den Laren (siehe Kat. 18) und ande-

16b) Bronzestatuette der Fortuna

ren Götterstatuetten im *Lararium*.

Nach und nach erweiterte sich jedoch seine Bedeutung: als *Genius Populi Romani* übernimmt er vom frühen 1. Jahrhundert v. Chr. an den Schutz des römischen Volkes, in augusteischer Zeit (27 v. - 14 n. Chr.) gelangte der *Genius Augusti* zuerst als Schutzgott des Kaisers, dann des gesamten Reiches, zu Verehrung. Unter den flavischen Kaisern (69 - 96 n. Chr.) stellte man dem *Genius Populi Romani* den *Genius Senatus*, den Schutzgott des Senates, zur Seite. Neben diesen Genien konnten schließlich auch solche verehrt werden, die Körperschaften, Verbänden, ja sogar einzelnen Orten ihren Schutz gewährten. Besonders im 2. und 3. Jahrhundert n. Chr. gewannen die sogenannten Korporationsgenien in den römischen Militärlagern sehr an Bedeutung.

Die ersten überlieferten Darstellungen von Genien finden sich auf Münzen des Jahres 74 v. Chr.; aus spätrepublikanischer Zeit (1. Jh. v. Chr.) stammen die frühesten bisher bekannten rundplastischen Genien, die spätesten erhaltenen aus der konstantinischen Epoche (324 - 363 n. Chr.). Im Jahre 392 n. Chr. verbot Kaiser Theodosius die private und öffentliche Ausübung des Genius-Kultes. (Klementa) *Literatur:* H. Kunckel, Der römische Genius. Mitteilungen des Deutschen Archäologischen Instituts. Röm. Abteilung, 20. Ergänzungsheft (Heidelberg 1974) 9-13 (hier Kunckel, Der röm. Genius zitiert).

17a) Statue eines Genius FO Trier, Altbachtal, Planausschnitt I, Bau 76 a, Casus-Heiligtum, Ausgrabung 1924/25. 2. Hälfte des 2. Jahrhunderts n. Chr. Der Mann ist mit einem um die Hüften geschlungenen Mantel bekleidet, der den Oberkörper freiläßt, den Unterleib und die Oberschenkel bedeckt. Im Rücken wird der Mantel schräg zur linken Schulter hochgezogen. Auf dem rechten Oberschenkel ist noch der wulstige Rand eines hohen Stiefels zu erkennen. Der rechte Oberarm war ursprünglich leicht vom Oberkörper weg nach hinten gestreckt. Wegen der Art der Darstellung sowie der Bekleidung mit Mantel und Stiefeln handelt es sich bei der Figur um einen

16c) Terrakottastatuette der Fortuna

17a) Statue eines Genius

Korporationsgenius. Kalkstein. - H. 0,52 m. Inv. ST 10080. *Literatur:* Kat. Steindenkmäler Trier 48 Nr. 81 Taf. 24. - Kunckel, Der röm. Genius 58 f.

17b) Torso eines Genius FO nicht mehr näher zu ermitteln. Mitte des 2. Jahrhunderts n. Chr. Der Genius trägt einen schräg über den Rücken geführten Mantel, der den Oberkörper freiläßt und an der rechten Hüfte tief herabhängt. Die Hüfte bleibt nackt. Das Mantelende ist über den linken Unterarm geschlagen. Hinter dem Arm hängt der Mantel vorhangartig herab. Die linke Hand umfaßte das Füllhorn, der rechte Arm war ursprünglich gesenkt. (Klementa) Kalkstein. - Größte H. 0,34 m. Inv. Rv. 2. *Literatur:* Kat. Steindenkmäler Trier 51 Nr. 86 Taf. 25.

17c) Bronzestatuette eines Genius FO Trier, westliches Moselufer, 1901. 2. Jahrhundert n. Chr. Die kleine, summarisch ausgeführte Statuette zeigt einen privaten Genius in der Toga. Ein Bogen des stoffreichen offiziellen Obergewandes des römischen Bürgers ist über den Kopf gezogen. Dieses Verhüllen des Hauptes zeigt, daß der Dargestellte ein Opfer vollzieht. Daher darf in der heute fehlenden rechten Hand eine Patera, d. h. eine flache runde Opferschale, ergänzt werden. Die Hand des angewinkelten linken Armes hält eine Schriftrolle. Unklar ist die Bedeutung von Bronzenägeln an der linken Halsseite und am unteren Togarand. (Faust) Bronze. - H. 7 cm. Inv. 1901,373. *Literatur:* Menzel, Bronzen Trier 43 Nr. 90 b Taf. 102. - Kunckel, Der röm. Genius 97 Nr. F V 14 Taf. 61,1.2.

17d) Bronzestatuette eines Genius FO Detzem (Kreis Trier-Saarburg), ca. 650 m von einer römischen Villa entfernt, Verwahrfund, 1915. 2. Jahrhundert n. Chr. Zusammen mit drei weiteren Götterstatuetten, Geräten und Teilen von Pferdegeschirr aus Bronze und Eisen wurde diese qualitätvolle Statuette eines Genius gefunden. Es handelt sich bei diesem Verwahrfund um Gegenstände, die in einer Holzkiste mit Bronzegriffen vergraben wurden. Nach Aussage des jüngsten Objektes, einer Bronzelampe, erfolgte dies nicht vor dem 4. Jahrhundert n. Chr. Der jugendliche Genius steht ruhig da. Obwohl entlastet und etwas gebeugt, berührt auch sein linkes Bein mit der ganzen

Sohle den Boden. Er trägt niedrige Stiefel. Ein Mantel bedeckt Hüften und Beine und läßt den muskulösen Oberkörper frei; das Tuch verläuft im Rücken schräg zur linken Schulter und fällt von dort über den Arm nach vorne. Die vor dem Leib einen Wulst bildende Partie ist ebenfalls über den gewinkelten linken Arm geworfen. Allerdings ist das Gewandmotiv mißverstanden, denn in der Rückansicht ist dieser Mantelteil nicht abgesetzt. Die linke Hand stützt ein gegen die Schulter gelehntes überquellendes Füllhorn, Symbol des segensreichen Wirkens. Seine nach unten gebogene Spitze wird von einem Blattkelch umhüllt. Der unbedeckte rechte Arm des Genius ist gewinkelt erhoben, die Hand zur Aufnahme eines heute verlorenen stabförmigen Gegenstanden - wohl eines Zepters - durchbohrt. Durch die hohe Mauerkrone mit vier Türmen auf dem Kopf gibt die Statuette sich als Genius eine Ortes (oder eines Lagers) zu erkennen. (Faust) Bronze. - H. 10,5 cm Inv. 1915,97. *Literatur:* Menzel, Bronzen Trier 26 Nr. 55 Taf. 25. - Kunckel, Der röm. Genius 69; 70; 88; 115 Nr. Z 12; Nr. C II 24 Taf. 96,1. Zum Fundkomplex zuletzt: K. Goethert, Trierer Zeitschrift 57, 1994, 341 ff. Nr. 16 Abb. 12.

17b) Torso eines Genius

18. Verehrt an Herd und Hausaltar: Die Laren

sind alte, genuin römische Gottheiten, die als Schützer von Orten und - als *lares familiares* - des Hauses verehrt wurden. Man errichtete ihnen keine Tempel mit lebensgroßen Standbildern, sondern Schreine mit Statuetten, oder man stellte sie in Malerei an den Hauswänden dar. In der Regel werden sie in der Kaiserzeit paarweise wiedergegeben. Am häuslichen Kult, der mit dem Herdfeuer eng verbunden war, nahmen alle Mitglieder des Haushaltes, auch die Sklaven, teil.

Eine Gleichsetzung der Laren mit keltischen Gottheiten fand nicht statt. Funde von Larenstatuetten in Gallien setzen also entweder einen hohen Grad der Romanisierung von Einheimischen voraus oder gehörten Römern aus anderen Reichsgebieten, die hier lebten.

17c-d) Bronzestatuetten von Genius

18 Bronzestatuette eines Laren

Das Fortleben der Larenverehrung bis ins späte 4. Jahrhundert n. Chr. bezeugt ihre ausdrückliche Nennung im endgültigen Verbot der heidnischen Kulte durch Kaiser Theodosius im Jahr 392 (Cod. Theod. 16,10,12).

18 Bronzestatuette eines Laren FO Trier, aus der Mosel, 1932. 2. Jahrhundert n. Chr. Die Statuette zeigt den Laren im typischen Tanzschritt mit vorgestelltem linkem und entlastetem rechtem Bein. Mit der hoch erhobenen Linken hält er ein Rhyton (Trinkhorn) mit Stiervorderteil, in dem sich allerdings - wie in einem Füllhorn - Früchte befinden. Die mit nach oben weisender Innenfläche vorgestreckte rechte Hand ist leer. Vergleichsstücke halten eine Spendeschale. Der Lar trägt eine kurze stoffreiche Tunika, die über der Gürtung unterhalb der Taille locker übergeschlagen und von der rechten Schulter geglitten ist. Durch die Bewegung flattern die Enden nach hinten. Über dem Gewand liegt ein schmal gefaltetes Manteltuch. Vom linken Oberarm aus fällt dieses frei nach vorne. Im Rücken verläuft es schräg und ist von innen über den rechten Unterarm geworfen. Beide Enden reichen bis in Kniehöhe herab. Die hohen Fellstiefel lassen die Zehen frei. Um den leicht nach rechts gewendeten Kopf liegt ein Kranz mit spitzen Blättern, dessen Bänder auf die Schultern reichen. Das Haar ist über der Stirn und auch am Hinterkopf mittelgescheitelt. Unterhalb des Kranzes verlaufen voluminöse Haarpartien, die im Nacken zu einem kleinen Knoten zusammengefaßt sind. Diese Statuette war sicher Teil eines Larenpaares. (Faust) Bronze. - Größte H. 16,3 cm. Inv. 1932,160. *Literatur:* Menzel, Bronzen Trier 25 Nr. 53 Taf. 24. - H. Cüppers, Trierer Zeitschrift 37, 1974, 158. - Schindler, Führer 40 Abb. 119.

19. Bei Licht stets vor aller Augen: Götterbilder auf Lampen Der Gebrauch von Öllampen in den nordwestlichen Provinzen des römischen Imperiums ist als ein charakteristisches Zeichen der Romanisierung der einheimischen Bevölkerung zu werten, da diese Art von

Beleuchtungsgegenständen den Bewohnern nördlich der Alpen fremd war.

Die Motive auf den Deckplatten der Lampen des 1. nachchristlichen Jahrhunderts - Bildlampen genannt - sind fast alle in italischen Werkstätten seit dem letzten Viertel des 1. Jahrhunderts v. Chr. entstanden.

Im Gegensatz zu den einheimischen Herstellern der Terrakottafiguren haben die Lampentöpfer in Gallien und im Rheinland das italische Bildrepertoire unverändert übernommen, so daß uns selbst auf einheimischen Lampenprodukten Götterbilder italisch-römischer Ausprägung vorliegen. Die Lampentöpfer schöpften aus dem gleichen Motivschatz wie die Gemmenschneider, Toreuten (Hersteller von Metallwaren) und Töpfer der feinen reliefverzierten Gefäße (Terra sigillata). So verwundert es nicht, daß die meisten Gattungen der Kleinkunst Götterbilder gleichartiger Ausprägung aufweisen. Die Weitergabe der Motive von Töpferwerkstatt zu Töpferwerkstatt geschah in so mannigfacher Weise - Abformung von Bildern und Lampen, Handel mit Modell-Lampen, Zwischenmodellen -, daß sie im Einzelfall schwer zu rekonstruieren ist.

Öllampen wurden nach Trier aus Töpfereien in Gallien, der Schweiz und dem Rheinland verhandelt. Auch Trierer Töpfer stellten um die Mitte des 1. Jahrhunderts n. Chr. und kurz danach Lampen mit Motiven (Bildlampen) her, die sie offenbar von gallischen und rheinischen Erzeugnissen abformten.

Die Mehrzahl der Stücke der Museumssammlung sind in der Stadt Trier und zwar in römischen Privathäusern und in Gräbern der nördlich und südlich der Stadt gelegenen Nekropolen gefunden worden.

Da die Lampen ähnlich wie die Münzen täglich in Gebrauch waren und betrachtet wurden, waren ihre Bilder dem Benutzer auch stets gegenwärtig.

Zuweilen lehnen sie sich an berühmte statuarische Schöpfungen der klassisch griechischen Zeit an. Als Beispiel läßt sich die kauernde Venus anführen, die eine griechische Statuenschöpfung des 4. vorchristlichen Jahrhunderts widerspiegelt. Die Erzeugnisse mit ihrem Bild stammen alle aus einer Trierer Töpferwerkstatt, die es von gallischen Lampen abformte. a) Inv. 337 (Kat. Lampen Trier Nr. 168).

Andere Motive - man vergleiche auch die gleichartigen Münzbilder - gehören in den Bereich der Staatspropaganda. Dies gilt besonders für das Bild der Victoria, der siegverheißenden Göttin, der Garantin des künftigen Friedens und des Wohlstandes.

Die auf der Weltkugel schwebende Viktoria erinnert an jene Nikestatue aus Tarent (Unteritalien), die Octavian-Augustus nach der Schlacht bei Aktium (31 v. Chr.) über M. Antonius und Kleopatra als Zeichen des Sieges des römischen Volkes in der Curia des Senats in Rom aufstellen ließ. An ihrem ebenfalls dort befindlichen Altar wurde vor jeder Sitzung bis in die Spätantike ein Opfer aus Wein und Weihrauch vollzogen.

Dieser Darstellungstypus der Viktoria versinnbildlicht die Göttin des Sieges des Senats und des römischen Volkes. Nach den Wirren des Bürgerkrieges 68/69 n. Chr. erscheint ihr Bild verstärkt auf Münzen und Lampen; sie wird als Göttin des errungenen Sieges und des zukünftigen Friedens verstanden. Der Lampenbildstempel gehört zum Repertoire rheinischer Werkstätten. b) Inv. 5211 (Kat. Lampen Trier Nr. 209).

Die wagenlenkende Viktoria, ein aus der griechischen Kunst entlehntes Darstellungsschema, das seit 200 v. Chr. auf den republikanischen Münzen sehr häufig vorkommt, verdeutlicht die Siegeskraft des römischen Volkes. Auf den im Rheinland vorkommenden Bildlampen des 1. Jahrunderts n. Chr. beob-

19a) Venus auf Öllampen des 1. Jahrhunderts n. Chr.

19b) Viktoria auf Öllampen des 1. Jahrhunderts n. Chr.

achten wir dieses Motiv häufig. c) Inv. 5283 (Kat. Lampen Trier Nr. 467). Einen engen Bezug zum Kaiser stellen jene Bilder her, die Victoria schwebend mit dem Rundschild zeigen. Das in augusteischer Zeit geschaffene Motiv spielt auf jenen goldenen Ehrenschild (*clupeus virtutis*) an, der 27 v. Chr. dem Augustus vom Senat und römischen Volk in der Curia geweiht worden ist. Auf ihm waren seine Tugenden, seine Verdienste aufgezeichnet (*virtus, clementia, iustitia, pietas:* Tatkraft, Milde dem Feind gegenüber, Gerechtigkeit und Frömmigkeit). Auch die nachfolgenden Kaiser wählten die Darstellung der Viktoria mit Ehrenschild. Besonders nach den Wirren der Bürgerkriege 68/69 n. Chr. wird dieses Propagandabild sowohl auf Münzen als auch auf den Lampen erneut verbreitet. Der Ehrenschild trägt die Aufschrift OB CIVES SERV(ATOS) (wegen Errettung der Bürger). Er wurde verliehen, weil die Kaiser Vitellius (69 n. Chr.) und Vespasian (69-79 n. Chr.) die Bürgerschaft aus den Gefahren des Krieges in eine friedvolle Zeit geführt haben. d) Inv. 1904,1086 d und Inv. 1911,1053 b (Kat. Lampen Trier Nr. 96 und 429).

Die stiertötende Viktoria - auch für diese Darstellung bediente man sich einer klassisch griechischen Vorlage - erscheint auf Staatsreliefs, wo sie zu Ehren des Kaisers das Opfer für seinen Genius, seinen Schutzgeist, darbringt. In diesem Sinn sind auch die Lampenbilder zu verstehen. e) Inv. 6394 (Kat. Lampen Trier Nr. 215).

Amor und Amoretten kommen auf den Trierer Lampen am häufigsten vor. Die Variantenbreite der Darstellungen läßt sich anhand von 16 Bildern verfolgen. In klassisch griechischer Zeit noch als eigenständiger Gott der Liebe verehrt und dargestellt, verliert er in römischer Zeit an mythologischem Gehalt. Er eignet sich die Attribute anderer Götter an; so tänzelt er mit dem Delphin und Dreizack des Meeresgottes Neptun daher oder reitet auf dem Delphin in eine Muschel blasend. f) Inv. 12331 und G 760 (Kat. Lampen Trier Nr. 224 und 334).

Er übernimmt Tätigkeiten der Erwachsenen, indem er zum Beispiel an einem Wagenrennen teilnimmt. g) Inv. 131 (Kat. Lampen Trier Nr. 167).

Zuweilen er wird puttenhaft vervielfätig; A m o r e t t e n treiben derben Schabernack, indem sie einen Hasen oder Hund schlagen. h) Inv. 1910,3 (Kat. Lampen Trier Nr. 269).

Hingegen kann sich A m o r auch ernsthaft zeigen; vor einer Herme sitzend hebt er huldigend seine Hand. i) Inv. 8008 und 1905,485 d (Kat. Lampen Trier Nr. 412 und 480).

H e r k u l e s, dem in Rom am Forum Boarium, am Rindermarkt, die Kaufleute und die glücklich von einer Reise Heimkehrenden bevorzugt opferten, genoß im Treverergebiet keine besondere Verehrung. Es verwundert aber nicht, daß gerade italische Kunsthandwerker etliche Bilder dieses Gottes schufen und verbreiteten.

19g-i) Amor auf Öllampen des 1. Jahrhunderts n. Chr.

Im Rheinland bevorzugten die Töpfer das Motiv des kindlichen, schlangenwürgenden Herkules und das Bild seiner beiden Keulen. Letzteres ist eine verkürzte Wiedergabe der einen Scyphus rahmenden Keulen. Dieses zweihenklige Trinkgefäß wurde wie die Keule in seinem Tempel in Rom aufbewahrt und bei Opfern benutzt. j) Inv. 2963, 1905,525 und 6238 (Kat. Lampen Trier Nr. 344, 359 und 472).

Sein Bildnis, bärtig und unbärtig, mit umgelegtem Löwenfell ist dagegen weniger verbreitet. k) Inv. 6399 und 1735 (Kat. Lampen Trier Nr. 474 und 449).

Das Bild der Mondgöttin L u n a erscheint uns auf Lampen sehr sinnvoll. Büstenbilder der Göttin vor eine Mondsichel gesetzt, die nach der Mitte des 1. Jahrhunderts n. Chr. die Darstellung der wagenlenkenden Luna verdrängen, sind in allen Teilen des Imperium Romanum sehr beliebt und ebenso auf den Trierer Lampen, sogar auf hiesigen Produkten, gut verteten. l) Inv. 1905,165 (Kat. Lampen Trier Nr. 310).

Die gleiche Büste in einen Blätterkranz gesetzt, die wohl die Erfindung einer Werkstatt in der Schweiz gewesen war,

19j-k) Herkules auf Öllampen des 1. Jahrhunderts n. Chr.

19f-i) Amor auf Öllampen des 1. Jahrhunderts n. Chr.

19l-n) Luna auf Öllampen des 1. Jahrhunderts n. Chr.

wurde von rheinischen Töpfereien übernommen. m) Inv. 1903,488 (Kat. Lampen Trier Nr. 519).

Vereinzelt findet man Lunabüsten, hinter deren Kopf eine Mondsichel hervorragt. n) Inv. 1982,75 (Kat. Lampen Trier Nr. 281).

Wie in der Reliefkunst und Plastik erscheint M i n e r v a auch auf den Lampen langgewandet und in voller Rüstung mit Schild, Speer, Ägis und Helm. Nach links gewandt, im Profil wiedergegeben, ist ihr Bild in den westlichen Provinzen des römischen Imperiums weit verbreitet. o) Inv. 1902,333 g und 1904,553d (Kat. Lampen Trier Nr. 81 und 398).

Nur in wenigen Exemplaren sind die Bilder der Jagdgöttin D i a n a, die einen Hirsch füttert, und des M e r k u r mit Flügelkappe und Heroldstab in Trier vertreten. p) Inv. 3565 und 734 (Kat. Lampen Trier Nr. 193 und 173).

Einige Götter liegen auf den Trierer Lampen nur in einem einzigen Bild vor. Der über einem Adler mit ausgebreiteten Schwingen sichtbare J u p i t e r auf einer fragmentarischen Lampe ist ein Abbild des thronenden Himmelsgottes in der

Oben: 19o) Minerva auf Öllampen des 1. Jahrhunderts n. Chr. Unten: 19p) Diana auf Öllampen des 1. Jahrhunderts n. Chr.

19p) Merkur und Diana auf Öllampen des 1. Jahrhunderts n. Chr.

Giebelmitte des kapitolinischen Tempels in Rom (siehe hier die Statuetten des thronenden Jupiter 3 b-d).

Zu weiteren Einzelbildern gehören die Schicksalsgöttin Fortuna mit Steuerruder und glückverheißendem Füllhorn und das sehr selten erscheinende Motiv des Fruchtbarkeitsgottes Priapus, der in seinem hochgerafften Gewandbausch zahlreiche Früchte hält. q) Inv. 2964 und 3539 (Kat. Lampen Trier Nr. 545 und 190).

Liber Pater/Bacchus läßt sich bisher auf Trierer Lampen nicht nachweisen. Dagegen finden wir in 13 verschiedenen Motiven sein Gefolge, Silene, Satyrn und Bacchantinnen, vor, das seinem wilden Treiben nachgeht. (Goethert)

20. Zum Schutz und zur Zierde: Götterbilder auf Gemmen Die Götter waren bei den Römern allgegenwärtig. So finden sich ihre Darstellungen nicht nur innerhalb der Großplastik, sondern auch auf Werken der Kleinkunst wie Gemmen. Wer einen solchen Schmuckgegenstand mit dem Bildnis einer bestimmten

19q) Fortuna und Priapus auf Öllampen des 1. Jahrhunderts n. Chr.

Gottheit bei sich trug, hoffte auf deren Schutz. Ferner konnte man, wenn in einer Familie schon lange Zeit ein Gott oder eine Göttin besonders verehrt worden waren, auf diese Familientraditionen hinweisen, indem man die Gottheit zum Siegelzeichen auf seiner Gemme machte.

Der Begriff *Gemmae* meinte bei den Römern alle zu kleinen Kunstgegenständen verarbeiteten Edel- und Halbedelsteine. Diese Steine konnten vertieft geschnitten sein (Intaglio); sie besaßen neben dem rein schmückenden Zweck auch einen praktischen, als Siegel. Von ihnen unterscheidet sich der erhabene, in Relieftechnik gearbeitete Schmuckstein (Gemma eminens/Cameo), der hauptsächlich zur Repräsentation und als Schmuck verwendet wurde. Wer sich jedoch keine kostbaren Halb- oder Edelsteine leisten konnte, mußte auf die billigere Variante der Gemme aus bunten Glaspasten zurückgreifen. Gefaßt wurden die Steine und Glaspasten der römischen Kaiserzeit vor allem in Ringen oder Medaillons. Zur Fassung verwendete man Eisen, Bronze, Silber und Gold.

Die Göttin F o r t u n a ist die häufigste Darstellung der kaiserzeitlichen Glyptik überhaupt. Sie sollte ihrem Besitzer Segen und Glück spenden, was meist durch das ihr beigegebene Füllhorn ausgedrückt wird.

Nicht weniger verbreitet war die Verkörperung des t h r o n e n d e n   J u p i t e r. Er erscheint im gesamten römischen Reich in allen denkbaren Kombinationen auf Gemmen, hauptsächlich aber mit den Beigaben Zepter, Blitz und Adler.

Die Göttin Minerva wurde von den Gemmenschneidern nach klassisch-griechischen Vorbildern der Athena gestaltet.

Zu Wohlstand sollte der Gott M e r k u r demjenigen verhelfen, der sein Bildnis auf einem Schmuckstein

bei sich trug. Während der gesamten Kaiserzeit ist er mit den Beigaben Geldbeutel (*marsupium*) und Heroldstab (*caduceus*) eine der häufigsten Götterdarstellungen. Seine Verkörperungen orientieren sich hauptsächlich an statuarischen Vorbildern des 5. und 4. Jahrhunderts v. Chr. sowie an solchen des Hellenismus.

Der Kopf des Gottes Apoll findet sich ebenfalls recht oft auf kaiserzeitlichen Gemmen. Sein Bildnis geht meist auf die klassisch-griechischen Vorbilder zurück.

Recht beliebt waren auf den römischen Gemmen gleichfalls die Taten des Helden und Gottes H e r k u l e s. Das Würgen der beiden Schlangen durch den kleinen Herkules kommt allerdings nicht so häufig vor. Der alte, ursprünglich aus Lampsakos am Hellespont stammende Fruchtbarkeitsgott P r i a p o s, angeblich ein Sohn der Aphrodite und des Dionysos, ist ein beliebtes Thema auf römischen Gemmen. Meist ist der Gott dort nackt mit entblößtem Geschlecht dargestellt; sein Gewand oder Fell liegt über einem Arm oder hängt hinten in einem Bausch herab. Dem ländlichen Gott, der die Obst- und Weingärten überwacht, können außerdem Früchte beigegeben sein.

Eroten sind ebenfalls häufig auf Gemmen der römischen Kaiserzeit vertreten. Man findet sie in mehreren Variationen, so auch in Verbindung mit Meerestieren. *Literatur:* P. Zazoff, Die antiken Gemmen. Handbuch der Archäologie 51 (München 1983) 261 ff.; 306 ff.

20a) Gemme mit Fortuna FO Raum Trier. Römische Kaiserzeit. Die Göttin Fortuna trägt ein langes Untergewand und einen Mantel. Ihr langes Haar ist hinten zu einem Knoten zusammengenommen. Im rechten Arm hält die Göttin ein Füllhorn, in der gesenkten linken Hand einen schwer zu deutenden Gegenstand. Es handelt sich vermutlich um ein Steuerruder. Roter Jaspis. - H. ca. 1,8 cm. *Literatur:* Krug, Gemmen Trier Nr. 52.

20b) Gemme mit thronendem Jupiter FO in der Mosel bei Trier. Römische Kaiserzeit. Der Gott Jupiter sitzt frontal mit einem

20 Gemmen mit Fortuna (a), Jupiter (b), Minerva (c), Merkur (d), Apollo (e).

Mantel bekleidet auf einem Thron. Im rechten Arm hält er ein Zepter, in der linken Hand ein Blitzbündel. Unter dem Thron befindet sich eventuell ein Adler. Nicologlaspaste · H. ca. 1,1 cm. EV 1965,7 b. *Literatur:* Krug, Gemmen Trier Nr. 33.

20c) Gemme mit Minerva FO in der Mosel bei der Trierer Brücke. Römische Kaiserzeit. Die Göttin ist mit einem langen Gewand und einer Art Brustpanzer aus Ziegenfell *(Ägis)*, der ihr als Schutz und Abschreckung diente, bekleidet. Auf dem Kopf trägt sie einen Helm. Den linken Arm hat sie nach vorne gestreckt. Auf ihrer rechten Hand befindet sich eine kleine Viktoria mit Siegeskranz. Mit der gesenkten linken Hand hält Minerva den Speer und den Schild. Karneol. · H. ca. 1,6 cm. Inv. 11891. *Literatur:* Krug, Gemmen Trier Nr. 36.

20d) Gemme mit Merkur FO Trier, Maximinstraße. Römische Kaiserzeit. Der nackte Gott Merkur hält in der gesenkten linken Hand einen Geldbeutel, in der rechten seinen Heroldstab. Auf dem Kopf trägt er den geflügelten Sonnenhut. Karneol. · H. ca. 1,1 cm. Inv. 9814. *Literatur:* Krug, Gemmen Trier Nr. 22.

20e) Gemme mit Apollokopf FO Freudenberg bei Orscholz, 1886. Römische Kaiserzeit. Der jugendliche Kopf des Apoll ist im linken Profil dargestellt. Er orientiert sich an klassischen Vorbildern. Karneol. · Dm. ca. 1,1 cm. Inv. 12097. *Literatur:* Krug, Gemmen Trier Nr. 25.

20 f) Gemme mit dem die Schlangen würgenden kleinen Herkules FO Trier, Moselufer gegenüber St. Medard, 1844. Römische Kaiserzeit. Der nackte, mit muskulösem Körper dargestellte Herkules steht im Ausfallschritt da und erwürgt in jeder Hand eine lang herabhängende Schlange. Silberring; Nicologlaspaste. · H. ca. 1 cm. Inv. G 1242. *Literatur:* Krug, Gemmen Trier Nr. 31.

20g) Gemme mit Priapos FO Trier. Römische Kaiserzeit. Der bärtige Gott steht in der für ihn typischen Haltung da. Die rechte Hand hat er in die Seite gestemmt, die linke nach vorne genommen. Sein Gewand hat der mit der rechten Hand nach hinten gezogen, so daß sein Geschlecht sichtbar wird. Sardonyx. · H. ca. 1 cm. Inv. 1349. *Literatur:* Krug, Gemmen Trier Nr. 49.

Oben: 20 f) Gemme mit dem die Schlangen würgenden kleinen Herkules
Unten l. 20g) Gemme mit Priapos. Unten r. 20h) Gemme mit einem Eroten, der
auf einem Seegetier reitet.

20h) Gemme mit einem Eroten, der auf einem See-getier reitet FO Raum Trier. Römische Kaiserzeit. Ein Erot reitet auf einem Meeresungeheuer mit einem langen, schlangenähnlichen Schwanz. In den Händen hält er einen dreieckigen Gegenstand, eventuell ein Muschelhorn. (Kementa) Karneol. - H. ca. 8 mm. Inv. G 1240. *Literatur:* Krug, Gemmen Trier Nr. 45.

21. Im Dienst von Politik und Wirtschaft: Götterdarstellungen auf Münzen

Die Götterverehrung war für den Römer Teil seines täglichen praktischen Lebens. So wundert es nicht, daß uns gerade auf Münzen, die man ja ständig im Gebrauch hatte, recht verschiedene Formen der Götterverehrung entgegentreten. Dennoch kam den Münzen primär eine ökonomische Aufgabe zu. Daneben waren sie (in einer Zeit, in der noch jegliche Massenmedien fehlten) von Anfang an in den Dienst der Politik gestellt und hatten innen- wie außenpolitische Erfolge des Kaisers, dessen Vorhaben und Ziele, aber auch religiöse und geistige Strömungen den Bürgern des Imperiums mitzuteilen.

Auf den Rückseiten der Münzen erscheinen neben den zwölf Hauptgöttern (Jupiter, Juno, Vesta, Minerva, Neptun, Mars, Venus, Apollo, Diana, Merkur, Ceres und Vulkan) auch sonstige Götter, Halbgötter oder Personifikationen. Einzelne dieser Hauptgötter werden insbesondere seit dem 2. Jahrhundert n. Chr. spezifiziert und mit verschiedenen Beinamen ausgestattet, die besondere Seiten ihrer Tätigkeiten nennen. So werden auf Münzen etwa IVPPITER STATOR (der, der dem Heer die Widerstandskraft verleiht), IVPPITER VLTOR (der Rächer) oder auch IVPPITER CONSERVATOR (der Bewahrer) dargestellt. Zu vergleichbaren Beispielen zählen außerdem IVNO CONSERVATRIX (die Bewahrerin), MARS PACATOR bzw. PACIFER (der Friedensbringer), MARS PROPVGNATOR (der Vorkämpfer), MARS VLTOR (der Rächer), MARS VICTOR (der Sieger)

21a) Götterdarstellungen auf Münzen

oder VENVS GENETRIX (die Wachstum fördernde), VENVS VICTRIX (die Siegreiche) und DIANA LVCIFERA (die Lichtbringerin).

Unter den Halbgöttern ist auf Münzbildern besonders Herkules beliebt, der allerdings recht verschieden wiedergegeben wird, stets aber Keule und Löwenfell besitzt. Die häufigste Darstellung zeigt ihn stehend, auf eine Keule gestützt, im Kampf mit dem Nemeischen Löwen.

Neben den Göttern und Halbgöttern tritt auf Münzen in größerer Zahl noch eine weitere Gruppe göttlicher Wesen auf, die sogenannten Numina, unter denen eine Vielzahl von als göttlich gedachten Begriffen und Wirksamkeiten verstanden wird. Oft stehen sie in enger Verbindung zu den Eigenschaften des auf der Vorderseite der Münze abgebildeten Kaisers oder der Kaiserin. Durch die Häufigkeit und Form ihres Auftretens in der Münzprägung gewinnen sie aber große Bedeutung für die Beurteilung der jeweiligen Zeit. Bezeichnend ist etwa, daß gerade die mit Wohlstand (ABVNDANTIA, VBERITAS) oder mit geordneten Verhältnissen in Verbindung gebrachten Personifikationen (CONCORDIA, HILARITAS, PAX, SECVRITAS) vor allem dann erscheinen, wenn die Tatsachen ihnen am wenigsten gerecht werden. Entsprechend werden in den unruhigen Zeiten des 3. Jahrhunderts n. Chr. beim Regierungsantritt eines Kaisers die FIDES MILITVM, die PAX , die SALVS oder die VIRTVS des Kaisers hervorgehoben. Die Darstellung solcher Personifikationen war demnach primär eine reine Zweckpropaganda des Herrschers und diente oft nur als ein Versprechen oder eine vorweggenommene Präsentierung eines eingeplanten Erfolges zur Beschwichtigung der vielleicht beunruhigten Bevölkerung. Aus der großen Zahl der auf den Münzen herausgestellten Personifikationen werden hier nur die häufigeren herausgegriffen.

ABVNDANTIA = der Überfluß; sie erscheint mit einem Füllhorn, das sie ausleert.

AEQVITAS = die Verkörperung dessen, was recht und billig ist. Sie wird mit einer Waage sowie einem Füllhorn abgebildet und ist eng mit der Moneta verwandt.

AETERNITAS = die Ewigkeit, auf den Kaiser wie das Reich bezogen; geläufig sind Darstellungen mit Globus und Phönix, auch mit Schale und Steuerruder auf Globus (nicht ausgestellt).

ANNONA = der Jahresertrag, später die von den Kaisern an das Volk von Rom gegebene Getreidespende; sie hält in ihren Händen Ähren, oft auch einen *modius* (Scheffel) und stützt sich auf einen Anker.

CONCORDIA = die Eintracht, oft auf das Heer oder das Kaiserhaus bezogen; sie wird symbolisiert durch eine Frau mit *patera* (Schale) und (Doppel)Füllhorn.

FECVNDITAS = die Fruchtbarkeit; ihre Darstellung nimmt häufig auf ein freudiges Ereignis im Kaiserhaus Bezug und zeigt in der Regel zumindest ein Kind.

FELICITAS = Göttin des Glücks, oft auf einen guten Ausgang einer Sache ausgerichtet; ihre Attribute sind ein *caduceus* (Merkurstab) und ein Füllhorn.

FIDES = das Vertrauen, stets auf die Treue der Soldaten oder einzelner Truppenteile bezogen; sie hält ein oder zwei Feldzeichen.

FORTVNA = Schicksalsgöttin, aber auf einen positiven Ausgang bedacht; sie ist meist mit einem Steuerruder (auf Globus), Rad und Füllhorn dargestellt.

HILARITAS = die Heiterkeit; ihre Symbole sind Palmzweig und Füllhorn sowie des öfteren auch Kinder.

LAETITIA = die Freude; ihre Attribute sind ein Kranz und Anker.

LIBERTAS = die Freiheit, sowohl des Einzelnen wie des ganzen Volkes; sie hält in ihren Händen einen Stab sowie den *pileus libertatis*, die Freiheitsmütze, die der Sklave bei seiner Freilassung aufsetzen durfte.

LIBERALITAS = die Freigiebigkeit, die Freundlich-

21b) Götterdarstellungen auf Münzen

keit; sie erscheint mit Spielbrett (*abacus*) und Füllhorn.

MONETA = die Personifikation des Münzwesens; sie wird durch eine Waage, einen Geldhaufen und ein Füllhorn symbolisiert.

PAX = die Friedensgöttin; sie hält einen Stab und einen Ölzweig.

PIETAS = die rechte und fromme Gesinnung, bezogen auf das Verhältnis zu den Göttern wie den Menschen untereinander; sie wird meist sitzend mit Schale und Zepter dargestellt.

PROVIDENTIA = die Vorsorge, insbesondere des Kaisers für das Reich; sie erscheint mit Stab oder Zepter und Füllhorn, bisweilen auch mit der Kugel als Symbol des Erdkreises.

PVDICITIA = die Schamhaftigkeit; sie ist in der Regel sitzend, teilweise auch verhüllt, mit Zepter dargestellt.

SALVS = Göttin des Heils, Schutz gegen Gefahren und Krankheiten; sie opfert entweder an einem Altar oder füttert eine Schlange aus einer Schale.

SECVRITAS = die Sicherheit und Sorglosigkeit, gehört oft zum Regierungsprogramm eines Kaisers; entweder sitzt sie, hält ein Zepter und kämmt sich das Haar, oder sie steht mit übereinandergeschlagenen Beinen, "lässig" an eine Säule gelehnt.

SPES = die Hoffnung auf glücklichen Ausgang; sie wird als schreitende Göttin mit gerafftem Gewand und einer Blume in der Hand gezeigt.

VBERITAS = die Fülle; ihre Attribute sind Beutel und Füllhorn (nicht ausgestellt).

VICTORIA = die Göttin des Sieges; sie erscheint als geflügelte Göttin mit Palmzweig und Kranz.

VIRTVS = die Tüchtigkeit oder Tapferkeit; sie ist ähnlich wie Roma mit Victoriola (kleine Victoria, auf der Hand stehend), Lanze und Schild dargestellt. (Gilles)

21c) Götterdarstellungen auf Münzen

Im römischen Weltreich leben viele Menschen mit verschiedenen Religionen zusammen. Im Gebiet der Treverer führt die Verschmelzung italischer und keltischer Kulte zur gallo-römischen Religion. Die römische Deutung einheimischer Kulte nennt der Historiker Tacitus INTERPRETATIO ROMANA. Sie spiegelt sich in Götternamen und Götterbildern, in Kultbauten und Kultpraktiken wider.

"Unter den Göttern verehren sie [die Gallier] am meisten Merkur. Er hat die meisten Bildnisse, ihn halten sie für den Erfinder aller Künste, ihn für den Führer auf Wegen und Wanderungen, ihm sprechen sie den größten Einfluß auf Handel und Gelderwerb zu. Nach ihm verehren sie Apollo, Mars, Jupiter und Minerva. Von diesen haben sie ungefähr dieselbe Vorstellung wie die anderen Völker: Apollo soll Krankheiten vertreiben, Minerva die Grundkenntnisse des Handwerks und der Künste lehren, Jupiter die Herrschaft über die Götter ausüben, Mars Kriege führen. ... Alle Gallier rühmen sich, von Dis Pater abzustammen, das sei ihnen von den Druiden überliefert worden."

Gaius Iulius Caesar (100 - 44 v. Chr.)
Der Gallische Krieg (Buch 6,17,1f.;18,1)

"... und [die Gallier halten] den Schutzgott der Kriege und den größten der himmlischen Götter Taranis für Jupiter [und glauben,] er sei einst mit menschlichen Köpfen versöhnt worden, jetzt aber freue er sich an denen von Rindern. Teutates Mercurius wird so bei den Galliern besänftigt: in einen vollen Kessel wird ein Mensch kopfvoran gesenkt, damit er darin erstickt; (H)Esus Mars wird so besänftigt: ein Mensch wird an einem Baum aufgehängt, bis sich seine Glieder vom Körper lösen ..."

Commenta Bernensia (Berner Scholien) Erläuterungen zu Lucanus (4. - 9. Jh. n. Chr.), Burgerbibliothek Bern

Zwei Religionen treffen aufeinander - Die gallo-römische Götterwelt

schem Sinn ausgedeutet (*interpretatio Romana*). So trägt Merkur bisweilen einen einheimischen Beinamen, oder er erscheint im Verbund mit Rosmerta, einer keltischen Segensspenderin, deren inschriftliche Zeugnisse vom Mittelrhein im Nordosten bis an die Loire im Südwesten reichen. Beide Elemente lassen erkennen, daß sich hinter einer Merkurweihung einheimische Vorstellungen verbergen.

22. Von den Galliern am meisten verehrt: Merkur, der Götterbote galt nach römischer Vorstellung als Schutzgottheit der Gewerbetreibenden, der Kaufleute und sogar der Diebe - kurzum, er war für jede Form des materiellen Gewinns zuständig. Sein Name leitet sich denn auch von dem lateinischen Wort für Ware, *merx*, ab. Dieser Aufgabenbereich des Gottes macht es verständlich, daß er in Italien besonders von der Händler- und Kaufmannsschicht verehrt wurde.

In den gallischen und germanischen Provinzen beschränkte sich die Verehrung des Gottes dagegen nicht auf diesen Kreis der Bevölkerung, sondern wurde von einer breiten Schicht getragen. Merkur war bei Galliern wie bei den Germanen der am meisten verehrte Gott. Dies bezeugen nicht nur Caesar (de bello Gallico VI 17) und Tacitus (Germania 9), sondern auch die zu Hunderten erhaltenen Inschriften und bildlichen Denkmäler dieses Gottes aus Stein und aus Bronze. Unter dem Erscheinungsbild des römischen Merkur wurden mit einsetzender Romanisierung verschiedene einheimische Gottheiten zusammengefaßt und in römi-

Die Darstellungen des Merkur im römischen Gallien und Germanien stehen dagegen meist in rein römischer Tradition und heben sich nur selten von italischen Zeugnissen ab: Der Gott wird jugendlich und unbärtig dargestellt, meist stehend, zuweilen jedoch auch auf einem Felsen oder einem Thron sitzend. Er kann völlig unbekleidet sein oder einen in unterschiedlicher Form drapierten Mantel tragen. Seine Attribute sind der Flügelhut (*petasus*) oder kleine Flügel, die unmittelbar am Kopf ansitzen. Seltener trägt er auch Flügelschuhe. Der *caduceus*, sein Heroldstab aus zwei achtförmig gewundenen Schlangen, war bei Bronzen oft einzeln gefertigt und ging deshalb häufig verloren. Der Geldbeutel, Markenzeichen des Schutzgottes der Kaufleute und des Handels, liegt meist in bzw. auf der rechten Hand. Begleitende Tiere des Merkur sind Hahn, Widder, Ziegenbock, Schildkröte, Eber, vereinzelt auch Eidechse und Skorpion. Sie wurden bei Bronzen in der Regel gesondert gegossen und erst auf der Basis mit der Götterfigur verbunden oder ihr lose beigestellt. Sie blieben daher meist einzeln erhalten.

Unter den Merkurdarstellungen aus Bronze finden sich viele kleinformatige Stücke von flotter, einfacher Arbeit. Wie die entsprechenden Votive für Mars sind diese Zeugnisse als relativ preiswerte Massenartikel anzusprechen, die anschaulich die Volkstümlichkeit dieses Gottes belegen. (Hupe) *Literatur:* RE XV 1, 982-1016 s. v. Mercurius/keltisch und germanisch (F. M. Heichelheim). - LIMC VI 1, 537-554 s. v. Mercurius in den Nordwestprovinzen (G. Bauchhenß); VI 2 Taf. 296-306. - Zu Rosmerta: W. Boppert, Skulpturenfragmente aus einem Mercur- und Rosmerta/Maia-Heiligtum in Rheinhessen. Archäologisches Korrespondenzblatt 20, 1990, 333-344.

22a) Votivdenkmal mit inschriftlicher Weihung an Merkur FO Trier, Luxemburger Straße, ca. 700 m östlich des Tempelbezirks am Irminenwingert, 1895. Mittleres 1. Jahrhundert n. Chr. Die Reliefdarstellungen des vorliegenden Weihdenkmals, das zu den frühesten Zeugnissen seiner Art im Trierer Land gehört, werfen ein kurzes Schlaglicht auf den für uns in Dunkel gehüllten keltischen Götterhimmel und lassen dabei etwas von der früheren Reichhaltigkeit einheimischer Glaubensvorstellungen erahnen. Die Reliefs schmücken drei Seiten des Steins. Auf der Sockelzone der Front befindet sich eine gerahmte Inschrift, die das Denkmal als Weihung des Mediomatrikers Indus an den Gott Merkur ausweist: *[I]ndus Mediom(atricus) / Mercurio v(otum) [l(ibens)] m(erito) s(olvit).*

Die Vorderseite nehmen Merkur und seine Kultgenossin ein. Beide gruppieren sich um eine Kiste mit nach hinten geklapptem Deckel. Abgesehen von den geläufigen römischen Attributen - Geldbeutel, Schlangenstab und Flügelschuhe - trägt Merkur einen Halsring mit verdickten Enden, den gallischen *torques*. Dieses einheimische Trachtelement weist darauf hin, daß im vorliegenden Fall der keltische Gott gemeint ist. Bei der neben ihm stehenden weiblichen Figur muß es sich demnach um die keltische Göttin Rosmerta, die Begleiterin des einheimischen Merkur, handeln. Ein Hahn, der zwischen den Füßen des Merkur umherpickt, sowie ein Widder, der wahrscheinlich am linken Bildrand dargestellt war, gehören wiederum der römischen Sphäre des Gottes an. Die Figuren der Schmalseiten sind, verglichen mit denen der Schauseite, nur etwa halb so groß wiedergegeben. Die

schlecht erhaltene linke Fläche zeigt eine weibliche Figur mit langem Gewand. Auf der sehr viel besser erhaltenen rechten Nebenseite fällt ein unbärtiger Mann in kurzer Tunika mit einer Axt einen Laubbaum, in dessen Krone drei Vögel und der Kopf eines Stieres zu erkennen sind. Für die Deutung dieser Szene werden seit der Erstveröffentlichung durch H. Lehner zwei Reliefs eines Pariser Weihdenkmals herangezogen, das eine Korporation von Schiffern unter Kaiser Tiberius (14-37 n. Chr.) aufstellen ließ. Die eine Reliefseite zeigt, inschriftlich benannt, den Gott Esus, bärtig, in kurzer Handwerkertracht, wie er mit einem Hiebmesser Äste von einem Laubbaum schlägt. Auf einer daran anschließenden Seite sieht man hinter einem ähnlichen Baum einen Stier, auf dessen Rücken und Kopf drei Kraniche stehen. Über der Szene die Beischrift *Tarvos Trigaranus* (Stier mit drei Kranichen). Auch wenn die Darstellungen in Paris und Trier nicht in allen Punkten deckungsgleich sind - das gilt vor allem für die Darstellungsweise des Esus -, so scheinen sie doch denselben Mythos zu illustrieren. Über das Wesen und die Funktion des Gottes Esus, den übrigens auch der Dichter Lukan (39-65 n. Chr.) erwähnt (Pharsalia I 444 ff.), ist ansonsten nichts bekannt. Einen Bezugspunkt zwischen Esus und dem gallischen Merkur bildeten vielleicht die Kraniche, da auf einer Kölner Inschrift zwei solche Vögel auch dem Merkur geweiht wurden.

Die frühkaiserzeitliche Datierung des Trierer Denkmals beruht zum einen auf dem kleinteiligen Reliefstil, zum anderen auf der Tatsache, daß der Name des Weihenden vor dem Adressaten der Weihung erscheint. Kalkstein. - H. 2,20 m, B. 0,92 m (am oberen Sockelprofil), D. 0,58 m .Inv. 20258. *Literatur:* H. Lehner, Westdeutsche Zeitschrift, Korrespondenzblatt 15, 1896, 33-49 Abb. 1-2. - Trier - Augustusstadt 249 f. Nr. 100

22a) Esus auf einer Weihung an Merkur

mit Abb. - Kat. Steindenkmäler Trier 105 f. Nr. 206 Taf. 52 (weitere Literatur). - LIMC VI 1, 552 Nr. 526 s. v. Mercurius in den Nordwestprovinzen (G. Bauchhenß); VI 2, Taf. 306. Zum Denkmal in Paris: H. Lavagne/J.-P. Adam/J.-P. Caillet in: Lutèce. Paris de César à Clovis. Exposition Musée Carnavalet et Musée National des Thermes et de l´Hôtel de Cluny 3. mai 1984-printemps 1985 (Paris 1984) 275-307; 397-402 (weitere Literatur). - Zur Kölner Inschrift: B. und H. Galsterer, Die römischen Steininschriften aus Köln. Wissenschaftliche Kataloge des Römisch-Germanischen Museums Köln (Köln 1975) 34 f. Nr. 118 Taf. 25.

22b) Statuette des Merkur FO Trier, Tempelbezirk des Altbachtales, Merkurkapelle (Bau 4), 1924. Kalkstein. - H. 0,63 m. Inv. ST 10006a. *Literatur:* Gose, Altbachtal 20; 22 Abb. 71 (Fundlage) und 110. - Kat. Steindenkmäler Trier 103 Nr. 198 Taf. 51.

22c) Relief des Merkur FO Trier, Neustraße/Kaiserstraße. Kalkstein. - H. 0,20 m. Inv. 890. *Literatur:* Hettner, Steindenkmäler Trier 47 Nr. 69. - Kat. Steindenkmäler Trier 106 Nr. 207 Taf. 51.

22d) Bronzestatuette des Merkur FO Trier, Tempelbezirk des Altbachtales, Planausschnitt II, aus Grube IV nordöstlich von Bau 11, 1929. Vergesellschaftet mit Keramik des letzten Drittels des 2. Jahrhunderts n. Chr. 2. Jahrhundert n. Chr. Die Statuette hebt sich sowohl durch ihre außerordentliche Qualität als auch durch die Darstellungsweise von den ansonsten häufig stereotypen Bronzen des Merkur ab. Der Gott steht auf dem linken Bein, während das entlastete rechte weit zurückgesetzt ist und nur mit der Fußspitze den Boden berührt. Die Muskulatur seines Körpers ist athletisch geformt und bis in Einzelheiten ausgebildet. Von den einstigen Kennzeichen des Merkur haben sich nur die Flügel im Haar erhalten. Darüber hinaus trug der Gott in der abgewinkelten Linken einen nach unten weisenden *caduceus*, die erhobene Rechte hielt vielleicht einen Beutel. Ein kleiner Hahn (Inv. ST 13724) wurde zusammen mit der Merkurstatuette aufgefunden und war wahrscheinlich mit ihr auf einer Basis zu einer Gruppe verbunden.

Es ist bis heute nicht gelungen, ein exaktes Vorbild für die Merkurbronze zu benennen. Ausgehend von der Körperhaltung hat man sie mit Statuen griechischer Könige im östlichen Mittelmeerraum aus dem 3.-1. Jahrhundert v. Chr. verglichen und Anregungen durch die griechische Plastik der 2. Hälfte des 4. Jahrhunderts v. Chr. erkennen wollen. (Hupe) Bronze. - H. 22,3 cm. Inv. ST 13723. *Literatur:* Menzel, Bronzen Trier 13-15 Nr. 28 Taf. 12-15. - Gose, Altbachtal 43 f. Abb. 136. - LIMC VI 1, 538 Nr. 377 s. v. Mercurius in den Nordwestprovinzen (G. Bauchhenß); VI 2 Taf. 296.

22e) Bronzestatuette des sitzenden Merkur FO Wawern (Kreis Bitburg-Prüm), **1845.** Der Götterbote ist sitzend, in einem Moment des Ausruhens, dargestellt. Bei der verlorenen Sitzgelegenheit dürfte es sich nach analogen Beispielen um einen Felsen gehandelt haben. Merkur hat das linke Bein ein wenig angezogen, das rechte ist entspannt auf den Boden gesetzt. In der rechten Hand hält er einen Geldbeutel. Die linke umfaßte nach der Haltung der Finger einen stabförmigen Gegenstand, den *caduceus,* der separat eingefügt war. Der Körper des Gottes ist muskulös ausgebildet und gleicht dem eines Athleten. Zu einem Sportler passen auch der kurze Haarschnitt und die Binde, hinter der sich schwach die Ansätze von Flügeln abzeichnen.

Der athletische Körperbau der Figur, die kurze Frisur mit Binde sowie die ausruhende Haltung, all das sind Elemente, die in der Ikonographie des Herkules wiederkehren. Es wurde denn auch bereits vermutet, daß das statuarische Schema ursprünglich für diesen Heros entwickelt und erst später auf Merkur übertragen wurde. (Hupe) Bronze. - H. 13,5 cm. Inv. G O 36. *Literatur:* Menzel, Bronzen Trier 19 f. Nr. 38 Taf. 18-19. - D. G. Mitten/S. F. Doeringer, Master Bronzes from the Classical World (Mainz 1967) 272 Nr. 263 (mit Datierung 2.-3. Jahrhundert n. Chr.).

22f) Bronzestatuette des Merkur FO Gillenfeld (Kreis Daun), **1991.** Die als Einzelfund zutage gekommene Bronze des Gottes gehört einem geläufigen und weitverbreiteten statuarischen Typus an: Der Reisemantel, die *chlamys,* bedeckt Teile der linken Körperhälfte und fällt bis in Höhe der Waden herab. Die von einer Rundfibel zusammengehaltene Halsschlaufe ruht auf der linken Schulter. Merkur hat den Kopf

Zwei Religionen treffen aufeinander-
Die gallo-römische Götterwelt
158

22b) Statuette des Merkur

Zwei Religionen treffen aufeinander -
Die gallo-römische Götterwelt
159

22d-f) Bronzestatuetten des Merkur

22c) Relief des Merkur

leicht geneigt und zur Standbeinseite gewandt. Der weiche, breitkrempige *petasus* und die Flügelschuhe gehören ebenso wie der Geldbeutel in der ausgestreckten rechten Hand zum typischen Erscheinungsbild des römischen Gottes. Der zu ergänzende *caduceus* war im vorliegenden Fall wie auch sonst meistens gesondert gearbeitet und ging deshalb verloren. Der Heroldstab lag ursprünglich im linken Arm, wobei das Ende mit den beiden achtförmig gewundenen Schlangen nach oben zeigte.

Ausgehend vom Standschema und der Gestaltung des Haupthaares führt man das Vorbild des Typus auf den hochklassischen Bildhauer Polyklet (2. Hälfte des 5. Jahrhunderts v. Chr.) oder auf einen seiner Nachfolger zurück. Ob dieses griechische Vorbild bereits Hermes, die griechische Entsprechung des Merkur, darstellte oder ob es erst in römischer Zeit zu einem Merkur umgedeutet wurde, ist bis heute ungeklärt. (Hupe) Bronze. - H. 10,5 cm. Inv. 1992,4. *Literatur:* Jahresbericht 1992. Trie-

22g-i) Bronzestatuetten des Merkur

rer Zeitschrift 57, 1994, 483. Zum Typus: A. Kaufmann-Heinimann, Die römischen Bronzen der Schweiz I. Augst (Mainz 1977) 29; 34 f. Nr. 27-29 Taf. 17-20 (Typus III). - A. Leibundgut, Die römischen Bronzen der Schweiz III. Westschweiz, Bern und Wallis (Mainz 1980) 24-26 Nr. 14 Taf. 20-21 (S. 26 Anm. 1 Liste mit weiteren Beispielen).

22g) Bronzestatuette des Merkur FO unbekannt. Der stehende Gott ist nackt, mit Flügeln im Haar dargestellt. Beide Füße und beide Hände fehlen. Nach der Aussage zahlreicher Parallelen lassen sich die von den Händen gehaltenen Attribute aber ergänzen: In der gesenkten Linken hielt Merkur seinen Heroldstab; auf der Rechten lag der Geldbeutel. Zu diesem hin wendet sich der Kopf. (Faust) Bronze. - H. 6,2 cm. Inv. G O 23. *Literatur:* Menzel, Bronzen Trier 19 Nr. 36 Taf. 18.

22h) Bronzestatuette des Merkur FO unbekannt. Bis auf den ehemals von der linken Hand gehaltenen Caduceus blieb diese Statuette komplett erhalten. Merkur steht mit leicht zurückgelehntem Oberkörper und gesenktem Kopf.

Er trägt einen auf der linken Schulter mit einem Bausch aufliegenden, im Rücken hinabfallenden und von innen über den angewinkelten linken Unterarm geschlungenen Mantel. Im über Stirn und Schläfen lockigen Haar sitzen Kopfflügel. Die rechte Hand hält den Geldbeutel. (Faust) Bronze. - H. 7,9 cm. Inv. G O 30. *Literatur:* Menzel, Bronzen Trier 21 f. Nr. 43 Taf. 20.

22i) Bronzestatuette des Merkur FO unbekannt. Bei dieser Statuette wurde auch der in der Regel einzeln gefertigte Caduceus mitgegossen. Das Stück blieb vollständig erhalten. Der Gott zeigt die gleiche Manteldrapierung wie die gerade beschriebene Bronzestatuette (h): In der Rechten trägt er den Geldbeutel, in der Linken den wenig akzentuiert wiedergegebenen Heroldstab. Den Kopf bedeckt der Flügelhut. (Faust) Bronze. - H. 7,3 cm. Inv. G O 28. *Literatur:* Menzel, Bronzen Trier 20 f. Nr. 39 Taf. 20.

22j) Bronzestatuette des Merkur

22k) Bronzebüste des Merkur

22 l) Caduceus aus Bronze

22j) Bronzestatuette des Merkur FO unbekannt. Dieser Bronzestatuette fehlen der rechte Unterarm und der linke Fuß mit einem Teil des Unterschenkels. Auf die Angabe von Details wurde wegen der geringen Größe nur wenig Wert gelegt. Die Deutung als Merkur erlauben die Flügel im Haar und der von der waagerecht gehaltenen linken Hand getragene Geldbeutel. Bekleidet ist der Gott mit einem auf der rechten Schulter geschlossenen Mantel, der schräg über Brust und Rücken zur Beuge des linken Armes verläuft. Das von innen über den Arm geschlungene Mantelende fällt bis in Kniehöhe herab. (Faust) Bronze. - H. 4,6 cm. Inv. G O 35. *Literatur:* Menzel, Bronzen Trier 21 Nr. 41 Taf. 20.

22k) Bronzebüste des Merkur FO Schönecken (heute Schönecken-Wetteldorf, Kreis Bitburg-Prüm), Kirchberg, 1842. Zur Befestigung an einem anderen Gegenstand war eine kleine Büste des Merkur bestimmt. Die kleine Brustpartie wird von einem Manteltuch umgeben, das mit einer runden Fibel auf der rechten Schulter gehalten wird. Auf dem jugendlichen Kopf mit Kurzhaarfrisur sitzt der flache, weiche Flügelhut. (Faust) Bronze. - H. 4,9 cm. Inv. 1900,210. *Literatur:* Wellenstein, Bonner Jahrbücher 14, 1849, 173 f. Nr. 24. - Menzel, Bronzen Trier 76 Nr. 183 d Taf. 104.

22l) Caduceus aus Bronze FO Trier, Kaiserstraße, 1903. Das einzeln gefertigte Attribut einer größeren Statuette des Merkur blieb uns erhalten: Aus dünnem Bronzedraht wurde die typische Achtform des Caduceus, des Heroldstabes des Gottes, gebogen. Beide Teile sind in der Mitte in einem Kreuzknoten verschlungen. Aus den verdickten Enden formte man die Schlangenköpfe. Um den heute fehlenden Stab des Caduceus waren die beiden Drähte spiralförmig gewickelt. (Faust) Bronze. - H. 6 cm. Inv. ST 6435 b. Unpubliziert.

22m) Sechseckiger Statuettensockel mit Inschrift

FO Temmels (Kreis Trier-Saarburg), Nitteler Berg, 1888. Ende des 3. Jahrhunderts n. Chr. Der sechseckige Sockel wird unten und oben von einem kräftigen Profil abgeschlossen. Eine glatte Partie, gleichfalls sechseckig, überragt das obere Profil. Zwischen den beiden Profilen wurde über einer punktierten Inschrift, von der einige Buchstaben schwach zu erkennen sind, eine sechszeilige Inschrift roh eingraviert. Sie erstreckt sich über zwei nebeneinanderliegende Seiten:

22m) Sechseckiger Statuettensockel mit Inschrift

> I(n) H(onorem) D(omus) D(ivinae)/SIGNVM MERCV/RI TETRICIA/NIVS SEROTIN/VS ERA-TRIBVS/D(onum) D(edit).

"Zu Ehren des göttlichen Kaiserhauses. Das Bildnis des Merkur gab Tetricianius Serotinus mit den Brüdern als Geschenk".

Durch die Inschrift erfahren wir also, daß das heute oben offene Postament eine Statuette des Gottes Merkur trug. (Faust) Bronze, verzinnt. - H. 8,8 cm. Inv. 17135. *Literatur:* F. Hettner, Westdeutsches Korrespondenzblatt 1889, 113 ff. - CIL XIII 1,2 Nr. 4211. - A. Riese, Das rheinische Germanien in den antiken Inschriften (Leipzig-Berlin 1914) 338 Nr. 3272. - Kyll, Weihe- und Votivgaben 39.

22n) Bronzestatuette eines Ebers

FO Trier, Mutterhaus, 1992. Kopie, Original in Privatbesitz. Auf einem mitgegossenen Sockel sitzt ein Eber mit durchgedrückten Vorderbeinen und aufgerichtetem Oberkörper. Über den ganzen Rücken zieht sich ein Kamm, dessen Borsten ebenso durch eingeritzte Linien angegeben sind wie das Fell auf Leib, Beinen und Kopf des Tieres. Der Eber gehört zu den Begleittieren des Merkur. Einer Statuette des Gottes wird auch dieses Exemplar beigestellt gewesen sein. (Faust) Original Bronze. - H. mit Sockel: 6,3 cm. Inv. 1992,26 (Kopie). *Literatur:* S. Faust, Trierer Zeitschrift 57, 1994, 304 f. Nr. 30.

22o) Terrakottastatuette des stehenden Merkur

FO Pelm, Stadt Gerolstein (Kreis Daun), Heiligtum "Judenkirchhof", 1928. Beine und Bauchpartie fehlen der Terrakotte des nackten stehenden Merkur aus dem Tempelbezirk von Pelm bei Gerolstein.

22n) Bronzestatuette eines Ebers

22o) Terrakottastatuette des stehenden Merkur   22p) Terrakottastatuette des thronenden Merkur   22q) Terrakottastatuette des thronenden Merkur

Vom recht großen Caduceus, den die verlorene linke Hand stützte, blieb die obere Partie mit den beiden um einen zentralen Stab geschlungenen Schlangen erhalten. Durch die Glättung des Tones an Ober- und Hinterkopf ist der Petasus angegeben. (Faust) Weißer Ton. - H. noch 12,7 cm. EV 1928,361 FNr. 5. *Literatur:* Trierer Zeitschrift 4, 1929, 175 Abb. 1.

22p) Terrakottastatuette des thronenden Merkur FO unbekannt. Auch Merkur kann aus Ton auf einem Thron mit steiler Rückenlehne sitzend wiedergegeben werden, wie bei einem leider kopflosen Exemplar aus der Sammlung der Gesellschaft für nützliche Forschungen. Die Drapierung des beide Beine bedeckenden Mantels entspricht genau der der kleineren Jupiter-Terrakotte aus Leudersdorf (Kat. 3 h); zwischen beiden Statuetten besteht also ein Werkstattzusammenhang. Von der rechten Schulter des Merkur aus liegt ein Mantelteil schräg über der Brust.

Seinen weiteren Verlauf verdeckt der dicht an der Körperseite dargestellte, von der linken Hand gehaltene Caduceus. Neben dem linken Bein des Gottes, direkt unter dem Schlangenstab, hockt ein Ziegenbock. Nur Kopf, Brust und Vorderläufe dieses für Merkur typischen Begleittieres sind dargestellt. Die rechte Hand hält den auf dem Knie liegenden Geldbeutel. (Faust) Gelblich-weißer Ton. - H. 13,1 cm. Inv. G F 501. Unpubliziert.

22q) Terrakottastatuette des thronenden Merkur FO Trier, St. Matthias, Einzelfund, 1905. Eine nur im Sockelbereich leicht beschädigte flaue Terrakotte aus Trier zeigt Merkur mit leicht zurückgelehntem Oberkörper auf einem Felsen sitzend. Sein rechtes Bein ist dabei etwas weiter vorgestellt als das linke. Der Merkurstab, von der linken Hand gehalten, liegt dicht an der Körperseite. In der auf dem rechten Oberschenkel liegenden rechten Hand hält der Gott seinen hier kaum kenntlichen Geldbeutel. Bekleidet ist Merkur mit einem Schrägmantel und einem Flügelhut. Rotbrauner Ton. - H. 8,4 cm. Inv. 1905,642. Unpubliziert.

22r) Terrakottastatuette des stehenden Merkur FO Dhronecken (Kreis Bernkastel-Wittlich), Tempelbezirk, 1899. Nur die Beine und das Gesäß blieben von einer Terrakotte aus dem Heiligtum von Dhronecken erhalten. Füße und Sockel sind ergänzt. Die Identifizierung als Merkur wird trotz des beschriebenen fragmentarischen Erhaltungszustandes dadurch möglich, daß neben dem linken Bein der Caduceus senkrecht stehend wiedergegeben ist. Die linke Hand des Gottes hält ihn fest. (Faust) Rotbrauner Ton. - H. 13,3 cm. Inv. 1899,1023. *Literatur:* Hettner, Drei Tempelbezirke 60 Nr. 35 Taf. VIII 14.

22r) Terrakottastatuette des stehenden Merkur

22s) Tonform mit Darstellung des thronenden Merkur FO Trier, Pacelliufer (römische Töpferei), 1933; aus der Schuttschicht des Kellers neben dem Wohnhaus. 1. Hälfte des 4. Jahrhunderts n. Chr. Die Darstellung auf dem Abdruck einer sog. Kuchenform gehört zu den späten Zeugnissen heidnischer Götterverehrung im römischen Trier: In einer Ädikula, deren Giebel mit einer Girlande geschmückt ist, sitzt Merkur auf einem Thron mit auffallend reich verzierter Lehne. Der Gott ist an seinen typischen römischen Attributen - Geldbeutel, Heroldstab, Flügelkappe und geflügelte Sandalen - kenntlich. Zu seinen Füßen erscheinen heilige Tiere des Gottes, Ziegenbock und Hahn. Zwei am Boden sitzende Figuren, eine weibliche zur Rechten des Merkur und eine weitere, wahrscheinlich männliche zu seiner Linken, haben mit einer Geste des Erstaunens bzw. der Ehrfurcht ihren Blick dem Gott zugewandt. Bei ihnen handelt es sich möglicherweise um Tellus und Oceanus, die Personifikationen von Erde und Meer. Trifft diese Deutung zu, so stehen sie für die Welt, über die Merkur als Patron von Handel und Gewerbe schützend seine Hände gebreitet hat. Darstellungen des sitzenden Merkur sind insgesamt seltener belegt als solche des stehenden. Hier trägt der Gott einen um die Hüfte geschlungenen Mantel, der beide Beine frei läßt. Ein ganz ähnliches Mantelschema zeigt auch eine rund 1,80 m hohe Merkurstatue aus Dampierre (Arrondissement Langres, Département Haute-Marne) im Museum von Saint-Ger-

22s) Tonform mit Darstellung des thronenden Merkur

main-en-Laye (Espérandieu IV Nr. 3340), so daß ein berühmtes Vorbild zugrunde liegen dürfte. Allgemein wird angenommen, daß das Schema ursprünglich für Statuen des Göttervaters Jupiter konzipiert worden war, bevor es dann auf andere männliche Gottheiten - wie im vorliegenden Fall auf Merkur übertragen wurde. (Hupe) Rotbrauner Ton (Original), Ausformung in Gips. - Dm. 14,5 cm. Inv. ST 14723 (FNr. 370). *Literatur:* Trierer Zeitschrift 9, 1934, 168 Taf. 19,5. - Zur Fundlage siehe Trierer Zeitschrift 56, 1993, 239 (Fundstelle 8).

Die tönernen Formen mit den Darstellungen von Merkur (Kat. 22 s), Mithras (Kat. 42 c) und den Planetenkrater (Kat. 42 d) barg man 1933 bei Grabungen im Töpfereiviertel Trier-Süd als Einfüllmaterial in einem römischen Keller zusammen mit Formen von Schalen, runden und rechteckigen Platten, Terrakotten, Steckkalendern (Kat. 54a), Lampen und Kopfgefäßen und einigen ausgeformten Stücken. Weitere Bruchstücke grub man auch in der nahen Umgebung aus. Die große Zahl der mitgefundenen Münzen legt nahe, daß der Keller wohl im Zuge der Niederlegung eines Teiles des Töpfereiviertels 353 n. Chr. während der kriegerischen Auseinandersetzungen zwischen Decentius und Poemius zugeschüttet worden ist; denn dieses Gebiet, das unmittelbar vor der Stadtmauer und im Schußfeld lag, behinderte militärische Aktionen.

Die Formen sind folglich vor der Mitte des 4. Jahrhunderts benutzt worden. Eine Bestätigung geben uns Terrakotten, die in zeitgleichen Gräbern gefunden worden sind, und Lampen aus Siedlungsschichten der 1. Hälfte des 4. Jahrhunderts. Hinzu kommt, daß die Form der Tonschalen vollkommen jenen gläsernen Schalen - Kugelabschnittschalen genannt (vgl. hier Kat. 63 a) - entspricht, die gerade im 4. Jahrhundert so beliebt sind. Während die meisten Töpferwerkstätten anderer Gebiete schon ab dem ausgehenden 3. Jahrhundert n.

Chr. die Herstellung von Terrakotten aufgaben, setzten die Töpfer in Trier die Produktion weiter fort. Sie erweiterten sogar diese Gattung, indem sie Tonmedaillons, Tonschalen und Steckkalender, Kopfgefäße und Lampen serienmäßig zum Verkauf anboten.

Die reichhaltige Produktion dieser verschiedenen Tonwaren wird hauptsächlich zwei Töpfern verdankt, die ihre Formen mit SERI und OBTATVS signierten. Sie schöpften ihre Motive aus der heidnischen Vorstellungswelt und wandten sich somit an eine heidnische Käuferschaft.

Aus ihren zweiteiligen Formen konnten sie Göttinnen (Venus), groteske phallische Figuren, Phalli in allen Größen, Menschenvögel im Kapuzenmantel, Tiere aller Art (Löwen, Wildschweine, Bär, Hirsch, Vögel, Delphine und Pegasus), erotische Darstellungen und Lampen ausformen. Auch viele der unsignierten Formen können wir den beiden Töpfern oder ihren Mitarbeitern zuschreiben, zu denen die Formplatten und Formschalen mit mythologischen Szenen (Sage des Narcissus und des Orpheus: Schindler, Führer Abb. 225) und Götterdarstellungen (Kat. 22 s; 42 c und Göttin mit Mauerkrone und Widder) und die Kopfgefäße zählen. Tonkonsolen mit dem ziegengestaltigen Panskopf verziert gingen ebenfalls aus dieser Werkstatt hervor.

Es hat den Anschein, daß Serus bereits zu Beginn des 4. Jahrhunderts tätig war. Die um die Jahrhundertmitte gewaltsam erzwungene Aufgabe der Werkstätten kam dann einer allgemeinen Geschäftsaufgabe gleich. Denn in der 2. Hälfte des 4. Jahrhunderts sind bisher keine weiteren Töpferwaren bekannt geworden, die von Serus und Obtatus gekennzeichnet sind, oder die sich ihnen zuschreiben lassen. (Goethert)
Literatur: Trierer Zeitschrift 9, 1934, 165-172 Taf. 15-22; 11, 1936, 222-228 Taf. 11. - W. Binsfeld, Trierer Zeitschrift 36, 1973, 131. - K.-J. Gilles, Trierer Zeitschrift 52, 1989, 380 . - K. Goethert, Trierer Zeitschrift 54, 1991, 198. - K. Goethert, Trierer Zeitschrift 56, 1993, 149; 238-243 (zur Fundlage).

23. Gott der heilenden Quellen:

Apollo Grannus Die Kelten beteten einen Heilgott an, den - wie Caesar uns berichtet (de bello gallico VI 17; *Apollinem morbos depellere... Apollo soll Krankheiten vertreiben*) - die Römer und später die romanisierten Einheimischen mit Apollo gleichsetzen. Diese Identifizierung des Grannus mit dem römischen Gott konnte man leicht vollziehen, da Apollo in Italien die Reinigung von Seuchen durch reines Wasser unterstand. Sein erster Tempel wurde ihm 431 v. Chr. in Rom zum Dank für die Errettung aus einer Seuchengefahr geweiht. Den Gott bezeichnete man folglich auch als Apollo Medicus.

Die Weihinschriften an Apollo Grannus wurden überwiegend an Quellen und Heilbädern aufgestellt. Das Hauptverbreitungsgebiet liegt im östlichen Frankreich, Moselraum und in Südwestdeutschland (Mittel- und Oberrhein und Donaugebiet). Vereinzelte Weihungen findet man in Rom und auf dem Balkan. Neben etlichen hochgestellten römischen Beamten wandte sich sogar Kaiser Caracalla, der 213 n. Chr. schwer erkrankte, um Heilung flehend an Apollo Grannus.

Die Kelten verehrten ihn zusammen mit Sirona (Kat. 24), der sie offensichtlich ebenso heilende Kräfte zuschrieben.

Literatur: G. Weisgerber, Hochscheid 106-110. - LIMC II 1 458-459 (G. Bauchhenß). - G. Weber, Zur Verehrung des Apollo Grannus in Faimingen, zu Phoebiana und Caracalla. Faimingen-Phoebiana I. Limesforschungen 24, 1993, 122-136.

Aus dem Trierer Gebiet sind acht Inschriften bekannt, die dem Apollo gewidmet sind. Auf zwei Votivplatten aus Trier trägt er den Zusatz Grannus. Daß aber auch die übrigen aus dem Trierer Land stammenden Weihinschriften den einheimischen Gott meinen, geht aus den Fundorten hervor; kamen sie doch in Quellheiligtümern oder in der Nähe von Quellen zutage.

Apollo Grannus finden wir im Trierer Raum meistens auf Reliefs dargestellt. Rundplastisch ist er uns nur einmal, nämlich in Hochscheid, überliefert. Die Figuren lehnen sich an

Vorbilder des klassisch griechisch-römischen Apollo an. So erscheint er in jugendlicher Nacktheit mit seinen charakteristischen Attributen, dem Greif und der Kithara, die ihn als Gott des Gesanges kennzeichnen. Auf einem Relief - bei Bitburg gefunden - stehen ihm zur Seite noch der Dreifuß und der Omphalus, Attribute, die dem Orakelgott beigegeben werden. Nur einmal ist er auf einem Relief aus dem Tempelbezirk des Trierer Altbachtales - dort trägt der Gott den Köcher mit den Pfeilen des strafenden Gottes - deutlich als der einheimische Apollo Grannus gekennzeichnet, indem er einen Krug, aus dem Wasser fließt, und einen Lorbeerzweig hält.

23a) Figur des Apollo Grannus FO Hochscheid (Kreis Bernkastel-Wittlich), Quellheiligtum auf "Heiliggeist", in der Tempelcella (Gebäude I), 1939. Ende 2. Jahrhundert n. Chr. Die unterlebensgroße Figur fand in der Tempelcella nahe den Kultbildern des Apollo Grannus und der Sirona Aufstellung. Sie wurde ebenso wie der Altar, als auch die beiden Sockel mit Weihinschriften an die Gottheiten Apollo und Sirona (Kat. 24), von einem dankbaren Pilger, der offenbar nach einer Badekur im Heiligtum Heilung gefunden hat, der Gottheit gewidmet.

In welcher Funktion Apollo hier verehrt wurde, gibt uns nur die Örtlichkeit zu erkennen, jedoch nicht die Darstellungsweise der Figur. Lehnte sich doch der Bildhauer in der Wiedergabe der Haltung und der Attribute an das klassisch griechisch-römische Repertoire der Apollofiguren an, ohne allerdings eine bestimmte Statue zu kopieren. Nacktheit, Frisur und die Attribute, Greif und Kithara, entsprechen vollkommen dem Musengott Apollo. Die lässige Haltung der gekreuzten Beine und der auf den Kopf gelegten Hand zeigen nur Anklänge an bekannte Apollostatuen, geben hier aber lediglich einen allgemeinen

23a) Figur des Apollo Grannus

Ruhegestus wieder. (Goethert) Gelblicher Sandstein. - H. mit Plinthe: 1,36 m. Inv. 1939,150. *Literatur:* G. Weisgerber, Hochscheid 58 f.; 62 f.; 80 (zur Fundlage); 148 Taf. 53,1-2; 54; 55. - Schindler, Führer Abb. 92. - Römer an Mosel u. Saar 140-142 Nr. 68 a. - LIMC II 459 Nr. 601. II 2 S. 353. - Kat. Stein denkmäler Trier 8 f. Nr. 13 Taf. 4.

23b) Fragmentarisches Hochrelief des Apollo

FO Hochscheid (Kreis Bernkastel-Wittlich), Quellheiligtum auf "Heiliggeist", verstreut in der Tempelcella (Gebäude I), 1939. 2. Hälfte des 2. Jahrhunderts n. Chr. Hinter dem Eingang der Cella lagen die Bruchstücke einer lebensgroßen Figur, die vom Reliefgrund losgeschlagen worden ist. Vorhanden waren nur noch Teile der Beine, der Arme, ein linkes Schulterstück und die Attribute des Gottes; die Rechte umfaßt einen Lorbeerkranz, die Linke eine Leier. Neben dem Gott sitzt der Greif. Die Figur war wie die Sirona (Kat. 24 a) hochplastisch an einen Reliefgrund angelehnt und als Pendant zu ihr gearbeitet. Wir haben sicherlich in diesen beiden Skulpturen die Kultbilder zu erkennen. Gelblicher Sandstein. - Größte H. ca. 1,70/1,80 m. Inv. 1939,151. *Literatur:* Weisgerber, Das Pilgerheiligtum des Apollo und der Sirona von Hochscheid im Hunsrück (Bonn 1975) 57 f.; 63; 147 Taf. 48-49. - Römer an Mosel u. Saar 140-142 Nr. 68 a. - Kat. Steindenkmäler Trier 7 f. Nr. 12 Taf. 4.

23c) Weihrelief des Apollo

FO Trier, Tempelbezirk des Altbachtales, Plattenstraße R, 1925. 2. Jahrhundert n. Chr. Der unbekleidete Gott steht lässig, im Ruhegestus mit gekreuzten Beinen in einer Nische, indem er sich an einen Dreifuß, auf dem der Kessel steht, lehnt, ein Attribut, das dem Orakelgott beigegeben wird. Ein Mantel, der über die Brustpartie drapiert ist, hängt im Rücken herab. Das Band des Köchers - dieser hebt sich am Reliefgrund ab - überquert den Oberkörper. Die Haarlocken schlängeln sich über beide Schultern auf die Brustpartie. Die Linke hält einen Lorbeerzweig, die Rechte umfaßt einen nachlässig abwärts gerichteten Krug, aus dem Wasser fließt.

Apollo ist hier durch den Wasserkrug als der einheimische Heilgott Grannus gekennzeichnet, eine Darstellungsweise,

Zwei Religionen treffen aufeinander
Die gallo-römische Götterwelt
167

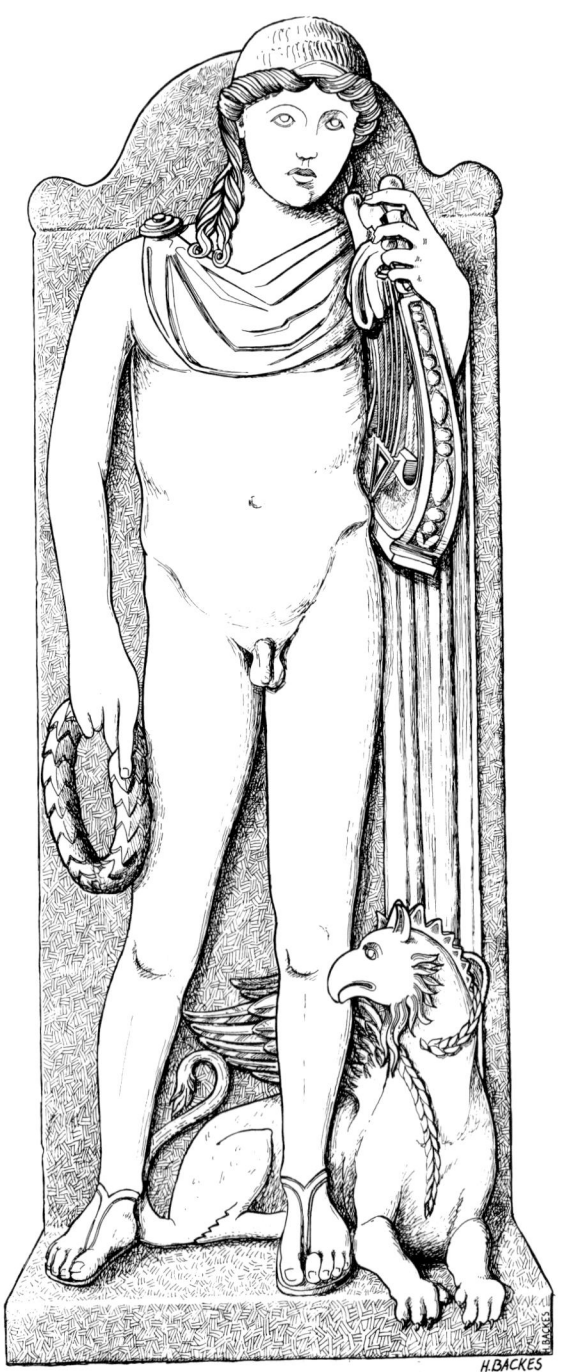

23c) Weihrelief des Apollo

23d) Relief des Apollo

23e)Weihrelief des Apollo und der Sirona

die die Bildhauer allerdings selten gewählt haben (vgl. Relieffiguren in Arlon und Dijon). (Goethert) Kalkstein. - H. 0,74 m. Inv. ST 10021. *Literatur:* Schindler, Führer Abb. 92. - LIMC II 1, 463 Nr. 618; II 2, 553 Nr. 618. - Kat. Steindenkmäler Trier 6 Nr. 9 Taf. 3.

23d) Relief des Apollo FO Möhn, Gemeinde Welschbillig (Kreis Trier-Saarburg). Wohl 2. Jahrhundert n. Chr. Der nackte Gott ist, etwas steifbeinig stehend, zum Betrachter hin ausgerichtet. Auf einem niedrigen Altar zu seiner Rechten steht eine Leier, auf die er die Hand mit dem Plektron legt. An sein linkes Bein schmiegt sich ein nach rechts ausgerichteter Greif, der zum Gott zurückblickt. Das Relief war sicherlich im Heiligtum bei Möhn, in dessen Bereich es gefunden worden ist, aufgestellt. Eine in der Nähe festgestellte Quelle legt die Vermutung nahe, daß Apollo hier als der einheimische Gott Grannus verehrt worden ist. Die klassische Darstellungsart, die der Bildhauer gewählt hat, gibt uns aller-

dings keinen Hinweis auf diese Deutung. (Goethert) Kalkstein. - Größte H. 0,405 m. Inv. 1937,399. *Literatur:* LIMC II 1, 452 Nr. 549; II 2 S. 347. - Kat. Steindenkmäler Trier 7 Nr. 11 Taf. 3.

23e)Weihrelief des Apollo und der Sirona FO Niedaltdorf (Kreis Saarlouis), im Tempelbezirk, 1903. 2./3. Jahrhundert n. Chr. Lässig ausruhend lehnt sich der nackte Gott gegen seine Leier, die auf einem bis zu seiner Hüfte reichenden Pfeiler steht. Links neben ihm sind am Reliefgrund noch die Umrisse des Greifen sichtbar. An seiner Seite sehen wir eine langgewandte Frauengestalt, die als die Göttin Sirona anzusprechen ist, denn nur sie wurde mit Apollo Grannus zusammen verehrt. Im Quellheiligtum von Niedaltdorf sind mehrere Inschriften gefunden worden, die dem Gott Apollo und auch der Sirona geweiht worden sind. (Goethert) Weißer Sandstein. - Größte H. 0,345 m. Inv. 1903,639. *Literatur:* Kat. Steindenkmäler Trier 10 f. Nr. 15 Taf. 5. - A. Miron (Hrsg.), Das gallorömische Quellheiligtum von Ihn (Kreis Saarlouis). Bericht der Staatlichen Denkmalpflege im Saarland. Abteilung Bodendenkmalpflege, Beih. 2 (Saarbrücken 1994) 86 Nr. 16 Taf. 98 (H. Merten).

23b) Fragmentarisches Hochrelief des Apollo

23f) Doppelseitiges Votivrelief mit Darstellung des Apollo und der Sirona FO südöstlich von Bitburg (Kreis Bitburg-Prüm), an einer Quelle, 1824. Wohl 2. Hälfte des 2. Jahrhunderts n. Chr. Auf der oberen Rahmenleiste ist ein Teil der Weihinschrift erhalten: In h(onorem) d(omu)s d(ivinae) Apolli[ni Granno]/ et Siro[na]: Zu Ehren des göttlichen Kaiserhauses dem Apollo Granus und der Sirona geweiht.

Der nackte Körper des Apollo ist in gefälliger Weise von dem an der linken Körperpartie in S-förmigem Bogen herabgleitenden Mantelsaum gerahmt. Hinter ihm steht der Greif, zu seiner Linken ein Dreifuß mit Omphalus, auf den der Gott die Leier stützt. Seine langgewandete Kultgenossin Sirona neben ihm hält einen Zweig in der Linken.

Bei diesem Relief hat der Bildhauer für die Wiedergabe des einheimischen Gottes ein klassisches Vorbild gewählt, das uns auch in großplastischen Beispielen überliefert ist (Typus Kyrene). Da diese Darstellung ebenso auf anderen gallischen Reliefs vorkommt, wird er wohl nach einem Musterbuch gearbeitet haben.

Die Formel *in honorem domus divinae*, die erstmals auf datierten Inschriften 135 n. Chr. vorkommt, gibt uns einen Hinweis für die zeitliche Einordnung des Weihreliefs. (Goethert) Grauer Sandstein. - H. ca. 0,70 m. Inv. G 37 und 100. *Literatur:* LIMC II 458 Nr. 596; II 2 S. 352. - Kat. Steindenkmäler Trier 11 Nr. 16 Taf. 5.

23g) Bronzestatuette des Apollo FO Ruwer-Eitelsbach, Stadt Trier. Wohl 2. Jahrhundert n. Chr. Trotz des fehlenden Attributes in der Hand des gewinkelt vorgestreckten rechten Armes und des verlorenen Objektes, auf das sich die Linke stützte, gibt sich die jugendliche nackte Gestalt durch Körperhaltung, Frisur und Kranz im Haar als Apollo, den griechisch-römischen Lichtgott und Musenführer, aber auch als Heilgott zu erkennen.

Apollo steht ruhig, mit rechtem Standbein und linkem, leicht vorgebeugtem Spielbein. Seine rechte Hüfte schwingt stark aus. Oberhalb des Knöchels ist der rechte Fuß gebrochen,

23f) Doppelseitiges Votivrelief mit Darstellung des Apollo und der Sirona

23g) Bronzestatuette des Apollo

aber vorhanden. Hingegen fehlt der etwa in gleicher Höhe gebrochene linke. Die rechte Hand faßte einen größeren, senkrecht gehaltenen Gegenstand, vielleicht Pfeil und Bogen. Die Bronzetatuette ist in ungewöhnlicher Technik mit einer heute z. T. schwarz angelaufenen Silberfolie belegt, deren Nähte zu erkennen sind. Durch diese Auflage erscheinen die Körperformen verschwommen und konturlos. Daß dies nicht den ursprünglichen Zustand darstellt, zeigt sich besonders deutlich an Gesicht und Haar: Dort, wo die Silberfolie heute fehlt, zeichnen sich sorgfältig ausgeführte Details ab, die an den noch bedeckten Partien fast unkenntlich sind. Auch an der ausgewogenen Komposition und Körperhaltung zeigt sich die gute Qualität dieser Statuette. Der Besitzer - sicher kein großer Kunstkenner - wollte durch die Umhüllung mit einem wertvollen Material den Wert der Statuette für die Gottheit steigern. (Faust) Bronze. - H. 26 cm. Inv. G 0 1. *Literatur:* Philanthrop 1842 Nr. 2. - L. Lersch, Apollon, der Heilsspender. Festprogramm zu Winckelmann's Geburtstage am 9. Dezember 1847 (1848). - H. Blümner, Technologie und Terminologie der Gewerbe und Künste bei Griechen und Römern 4 (Leipzig 1887) 319. - Hettner, Ill. Führer 86. - J. Steinhausen, Ortskunde Trier-Mettendorf (Bonn 1932) 276. - Menzel, Bronzen Trier 5 f. Nr. 10 Taf. 4 und 5. - Schindler, Führer 78 Abb. 235.

24. Heilkräftige Gefährtin des Grannus: Sirona Die Göttin wurde nach Ausweis der bisher gefundenen Weihinschriften hauptsächlich im östlichen Frankreich, Moselraum und im Oberrheingebiet (südliche Gallia Belgica und nördliche Germania Superior) verehrt. Über Gallien verstreut finden sich weitere Belege; vereinzelte Weihungen sind von Süddeutschland bis zum Balkan (Rätien, Pannonien und Dakien) bekannt. Die Mehrzahl der Weihungen nennt sie zusammen mit Apollo oder Apollo Grannus. Nicht ganz ein Dutzend Inschriften sind ihr als dea Sirona oder Sirona gewidmet. Etwas mehr als ein halbes Dutzend Inschriften lassen sich mit Darstellungen der Göttin verbinden. Sie zeigen sie in ein langes Gewand und in einen Mantel gehüllt. In der Hand hält sie verschiedene Attribute: einen Zweig - so auf dem Votivrelief an Apollo Grannus und Sirona aus Bitburg (Kat. 23 f) - oder Ähren und Früchte. Um das rechte Handgelenk kann sich eine Schlange winden. Das Attribut der Schlange, das den Heilgöttern Äskulapius und Hygia/Salus eigen ist, weist Sirona somit ebenfalls eindeutig als Heilgöttin aus. Es verwundert daher nicht, daß ihre Weihungen überwiegend an Heilquellen und in Heilbädern vorkommen. *Literatur:* G. Weisgerber, Hochscheid 102-106. - A. Miron (Hrsg.), Das gallorömische Quellheiligtum von Ihn (Kreis Saarlouis). Bericht der Staatlichen Denkmalpflege im Saarland. Abteilung Bodendenkmalpflege, Beih. 2 (Saarbrücken 1994) 116-120 (H. Merten). - LIMC VII 1, 779-781 (Arpád M. Nagy).

Aus dem Trierer Gebiet stammen nur zwei sichere Denkmäler der Sirona, aus Hochscheid und aus Trier.

24a) Hochrelief der Sirona FO Hochscheid (Kreis Bernkastel-Wittlich), Quellheiligtum auf "Heiliggeist", in der Tempelcella (Gebäude I), 1939. 2. Hälfte des 2. Jahrhunderts n. Chr. Die Figur ist einem Reliefgrund verhaftet, der im oberen Teil einen altarähnlichen Abschluß zeigt. Sie trägt einen gegürteten Chiton mit Überschlag und hat den Mantel über die linke Schulter gelegt und um die Hüften geschlungen. Ein Diadem ist in das füllige Haar gesteckt. Behutsam führt sie den Kopf der Schlange an drei Eier heran, die auf einem Gefäß in ihrer Linken liegen.

Die Benennung der Göttin ist durch den mitgefundenen kleinen Altar gesichert, der dem im Tempel verehrten Götterpaar, Apollo und Sirona, geweiht ist. Als Heilgöttin ist sie durch das Attribut der Schlange gekennzeichnet.

Das als Kultbild anzusprechende Relief wurde in der Tempelcella in vier Teile zerschlagen ausgegraben. Der Kopf war in die Quellfassung, die sich in der Mitte des Tempels befand, gestürzt. Gelblicher Sandstein. - Größte H. 1,25 m. Inv. 1939,149. *Literatur:* Weisgerber, Hochscheid 56 f.; 59 ff.; 80 (zur Fundlage); 148 Taf. 51; 52,3; 53,3-4. - Schindler, Führer Abb. 92. - Römer an Mosel u. Saar 142 Nr. 68 b. - Kat. Steindenkmäler Trier 154 f. Nr. 317 Taf. 76. - Heinen, Trier 188 Abb. 67. - LIMC VII 1, 562 Nr. 1.

24a) Hochrelief der Sirona

ZweiReligionen treffen aufeinander-
Die gallo-römische Götterwelt
173

24b) Basis einer Sironastatue mit Weihinschrift

24b) Basis einer Sironastatue mit Weihinschrift FO unbekannt; im 19. Jahrhundert in die Sammlung der Gesellschaft für nützliche Forschungen, Trier, gelangt. Die Inschrift: *Dae Dirona(e) /L. Lucanius Censor[i] /nus[s] sigillum d(ono) dedit)* teilt uns mit, daß Lucius Lucanius Censorinus der Göttin Dirona das Bildnis (*sigillum*) schenkte.

Es läßt sich aufgrund von oberflächlichen Beschädigungen nicht mehr genau feststellen, ob das D des Wortes Dirona mit einem Querstrich durchgestrichen war - wie sonst üblich - oder nicht. Das durchgestrichene S oder D ihres Namens wurde sicherlich so ausgesprochen wie das englische th.

Die Reste auf der Basisoberseite geben zu erkennen, daß die Göttin in ein langes Gewand gekleidet war und das linke Bein leicht zur Seite gesetzt hatte. Rechts von der Göttin sind Spuren zu erkennen, die auf ein Attribut oder eine Stütze bezogen werden müssen. (Goethert) Grauer Sandstein. - Größte H. 0,20 m, L. 0,50-0,64 m. Inv. G 37

Literatur: Hettner, Steindenkmäler 38 Nr. 49. - Kat. Steindenkmäler Trier 156 f. Nr. 320 Taf. 76. - A. Miron (Hrsg.), Das gallorömische Quellheiligtum von Ihn (Kreis Saarlouis) Bericht der Staatlichen Denkmalpflege im Saarland. Abteilung Bodendenkmalpflege, Beih. 2 (Saarbrücken 1994) 118 Nr. 7 (H. Merten). - LIMC VII 1, 780 Nr. 10.

25. Schutz für Pferde, Stall und Fuhrwerk: Epona, die keltische Schutzgöttin der Ställe, der Pferde, Maultiere, Esel und wohl auch der Fuhrleute, hatte keine römische Entsprechung und hielt daher selbst Einzug in die römische Götterwelt. In unserer Region wird Epona meist in Relief auf einem im Paßgang nach rechts schreitenden Pferd eher thronend als reitend wiedergegeben. Sie trägt ein langes Gewand und kann einen Fruchtkorb halten. Die sonst weitverbreitete Darstellung der auf einem Thron sitzenden Epona, flankiert von zwei Pferden, ist im Trevererland selten (vgl. Kat. Steindenkmäler Trier Nr. 64). *Literatur:* . Euskirchen, Epona. Bericht der Römisch-Germanischen Kommission 74, 1993, 607-850.

25a) Relief der Epona

25 b) Terrakottastatuette der Epona

26 Terrakottastatuetten eines Reitern

25a) Relief der Epona FO Trier, Tempelbezirk Altbachtal, Epona-kapelle, 1929. 2. Jahrhundert n. Chr. Das schönste und besterhaltene Relief der gallischen Pferdegöttin im Rheinischen Landes-museum Trier wurde - zusammen mit zwei weiteren - 1928 im großen Trierer Tempelbezirk des Altbachtales bei einer klei-nen, ihr geweihten Kapelle gefunden.

Der Reliefgrund ist als kleine Ädikula mit oben spitzem Abschluß und einer innen rund abschließenden Nische gebildet. Auf einem langsam nach rechts schreitenden Pferd thront die Göttin mehr als daß sie im "Damensitz" reitet. Mit ihrer Rechten hält sie einen flachen Korb mit Früchten. Die linke Hand greift in den Zügel. Ohne Gürtung fällt ihr Gewand bis auf die Füße hinab und bedeckt die Arme bis zum Ellenbogen. Den Kopf umschließt das Haar wie eine Kappe. Kalkstein. - H. 0,41 m, B. 0,28 m. Inv. ST 13876. *Literatur:* Kat. Steindenkmäler Trier 40 Nr. 60 Taf. 16. - Römer an Mosel u. Saar 119 Nr. 47 a Abb. - M. Euskirchen, Epona. Bericht der Römisch-Germanischen Kommission 74, 1993, 722 f. Nr. 39 a.

25 b) Terrakottastatuette der Epona FO Neu-magen (Kreis Bernkastel-Wittlich). Kopie, Original in Privatbesitz, 1973. Bei einer Terrakotta in Privatbesitz wurde ein Eponabild-nis dadurch geschaffen, daß man auf den Rücken einer Pferdedarstellung eine kleine Muttergottheit mit Hund auf dem Schoß auf ihrem Thron mit hoher Rückenlehne setzte. Dies ist ein in den Terrakotta-werkstätten durchaus übliches Verfahren, neue Typen durch die Verbindung vorhandener Darstellungen zu schaffen. (Faust) Weißlicher Ton. - H. 15,2 cm. Inv. 1973,422. Unpubliziert.

26. Dem Gott der Krieger zu Pferde geweiht: Reiterterrakotten FO Dhronecken (Kreis Bernkastel-Wittlich), Tempelbezirk, 1899. Die bei-den Terrakotten zeigen in unterschiedlicher Erhaltung das-selbe Motiv. Sie stammen allerdings nicht aus einer Form. Auf einem ruhig stehenden Pferd sitzt mit gestreck-tem linkem Bein und waagerecht angezogenem rechtem Unterschenkel ein unbärtiger Reiter mit Schuppenpanzer, Helm, Rundschild in der Linken und langem Schwert an einem Gurt um den Bauch, ebenfalls an der linken Körperseite. Sein Kopf ist stark nach rechts, zur Schauseite hin, gewendet.

Die Negativform für das Pferd wurde, verbunden mit einer thronenden Muttergottheit, auch für die Herstellung einer Terrakottastatuette der Epona aus Neumagen verwendet (Kat. 25 b) und bezeugt die Typenklitterung in den Werkstätten.

Die Deutung dieser Reiterterrakotten muß von der Ausstattung des Reiters ausgehen. Demnach handelt es sich entweder um einen Krieger oder umd den Gott Mars selbst. Die Tapferkeit der Reiterei der Treverer rühmt schon Caesar (De bello gallico II 24; V 3). (Faust) Weißer Ton. · H. 17,5 cm. Inv. 1899,1005 . Weißer Ton. · H. jetzt 18 cm. Inv. 1899,1006. *Literatur:* Hettner, Drei Tempelbezirke 72 Nr. 186f Abb. XII 68f. · Schindler, Führer 39 Abb. 107. · Kyll, Weihe- und Votivgaben 54 Taf. 10 oben.

27. Dank für Kindersegen und reiche Ernte: Muttergöttinnen

Unter dem Sammelbegriff Muttergöttinnen versteht man im keltischen und germanischen Siedlungsgebiet des römischen Reiches vorkommende einheimische weibliche Gottheiten, die Mütterlichkeit und Fruchtbarkeit symbolisieren.

Überliefert sind uns ihre Bildnisse in Steindenkmälern und Terrakotten. Hinter beiden Materialgruppen steht derselbe religiöse Gedanke der Verehrung; allerdings waren die Terrakottastatuetten einfacher und volkstümlicher gehalten und somit wesentlich preiswerter für den Weihenden.

Die meisten Personifikationen von Muttergottheiten fand man in Tempeln oder heiligen Bezirken, so daß es sich bei ihnen in erster Linie um Weihungen und Einlösungen von Gelübden gehandelt haben dürfte.

Neben den Steindenkmälern und Terrakotten war es außerdem üblich, den Muttergottheiten Obst, Getreide, Brot und Kuchen zu opfern.

Verehrt wurden die Muttergöttinnen unter den Namen *Matres, Matrae* oder *Matronae*, was den zahlreichen Weihungen zu entnehmen ist, die sich auf Darstellungen dieser Gottheiten beziehen.

Der Kult der Muttergottheiten läßt sich in Italien schon im 5. und 4. Jahrhundert v. Chr. nachweisen. Im westlichen Europa finden sich ihre Personifikationen etwa ab der Mitte des 1. Jahrhunderts n. Chr. Als es infolge mehrerer Germaneneinfälle im ausklingenden 3. Jahrhundert n. Chr. zu Unruhen kommt, endet die Verehrung der Muttergöttinnen im nordwestlichen Europa.

Die Darstellungen der Muttergöttinnen sind nicht an ein festes Schema gebunden. Sie kommen alleine, zu zweit, zu dritt, in seltenen Fällen auch zu viert oder fünft vor. Bevorzugt wird bei ihren Personifikationen die sitzende Körperhaltung. Einige Göttinnen stehen jedoch, und bei mehrfigurigen Abbildungen gibt es sogar Mischformen.

Bekleidet sind die süd- und mittelgallischen *Matres* überwiegend mit einem langen Hemd *(tunica)* und einem Überwurf *(palla)*; aufgrund der dort schon länger andauernden Romanisierung wurde die einheimische Stammestracht bei der Darstellung nicht berücksichtigt. Bei den ubischen *Matronen* in den linksrheinischen Gebieten herrscht dagegen die einheimische Kleidung mit Unterrock, gegürtetem Gewand und einem von Schließen oder Fibeln gehaltenen Mantel vor. Ihr Haar zieren große Hauben, einzig bei den Dreiergruppen trägt die mittlere Frau offene Haare. Einige Muttergöttinnen aus dem gallischen Raum zeigen jedoch statt der römischen die dort übliche sogenannte Menimane-Tracht, die aus einem Untergewand, einem schlauchartigen Überwurf und einem von Schließen oder Fibeln gehaltenen Mantel besteht.

Die sehr zahlreich im Treverergebiet vorkommenden Muttergöttinnen sind fast alle mit Tunika und Palla bekleidet. Ihr Haupt ziert meist ein Diadem. Die Göttinnen sind größtenteils sitzend dargestellt. Sie kommen alleine oder in Kombination zu zweit oder dritt vor.

Als Beigaben wurden den Göttinnen vor allem das Füllhorn als Zeichen von Fruchtbarkeit und Überfluß sowie Feld- und Baumfrüchte als Symbole des Wachsens und Gedeihens mitgegeben. Tiere als Attribute waren -mit Ausnahme des Hundes bei den Göttinnen im Trevererland- nicht sehr stark vertreten. Mit Wickelkindern, Kleinkindern und Eroten in den Armen der Frauen wollte man auf familiäres Glück und Kindersegen hinweisen. Im keltischen Bereich tritt in diesem Zusammenhang vor allem die vergöttlichte Amme *(Dea Nutrix)* auf. Sie hält ein oder zwei Babies im Arm und ist mit dem die Brust freilassenden Ammengewand bekleidet. Im germanischen Gebiet ist sie dagegen die unbekannt; an ihrer Stelle finden sich dort sitzende oder stehende bekleidete Muttergöttinnen mit einem nackten Kind sowie Verkörperungen von Venus oder Fortuna mit einem oder zwei Kindern. Den kultischen Bereich der Muttergöttinnen symbolisieren die Beigaben Opferschale *(patera)* und Zepter, während wasserspendende Gefäße und Muscheln auf ihre enge Beziehung zu den Nymphen und heiligen Quellen hinweisen. (Klementa)

Literatur: Matronen und verwandte Gottheiten. Bonner Jahrbücher, Beih. 44 (Bonn 1987) 1 ff. - Schauerte, Terrakotten 55 ff. - Katalog Enea nel Lazio. Archeologia e mito (Rom 1981) 210 f.

27a) Thronende Muttergöttin FO Trier, Altbachtal, Planausschnitt II, Bau 24, Mutterkapelle, 1925. 2. Hälfte des 2. Jahrhunderts n. Chr. Auf einem Thron sitzt eine mit Untergewand und Mantel bekleidete Frau. In ihrem Schoß hat die Göttin einen mit Früchten gefüllten Korb, den sie mit der linken Hand festhält. Neben ihrem rechten Fuß muß sich ein liegender Hund befunden haben. (Klementa) Sandstein.- H. 0,80 m. Inv. ST 10112. *Literatur:* Kat. Steindenkmäler Trier 131 Nr. 266 Taf. 63..

27a) Thronende Muttergöttin

27b) Zwei Muttergöttinnen in flacher Nische

27b) Zwei Muttergöttinnen in flacher Nische FO
Trier, Altbachtal, Planausschnitt I, Bau 14, Kapelle an der Altbachbrücke, 1925. 3. Jahrhundert n. Chr. In einer Nische sitzt links eine Göttin in starrer Haltung. Sie ist mit einem langen Ärmelgewand bekleidet. Im Schoß hält sie mit der linken Hand einen Früchtekorb, auf dem ihre rechte Hand ruht. Die Göttin rechts von ihr trägt ein Untergewand und einen Mantel. Rechts neben ihr befindet sich ein Hund. (Klementa) Sandstein. - H. 0,35 m, B. 0,40 m, T. 0,13 m.Inv. ST 10102. *Literatur:* Kat. Steindenkmäler Trier 132 Nr. 268 Taf. 63.

27c) Thronende Göttin mit Füllhorn und Betenden FO Trier, Heiligtum im Altbachtal, südlich der Kaisertermen. 2. Jahrhundert n. Chr. Die auf einem Thron beziehungsweise Stuhl sitzende Göttin mit einem Füllhorn im Arm ist im Trierer Gebiet recht häufig dargestellt. Sie läßt sich allerdings nicht genau benennen, da dieses für Wachstum, Fruchtbarkeit, Reichtum und Glück stehende Attribut mehreren Gottheiten beigegeben werden konnte. Sicher gehören diese so dargestellten Frauen zu den Fruchtbarkeits-, eventuell sogar zu den Muttergottheiten. Die auf einem Sessel sitzende eine Frau.trägt ein in der Taille gegürtetes Untergewand und einen Mantel, der vorne über ihre linke Schulter fällt. Der Mantel ist vom Rücken her über die Schenkel genommen. Die Füße sind mit Schuhen bekleidet. Mit der linken Hand hält die Göttin ein Füllhorn, der rechte Arm muß nach vorne gestreckt und erhoben gewesen sein. Unter dem zurückgesetzten linken Fuß steht eine Fußbank. Rechts und links von der Thronenden befindet sich je eine kleine männliche Person. Die linke ist mit einem kurzen Obergewand (*toga*) bekleidet und hat den rechten Arm angewinkelt, die rechte steht mit auf der Fußbank. Sie ist mit einem Hemd (*tunica*) und einem Mantel bekleidet und legt ihre Arme in vertraulichem Gestus auf den linken Oberschenkel der Göttin. Bei diesen Personen könnte es sich um die Gottheit anbetende Menschen (A d o r a n t e n) handeln. Sollten mit ihnen Kinder gemeint sein,

27c) Thronende Göttin mit Füllhorn und Betenden

wofür zwar der recht vertrauliche Gestus der rechten Figur spricht, nicht aber die Bekleidung mit Toga der linken, läge eine Deutung der Frau als Muttergöttin nahe. (Klementa) Kalkstein. - H. mit Lehne: 0,38 m. Inv. 3481. *Literatur:* Kat. Steindenkmäler Trier 196 Nr. 383 Taf. 101.

Darstellungen von Muttergottheiten in Ton und Bronze Muttergöttinnen sind uns nicht nur in Form von Steindenkmälern überliefert (Kat. 27 a-c), sondern auch als Terrakottastatuetten. Die Herstellung dieser Terrakotten kann heute mehreren Töpfereizentren zugeordnet werden und umfaßt einen Zeitraum von circa 200 Jahren.

Etwa um 50 n. Chr. begannen Töpferwerkstätten in Zentralgallien bei St.-Remy-en-Rollat und Clermont-Ferrand, Terrakotten der Göttin Venus herzustellen, was wohl auf den Einfluß von aus dem Süden importierten Venusfigürchen zurückzuführen ist. Ab dem letzten Drittel des 1. Jahrhunderts n. Chr. setzte dann die Produktion von Fortunastatuetten in den Töpfereien Kölns und des rechtsrheinischen Gebietes bei Frankfurt ein, vermutlich ebenfalls eine Orientierung an Südimporten. Der Aufschwung dieser drei Werkstattgruppen hielt auch im 2. Jahrhundert n. Chr. an, allerdings mit einem entscheidenden Unterschied: waren die gallischen und rheinischen Statuetten mütterlicher Gottheiten um die Mitte des 1. Jahrhunderts n. Chr. noch den Darstellungen von Venus und Fortuna verpflichtet, setzt gegen Ende dieses Jahrhunderts eine Gegenbewegung ein, die sich auch im wechselnden Repertoire zeigt. Die rechtsrheinischen Ateliers stellen jetzt vor allem Venus, Fortuna und Muttergöttinnen mit Früchten, Tieren und Kindern her, die westgallischen dagegen hauptsächlich Venus und *Nutrix*, eine ein Baby stillende Amme, die teilweise auch göttlichen Charakter besaß.

Etwa um die Mitte des 2. Jahrhunderts n. Chr. scheinen dann die rheinischen Tongruben ausgebeutet gewesen zu sein, was schließlich zum Erliegen der mittelrheinischen Produktions-stätten führte. Aufgrund dieser Voraussetzungen gelang der neu hinzugekommenen Werkstattgruppe im Moselbereich ein großer Aufschwung. Die zu dieser Gruppe gehörenden Töpfereien verlegten sich wegen des veränderten Geschmacks ihrer Kundschaft hauptsächlich auf die Herstellung von Terrakotten einer sitzenden Muttergöttin mit einem Hund auf dem Schoß; dieser Göttin wies man im Treverergebiet eine schützende Funktion zu. Sie war hier so beliebt, daß ihre Darstellungen zahlenmäßig fast ein Viertel der gesamten rheinischen Fabrikation von Muttergöttinnen einnehmen.

In diesen für sie schlechten Zeiten begannen die Kölner Werkstätten mit der Produktion von Matronen. Etwa um 180 - 190 n. Chr. ist schließlich das Ende der Kölner Töpferwerkstätten zu belegen. Wohl auf kriegerische Unruhen dürfte der Niedergang der zentralgallischen Werkstattgruppen zurückzuführen sein, der ein wenig später gegen Ende des 2. Jahrhunderts n. Chr. erfolgte. Die Töpfereien im Moselgebiet stellten dagegen allmählich ihre Produktion um, bis sie um 250 n. Chr. endgültig die Herstellung von Muttergöttinnen aus Terrakotta beendeten (zu weiteren Terrakottaprodukten der Töpfereien im spätantiken Trier und im Moselgebiet siehe Kat. 22 s).

Die Terrakotten von Muttergöttinnen dienten, nach den Grabungsbefunden zu urteilen, hauptsächlich als Votivgaben in größeren Tempeln. Man weihte sie aber auch in bescheideneren, eher privaten Heiligtümern und gab sie Verstorbenen mit ins Grab. Terrakotten von Muttergöttinnen fanden sich ebenfalls in Siedlungen und Militärsiedlungen, wo sie vermutlich als Schutzgöttinnen im häuslichen Bereich aufgestellt wurden.

Im Treverergebiet wurden die Muttergöttinnen kul-

ZweiReligionen treffen aufeinander
Die gallo-römische Götterwelt
179

27d) Sitzende Muttergöttin mit Früchten 27e) Sitzende Muttergöttin mit Hund 27f) Stehende Muttergöttin mit Wickelkind 27g) Sitzende Muttergöttin mit Wickelkind

tisch stark verehrt, was einerseits aus der Anzahl der ihnen geweihten Heiligtümer und Tempel, andererseits aus der Fülle der sie abbildenden Denkmäler hervorgeht. Eine große Anzahl von Terrakotten fand sich in den Heiligtümern der Muttergöttinnen in Altbachtal und in Dhronecken. Die Terrakotten weisen eine sehr enge Beziehung zu den großplastischen Darstellungen von Muttergöttinnen auf, was ihre Kleidung, Körperhaltung und Attribute betrifft (Kat. 27 a-c). (Klementa)

27d) Sitzende Muttergöttin mit Früchten FO
Dhronecken (Kreis Bernkastel-Wittlich), Heiligtum, 1899. 2. Hälfte des 2. Jahrhunderts n. Chr. Die mit einer unter der Brust gegürteten Tunika und Palla bekleidete Göttin hält in ihrem Schoß Früchte. Ein Apfel befindet sich in ihrer linken Hand. Auf dem Kopf trägt sie ein Diadem. Roter Ton mit weißer Engobe. - H. 14 cm. Inv. 1899,823.

27e) Sitzende Muttergöttin mit Hund FO
Dhronecken (Kreis Bernkastel-Wittlich), Heiligtum, 1899. 3. Viertel/2. Hälfte des 2. Jahrhunderts n. Chr. Die mit einer ungegürteten Tunika und einer Palla bekleidete Göttin hat einen Hund auf dem Schoß. Ihren Kopf ziert ein Diadem. In der rechten Hand hält sie einen Zweig, in der linken einen Apfel. Weißer Pfeifenton. - H. 17,3 cm. Inv. 1899,787. *Literatur:* Schauerte, Terrakotten 283 f. Nr. 727 Taf. 86,1-3.

27f) Stehende Muttergöttin mit Wickelkind FO Trier,
Altbachtal, Bau 16, Aveta-Kapelle. 3. Drittel des 2. Jahrhunderts n. Chr. Auf einem hohen, rechteckigen Postament steht eine Frau in einem langen Ärmelrock. Ihren Kopf schmückt ein Diadem. Die Göttin hält in ihren Armen ein Wickelkind, das die Ärmchen bewegt. Weißer Pfeifenton. - H. 20 cm. Inv. ST 10048. *Literatur:* Schauerte, Terrakotten 311 ff. Nr. 848 Taf. 101,4-6.

27g) Sitzende Muttergöttin mit Wickelkind FO
Dhronecken (Kreis Bernkastel-Wittlich), Heiligtum, 1899. 3. Viertel/2. Hälfte des 2. Jahrhunderts n. Chr. Die Muttergöttin ist mit einem langen ungegürteten Gewand bekleidet, das über den Füßen unter dem Mantel hervorschaut. Ihre linke Brust ist entblößt. Ein Diadem ziert ihr Haupt. In ihrem Schoß hält sie ein Wickel-

kind, das sich in ihre linke Armbeuge schmiegt. (Klementa) Ziegelroter Ton mit weißer Engobe. - H. 15,6 cm. Inv. 1899,847. *Literatur:* Schauerte, Terrakotten 295 f. Nr. 781.

27h) Bronzestatuette einer Matrone FO unbekannt, 1877 erworben. Eine sitzende Frau im langen Gewand hält auf dem Schoß eine flache Schale mit Früchten oder Broten. Diese Art der Darstellung zeigt, daß es sich um eine Muttergottheit handelt. Ihr langes Haar fällt offen auf den Rücken. Der über das Gewand gelegte Mantel fällt im Rücken, den Sitz völlig verdeckend, bis zum Boden. (Faust) Bronze. - H. 4,1 cm. Inv. 175. *Literatur:* Menzel, Bronzen Trier 40 Nr. 85 Taf. 40.

28 Muttergöttin der Treverer: Ritona

28a) Altar mit Inschrift für Ritona Pritona FO Trier, Tempelbezirk im Altbachtal, Ritonatempel, 1924. 1. Hälfte des 3. Jahrhunderts n. Chr. Eine typische gallo-römische Gottheit mit lokal begrenzter Verehrung im treverischen Gebiet und erstaunlicherweise noch in Südgallien ist die Göttin Ritona, der Arbusius nach der Inschrift den vorliegenden kleinen Altar gestiftet hat:

Dea Ritona	"Der Göttin Ritona
Pritona	Pritona
Arbusius	hat Arbusius
C[—	C ... (den Altar gestiftet)."

Die verehrte Gottheit mit Doppelnamen *Ritona Pritona* ist in einem im gallischen Sprachbereich geläufigen Dativ genannt. Der zweite Name Pritona, auch durch eine Inschrift aus Pachten (Kreis Saarlouis) bekannt, ist die wohl ältere Namensform der Göttin. Etymologisch ist der Name vielleicht zu erklären aus dem keltischen *ritu* - "Furt". Der Stein aus Pachten zeigt eine sitzende Gottheit, der eine ganze Reihe treverischer Muttergottheiten mit Hund als Begleiter angefügt werden kann.

Aus dem Namen des Stifters Arbusius ist für diesen selbst keine sichere Herkunft aus Gallien herzuleiten. Aufgrund des Charakters der Gottheit und des Ortes der Weihung im

27h) Bronzestatuette einer Matrone

28a) Altar mit Inschrift für Ritona Pritona

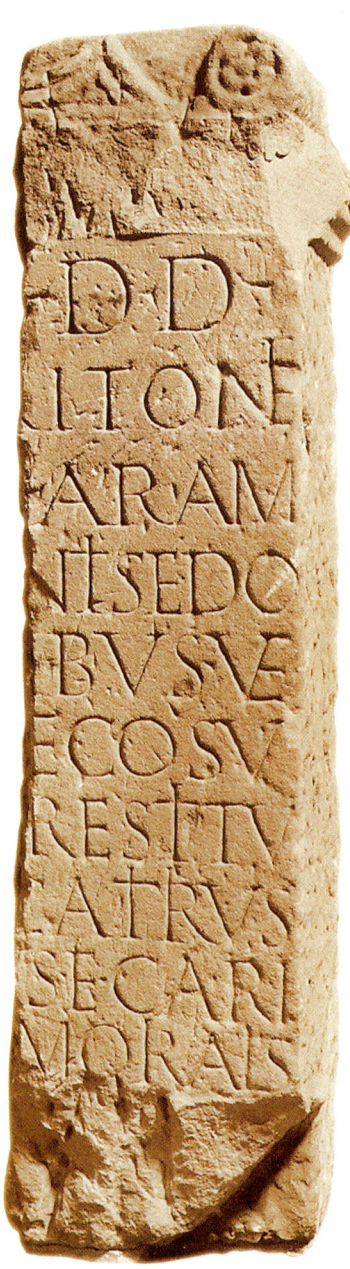

28b) Altar mit Inschrift für Ritona

gallo-römischen Tempelbezirk im Altbachtal ist aber eine tief in einheimischen Traditionen begründete Verehrung anzunehmen. Sandstein. - H. 0,45 m, B. 0,43 m, T. 0,33 m. Inv. ST 10016. *Literatur:* H. Finke, Bericht der Römisch-Germanischen Kommission 17, 1927, 10 Nr. 29. - J. Moreau, Ein Weihedenkmal des Ritona-Kultes. Neufund von Pachten (Saar). Trierer Zeitschrift 24/26, 1956/58, 115-119 bes. 116 f. - F. M. Heichelheim, Pritona. In: Pauly-Wissowa, Realencyclopädie der classischen Altertumswissenschaft XXIII (1957) 13. - R. Egger, Mercurius nundinator. Anzeiger der phil.-hist. Klasse der Östereichischen Akademie der Wissenschaften 1965, So. 2,26. - Gose, Altbachtal 28 Abb. 116. - G. Neumann, Die Sprachverhältnisse in den germanischen Provinzen des Römischen Reiches. In: Aufstieg und Niedergang der römischen Welt. Bd. 29,2 (Berlin, New York 1983) 1081 f. - Kat. Steindenkmäler Trier 144 f. Nr. 300.

28b) Altar mit Inschrift für Ritona FO Trier, Tempelbezirk im Altbachtal, am Ritonatempel, 1924. Ende 2./Anfang 3. Jahrhundert n. Chr. Nach einer Bearbeitung für eine andere Verwendung ist leider nur mehr knapp die rechte Hälfte eines schön gearbeiteten Altares mit ursprünglich umfangreicher Inschrift erhalten geblieben. Der Altar nennt eine Stiftung zu Ehren der gallo-römischen Muttergöttin *Ritonia* oder *Pritonia*:

[In h(onorem) d(omus) d(ivinae)	"Zu Ehren des göttlichen Kaiserhauses
deae] Ritoni(a)e	und für die Göttin Ritonia
[aedem et] aram	haben den Tempel und den Altar
[orname]ntis et do-	mit aller Ausstattung und
[nis omni]bus ve-	Weihegaben,
[tustat]e cosu-	vom Alter
[matis] restitu-	mitgenommen,
[erunt] Catirius	wiederhergestellt Catirius
[—]us et Cari-	... und Carisius
[sius Me]morialis	Memorialis

Der Altar gehört zeitlich zur zweiten Periode des in unmittelbarer Nachbarschaft zur Fundstelle gelegenen Ritonatempels (Bau 6). Nicht völlig von der Hand zu weisen ist die Verbindung der inschriftlich genannten Wiederherstellung eines Tempels mit Altar zu diesem erneuerten Ritonatempel. (Schwinden) Sandstein. - H. noch 1,09 m, B. noch 0,29 m, T. 0,25 m. Inv. ST 10017. *Literatur:* H. Finke, Bericht der Römisch-Germanischen Kommission 17, 1927, 10 Nr. 30. - RE XXIII (1957) 13 s. v. Pritona (F. M. Heichelheim). - R. Egger, Mercurius nundinator. Anzeiger der phil.-hist. Klasse der Östereichischen Akademie der Wissenschaften 1965, So. 2,26. - Gose, Altbachtal 24 f. Abb. 117. - Kat. Steindenkmäler Trier 145 f. Nr. 301 Taf. 71.

29. Mit großzügiger Stiftung bedacht: Weihinschrift der Caiva FO Pelm, Gemeinde Gerolstein, Kreis Daun, Tempelbezirk "Judenkirchhof", 1833. 5. Oktober 124 n. Chr.

Solange die Göttin *Caiva* nur durch die schöne, auskunftreiche Inschrift aus dem Tempelbezirk "Judenkirchhof" bei Pelm bekannt war, wurde ihrem Namen ein gewisser Argwohn entgegengebracht; zur überzeugenderen Namensdeutung schlug man verschiedene "Verbesserungen" vor. Durch die Sicherung des Namens in einem Gefäßgraffito (W. Binsfeld) steht jetzt der Name der Göttin eindeutig fest, und ein weiterer Spielraum ist ausgeschlossen. Caiva ist eine einheimische Göttin, die womöglich in Gemeinschaft mit Herkules verehrt wurde; eine Verehrung des Herkules ist durch Skulpturfragmente im Tempelbezirk "Judenkirchhof" nachgewiesen.

Eine Stiftung im Tempelbezirk hat die Weihinschrift zum Gegenstand:

Caivae deae

aedem omni sua impensa

donavit

M(arcus) Victorius Pollentin(us) et ob

perpetuam tutelam eiusd(em) aedis

dedit (sestertium) n(ummum) (centum milia)

dedicatum (ante diem tertium) Non(as) Oct(obres)

Glabrione et Torquato co(n)s(ulibus)

v(otum) s(olvit) l(ibens) m(erito).

"Der Göttin Caiva hat einen Tempel ganz auf seine Kosten Marcus Victorius Pollentinus geschenkt und zur beständigen

Unterhaltung dieses Gebäudes 100 000 Sesterzen gestiftet am dritten Tag vor den Nonen des Oktober unter dem Konsulat von Glabrio und Torquatus und damit sein Gelöbnis gern und nach Erfüllung eingelöst."

Der Einsatz der Stiftung beträgt mit 100 000 Sesterzen die Hälfte der bekannten Stiftung des Lucius Ammiatius Gamburio aus Bitburg. Die Relationen der Stiftung sind realistisch, sollte dort der Zinsertrag für Bauunterhaltung und Spiele, so hier nur für eine Bauunterhaltung eingesetzt werden. Der Stiftungszweck sollte sicherlich nicht aus dem Stammkapital sondern lediglich aus den Zinsen bestritten werden, wie es die genannte Bitburger Inschrift deutlicher ausdrückt. (Schwinden) Kalkstein. - H. 0,52 m, B. 0,72 m, D. 0,10 m. Inv. G 92. *Literatur:* Hettner, Steindenkmäler 65 f. Nr. 112. - CIL XIII 4149. - P. Steiner, Die gallorömische Tempelstätte auf dem "Judenkirchhof bei Gerolstein" (Bezirk Trier). Trierer Zeitschrift 1, 1926, 149-156. - P. Herz, Untersuchungen zum Festkalender der römischen Kaiserzeit nach datierten Weih- und Ehreninschriften (Mainz 1975) 282. - R. P. Duncan-Jones, The Wealth of Gaul. Chiron 11, 1981, 217-220. - Kat. Steindenkmäler Trier 27 Nr. 40 Taf. 41. - W. Binsfeld, Caiva Dea. Archäologisches Korrespondenzblatt 12, 1972, 373 f. Taf. 51.

30. Sinnbild fischreicher Flüsse: Stiergott FO Trier, Tempelbezirk im Altbachtal. Stierkapelle, 1925. Nach der Mitte des 2. Jahrhunderts n. Chr.

Als ein ungewöhnliches gallo-römisches Kultbild ist der Stiergott aus einer Kapelle des Tempelbezirkes im Altbachtal zu Trier anzusehen. Der mit einer Opferbinde geschmückte Stier wird von einer langgewandeten weiblichen Gestalt geführt. Zwischen den Vorderbeinen und unter dem Hals des Stieres liegt, halb aufgerichtet, eine muskulöse nackte männliche Figur. In Anbetracht der sonstigen Qualität der Gruppe überraschen anatomische Unstimmigkeiten des scheinbar gefesselten Mannes, dessen beide Arme mit rechten Händen

Zwei Religionen treffen aufeinander. Die gallo-römische Götterwelt

182

29 Weihinschrift für Caiva

30 Stiergott

enden. Die Basis trägt an zwei Seiten jeweils einen nach links schwimmenden Fisch.

Die Fülle der ikonographischen Details läßt eine ebenso große Reihe von Fragen zur Bestimmung der im Stier dargestellten Gottheit offen. Zu den zahlreichen Stierdarstellungen des gallischen Raumes, insbesondere zu dem dreigehörnten Stier, sind nur ungenaue Verbindungen herzustellen, zumal der Kopf des Stieres aus dem Altbachtal bisher noch nicht entdeckt werden konnte. Die gallischen Stiere haben keine Begleiter. Aus Baire-le-Châtel (F, Côte-d'Or) kennen wir einen weiteren Stier über einer unförmigen nackten männlichen Gestalt, die die Hände auf dem Rücken verschränkt hält; aus dem obergermanischen Limesgebiet ist eine Gruppe von Stieren über dem bärtigen Kopfe eines Mannes bekannt. Die Fische des Sockels mögen auf den Stier in der Funktion als ein Fruchtbarkeitsgott hinweisen. (Schwinden) Kalkstein. - H.

0,91 m, L. 0,92 m, B. 0,44 m. Inv. ST 10111. *Literatur:* Espérandieu X 205 ff. Nr. 7587. - Gose, Altbachtal 85 f. Abb. 135; S. 89 f.; 95. - Schindler, Führer 38 Abb. 96. - Kat. Steindenkmäler Trier 209 ff. Nr. 420 Taf. 108. - M. Luik/H. Schach-Dörges, Römische und frühalamannische Funde von Beinstein, Gde. Waiblingen, Rems-Murr-Kreis. Fundberichte aus Baden-Württemberg 18, 1993, 359 ff.

31. Göttlicher Schutz auf allen Wegen: Vierkopf FO Trier, Saarstraße, 1886/87. Wohl 2. Jahrhundert n. Chr. Über einem niedrigen zylindrischen Element erheben sich vier am Hinterkopf miteinander verbundene männliche, im Bereich der Gesichter leicht bestoßene Gewandbüsten. Eine runde, leicht konkave Platte über den Häuptern bildet den oberen Abschluß. Die einander jeweils gegenüberliegenden Köpfe entsprechen sich. Zwei zeigen einen bärtigen jugendlichen Mann mit Buckellockenfrisur. Durch kleine Flügel im Haar wird er eindeutig als Merkur gekennzeichnet. Sein Gefährte trägt einen kurzen Vollbart und kräftiges, in Wellen liegendes Haar. Trotz fehlender Attribute wird es sich hier wohl um Herkules handeln: Wie Merkur war er der Gott der Händler und Schützer der Wege und der Reisenden. Da die besondere Form des Monumentes auf die Aufstellung an einer Straßenkreuzung hindeutet, ist der Sinn einer Kombination dieser beiden Gottheiten hier naheliegend.

Einarbeitungen unterhalb der beiden Merkurköpfe sprechen dafür, daß der Vierkopf als Bekrönung eines Laufbrunnens diente. (Faust) Kalkstein. - H. 0,50 m, Dm. 0,33 m. Inv. 15879. *Literatur:* Kat. Steindenkmäler Trier 171 Nr. 342 Taf. 83.

32. Begegnung mit der Bärengöttin?
Felsinschrift für Artio FO Ernzen (Kreis Bitburg-Prüm). In einer Seitenschlucht des Weilerbaches bei den sog. "Schweineställen". Am felsigen Steilrand des Ferschweiler Plateaus, nordöstlich des Schlosses Weilerbach, wurde an einem Felsen der im Volksmund "Schweineställe" oder "Schweigeställe" genannten Schlucht eine Inschrift in kapitalen Lettern ins Gestein gemeißelt: ARTIONI BIBER. Sie ist der Göttin Artio gewidmet und gibt als deren Verehrer einen einheimischen Galloromanen namens Biber zu erkennen.

Die inschriftliche Weihung einer figürlichen Darstellung aus Muri bei Bern (Abb. 15) vermag diese Ableitung zu bestätigen: Die etwa 20 cm hohe Bronzeplastik zeigt auf einem Sockel einen Bär oder eher eine Bärin, der von einer sitzenden Frauengestalt in ihrem Gewandschoß liegende Früchte dargeboten werden. Hinter der Bärin steht ein Baum, der allerdings ursprünglich vor ihr gestanden hat. Die dem Typus einer gallo-römischen Muttergöttin entsprechenden Frauenfigur wurde nämlich erst später an ihrer jetzigen Position eingefügt. Daher scheint Artio von den Kelten am ehesten in ihrem theriomorphen Aspekt (als Tier) verehrt worden zu sein. Die Hinzufügung der sitzenden Figur ist dem verstärkten Einfluß römischer Vorstellungen von menschengestaltigen Göttern auf die einheimische Religion zu verdanken. Verwandt mit dem keltischen* *artos* ist das lateinische Wort *ursus* für "Bär", von beiden sind wiederum die Frauennamen

31 Vierkopf

32 Felsinschrift für Artio

Ursula bzw. Artula abgeleitet. Der Bär wird in der christlichen Ikonographie zum Begleittier zahlreicher Heiliger, derenWirkungsgebiete vielleicht sogar dem der keltischen Bärengötter entsprechen: Florentinus (Elsaß), Gallus (Bodenseeraum), Gerold (Vorarlberg), Kolumban (Vorarlberg, Zürichsee, Oberitalien), Korbinian (Bayern, Südtirol), Luzius (Graubünden), Magnus (Allgäu, Schwaben), Remaklus (Ardennen), Richardis (Elsaß), Romedius (Trentino) - und nicht zuletzt Maximin, Bischof von Trier im 4. Jahrhundert, der den Bären sein Gepäck tragen ließ, nachdem dieser ihm das Lasttier gerissen hatte. Dies kann wohl als propagandistischer Hinweis auf die Überwindung der alten Gottheit durch das Christentum verstanden werden.(Unruh) Sandstein. - Buchstabenh. der Zeile 1: 0,15-0,17 m, Zeile 2: 0,18-0,20 m. *Literatur:* CIL XIII 4113-4114. - Kat. Steindenkmäler Trier 16 f. Nr. 25 Taf. 7. - R. Schindler in: Führer zu vor- und frühgeschichtlichen Denkmälern 33. Südwestliche Eifel (Mainz 1977) 145. - H. Cüppers in: Die Römer in Rheinland-Pfalz (Stuttgart 1990) 363. - B. Mayer, Lexikon der keltischen Religion und Kultur (Stuttgart 1994) 27 f. s. v.Artio. - S. Botheroyd/P. F.Botheroyd, Lexikon der keltischen Mythologie (München 2 1995) 24 f. s. v. Artio. Zu Schweizer Bronzen: A. Leibundgut, Die römischen Bronzen der Schweiz III (Mainz 1980) 66 ff. (Kat. 60) Taf. 8-9.

33. Gemeinschaft und Gesundung an heiligen Stätten: Weihesteine aus dem Tempelbezirk des Lenus Mars am "Irminenwingert"

"Im treverischen Votivbrauch wurden außer Bildern von Gottheiten auch solche von Menschen in die Tempel gebracht und aufgestellt." (N. Kyll)

Aus keinem anderen Tempelbezirk ist diese Fülle an Weihegaben zutage getreten wie aus dem Trierer Tempelbezirk am Irminenwingert. Es handelt sich bei diesen Statuetten um Weihende, um Mädchen oder Knaben, die eine Weihegabe darbringen. Motiv mag sein, wie es gelegentlich beigefügte Inschriften auch ausdrücken, als steter Ausdruck des Dankes nach Erfüllung eines Gelübdes oder als beständig mahnende Bitte in dauerhaftem Material vor den Augen der Gottheit zu stehen.

Derartige Weihegaben in Stein sind auch aus weiteren gallo-römischen Tempelbezirken des Trevererlandes, aus Dhronecken (8), aus Hundheim, Möhn (3) und Trier-Altbachtal, bekannt geworden. Die Massenware, die kleinen Brustbilder in Ton (Terrakotten), ist wohl die preiswertere Alternative für dasselbe Begehren und mag gerade deshalb noch weitere Verbreitung in unseren Tempelbezirken gefunden haben. (Schwinden) *Literatur: Kyll, Weihe- und Votivgaben.*

33a) Weihender Knabe mit Vogel FO Trier, Heiligtum Irminenwingert, vor der "kleinen Kapelle", 1920. Mitte des 2. Jahrhunderts n. Chr. Als Weihender tritt hier ein kleiner Knabe auf, der leicht spielerisch den linken Fuß vorsetzt. Bis auf das über den Rücken zum Boden hinabreichende Mäntelchen, das auf der rechten Schulter zusammengeheftet war, ist er nackt. Wie eine Reihe vergleichbarer Statuetten hält auch hier der Knabe einen Vogel im linken Unterarm. Der rechte Zeigefinger scheint liebkosend den Schnabel des Vogels berühren zu wollen.

Von der Interpretation des Symbolgehaltes des Vogels hängt die Gesamtdeutung der Statuette ab. Handelt es sich lediglich um ein in der Antike beliebtes Spielzeug für Kinder (Gose), oder steht der Vogel als Weihegeschenk nach göttlicher Hilfe für das Wohlergehen der Kinder (Kyll)? Als einer der gallo-römischen Nothelfer gilt der auch im Irminenwingert angerufene Mars Iovantucarus, dessen Beiname als "Freund der Jugend" (gallisch *karos* - "lieb" und *iovantus* - "Jugend") zu übersetzen ist. (Schwinden) Kalkstein. - H. noch 0,35 m, B. 0,17 m, T. 0,12 m. Inv. ST 9732; ST 9759 b. *Literatur:* Gose, Lenus Mars 43 ff. Abb. 45. - Kyll, Weihe- und Votivgaben 66 f. Taf. 3. - Kat. Steindenkmäler Trier 231 f. Nr. 486 Taf. 113.

33b) Knabe mit Weihegaben FO Trier, Heiligtum Irminenwingert, in der "kleinen Kapelle", 1920. 2. Jahrhundert n. Chr. Zu den schönsten der Weihestatuetten gehört die relativ große Knabenfigur mit Weihegaben, die in guter Qualität aus Marmor gearbeitet ist. Unter allen Weihenden aus dem Tempelbezirk am

33a) Weihender Knabe mit Vogel

33b) Knabe mit Weihegaben

Irminenwingert ist allein diese Statuette völlig nackt und trägt nicht einmal wie die anderen Knaben ein Mäntelchen. Gestützt wird die Figur durch einen kräftigen Baumstamm am rechten Bein. Obwohl aber eine Bosse den rechten Unterarm stabilisiert, konnte hier wie so häufig nicht verhindert werden, daß die Statuette nur als Torso mit Brüchen an den empfindlichsten Stellen auf uns gekommen ist.

Der Vogel, der die linke Schwinge über dem Unterarm des Knaben spreizt, öffnet mit einer Kralle leicht den Deckel eines Kästchens. Hier mag es sich sehr wohl nach jüngerem Vorschlag um ein Weihrauchkästchen, eine Acerra (Binsfeld), handeln, die in den Bereich des sakralen Opfers weist. (Schwinden)
Weißer Marmor. - H. noch 0,62 m, B. 0,31 m, T. 0,17 m. Inv. ST 9746. *Literatur:* Gose, Lenus Mars 42 Abb. 41-42 und 56. - W. Binsfeld in: Kat. Steindenkmäler Trier 232 Nr. 491 Taf. 114.

33c) Altar mit Opferstock FO Trier, Heiligtum Irminenwingert, in der "kleinen Kapelle", 1920. Mitte des 2. Jahrhunderts n. Chr. Zu den ursprünglich wohl häufigen, da im Opfergeschehen sehr wichtigen, aber leider nur selten erhaltenen Ausstattungsstücken in Heiligtümern gehören Opferstöcke wie dieses Exemplar aus dem Tempelbezirk am Irminenwingert in Trier. Orientiert an der Form eines Altares besitzt der Opferstock zwischen den seitlichen Altarpolstern eine konische Höhlung von 29 cm Tiefe bei 12 cm Durchmesser, in die ein Metallbehälter wohl ursprünglich eingesetzt war. Durch die Eintiefung von der Vorderseite des Altares war wahrscheinlich ein Schloß eingefügt. Das Opfer sollte nach Auskunft der Inschrift dem Lenus Mars und den Xulsigien gewidmet sein:

Leno Marti	"Lenus Mars
et Xulsigiis	und den Xulsigien
L(ucius) Virius Dise-	hat Lucius Virius Diseto
to v(otum) s(olvit)	sein Gelübde gern und
l(ibens) m(erito)	nach Verdienst eingelöst."

Der Stifter des Altares ist seinem Namen nach Einheimischer. Der Opferstock war nach Spuren an einer Wand befestigt. Haben die Opferstöcke eine länger zurückreichende Tradition im griechischen und hellenistischen Osten, so sind doch in jüngerer Zeit eine ganze Reihe von Opferstöcken in Sockel- oder Altarform aus der römischen Kaiserzeit gerade in den gallischen und germanischen Provinzen zutage getreten. Ein Opferstock aus Kottenheim (Kreis Mayen-Koblenz) wurde 1881 gar ungeöffnet mit seinem Münzschatz entdeckt.(Schwinden) Kalkstein. - H. 0,69 m, B. 0,37 m, T. 0,35 m. Inv. ST 9722. *Literatur:* H. Finke, Bericht der Römisch-Germanischen Kommission 17, 1927, 7 Nr. 21. - Gose, Lenus Mars 33 f. Abb. 28. - Kat. Steindenkmäler Trier 100 Nr. 189 Taf. 48. - Kyll, Weihe- und Votivgaben 79 u. Abb. 5. - Merten, Mars 50 ff. - G. Kaminski, Thesauros. Untersuchungen zum antiken Opferstock. Jahrbuch des Deutschen Archäologischen Instituts 106, 1991, 63-181 Taf. 27-34; bes. 171 f. Nr. 3 Taf. 34,7 und 78 ff.; 106 ff.; 169 ff.

33d) Sockel mit Inschrift und Weihedatum FO Trier, Heiligtum Irminenwingert, in der "großen Kapelle" in situ noch vor der "Nischenwand" aufrecht stehend gefunden, 1920. 12. Juni 243 n. Chr. Der Sockel, an zentraler Stelle in einem kleinen Tempel aufgestellt, hat in seiner Inschrift nicht mehr die angerufenen Gottheiten bewahrt:

Sex(tus) Attonius	"Sextus Attonius
Victorinus	Victorinus
et Braetia Ger-	und Braetia Ger-
mana patres	mana, die Eltern,
ex voto posue-	haben aufgrund eines Gelübdes
runt. Dedicat(um)	(das Denkmal) errichtet.
Arriano et Pa-	Gestiftet unter des Arrianus
po c(onsulibus)	und Papus Konsulat
pr(idie) Id(us) Iun(ias)	am Tag vor den Iden des Juni."

Der festgedübelte Aufsatz dürfte Inschriftbeginn und Bildwerk getragen haben. Stifter sind Eltern (*patres =*

Zwei Religionen treffen aufeinander-
Die gallo-römische Götterwelt
188

33c) Altar mit Opferstock

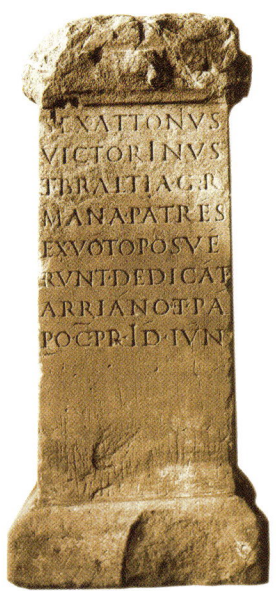

33d) Sockel mit Inschrift und Weihedatum

33e) Verzierter Sockel mit Weihinschrift

parentes); hieraus wird das Motiv der Weihung offenbar, das durch manch weitere Weihinschrift oder Weihegabe aus dem Tempelbezirk am Irminenwingert nur bestätigt wird. Zum Wohle der Kinder mag das Votum (Gelübde) gemacht worden sein. Das Weihedatum stellt keinen besonderen Festtag im römischen Kalender dar, so daß auf ein für die Stifter persönlich bedeutsames Datum geschlossen werden darf. (Schwinden) Sandstein. - H. 1,02 m, B. 0,44 m, T. 0,34 m. Inv. ST 9759. *Literatur:* H. Finke, Bericht der Römisch-Germanischen Kommission 17, 1927, 11 Nr. 32. - Gose, Lenus Mars 35 f. Abb. 32. - Kat. Steindenkmäler Trier 217 Nr. 434 Taf. 109. - Merten, Mars 50 ff.

33e) Verzierter Sockel mit Weihinschrift FO
Trier, Heiligtum Irminenwingert, in der "kleinen Kapelle", 1920. 2. Jahrhundert n. Chr. Das unter Sockeln und Altären auffällig reich verzierte Steindenkmal trägt an der Stirnseite einer separaten Deckplatte eine leider beschädigte

Inschrift:

[Marti Iovantuca]ro sacro Prim[i]u[s Restitut]us pro Restitutio Primo filio v(otum) s(olvit) l(ibens) m(erito).

"Dem Mars Iovantucarus hat die Weihegabe Primius Restitutus (?) für Restitutius Primus, seinen Sohn, das Gelübde gern und nach Verdienst eingelöst."

Die Weihung richtet sich nach Wiederherstellung der Lücke (Gose, Binsfeld) an Mars Iovantucarus. Iovantucarus ist eine einheimische, auf Trier und treverisches Gebiet beschränkte Gottheit, der eine besondere Fürsorge für die Jugend beigemessen wurde. Der (Bei-)Name *Iovantucarus* für die Gottheit mag aus dem Gallischen hergeleitet sein von *karos* - "lieb" und *iovantus* - "Jugend". (Schwinden) Kalkstein. - H. 0,80 + 0,11 m, B. 0,34 m, T. 0,27 m. Inv. ST 9728. *Literatur:* H. Finke, Bericht der Römisch-Germanischen Kommission 17, 1927, 11 Nr. 32. - Gose, Lenus Mars 36 f. Abb. 30. - W. Binsfeld in: Kat. Steindenkmäler Trier 98 Nr. 185 Taf. 46.

33f) Altar und Sitzbank eines Treverergaues

FO Trier, Heiligtum Irminenwingert, östlich vor dem Tempelbezirk, 1913. 1. Hälfte des 3. Jahrhunderts n. Chr. Diese über drei Seiten laufende Bank (Exedra) mit dazugehörigem Altar wurde an der heiligen (?) Straße, die auf den Tempelbezirk zuführte, gefunden. In der Mittelachse vor der Bank war ein Altar aufgestellt, der sich an dieselben Gottheiten richtete wie die Inschrift der Bank. Die inschriftliche Stiftung der Bank, auf der Innenseite der Rückenlehne angebracht, offenbart den Zweck der Anlage:

In h(onorem) d(omus) d(ivinae) Marti et Ancamnae e[t]
g[e]nio pagi Vilciatis C(aius) Serotini-
us Iustus ex voto posuit.

"Zu Ehren des göttlichen Kaiserhauses, für Mars mit Ancamna und für den Schutzgott des Gaues Vilcia(ti)s hat Caius Serotinius Iustus aufgrund eines Gelübdes (das Denkmal) errichtet." Nach den Weihungen dieser wie einer zweiten Bank an den Genius eines Gaues liegt nahe, in dem Tempelbezirk das Stammesheiligtum der Treverer mit Versammlungsplätzen der Gaue an der Feststraße anzunehmen. (Schwinden) Sandstein. - H. 1,13 m, B. 3,81 m, T. 3,75 m. Inv. 1913,502. *Literatur:* H. Finke, Bericht der Römisch-Germanischen Kommission 17, 1927, 4 Nr. 13. - Gose, Lenus Mars 91 ff Abb. 119-121; VII. - Merten, Mars 47 ff. - Kat. Steindenkmäler Trier 102 Nr. 195 Taf. 49.

33g) Sitzbank eines Treverergaues

Sandstein. - H. 0,90 m; B. 6,18 m; T. 3,74 m. Inv. 1913,503. *Literatur:* Kat. Steindenkmäler Trier 96 f. Nr. 181 Abb. 8 Taf. 47.

33h) Ehreninschrift für einen treverischen Priester

FO Trier, Heiligtum Irminenwingert, am Theater, 1926. Mitte des 1. Jahrhunderts n. Chr. Die Inschrift, die einen Einheimischen der treverischen Oberschicht ehrt, führt dessen in den Ämtern des Kaiserkultes endende Laufbahn vor Augen:

[Se?]c(undio) Prisc[o],

[f]lamini

[s]acerdoti Rom(ae) et

[A]ug(usti) mag(istro) q(uaestori) c(ivitatis) T(reverorum)

[pr]aef(ecto) coh(ortis) I Arisac(um)

33f) Altar und Sitzbank eines Treverergaues

33g) Sitzbank eines Treverergaues

33h) Ehreninschrift für einen treverischen Priester

"Für Secundius (?) Priscus,
den Flamen,
den Priester der Roma und
des Augustus, den Magister, den Quaestor
der Stammesgemeinde der Treverer,
den Praefekten der ersten Kohorte der Aresaker."
Die Karriere begann Priscus als ritterlicher Offizier bei
den Hilfstruppen des römischen Heeres am Rhein,
bevor er in einer zweiten Stufe verschiedene Ämter in
der Verwaltung seiner Heimatgemeinde bekleidete.
In seinen priesterlichen Ämtern stieg er in einer letzten Etappe vom obersten Priesteramt in der Stammes-
gemeinschaft der Treverer als *flamen* im Kaiserkult (?)
zu höchsten priesterlichen Ehren in Gallien auf. Mit
seiner Wahl zum Vorsteher und Oberpriester am Altar
der Roma und des Augustus beim seit 12 v. Chr. jähr-
lich in Lyon abgehaltenen Provinziallandtag der drei
gallischen Provinzen (Aquitania, Lugdunensis, Belgica) hatte er eine der größten heute bekannten Lauf-
bahnen eines romanisierten Treverers vollendet.
(Schwinden) Kalkstein. - H. 0,41 m, B. 0,69 m, T. 0,46 m. Inv.
1925,419. *Literatur:* H. Finke, Ber. RGK 17, 1927, 198 Nr. 322. - Gose, Lenus
Mars 88 ff. Abb. 113. - J. Krier/L. Schwinden, Die Merscher Inschrift CIL XIII
4030. Trierer Zeitschrift 37, 1974, 125 f. - Trier - Augustusstadt 250 f. Nr. 101.
- J.-J. Hatt, Les deux sources de la religion gauloise et la politique religieuse des
empereurs romains en Gaule. ANRW II 18,1 417; 420.

34. Heilgott mit Rüstung und Waffen: Mars 34a) Statue des Mars

FO Trier, Tempelbezirk im Alt-
bachtal, 1928. Ende des 2. bis Anfang des 3. Jahrhunderts n. Chr.
Aus zahlreichen Fragmenten ist die größte aller erhal-
tenen Götterstatuen wieder zusammengefügt. Sie
ergeben das Bild eines gepanzerten und bewaffneten
Mars ähnlich dem Vorbild der Kultstatue des Mars
Ultor aus Rom. Der Mantel, das Paludamentum, das
Kurzschwert und die realistische Feldrüstung mit zeit-

typischen Einzelheiten stellen Punkte dar, in denen der einheimische Bildhauer vom Vorbild abgewichen ist. Nach dem
Vorbild müßte der heute verschollene Kopf einen Helm
getragen haben; vergleichbar sind eine Reihe von Bronzestatuetten und Münzdarstellungen, die dieses Bild des Mars
nicht nur in die großen Städte, sondern in jeden Winkel des
römischen Reiches getragen haben.
Dieser kriegerische Mars, der in dieser Gestalt gerne beim
römischen Militär Verehrer fand, wurde im gallo-römischen
Tempelbezirk im Altbachtal jedoch in gänzlich
anderer Funktion angerufen. Insbesondere aus
dem zweiten großen Tempelbezirk in Trier kennen wir Mars als heil- und fruchtbringende gallo-
römische Gottheit. Spätantike Bilderstürmer
mögen sich an dem Kultbild vergangen haben. Die
zahlreichen kleinen Bruchstücke, an mehreren Stellen wie-
derverbaut, legen die absichtliche Zertrümmerung der Sta-
tue nahe. (Schwinden) Kalkstein. - H. rekonstruiert bis zum Hals: 1,70 m. Inv.
1929,318. *Literatur:* Gose, Altbachtal 96 Abb. 181. - LIMC II 1,560 Nr. 424. - Kat. Steindenkmäler Trier 91 ff. Nr. 172 Taf. 45.

Die meisten Bronzestatuetten des Mars aus unserer Region
zeigen den Gott stehend, jugendlich und nackt, mit korinthi-
schem Helm, rechtem Standbein und entlastetem linkem
Spielbein. Die Hand des gewinkelt erhobenen rechten
Armes hielt die einzeln gefertigte und meist verlorene Lanze.
Nur selten blieb das Schwert in der linken Hand erhalten.
Obwohl uns die Darstellungen die griechische bzw. römische
Vorstellung des kriegerischen Mars vermitteln, wissen wir
doch, daß ein anderer Aspekt des Gottes im Treverergebiet
im Vordergrund stand: Er wird hier meist mit dem keltischen
Gott Lenus gleichgesetzt, einem Heilgott, dessen kriegeri-
scher Aspekt für uns durch diese Kombination deutlich wird.

34b) Bronzestatuette des Mars FO Neumagen (Kreis Bernkastel-Wittlich), 1959. 2.-3. Jahrhundert n. Chr. Die Statuette aus Neumagen zeigt den jugendlichen nackten Mars mit korinthischem

Helm. Die linke Hand, der rechte Fuß mit einem kleinen Teil des Unterschenkels und der linke Unterschenkel von unterhalb des Knies an fehlen. Durch die Reinigung ist die Oberfläche etwas angegriffen und rauh.

Trotz der Beschädigungen ist der kontrapostische Stand, hier mit entlastetem rechtem Bein, klar erkennbar. Der rechte Arm ist gewinkelt erhoben. Die Hand hielt die Lanze. Wohl auch die Hand des linken, leicht gewinkelt vorgestreckten Armes faßte ursprünglich ein Attribut. Die Blickrichtung geht nach links und etwas nach unten. Eine kleine, detailreiche Sphinx stützt den hohen Busch des korinthischen Helms. In Kaltarbeit sind seine Federn fein gegliedert. Unter dem Rand des Helmes quellen voluminöse Haarlocken hervor. (Faust) Bronze. - H. 23,2 cm. Inv. 1959,49. *Literatur:* Trierer Zeitschrift 27, 1964, 260 f. Taf. 47. - Menzel, Bronzen Trier 7 Nr. 12 Taf. 6-8 (mit falscher Inventarnummer). - D. G. Mitten/S. F. Doeringer, Master Bronzes from the Classical World (Mainz 1967) 275 Nr. 267 (mit falscher Inventarnummer). - Schindler, Führer 40 Abb. 118. - E. Simon, LIMC II 1 (Zürich/München 1984) 519 Nr. 83; LIMC II 2 (Zürich/München 1984) 389 Nr. 83 s. v. Ares.

34c) Bronzestatuette des Mars FO Winringen (Kreis Bitburg-Prüm), 1886. In der Haltung der Arme entspricht eine deutlich kleinere Marsstatuette aus Winringen in der Eifel dem Neumagener Exemplar. Allerdings belastet diese das rechte Bein und stellt das linke entlastet zur Seite. Trotz geringerer Größe und Qualität der Ausführung ähnelt sie jenem auch in der Wiedergabe des Haares und des Helmes; letzterem fehlt allerdings die kleine Sphinx. Während die Lanze in der rechten Hand wie üblich einzeln gefertigt war und verloren ging, wurde das von der linken Hand gehaltene Attribut hier mitgegossen und blieb unbeschädigt erhalten: Ein Schwert, dessen Griff von der linken Hand gehalten wird, liegt mit einer Seite der breiten Schneide in der Beuge des Armes und endet an der Außenseite des linken Oberarmes.

Seltener sind Bronzestatuetten des bärtigen gepanzerten

Zwei Religionen treffen aufeinander-
Die gallo-römische Götterwelt
192

34a) Statue des Mars

34b-d) Bronzestatuetten des Mars

Zwei Religio-
nen treffen
aufeinander-
Die gallo-römi-
sche Götterwelt
193

Mars. Diese Darstellungen gehen auf eine römische Neuschöpfung augusteischer Zeit zurück, nämlich auf das Kultbild des im Jahre 2 v. Chr. auf dem Augustusforum in Rom geweihten Tempels des Mars Ultor. Diesen hatte Augustus vor der Schlacht gegen die Caesarmörder bei Philippi (42 v. Chr.) dem Rächer Mars gelobt. (Faust) Bronze. - H. 14 cm. Inv. 12022. *Literatur:* Westdeutsche Zeitschrift 6, 1887, 310. - Hettner, Ill. Führer 87 Abb. S. 86 Nr. 3. - K. A. Neugebauer, Bonner Jahrbücher 147, 1942, 231 Nr. 27 Taf. 23,3. - Menzel, Bronzen Trier 10 f. Nr. 20 Taf. 9.

34d) Bronzestatuette des Mars FO Bitburg (Kreis Bitburg-Prüm), 1955. Die kleine Statuette aus Bitburg, dem antiken Vicus Beda, gibt das monumentale Kultbild stark vereinfacht wieder. Der Gott steht fest auf dem rechten Bein und hat das linke, dessen Fuß heute fehlt, gebeugt zurückgestellt. Der rechte Arm ist gewinkelt erhoben. Die jetzt abgebrochene Hand hielt die Lanze. Ob auch die linke Hand ein Attribut hielt, läßt sich nicht mehr feststellen. Über dem Untergewand und einem Lederkoller liegt der in Kaltarbeit sparsam verzierte Muskelpanzer mit Laschen am unteren Rand und an den Armöffnungen. Auf dem Kopf trägt Mars sein wichtigstes Attribut, den Helm, dessen Federbusch teilweise weggebrochen ist. (Faust) Bronze. - H. 9 cm. Inv. 1955,907. *Literatur:* Trierer Zeitschrift 24/26, 1956/1958, 539 Taf. 15. - Menzel, Bronzen Trier 13 Nr. 26 Taf. 11. - E. Simon, LIMC II 1, 517 Nr. 40; LIMC II 2, 387 Nr. 40, s. v. Ares.

34e-j) Kleinformatige Bronzestatuetten des Mars Eine Anzahl kleiner, schlichter Bronzen wurde 1899 im Tempelbezirk von Dhronecken bei Thalfang (Kreis Bernkastel-Wittlich) im Hunsrück gefunden. Es handelt sich um sechs Statuetten des Mars im beschriebenen Typus, eine der Minerva und die eines Knäbchens (vielleicht Merkur), die zwischen 5,5 und 7,6 cm groß sind und sicher in einer Werkstatt hergestellt wurden (Hettner, Drei Tempelbezirke 47 f. Taf. V 2-9; hier Kat. 34 g, j). Leider gingen einige im Krieg verloren. Weitere Beispiele mit unbekanntem Fundort

gehören gleichfalls zu diesen einfachen Weihegaben (Kat. 34 e, f, h, i). Bei einer Statuette blieb die einzeln gefertigte Lanze erhalten. Auf die Angabe des Attributes in der linken Hand wurde verzichtet.

Die vergleichsweise große Zahl solch preiswerter Weihegaben zeigt die Volkstümlichkeit der von den Römern mit Mars geglichenen keltischen Gottheit und bestätigt die von Caesar betonte Bedeutung. (Faust) **e)** FO unbekannt. Bronze. - H. 6,8 cm. Inv. G O 38. *Literatur:* K. A. Neugebauer, Bonner Jahrbücher 147, 1942, 232 Nr. 44. - Menzel, Bronzen Trier 9 Nr. 18 Taf. 9. **f)** FO unbekannt. Bronze. - H. 7 cm. Inv. G O 37. *Literatur:* K. A. Neugebauer, Bonner Jahrbücher 147, 1942, 231 Nr. 21. - Menzel, Bronzen Trier 8 Nr. 15 Taf. 8. **g)** FO Dhronecken (Kreis Bernkastel-Wittlich), Tempelbezirk, 1899. Bronze. - H. 6 cm. Inv. 1899,646. *Literatur:* Hettner, Drei Tempelbezirke 47 Taf. V 3. **h)** FO unbekannt. Bronze. - H. 7,5 cm. Inv. G O 39. *Literatur:* K. A. Neugebauer, Bonner Jahrbücher 147, 1942, 231 Nr. 19. - Menzel, Bronzen Trier 9 Nr. 17 Taf. 9. **i)** FO unbekannt. Bronze. - H. 6,5 cm. Inv. G O 40. *Literatur:* K. A. Neugebauer, Bonner Jahrbücher 147, 1942, 231 Nr. 20. - Menzel, Bronzen Trier 9 f. Nr. 19 Taf. 9. **j)** FO Dhronecken (Kreis Bernkastel-Wittlich), Tempelbezirk, 1899. Bronze. - H. 5,5 cm. Inv. 1899,644. *Literatur:* Hettner, Drei Tempelbezirke 47 Taf. V 1.

34k) Terrakottastatuette des Mars FO Trier, Tempelbezirk im Altbachtal, Nischenkeller, 1929. Eine Terrakotte des stehenden Mars aus dem Altbachtal stellt die Umwandlung einer Jupiterdarstellung mit Mantel und Zepter durch Hinzufügen des Helmes und Ersetzen des Blitzbündels in der rechten Hand durch einen Schild dar. Zepter und Lanze unterscheiden sich in der Darstellung ohnehin nicht. (Faust) Weißer Ton. - H. 13,8 cm. AT FNr. 7461. *Literatur:* Gose, Altbachtal Abb. 388,16. - van Boekel, Terracotta figurines 236 Abb. 23 a.

34l) Terrakotte des Mars FO Trier, Ecke Gilbertstraße/Barbaraufer, 1902. Nur in Terrakotta begegnet uns der Gott in unserem Denkmälerbestand auf einem Thron sitzend. Die Darstellung thronender Götter in

ZweiReligionen treffen aufeinander-
Die gallo-römische Götterwelt
194

34e-j) Kleinformatige Bronzestatuetten des Mars oben l. 34e), oben r. 34f), mitte l. 34g), mitte r. 34h), unten l. 34i), unten r. 34j)

34k-l) Terrakotten des Mars

diesem Material erfreute sich in unserem Gebiet allgemein großer Beliebtheit.

Mars trägt einen kleinteiligen Schuppenpanzer mit Gürtel (Balteus). Zu seiner Linken steht ein runder Schild mit Buckel, dessen oberen Rand er mit der Hand festhält, neben dem Sitz auf dem Boden. Besondere Sorgfalt wurde hier auf die Angabe der die Vorderseite der Unterschenkel bedeckenden Beinschienen verwendet. Sie bilden metallene Vorbilder mit Masken (Gorgoneia?) in Höhe der Knie über einem Rankendekor nach. Leider fehlt dieser Terrakottastatuette der Kopf. (Faust) Weißer Ton. - H. noch 13,1 cm. Inv. ST 5915.

34m) Bronzeplatte mit Weihinschrift an Lenus Mars und Viktoria FO Trier, Krahnenstraße, Mutterhaus, 1931. 2. Jahrhundert n. Chr. Die kleine, fast quadratische Inschriftplatte aus Bronze trägt eine sorgfältig ausgeführte Weihinschrift: *Leno Marti/et Victoriae/Q(uintus) Asicius/Centaurus/v(otum) s(olvit) l(ibens) m(erito)*. "Dem Lenus Mars und der Viktoria. Quintus Asicius Centaurus erfüllte sein Gelübde gern und nach Verdienst". (Faust) Bronze. - B. 9,3 cm, H. 9,6 cm. Inv. 1931,20. *Literatur:* Bericht der Römisch-Germanischen Kommission 27, 1937, 9. - H. Merten, Trierer Zeitschrift 48, 1985, 62 Abb. 15.

34n) Bruchstück einer Bronzeplatte mit Weihinschrift an Lenus Mars Arterancus FO Fließem (Kreis Bitburg-Prüm), *villa rustica* Otrang, 19. Jahrhundert. 2. Hälfte des 2. bzw. Anfang des 3. Jahrhunderts n. Chr. Beschädigt blieb eine Bronzeinschrift auf glatter Platte erhalten, die im letzten Jahrhundert im Bereich der *villa rustica* von Otrang gefunden wurde. Die Weihung gilt dem Lenus Mars mit dem zusätzlichen Beinamen Arterancus. (Faust) Bronze. - B. noch 10,2 cm, H. noch 8,6 cm. Inv. Reg c 239. *Literatur:* CIL XIII 4137. - W. Binsfeld, Hémecht 26, 1974, 217. - H. Merten, Trierer Zeitschrift 48, 1985, 83 Abb. 21.

35. Dem Herrn der Äcker und Ähren errichtet: Weihedenkmal des Mars Intarabus FO Ernzen (Kreis Bitburg-Prüm), 1964. Frühes 2. Jahrhundert n. Chr. Auf der Höhe des Ferschweiler Plateaus, in der Ortschaft Ernzen, wurden die Reste eines dem Mars Intarabus geweihten Denkmals gefun-

34m) Bronzeplatte mit Weihinschrift an Lenus Mars und Viktoria

34n) Bruchstück einer Bronzeplatte mit Weihinschrift an Lenus Mars Arterancus

den. Am Ort wurden anhand der ins Landesmuseum überführten Bruchstücke neben den römischen Fundamenten ein Baldachin und ein Altar rekonstruiert. Nach neuerer Forschung müssen die Architekturreste jedoch zu einer einzigen Ädikula verbunden werden, in der wahrscheinlich als Relief das Bild des Gottes dargestellt war, dessen Name die zur Hälfte erhaltene Inschrift nennt: [..... IN]TARABO. Auch der Name des Weihenden blieb erhalten. Es handelt sich um einen *Lucius Germanius*, der auf eigene Kosten - *sua inpensa* - eine Weihung vornahm: *dono(um) dedit*. Der geweihte Gegenstand wird wohl in der Inschrift als *aedicula* bezeichnet. Das Wort fehlt zwar, wie auch die erste Hälfte des Gottesnamens, ist aber sicher ergänzbar. Die Ergänzung stimmt auch mit der archäologischen Definition des monumentalen Bildstockes überein.

Der treverisch-keltische Gott Intarabus ist mit dem italischen Mars zu identifizieren, wie eine Inschrift aus Trier bezeugt.

Dies begründet auch die Ergänzung der ersten Wörter der Inschrift, die wahrscheinlich ursprünglich Marti Intarabo lauteten.

Vom bildhauerischen Schmuck des Weihedenkmals blieb außer dem Dekor der Gesimse und der Darstellung eines zweihenkligen Gefäßes *(cantharus)* im Giebelfeld, das seitlich mit Ranken geziert ist, nichts erhalten. Leider ist auch das Kultbild, das man sich wahrscheinlich als Relief vorstellen muß, spurlos verschwunden.

Ein Bildstock des Mars in dieser sicherlich bereits in der Antike landwirtschaftlich genutzten Hochfläche erstaunt zunächst. Macht man sich jedoch bewußt, daß im alten Rom Mars nicht nur als streitbarer Kriegsgott verehrt wurde, sondern auch als Schützer der Felder, so verwundert diese Kultstätte nicht. Seine Rolle als Patron der Landwirtschaft wird besonders deutlich,

ZweiReligio-
nen treffen
aufeinander-
Die gallo-römi-
sche Götterwelt
197

35 Weihedenkmal des Mars Intarabus

wenn man sich vergegenwärtigt, daß der Monat März (*mensis martius* - der dem Mars geweihte Monat) seinen Namen trägt; es ist übrigens der einzige Monat neben dem Januar, der einem Gott seinen Namen verdankt.

Der ältere Cato (234-149 v. Chr.) überliefert ein in diesem Zusammenhang eindrucksvolles Gebet (de agricultura 141,2): "Vater Mars, ich bete zu dir und bitte dich, daß du mir, meinem Heim und Haushalt gnädig und geneigt sein wollest, zu welchem Zweck ich daher befohlen habe, Schwein, Schaf und Stier um meinen Acker, mein Land und meinen Hof zu führen, damit du Krankheiten, sichtbare und unsichtbare, Unfruchtbarkeit und Verwüstung, Mißwachstum und Seuchen sowie Unwetter verhindern, abwehren und ausrotten wollest, damit du der Ernte und den Früchten der Erde, den Weinreben und Sträuchern zum Wachstum und Blühen verhelfen und den Hirten und ihren Herden Sicherheit gewähren und mir und unserem Heim und Haushalt Wohlstand schenken wollest."

Daß die Identifikation des Intarabus und auch des Lenus (vgl. Kat. 33) - beide werden als Schützer der Quellen und Heilgötter verehrt - mit dem italischen Mars möglich war, geht aus dem zitierten Gebet hervor; dessen Aussagekraft für das religiöse Verständnis des Marskultes der Kaiserzeit wird zwar meist angezweifelt, aber gerade diese, im keltischen Raum reich bezeugten Identifikationen beweisen, daß Mars auch weiterhin ebenfalls als Schutz- und Heilgott angefleht wurde.

Für die vollständige inhaltliche Identität der italischen und der keltischen Gottheit spricht auch, daß der keltische Heilgott wie der italische Mars nur in Waffen dargestellt werden. Keine neue Bildnisform, nicht einmal zusätzliche Attribute, wie bei Apollo Grannus, verändern das italische Gottesbild. Daher erläutert die keltische Gottesverehrung die italische und bezeugt, daß auch der römische Gott nicht nur ein rei-

ner Kriegsgott war. (K.P. Goethert) Sandstein. - H. ca. 5,80 m. Inv. 1964,120. *Literatur:* H. Cüppers, Aedicula des Intarabus bei Ernzen. Trierer Zeitschrift 36, 1973, 89-101. - Merten, Mars 96. - Kat. Steindenkmäler Trier 97 Nr. 182 Taf. 47. - J. Krier, Hémecht 44, 1992, 77. Zur Form der rekonstruierten Ädikula: Les dieux de la Gaule romaine. Ausstellungskatalog Luxemburg (Luxemburg 1989) 70 f. Nr.48.

36. Kultbild in der Kapelle: Aedicula mit einer Muttergöttin

FO Trier, Tempelbezirk im Altbachtal, vor dem Umgangstempel an der Altbachbrücke, 1928. 2. Jahrhundert n. Chr. Kaum ein römisches Bauwerk und kein Tempel sind in den nordwestlichen Provinzen des römischen Reiches bis zur Dachhöhe erhalten geblieben. Dies bedeutet, daß Tempel nach archäologischen Befunden in ihrem Grundriß sehr wohl bekannt sind, kaum jedoch in der Gestalt ihres aufgehenden Mauerwerkes. Wertvolle Hinweise hierzu geben nun kleinere antike Nachbildungen in Stein, sogenannte "Haussteine".

Die Aedicula aus dem Altbachtal weist eine fast quadratische Cella auf; im Relief angedeutet tragen an den Ecken Pilaster mit Basis und Kapitell Architrave und das vorspringende Satteldach. Die Seitenwände zeigen reliefartig bis zum Boden reichende, bogenförmige Rücksprünge oder Öffnungen; das berührt die nicht unbedeutende Frage nach mehr oder weniger großen Fensteröffnungen in den Seitenwänden. Das Dach ist weiter vorgezogen und ruhte ursprünglich auf zwei Pfeilern oder Säulen. In die Eingangsseite ist eine Nische eingearbeitet, in der als eigentliches Kultbild der Cella eine Muttergöttin mit Schale und eventuell einem begleitenden Hündchen sitzt.

Es gibt nicht alleine weitere vergleichbare Haustiere aus unserer Region. Ebenso ist der Typus dieses Heiligtums einer quadratischen Cella mit säulengetragenem Vordach gut bekannt, so auch aus dem Trierer

36 Aedicula mit einer Muttergöttin

Tempelbezirk im Altbachtal selbst. Diese Form für kleinere Kapellen gehört zu den ältesten gallo-römischen Tempeltypen. (Schwinden) Kalkstein. - H. 0,38 m, B. 0,21 m, T. 0,31 m. Inv. ST 13879. *Literatur: Gose, Altbachtal 5 Abb. 36. - Kat. Steindenkmäler Trier 134 Nr. 270 Taf. 63. - L. Schwinden, Der römische Tempelbezirk von Niedaltdorf/Ihn: Kultzentrum oder Villenheiligtum? Trierer Zeitschrift 58, 1995, 305.*

37. Pfeiler und Bögen im klassischen Stil: Architekturteile des Tempels am Herrenbrünnchen

Bei Museumsgrabungen 1909/10 entdeckte man am Hang oberhalb des Altbachtales, östlich des Tempelbezirkes, Fundamentmauern von beachtlicher Stärke und zahlreiche Architekturstücke. Die näheren Untersuchungen ergaben, daß sich an dieser Stelle in den Hang gebettet einst ein von NO nach SW orientierter Tempel in klassisch griechisch-römischer Bauweise - ähnlich der Maison Carée in Nîmes - erhob. Dem rechteckigen Hauptraum (*cella*) war eine Vorhalle (*pronaos*) aus sechs Säulen mit korinthischen Kapitellen vorgesetzt. Von dieser Vorhalle führte eine Treppenanlage, in die auch der Altar eingebettet war, in das Tal hinab. Welcher Gottheit der Tempel geweiht war, geben die Funde leider nicht zu erkennen. Nahe der südlichen Schmalseite des Tempels förderte man zahlreiche Architekturstücke (Gesims- und Architravbruchstücke) und skulptierte Bogenfragmente zutage, die sich noch vier Bögen zuweisen lassen. Deren Gesamtbreite mißt 11,22 m. Die Bogenstellung erhob sich vielleicht als Säulenhalle (*porticus*) in geringem Abstand südlich der Rückseite des Tempels. Der Zuschnitt der einzelnen Blöcke erlaubt eine genaue Plazierung, so daß sich das Aussehen der Bögen und der Pfeiler rekonstruieren läßt.

Aus Gründen des Platzmangels hat man die Fragmente bei der Aufstellung im Museum auf nur drei Bögen reduziert. Eine Rekonstruktionszeichnung gibt die richtige Unterbringung der einzelnen Fragmente wieder. Die Bögen ruhten auf den Kämpferkapitellen der Pfeiler, die die einzelnen Bögen

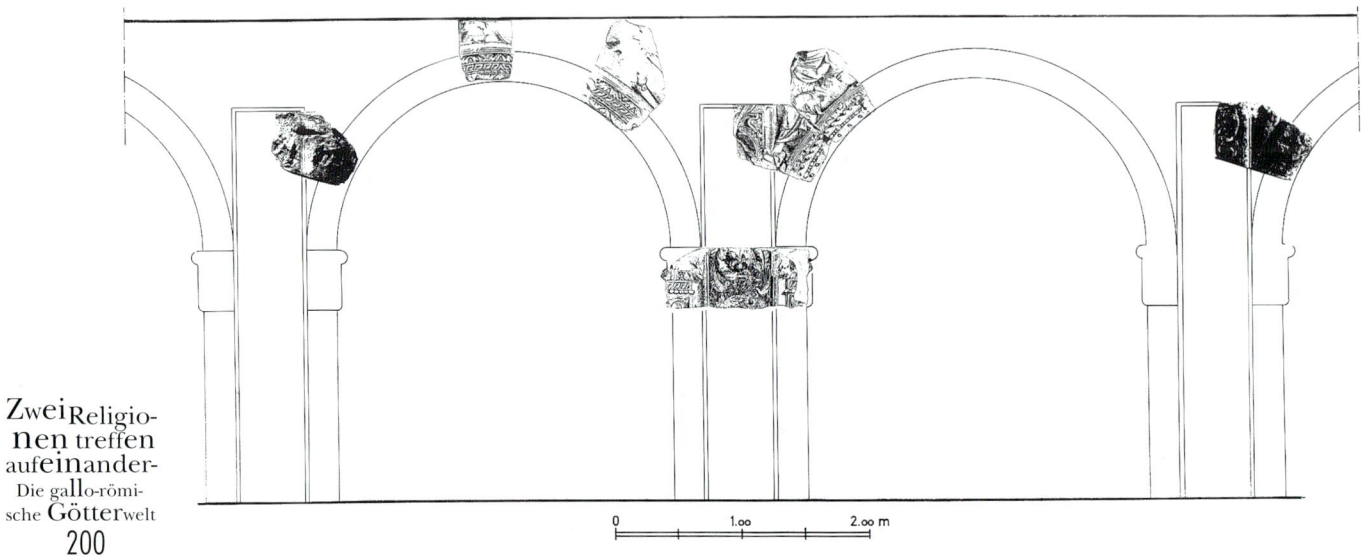

0   1.oo   2.oo m

37 Architekturteile des Tempels am Herrenbrünnchen
und Rekonstruktion (oben).

38 Weihung einer Tempelküche

voneinander trennen. Die Mitte der Pfeiler nehmen flache, von Profilleisten gerahmte Pilaster ein, die mit einer üppigen Blattranke und Vögeln verziert sind. Auf ihnen ruhte ein korinthisches Kapitell, das den gegliederten Architrav und den darauf ruhenden Fries trug. Die vier Rahmenleisten eines jeden Bogens sind mit Ornamenten ausgefüllt, die offenbar von Bogen zu Bogen unterschiedlich ausgeführt waren. Die Steinlagen über den Bögen und zwischen den Pfeilern und der Fries zeigten figürliche Darstellungen. Die Rückseite der Bogenstellung blieb dagegen unverziert. Hier rahmten jeweils glatte Leistenbänder die Bögen, und die darüberliegenden Flächen sind nur grob geglättet. Zwei Blöcke lassen sich der ersten Bogenstellung zuweisen (Gose Nr. 1 und 2). Die Bogenrundung der Vorderseite ist mit vier schmalen Ornamentbändern verziert, die aus Kelchbättern (Kyma), Perlstab (Astragal), schräg gestellten stilisierten Blättern und hängenden Kelchblättern (Kyma) bestehen. Von der darüber folgenden figürlichen Darstellung gewinnen wir leider anhand der Fragmente kein vollständiges Bild. Über der Mitte des Bogens schreiten zwei langbeinige Vögel nach rechts, während auf der rechten Hälfte ein zur Mitte gewandter Knabe lag. Dieser ist auch aus Gründen der Symmetrie links zu ergänzen. Ein ausgestreckter Arm - die Hand hält eine Weintraube - gehört offensichtlich zu dieser Figur (Jahreszeitengenius?). Zwei aneinanderpassende Blöcke stammen von der linken Seite des zweiten Bogens (Gose Nr. 3). Der untere Block umfaßt noch ein Stück des Pilasters. Geschickt der Wölbung des Bogens angepaßt lagerte hier eine halbnackte Frauengestalt, die ihren Mantel um ihre Beine geschlungen hatte und ihn mit dem abgespreizten rechten Arm emporhielt. Die linke Hand umfaßt eine

Schlange. Ihre Füße ruhen auf Felsgestein, das den Bogenzwickel ausfüllt. Auf der Gegenseite ist eine gleichartig gelagerte Gestalt zu ergänzen.

Zu einer dritten Bogenstellung muß ein weiterer Block gehören, der sich in den linken Bogenzwickel mit angrenzendem Pilasterstreifen einpassen läßt (Gose Nr. 5). Ein nacktes Bein, das von einem wadenhohen Stiefel bekleidet ist, ragt in den Zwickel hinein. Eine ebenfalls stehende Figur müssen wir an der Gegenseite im rechten Zwickel annehmen. An einem weiteren Block (Gose Nr. 6) - er ist an einer vierten Bogenstellung unterzubringen - ist ein Teil des gerahmten und mit Rankenwerk verzierten Mittelpfeilers erhalten. Die abgeschlagene Fläche rechts vom unverzierten, nur grob geglätteten Bogenzwickel zeigt, daß hier eine weitere Pfeilerstellung rechtwinklig dagegenstieß. Auf einem fragmentarischem Block der Frieszone der Portikus sehen wir einen nach rechts stürmenden Hirten mit Knotenstock, vor dem ein großer Hund ein Rind wütend ankläfft (Gose Nr. 11; Schindler, Führer Abb. 146). Die Portikus wird wohl in der 1. Hälfte des 2. Jahrhunderts errichtet worden sein, wie man aufgrund der Ausführung der Reliefs annehmen möchte. (Goethert) Kalkstein. Inv. 1912,393-418, 1912,460. *Literatur*, E. Gose, Der Tempel am Herrenbrünnchen in Trier. Trierer Zeitschrift 30, 1967, 82-100. -. Merten, Mars 104-106. M. Trunk, Römische Tempel in den Rhein- und den westlichen Donauprovinzen. Forschungen in Augst 14, 1991, 132-134.

38. Mit vereinten Kräften saniert: Weihung einer Tempelküche
FO Trier, im Bereich Einmündung Römerstraße in Aachener Straße, 1808. Ende des 2. oder Anfang des 3. Jahrhunderts n. Chr.

Nicht ungewöhnlich und in Italien noch besser belegt sind Tempelküchen. Die inschriftliche Weihung einer *culina* als Tempelküche an den allerhöchsten Jupiter ist allerdings der einzige inschriftliche Nachweis aus den nordwestlichen Provinzen des römischen Reiches.
Der Inschriftstein, der eine Frucht der ersten archäologi-

Zwei Religionen treffen aufeinander
Die gallo-römische Götterwelt
201

schen Ausgrabung der Gesellschaft für nützliche Forschungen 1808 ist, war ursprünglich weiter erhalten (gesicherte Buchstaben fett):

[In h(onorem)] d(omus) d(ivinae) I(ovi) o(ptimo) m(aximo)

> *[et vico **Vocl**]annionum culinam*
> *[vetus**tate**] conlabsam infra-*
> *[scripti de su]o restituerunt*
> *[—ius **C**]aupo Iulius Statianus*
> *[—ius **S**]aturninus Sattonius*
> *[—]cionius Axillius*
> *[—]imitius Sattonius*
> *[—]ollius Secco Pardius*
> *[—]incius Ursinus*
> *[— Pa]rdius Afer*
> *[—]us Quartius*
> *[—]inus*

Zwei Religionen treffen aufeinander -
Die gallo-römische Götterwelt
202

"Zu Ehren des göttlichen Kaiserhauses, für den besten und höchsten Jupiter und für die Siedlung der Voclannier haben eine Küche, die aus Altersgründen verfallen war, auf eigene Kosten wiederhergerichtet die nachstehend genannten ...ius Caupo, Julius Statianus, ...ius Saturninus, Sattonius..., ...cionius Axillus, ...imitius, Sattonius, ...ollius Secco, Pardius..., ...incius Ursinus, ... Pardius Afer, ...us, Quartius..."

Die Inschrift stammt aus einem Bereich mit mehreren Weihedenkmälern des Vicus der Voclannier an der westlichen Moselseite vor der Stadt. Wie die meisten Tempelküchen betreffende Inschriften bezieht sie eine Götterweihung mit ein. Die ebenso bekannten Friedhofsküchen sind dagegen naturgemäß niemals mit einer Weihung an eine Gottheit verbunden. (Schwinden) Sandstein. - H. 0,93 m, B. 0,80 m, D. 0,15 m. Inv. G 88.
Literatur: Hettner, Steindenkmäler 35 Nr. 44. - CIL XIII 3650. - Kyll, Weihe- und Votivgaben 15ff. - Kat. Steindenkmäler Trier 68 f. Nr. 118 Taf. 37.

39. Triumph des Himmelgottes: Jupitergigantensäulen

gehören zu den in Südwestdeutschland (Obergermanien) und im Mosel-Saar-Naheraum am meisten geweihten religiösen Denkmälern des 2. und 3. Jahrhunderts n. Chr. Sie setzen sich in der Mehrzahl aus Postamenten mit vier Götterfiguren (Viergöttersteine), Zwischensockeln, Schuppensäulen mit korinthischem Kapitell und darauf befindlicher Statuette eines Reiters, der über einen gestürzten Giganten hinweggaloppiert, zusammen.

Geweiht wurden diese Denkmäler, wie aus den Inschriften hervorgeht, meistens dem Jupiter Optimus Maximus, aber auch Juno Regina wird genannt. Zusammen mit der Säule wurde ein Altar gestiftet. Als Aufstellungsorte bevorzugte man Heiligtümer und die Nähe von Gutshöfen oder Villen.

Die Viergöttersteine geben in der Regel Juno, Minerva, Merkur und Herkules wieder. Diese Anordnung spielt auf die zentrale Gruppierung der Götter im Giebel des Kapitolinischen Jupitertempels in Rom an (vergleiche hier auch "Kapitolinische Trias" und "thronender Jupiter" Kat. 2-3). Dort thronte im Zentrum Jupiter, zu seiner Rechten befanden sich Minerva und Herkules, zu seiner Linken Juno und Merkur.

Die Schuppen der Säule werden als eine stilisierte Form der Blätter des Lorbeerbaumes angesehen, der neben der Eiche dem Jupiter heilig war. Der sich auf der Säule erhebende Reiter stellt zweifellos Jupiter dar, dem auch die Weihung gilt. Sein niedergeworfener Gegner, ein Gigant, ist ein in der griechisch-römischen Kunst verwurzeltes mythologisches Thema. Auf einigen Denkmälern hält der Reiter ein Rad im Arm; hier wird deutlich, daß Jupiter mit dem im keltischen Gebiet vorkommenden einheimischen "Radgott" gleichgesetzt wurde. Es wird auch angenommen, daß die Jupitergigantengruppe in leicht veränderter Form auf jene Bekrönung - nämlich einen die Quadriga über einen Giganten hinweglenkenden Jupiter - anspielt, die auf dem Giebelfirst des kapitolinischen Tempels gestanden hat.

Die große Verbreitung der Jupitergigantensäulen darf als bedeutender Erfolg der römischen Staatspropaganda gewertet werden, der es nicht nur gelungen war, dem obersten Himmels- und Reichsgott, Jupiter Optimus Maximus, eine ihm würdige Kultstätte in jeder wichtigen römischen Stadt im jeweiligen Kapitolstempel zu schaffen, sondern ihm auch in ländlichen Gebieten einen großen Verehrerkreis durch die Einführung einer neuen Denkmälergattung zu erschließen und damit die Präsenz Roms auch außerhalb der Städte eindrucksvoll zu bekunden. Daß zuweilen Gleichsetzungen mit dem "Radgott" erfolgten, verwundert nicht, da solche Vermischungen bei den meisten einheimischen Gottheiten zu beobachten sind.

Eine vollständige Jupitergigantensäule ist im Trierer Gebiet bisher nicht gefunden worden. Zahlreich sind jedoch die entdeckten Einzelteile, von denen die 14 Viergöttersteine die bedeutendste Gruppe bilden. Die Mehrzahl dieser Stücke entdeckte man in Kirchen verbaut.

15 Fragmente von Jupitergigantenreitern wurden im Trierer Land geborgen, von denen vier nachweislich in Heiligtümern zutage kamen. Vier Fragmente aus dem Trierer Stadtgebiet grub man im Tempelbezirk des Altbachtales aus. 21 Teile von Schuppensäulen können angeführt werden, von denen fünf aus der Stadt Trier stammen. (Goethert) *Literatur:* Die Jupitersäulen in den germanischen Provinzen. G. Bauchhenß, Die Jupitergigantensäulen in der römischen Provinz Germania superior; P. Noelke, Die Jupitersäulen und -pfeiler in der römischen Provinz Germania inferior. Bonner Jahrbücher, Beih. 41 (Köln 1981). - Heinen, Trier 190. - B. Krause, Trierer Zeitschrift 50, 1987, 454-466.

39a) Viergötterstein FO Trier-Ehrang, Niederstraße, 1890. Ende des 2. Jahrhunderts n. Chr. Der Viergötterstein erhebt sich auf einem profilierten Sockel. Ein Gesims grenzt

den Stein nach oben gegen einen Zwischensockel ab.

Der hochrechteckige Quader trägt innerhalb einer breiten, glatten Rahmenleiste vier Reliefs, auf denen die Götter Juno, Merkur, Herkules und Minerva dargestellt sind.

Juno, mit Diadem, langgewandet, in einen Mantel gehüllt, dessen Saum sie über den Kopf gezogen hat, hält in der Linken ein Zepter, in der Rechten eine brennende Fackel. Neben ihrem rechten Fuß sitzt ein Pfau.

Merkur, nackt, mit einem über Schulter und Arm drapierten Mantel, umfaßt mit der Linken den Caduceus, mit der Rechten einen Geldbeutel. Er trägt den Flügelhut. Links neben ihm befindet sich ein Hahn.

Herkules, mit einem Löwenfell über der Schulter, stützt sich mit der Rechten auf die Keule und hält in der Linken einen Bogen. Das Köcherende ragt über der rechten Schulter empor.

Minerva, langgewandet, mit Mantel und Ägis, stützt sich auf einen Speer und einen Schild. Sie trägt einen Gesichtshelm. Auf ihrer linken Schulter hockt eine Eule.

Das Postament gibt die bei den Viergöttersteinen übliche Abfolge der Götter wieder. Es trug über einem Zwischensockel, den ein abgetreppter Abdeckstein (Gesims) abschloß - von diesem ist noch ein Stück erhalten -, eine Säule mit einem korinthischen Kapitell. Auf diesem erhob sich ein über einen gestürzten Giganten hinwegreitender Jupiter mit Blitz (Jupitergigantenreiter). Reste des Kapitells wurden geborgen. In der Nähe des Monumentes hatte man zwei Gigantenreiter gefunden (hier b-c). (Goethert) Gelblichgrauer Sandstein. - Gesamte H. 2,05 m, H. des Reliefquaders: 1,18 m. Inv. 18090 und 18091. *Literatur:* Hettner, Steindenkmäler 18 ff. Nr. 27-31. - P. Noelke, Jupitersäulen 316f. - Kat. Steindenkmäler Trier 173 f. Nr. 343 Taf. 82.

39b) Jupitergigantenreiter FO Trier-Ehrang, Niederstraße, 1890. Mitte des 2. Jahrhunderts n. Chr. In Trier-Ehrang wurden 1890, zusammen mit einem Viergötterstein (hier a) zwei annähernd gleich große Jupitergigantenreiter gefunden. Sie sind in mehrere Teile gebrochen und unvollständig. Zeitlich trennen beide etwa eineinhalb Jahrhunderte.

Die frühere der Gruppen steht dem Viergötterstein näher. Sie überliefert uns, trotz ihrer Beschädigungen und der stark abgewitterten Oberfläche, die dargestellte Szene deutlicher: Über den Rücken einer menschlichen Gestalt setzt von hinten ein Gepanzerter mit Reitermantel auf sich bäumendem Pferd, dem heute alle vier Beine und ein Teil des Hinterleibs fehlen, hinweg. Der Unterlegene ist bärtig. Sein Mund ist breit aufgerissen; die obere Zahnreihe wurde angegeben. Er stützt sich mit der zur Faust geballten rechten Hand auf der Erde bzw. der schmalen Sockelplatte ab. Sein linkes Bein ist gewinkelt nach vorne geschoben und trägt die Last des Körpers. Das rechte, nach hinten ausgestreckte ist vom Oberschenkel an als Schlange gebildet. Der bärtige Reiter sitzt mit leicht zurückgelehntem Oberkörper und vorgebeugtem Kopf. Seine linke Schulter ist vorgeschoben, die rechte zurückgenommen. Der heute fehlende rechte Arm muß erhoben gewesen sein. Während das linke Bein bis auf den Fuß erhalten blieb, zeigt nur der Umriß am Pferdeleib die Position des rechten. Ausstattungsteile des Pferdes sind hier nicht mehr zu erkennen. (Faust) Sandstein. - H. noch 0,92 m. Inv. 18093. *Literatur:* Kat. Steindenkmäler Trier 74 f. Nr. 128 Taf. 39.

39c) Jupitergigantenreiter FO Trier-Ehrang, Niederstraße, 1890. Ende des 3. - Anfang des 4. Jahrhunderts n. Chr. Beim jüngeren Exemplar sind vom Giganten nur der Kopf, die Schultern und die Arme bis auf die Hände erhalten. Dem Pferd fehlen die Hinterbeine und der größte Teil der erhobenen Vorderbeine. Gut erkennbar ist sein durch eingetiefte Linien angegebenes Geschirr: Halfter, Zügel und durch runde Scheiben verbundene Riemen, die den über einer Decke liegenden Hörnersattel halten. Der Reiter trägt - wie der Gigant - keinen Bart; dies ist für Jupiter ungewöhnlich. Sein im Nacken wulstig gebildetes Haar umschließt den Kopf kappenartig. Die Ränder

39a) Viergötterstein (Merkur)

39b) Jupitergigantenreiter

des kurzen Gewandes mit breitem Gürtel sind, wie die Riemen des Pferdes, durch eingetiefte Linien angegeben.

Die heute ergänzte rechte Hand war bei der Auffindung erhalten. Ihre Position ist durch einen Ansatz am Kopf gesichert.

Die Beine der Giganten - diese sind Söhne der Erdgöttin Gaia - gehen stets von den Hüften an in Schlangen über. In der griechischen Mythologie besiegen die olympischen Götter unter Führung des Zeus, dem der römische Jupiter entspricht, diese urzeitlichen Riesen. Die Darstellung eines gepanzerten, reitenden Jupiter ist in der griechischen und italisch-römischen Kunst undenkbar. Gegen die Giganten kämpft er zu Fuß. Er kann auch im Streitwagen fahrend wiedergegeben werden, wie auch als Bekrönung des Giebels des Kapitolinischen Jupitertempels in Rom.

Dadurch, daß mit zwei Exemplaren der weitverbreiteten Jupitergigantenreiter aber metallene Blitze gefunden wurden (vgl. G. Bauchhenß, Die Jupitergigantensäulen in der römischen Provinz Germania Superior. Bonner Jahrbücher, Beih. 41 [Köln 1981] 227 Nr. 496 Taf. 45,1; S. 238 Nr. 540), ist die Deutung auf Jupiter gesichert. Allerdings mischen sich in diesen Darstellungen keltische Vorstellungen mit den italisch-römischen. Mit dem höchsten römischen Staatsgott wird hier - wie das bisweilen von ihm im linken Arm gehaltene Rad zeigt - ein keltischer Gott gleichgesetzt. (Faust) Sandstein. - H. noch ca. 0,78 m. Inv. 18092. *Literatur:* Kat. Steindenkmäler Trier 73 f. Nr. 127 Taf. 38. (vgl. G. Bauchhenß, Die Jupitergigantensäulen in der römischen Provinz Germania Superior. Bonner Jahrbücher, Beih. 41 [Köln 1981] 227 Nr. 496 Taf. 45,1; S. 238 Nr. 540)

39d) Viergötterstein FO Udelfangen, Gemeinde Trierweiler (Kreis Trier-Saarburg), 1895. 1. Hälfte des 3. Jahrhunderts n. Chr. Das sich über einem mit Blattwerk verzierten Sockel erhebende Postament ist auf allen vier Seiten mit der "kanonischen" Abfolge der Götterfiguren verziert.

Juno, langgewandet, mit Mantel, dessen Saum über den Kopf gelegt ist, hält Zepter und Fackel in den Händen. Gerahmt wird sie

39c) Jupitergigantenreiter

39d) Viergötterstein

von einem Pfau und einem Weihrauchständer (Thymiaterion).

Merkur, nackt, mit Mantel, der über Schulter und Arm drapiert ist, umfaßt den Caduceus und einen Geldbeutel; an seiner Rechten sitzt ein Hahn, neben seiner Linken einst ein Bock oder Widder.

Herkules, nackt, mit Keule und Köcher bewaffnet, hat das Löwenfell um die linke Schulter und den Arm geschlungen.

Minerva, in eine langes Untergewand und einen Mantel gehüllt, trägt einen Helm und stützt sich auf den Speer. Gorgoneion auf der Brust; Schild zur Rechten.

Das schwere Gesims, das den oberen Abschluß des Postamentes bildet, ist mit Blattwerk verziert. Darüber erhebt sich ein achteckiger Quader mit einer Inschrift, die über dem Relief der Minerva beginnt:

CVM/ COL/VM[N/A E]T/ ARA/ POS/VIT.

Über dem Quader erhob sich sicherlich ein Zwischensockel mit der Weihinschrift an Jupiter Optimus Maximus und mit dem Namen des Weihenden. Auf diesem stand dann die Schuppensäule (*columna*) mit der Jupiterfigur. (Goethert) Hellgrauer Sandstein. - H. 1,05 m. Inv. 17955. *Literatur:* Hettner, Steindenkmäler 14 ff. Nr. 25. - P. Noelke, Die Jupitersäulen 328. - Kat. Steindenkmäler Trier 179 f. Nr. 351 Taf. 90.

39e) Viergötterstein mit Juno, Merkur, Herkules und Minerva FO Trier, einst in der Kirche St. Martin, Martinsufer/Ausoniusstraße, 1804. Inv. G 18. *Literatur:* Hettner, Steindenkmäler 31 f. Nr. 41. - Kat. Steindenkmäler Trier 174 f. Nr. 344 Taf. 85.

39f) Viergötterstein mit Juno, Apollo, Herkules FO Arenrath (Kreis Bernkastel-Wittlich), in der ehemaligen Kirche bis 1824 verbaut. Inv. G 37 n. *Literatur:* Hettner, Steindenkmäler 28 Nr. 38. - Kat. Steindenkmäler Trier 175 f. Nr. 345 Taf. 86.

39g) Viergötterstein FO Theley (Kreis St. Wendel). Der Stein stand um die Mitte des 19. Jahrhunderts neben der Kirche. Um die Mitte des 3. Jahrhunderts n. Chr. Die von breiten Rahmenleisten eingefaßten Reliefs erheben sich über einer hohen Sockelzone.

Juno, langgewandet, ist in einen über die linke Schulter und

39e) Viergötterstein mit Juno, Merkur, Herkules und Minerva

39f) Viergötterstein mit Juno, Apollo, Herkules

39g) Viergötterstein mit Jupiter als »Radgott«

um die Hüften drapierten Mantel gehüllt. Die linke Hand hält einen Mantelzipfel, die rechte Hand umfaßt einen wellig geformten, stabartigen Gegenstand, der auf der Rahmenleiste aufliegt.

Minerva, langgewandet mit umgelegtem Mantel, stützt den Speer. Die gesenkte Linke ruht auf dem Schildrand. Sie trägt wie üblich den Helm; auf der Brustpartie ist das Gorgoneion sichtbar. Links neben ihr steht ein Altärchen.

Herkules, unbekleidet, greift mit der Linken in das Löwenfell, das von der Schulter herabhängt, während er die Keule gegen die rechte Schulter lehnt.

Jupiter, der seine am Rücken herabhängende Chlamys über beide Schultern und die Brustpartie drapiert hat, hielt wohl in der Rechten das Zepter, das wie die Attribute der Juno und Minerva auf der Rahmenleiste dargestellt war, während die angewinkelte Linke ein Rad umfaßt.

Während Minerva und Herkules durch die üblichen Attribute eindeutig gekennzeichnet sind, halten Jupiter und Juno Attribute, die den italisch-römischen Gottheiten nicht eigen sind. Den gewundenen Gegenstand, der sich nicht deuten läßt, hält die Göttin auch auf anderen Denkmälern. Auch dort ist ihr der Pfau beigegeben, der die Bennenung Juno ermöglicht.

Der Gott mit dem Rad läßt sich im keltischen Raum häufig auf Denkmälern und in der Kleinkunst nachweisen. Auf Viergöttersteinen begegnet er nur selten, hauptsächlich im östlichen Teil der Provinz Gallia Belgica. Er ist jugendlich nackt mit Rad und Zepter wiedergegeben. Auf anderen Denkmälern hält er auch ein Blitzbündel, und der Adler begleitet ihn. Rad und Blitzbündel schmücken auch Altäre, die eine Weihinschrift an Jupiter Optimus Maximus tragen. Den einheimischen Radgott setzte man folglich mit Jupiter gleich. (Goethert) Roter Sandstein. - H. 0,84 m. Inv. 8411. *Literatur:* Hettner, Steindenkmäler 29 f. Nr. 40. - Kat. Steindenkmäler Trier 182 f. Nr. 355 Taf. 93.

39h) Viergötterstein mit Juno, Merkur, Herkules und Minerva FO unbekannt. Inv. G 37 y. *Literatur:* Hettner, Steindenkmäler 25 f. Nr. 35. - Kat. Steindenkmäler Trier 181 Nr. 353 Taf. 92.

39i) Viergötterstein mit Juno, Minerva, Vulkan und Apollo FO Welschbillig (Kreis Trier-Saarburg), 1850 in der alten Burg entdeckt. Inv. G 37 υ. *Literatur:* Hettner, Steindenkmäler 26 f. Nr. 37. - Kat. Steindenkmäler Trier 178 Nr. 349 Taf. 88.

39j) Viergötterstein mit Juno, Vulkan, Herkules und Minerva FO unbekannt. Inv. G 37 x. *Literatur* : Hettner, Steindenkmäler 26 Nr. 36. - Kat. Steindenkmäler Trier 180 f. Nr. 352 Taf. 91.

39k) Viergötterstein mit Juno und Herkules FO Messerich (Kreis Bitburg-Prüm), 1852 unter dem Hochaltar der Kirche entdeckt. Inv. G 37 μ. *Literatur* : Hettner, Steindenkmäler 28 f. Nr. 39. - Kat. Steindenkmäler Trier 181 f. Nr. 354 Taf. 92.

40. Märchenhaft verliebt: Armor und Psyche

40a) Terrakottadarstellung von Amor und Psyche

FO Dhronecken (Kreis Bernkastel-Wittlich), Tempelbezirk, 1899. 3. Jahrhundert n. Chr. Ein geflügeltes, sich küssendes Paar ist reliefartig auf der Vorderseite der hohlgegossenen Terrakotte dargestellt. Bis auf die Angabe der Frisuren ist die Rückseite glatt. Der Knabe ist nackt, das Mädchen mit einem gegürteten Gewand bekleidet, das wie vom Wind erfaßt nach hinten flattert und die Beine entblößt. Ihr rechter Arm hängt entspannt herab; die Hand hält einen Kranz. Ihr Partner umfaßt sie mit seinem linken Arm.

Diese einfache Darstellung zitiert die in römischer Zeit beliebte dekorative Gruppe des Amor und der Psyche. Psyche, die personifizierte Seele der griechisch-römischen Mythologie, wird allerdings meist mit Schmetterlingsflügeln dargestellt. Beim Kranz handelt es sich eigentlich um ein Attribut der Siegesgöttin Viktoria. Weißer Ton. - H. 18,3 cm. Inv. 1899,746 a. *Literatur:* Hettner, Drei Tempelbezirke 69 Nr. 160 Taf. X 26. - Römer an Mosel u. Saar 153 f. Nr. 90 g. - van Boekel, Terracotta figurines 271 Abb. 32.

40b) Terrakottadarstellung von Amor und Psyche

FO Dhronecken (Kreis Bernkastel-Wittlich), Tempelbezirk, 1899. 3. Jahrhundert n. Chr. Der Kranz fehlt einer weiteren Darstellung desselben Motivs. Hier berührt Psyche mit den rechten Hand den Unterarm ihres Gefährten. Dadurch, daß man die Form, aus der die Terrakotte gewonnen wurde, nachgeschnitten hat, sind die Details - vor allem an Flügeln und Haar - linear und scharf. Kleine Ösen zwischen Nacken und Flügelansatz erlaubten das Aufhängen der kleinen Gruppe.

Da eine große Zahl von Terrakotten dieses Motivs in Heiligtümern gefunden wurde, muß hier entweder eine Umdeutung auf ein verwandtes gallo-römisches Götterpaar stattgefunden haben, das wir nicht identifizieren können, oder die Gruppe wurde als Symbol für Liebe, eheliche Verbundenheit oder ähnliches geweiht. (Faust) Weißer Ton. - H. 18,5 cm. Inv. 1899,748 a. *Literatur:* Hettner, Drei Tempelbezirke 70 Nr. 168 Taf. X 30.

41. Auf immer verbunden? - Liebespärchen aus dem Altbachtal

FO Trier, Tempelbezirk im Altbachtal, Nischenkeller, 1929 Viele kleinformatige Terrakotten, die meisten aus dem Tempelbezirk im Altbachtal, zeigen ein sich umarmendes und küssendes Paar. Trotz der starken Stilisierung kann man in der linken Figur aufgrund der Haarfrisur die Frau erkennen. Beide Personen tragen ein bodenlanges Gewand, die Frau zusätzlich einen Mantel.

Motiv und Haltung dieser ungeflügelten "Liebespärchen" ähneln frappierend denen der größeren und detailreicheren Amor-und-Psyche-Terrakotten. Vermutlich verfolgte man mit der Weihung dasselbe Ziel wie bei diesen. (Faust) . Weißer Ton. a) AT FNr. 7438. - H. 10,5 cm. b) AT FNr. 7441. - H. 10,75 cm. c) AT FNr. 7442. - H. 10,75 cm. d) AT FNr. 7444. - H. 10,9 cm. e) AT FNr. 7446. - H. 9,6 cm. *Literatur:* Schindler, Führer 39 Abb. 106.

39 Rekonstruierte
Jupitersäule in Bitburg

Erlösung und ein Leben mit Gott nach dem Tod sind zentrale, bis dahin unbekannte Vorstellungen. Die Mysterienkulte befriedigen mit ihren geheimnisvollen Einweihungszeremonien und Kulthandlungen das menschliche Bedürfnis nach Gemeinschaft. Sie ist durch religiöse Unverbindlichkeit und Verschärfung sozialer Gegensätze im römischen Reich verlorengegangen. In den orientalischen Kulten steht jeweils ein einziger Gott im Mittelpunkt, der die Existenz anderer Gottheiten nicht leugnet, sie aber für den einzelnen Gläubigen bedeutungslos werden läßt.

"Ich, Allmutter Natur, Beherrscherin der Elemente, erstgeborenes Kind der Zeit, Höchste der Gottheiten, Königin der Geister, Erste der Himmlischen; ich, die ich in mir allein die Gestalt aller Götter und Göttinnen vereine, mit einem Wink über des Himmels lichte Gewölbe, die heilsamen Lüfte des Meeres und der Unterwelt vielbeklagtes Schweigen gebiete. Die alleinige Gottheit, welche unter so mancherlei Gestalt, so verschiedenen Bräuchen und vielerlei Namen der ganze Erdkreis verehrt: mich nennen die Erstgeborenen aller Menschen, die Phrygier, Göttermutter von Pessinous; ich heiße bei den Athenern, den Ureinwohnern Attikas, kekropische Minerva, bei den inselbewohnenden Zyprier Venus von Paphos, bei den bogenschießenden Kretern netzwerfende Diana, bei den dreisprachigen Siziliern unterweltliche Proserpina, bei den Eleusiniern Urgöttin Ceres. Andere nennen mich Juno, andere Bellona, andere Hekate, Rhamnousia wieder andere. Sie aber, welche die aufgehende Sonne mit ihren ersten Strahlen beleuchtet, die Äthiopier beider Länder, und die Besitzer der ältesten Weisheit, die Ägypter, die mich mit den angemessensten eigensten Gebräuchen verehren, geben mir meinen wahren Namen: Königin Isis."

Apuleius aus Madaura (etwa 124 - 180 n. Chr.)
Verwandlungen oder Der Goldene Esel (11,5)

Orientalische Mysterienkulte - neue Religionen der Erlösung aus dem Osten

42. Mysterien der kosmischen Wiedergeburt: Mithraskult in Trier

Unter den orientalischen und ägyptischen Kulten, die nach ihren Zeugnissen seit der 2. Hälfte des 2. Jahrhunderts n. Chr. zunehmend größeren Einfluß in Gallien fanden, ist der Mithraskult am stärksten vertreten. Dieses Bild trifft auch für Trier zu, das sogar den umfänglichsten Denkmälerbestand aller Orte der Tres Galliae zu diesem Kult hat.

Aus dem Tempelbezirk im Altbachtal ist das einzige Mithräum in Trier bislang bekannt geworden. Es existierte vom 3. bis in das späte 4. Jahrhundert hinein. Nach dem Denkmälerbestand müssen zuvor bereits Mithräen in Trier bestanden haben. Ein gerade im Mithraskult nicht seltenes Phänomen, die Wiederverwendung älterer Weihedenkmäler, ist auch in Trier zu beobachten. Im Mithräum im Altbachtal haben ältere Steindenkmäler noch des 2. Jahrhunderts eine Neuaufstellung gefunden.

Die ältere Annahme, daß der Mithraskult vor allem durch das Militär in den Nordwesten des römischen Reiches gebracht worden sei, wird heute nicht mehr geteilt. In den Grenzgebieten am Rhein sind die Mithrasverehrer naturgemäß vor allem Soldaten. In den gallischen Provinzen verzeichnen wir dagegen eine zu großen Teilen einheimische Verehrerschicht. Die Denkmäler und Heiligtümer für Mithras in Gallien sind konzentriert auf die Verkehrsachse Rhône - Saône - Mosel.

Eine Zuwendung zu neuen, bislang fremden Gottheiten und zu neuen kultischen Praktiken ist in Gallien seit dem 2. Jahrhundert unverkennbar. Der Charakter der neuen Religionen zeichnet sich dadurch aus, daß in ihnen neue Formen und neu formulierte Erlösungsgedanken gesucht werden. In den Heiligtümern kommen neuartige Kultbauten hinzu, so die Kultkeller im Altbachtal. (Schwinden) *Literatur :* S. Loeschcke, Mithrasdenkmäler aus Trier. In: Trierer Heimatbuch (Trier 1925) 311-336. - Schwertheim, Oriental. Gottheiten. - V. J. Walters, The Cult of Mithras in the Roman Provinces of Gaul. EPRO 40 (Leiden 1974). - L. Schwinden, Zu Mithrasdenkmälern und Mithraskultgefäßen in Trier. Trierer Zeitschrift 50, 1987, 269-292. - R. Turcan, Les cultes orientaux dans le monde romain (Paris [2]1992). - M. Clauss, Cultores Mithrae. Die Anhängerschaft des Mithras-Kultes (Stuttgart 1992).

42a) Felsgeburt des Mithras

FO Trier, Altbachtal. Aus dem Mithräum, 1926. 2. Hälfte des 2. Jahrhunderts n. Chr. In recht singulärer Komposition zeigt dieses Relief den Lichtgott Mithras als den das Weltall umspannenden und den Sternkreis wendenden Kosmokrator, der seit dem späteren 2. Jahrhundert zunehmend stärkere Verehrung auch in den gallischen Ländern fand.

Aus einem Tierkreis heraus erhebt sich über dem Felsen Mithras als eine bis zu den Hüften sichtbare nackte jugendliche Gestalt, den Kopf mit einer phrygischen Mütze bedeckt. Der rechte Arm umschlingt die Weltkugel, die Linke stützt oder dreht den Tierkreis mit den Symbolen des Sommerhalbjahres. Von den Zwickeln außerhalb des Zodiakos sind der Bildmitte die vier Windgötter Boreas, Euros, Notos und Zephyros zugewandt. Die Symbole des Giebelfeldes, Löwe, Krater, Blitzbündel, Erdkugel und Felsblock, stehen für die vier Elemente Feuer, Wasser, Luft und Erde und unterstreichen ebenso die Bedeutung des Mithras als Weltenherrscher. Um den Felsen am Boden sind ein Rabe, eine Schlange und ein Hund gruppiert, die zu der jugendlichen Gestalt emporblicken; diese Tiere repräsentieren auf den Kultbildern mit Skorpion die vier unteren Weihegrade der Mithrasmysten. (Schwinden) Kalkstein. - H. 0,94 m, B. 0,50 m, T. 0,145 m. Inv. ST 9981. *Literatur* : Kat. Steindenkmäler Trier 120 f. Nr. 247 Taf. 59. - R. Beck, Planetary Gods and Planetary Orders in the Mysteries of Mithras. EPRO 109 (Leiden 1988) 39-42; 97 Taf. 2. - M. Clauss, Mithras. Kult und Mysterien (München 1990) 76 ff. Abb. 29. - H. G. Gundel, Zodiakos. Tierkreisbilder im Altertum. Kulturgeschichte der antiken Welt 54 (Mainz 1992) 106 f.; 221 f. Nr. 52.

42a) Felsgeburt des Mithras

42b) Altäre für die unbesiegten Mithras und Sol

FO Trier, Altbachtal. Aus dem Mithräum, 1926. 2. Hälfte des 2. Jahrhunderts n. Chr.

In einer gemeinsamen Stiftung sind die beiden Altäre für Mithras und Sol als Sonnengott errichtet worden. Die bereits im 2. Jahrhundert geschaffenen Altäre hatten zuletzt noch im 4. Jahrhundert zur Gestaltung der Altarwand im Mithrasheiligtum im Tempelbezirk im Altbachtal Aufstellung gefunden. Die gleichlautenden Inschriften lauten:

D(eo) i(nvicto) M(ithrae)	*D(eo) i(nvicto) S(oli)*
Martius	*Martius*
Martia-	*Martia-*
lis pater	*lis pater*
in suo	*in suo*
posuit	*posuit*

"Dem unbesiegten Mithras" - beziehungsweise auf dem anderen Altar "dem unbesiegten Sonnengott - hat Martius Martialis, der Vater, auf seinem Grund (die Monumente) errichtet". Der Name, von dem in Gallien stark verehrten Mars hergeleitet, läßt den Stifter als wohl Einheimischen erscheinen, der

42b) Altäre für die unbesiegten Mithras und Sol

im Kult ein Amt als Vorsteher und Zeremonienmeister *(pater)* bekleidete. Das ursprüngliche Heiligtum hat in der 2. Hälfte des 2. Jahrhunderts auf seinem privaten Grund gelegen. Den Gottheiten sind ihnen eigene Symbole zugeordnet, Sol eine Sonnenscheibe oder -kugel und Peitsche, Mithras eine phrygische Mütze und ein Opferdolch. (Schwinden) Kalkstein. - H. 1,04/1,03 m, B. 0,44/0,44 m, T. 0,41/0,39 m. Inv. ST 9969; ST 9970. *Literatur*: Kat. Steindenkmäler Trier 121 ff. Nr. 249 Taf. 59. - M. Clauss, Cuttores Mithrae. Die Anhängerschaft des Mithras-Kultes (Stuttgart 1992) 91 f.

42c) Stiertötender Mithras FO Trier, Pacelliufer (südliches Töpfereigelände), aus der Schuttschicht im südlichen Bereich des Kellers, 1933. Mitte des 4. Jahrhunderts n. Chr. Die runde Reliefplatte aus Ton, gefunden in einer Kellerverfüllung um 353 n. Chr. (vgl. hier Kat. 22 s), zeigt das beliebteste Motiv aus der Mithraslegende, die Stiertötung als Heilstat. Mithras, triumphierend über dem mit einer Binde geschmückten Stier kniend, reißt mit der Linken den Stierkopf hoch, während die Rechte den Dolch in den Nacken des Tieres stößt. Das Bild flankieren die beiden Fackelträger (Dadophoren) mit gesenkter bzw. erhobener Fackel. Über der Szene sind Sol und Luna dargestellt, unter dem Stier schließlich als Mithrassymbole Skorpion, Schlange, Löwe, Hund und im fliegenden Mantel des Gottes der Rabe. Das im Zeichen des mithrischen Wirkens stehende Stieropfer ist häufigste Darstellung. Damit war nicht zuletzt auch die nur mehr in wenigen Fragmenten erhaltene Altarwand des Mithräums im Tempelbezirk im Altbachtal in Trier ausgestattet. Das Opfer des Stieres ist nicht Symbol für Tod und Vernichtung; Blut, Samen und Schweiß des Tieres sind Quellen neuen Lebens, eben der Wiedergeburt. (Schwinden) Ton. - Dm. 19,6 cm. Inv. ST 14724 (FNr. 432). *Literatur*: S. Loeschcke, Trierer Zeitschrift 9, 1934, 168 Taf. 19,3. - W. Binsfeld, Eine Zerstörungsschicht des Jahres 353 in Traben-Trarbach. Trierer Zeitschrift 36, 1973, 131. - Schwertheim, Oriental. Gottheiten 237 f. Nr. 200. - L. Schwinden, Zu Mithrasdenkmälern und Mithraskultgefäßen in Trier. Trierer Zeitschrift 50, 1987, 289 Nr. 1. - K. Goethert, Trierer Zeitschrift 56, 1993, 241 f. Fundstelle 9; S. 242 Abb. 57 (zur Fundlage).

42c) Stiertötender Mithras

42d) Planetenkrater mit Mithrasweihinschrift FO Trier, Pacelliufer (südliches Töpfereigelände), aus der einheitlichen Schuttschicht des Kellers neben dem Wohnhaus, 1933 (zur Fundsituation vgl. Kat. 22 s). Ende des 3./Anfang des 4. Jahrhunderts n. Chr. Eines der schönsten Erzeugnisse Trierer Schwarzfirniskeramik mit Buntbarbotineverzierung ist das Mithraskultgefäß mit Darstellung der Planetengötter. Die Inschrift: *Deo [R]egi Cupiti[...] / d(ono) d(edit)* "Dem Gott und König hat Cupiti(us? dies) als Geschenk gegeben." Die Anrede des Mithras als Gott und König oder unbesiegter König ist aus wenigen Inschriften, darunter auch durch Spruchbecher aus dem Mithräum des Trierer Tempelbezirkes im Altbachtal, gesichert. Zwischen den in weißer Tonschlämme aufgetragenen Spiralmustern waren auf diesem Krater aus dem Trierer Töpfereigelände kleine quadratische Reliefplatten mit Büsten aufgesetzt. Die Planetengötter (Wochentagsgottheiten) Merkur, Jupiter und Venus an der Vorderseite neben Mars sind noch besser erhalten; von Saturn, Sol und Luna haften nur mehr Spuren an. Die Planetenreihe ist zwar nicht speziell mithrisch, wohl aber spielte sie im Kult des Mithras eine besondere Rolle. Mit Saturn/Kronos, dem Planeten des Mithras, beginnt die Planetenreihe, wodurch Mithras nicht allein Herr des Alls, sondern ebenso der Zeit wird. (Schwinden) "Schwarzfirnis" mit Barbotineverzierung. - H. mit Ergänzung: über 30 cm. Inv. 1933,513 (FNr. 281). *Literatur:* S. Loeschcke, Trierer Zeitschrift 9, 1934, 172 Taf. 20,5. - Gallien in der Spätantike. Von Kaiser Constantin zu Frankenkönig Childerich (Mainz 1980) 101 Nr. 114. - L. Schwinden, Zu Mithrasdenkmälern und Mithraskultgefäßen in Trier. Trierer Zeitschrift 50, 1987, 282 ff. - 2000 Jahre Weinkultur am Mosel-Saar-Ruwer. Denkmäler und Zeugnisse zur Geschichte von Weinbau, Weinhandel, Weingenuß (Trier 1987) 134 Nr. 84. - S. Künzl, Die Trierer Spruchbecherkeramik. Dekorierte Schwarzfirniskeramik des 3. und 4. Jahrhunderts. Trierer Zeitschrift, Beiheft (im Druck).

43. Triumph des strahlenden Wagenlenkers: Sol

Mit dem alten römischen Sonnengott Sol wurde außer dem griechischen Helios, dem Lenker des Sonnenwagens, auch Apollo, in seiner Funktion als Lichtgott und Garant der sittlichen Ordnung, identifiziert.

In der römischen Kaiserzeit verband man Sol mit verschiedenen orientalischen Gottheiten. Elagabal (218-222) führte den Sonnengott von Emesa in Syrien, dessen Priester er war und dessen Namen er angenommen hatte, in Rom ein. Als Sol Invictus Elagabal erhob er ihn zum obersten Staatsgott, errichtete ihm einen Tempel auf dem Palatin und stellte ihm die karthagische Göttin Caelestis zur Seite. Nach der Ermordung des Kaisers endete der Kult allerdings.

Etwa 50 Jahre später (274) weihte Aurelian (270-275) in Rom, in der Nähe der heutigen Piazza San Silvestro, wieder einen Tempel des Deus Sol Invictus, allerdings nicht des Gottes von Emesa, sondern wohl des Baal von Palmyra, dessen Königin Zenobia vom Kaiser besiegt worden war. Der persönliche Schutzgott des Aurelian wurde zum offiziellen römischen Staatskult. Seine große Bedeutung behielt er auch unter Constantin (306-337 n. Chr.). Bis 326 wurden Münzen mit der Kaiserbüste im Strahlenkranz geprägt.

Auch im Zusammenhang mit anderen Göttern wurde Sol häufig dargestellt, oft in Kombination mit der Mondgöttin Luna. Im Mithraskult nahm er eine zentrale Stelle ein. So fand man im Mithraeum des Altbachtales 1926 zwei in Form und Dekor zusammengehörige Kalksteinaltäre mit Inschriften. Beide wurden vom selben Stifter geweiht. Der des Mithras zeigt im Relieffeld unter der Inschrift eine phrygische Mütze und einen Dolch, der des Sol eine siebenstrahlige Sonne und die Wagenlenkerpeitsche (Kat. 42 b). *Literatur:* H. von Heintze, Sol Invictus. In: Spätantike und frühes Christentum (Frankfurt 1983) 145-147.

43 Bronzestatuette des Sol FO Trier, Gartenfeld, 1991 (Original in Privatbesitz). 3. Jahrhundert n. Chr. Vergleichsweise selten sind kleinformatige rundplastische Darstellungen des Sol.

43) Bronzestatuette des Sol

44a) Dreigestaltige Hekate

44 b) Altar mit Inschriftweihung für Hekate

Eine kleine qualitätvolle Statuette aus dem östlichen Stadtgebiet von Trier zeigt den Sonnengott ruhig stehend, im doppeltgegürteten bodenlangen langärmeligen Wagenlenkergewand, mit Mantel und geschnürten Stiefeln. Gegen die linke Schulter ist die Peitsche gelehnt. Die rechte Hand hält die Weltkugel. Sein typischstes Attribut ist der hier achtzackige Strahlenkranz im Haar. (Faust) Original Bronze. - H. 6,2 cm. Kolorierte Kunststoffkopie: Inv. 1991,74. *Literatur* : S. Faust, Trierer Zeitschrift 57, 1994, 286 Nr. 3.

44. Magische Fruchtbarkeit aus der Unterwelt: Hekate

44a) Dreigestaltige Hekate FO Trier, Tempelbezirk im Altbachtal, Nordwestecke, 1879. Mitte des 2. Jahrhunderts n. Chr. Hekate, bekannt als Göttin der Zauberkunst, war durch ihren Bezug zur Unterwelt nicht zuletzt auch Erdgöttin und insofern für die Fruchtbarkeit des Bodens verantwortlich. Größere Verehrung genoß die Göttin im griechischen Osten. Der Bildgedanke der dreigestaltigen Hekate, dessen Erfindung Pausanius (II 30,2) dem Alkamenes zuweist, hat von Attika aus im späten 5. Jahrhundert v. Chr. seinen Weg genommen. Ebenso selten wie die inschriftlichen Weihungen sind allerdings die bildlichen Darstellungen in den gallischen und germanischen Provinzen des lateinischen Westens.

In dem Bild der Trierer Hekate stehen drei weibliche Gestalten, deren Chiton unter der Brust gegürtet ist, mit dem Rücken zueinander. Im Rücken werden sie gestützt von einem dreikantigen Pfeiler. Trotz gleicher Gesamtanlage ist das Faltenspiel des Gewandes einer jeden Figur abgewandelt. Nicht völlig von der Hand zu weisen ist ein gewisser Bezug zum Mithraskult, nachdem aus der Nähe der Fundstelle auch ein mithrisches Denkmal bekannt wurde; das Mithräum in Stockstadt ist als gesicherter Fundort einer Hekate bekannt. Kalkstein. - H. 0,17 m, B. 0,12 m. Inv. 1905. *Literatur* : Hettner, Steindenkmäler 54 Nr. 84.

- Th. Kraus, Hekate. Studien zu Wesen und Bild der Göttin in Kleinasien und Griechenland. Heidelberger kunstgeschichtliche Abhandlungen. Neue Folge 5 (Heidelberg 1960) 171. - Gose, Altbachtal 120 Abb. 279. - Kat. Steindenkmäler Trier 54 f. Nr. 92.

44b) Altar mit Inschriftweihung für Hekate FO Trier, Tempelbezirk im Altbachtal, Nordwestecke, 1879. 2. Hälfte des 2. Jahrhunderts n. Chr.

Ein relativ großer Altar ist der chthonischen Erdgöttin und Zauberin Hekate in dem großen gallo-römischen Tempelbezirk im Altbachtal gewidmet, wie die Inschrift ausweist:

Deáe Heca-	"Der Göttin Hekate
táe C(aius) Can-	hat Caius Candidius
didius Pis-	Piscator,
cátor visu	durch ein Traumgesicht
monitus	gemahnt,
	(das Denkmal errichtet)."

Die Inschrift gehört zu den in den gallischen und germanischen Provinzen ausgesprochen seltenen Zeugnissen für Hekate. Eine weitere Inschrift ist nur mehr aus dem benachbarten Mediomatrikergebiet bekannt.

Die Verehrung Hekates im meist einheimischen Gottheiten zugedachten Tempelbezirk im Altbachtal überrascht ohnehin. Vielleicht liegt in einem der Hekate heiligen Platz der Grund für die Verbergung des einzigen aus dem Tempelbezirk noch bekannten Verfluchungstäfelchens (*defixio*). Nicht überraschend ist, daß diese Stiftung nach Aussage der Inschrift ähnlich der für Bellona nach einer Offenbarung eingelöst wurde. (Schwinden) Sandstein. - H. 1,10 m, B. 0,56 m, T. 0,37 m. Inv. 4878. *Literatur* : Hettner, Steindenkmäler 54 Nr. 83. - CIL XIII 3643. - Gose, Altbachtal 120 Abb. 284. - Kat. Steindenkmäler Trier 55 Nr. 93.

45. Herrscherin im Totenreich:

Proserpina FO Trier, Matthiasstraße, 1925. 2. Hälfte des 2. Jahrhunderts n. Chr.
Zu den seltenen Weihungen im gallisch-germanischen Nordwesten des römischen Imperiums an die Herrscherin der Unterwelt, die im griechischen Bereich als Persephone verehrt wurde, gehört die Weihinschrift für Proserpina aus Trier. Aus der Sage von Persephones Entführung und Wie-

derkehr wurde die Idee des wiedererstehenden Lebens nach dem Tod abstrahiert. Die Anweisung aus einer anderen Welt drückt sich auch in der Trierer Inschrift aus, für die wahrscheinlich eine Frau als Stifterin verantwortlich war:

I(n) h(onorem) d(omus) d(ivinae)	"Zu Ehren des gött-
	lichen Kaiserhauses
deae Proser-	und für die Göttin
pin[ae]	Proserpina
. ARA ..... A	hat ...A
[e]x iussu f(ecit)	auf Geheiß (die
	Stiftung) gemacht."

Auf den wenigen Weihungen aus den gallischen und germanischen Provinzen tritt Proserpina mit dem Herrn des unterirdischen Reiches *Pluto* auf oder wird gemeinsam mit *Dis pater* verehrt. Es wurde daran gedacht, in der Trierer Inschrift eine gallische Gottheit, in *interpretatio romana* verehrt, wiederzufinden. In diese Richtung weisen auch die Weihungen, die gemeinschaftlich Dis pater zugedacht sind. Proserpina neben Pluto findet in Inschriften aus Augsburg und Bonn Verehrung durch Stifter, die aus dem Osten des Reiches stammen. (Schwinden) Kalkstein. - H. 0,39 m, B. 0,595 m, D. 0,065-0,07 m. Inv. 1925,155. *Literatur* : H. Finke, Bericht der Römisch-Germanischen Kommission 17, 1927, 9 Nr. 28. - J. B. Keune, Proserpina in Trier. Trierer Zeitschrift 1, 1926, 17-22. - Kat. Steindenkmäler Trier 143 f. Nr. 299 Taf. 71.

46. Einweihung in den Kult der Großen Mutter?

Bellona FO Trier, Fleischstraße, 1902. Mitte des 2. Jahrhunderts n. Chr. Ob hier bei Bellona, der dieser Altar geweiht ist, die kappadokische Mâ Bellona als eine Gottheit der orientalischen Mysterienreligionen gemeint ist, steht nicht fest. Bellona als Gefährtin des Mars erhält eine andere Deutung. Ist der Trierer Altar einzig für die

Orientalische Mysterienkulte neue Religionen der Erlösung aus dem Osten

45 Herrscherin im Totenreich: Proserpina

treverische Region, so begegnet Bellona dagegen mit einem größeren Schwerpunkt in der obergermanischen Provinz.

Den Altar hat eine Frau nach der Inschrift gestiftet:

Deae	"Der Göttin
Bellonae	Bellona
aram	hat den Altar
Ius<t>a ex	Iusta aufgrund
imperio	einer Weihung
p(osuit) l(ibens) m(erito)	gern und nach Verdienst gesetzt."

Es fällt allgemein auf, daß bei den Bellona-Inschriften des Rheinlandes wie allgemein auch bei den Magna-Mater-Inschriften Frauen als Stifter überwiegen. Die Stiftungsformel *ex imperio* weist eine weitere Verwandtschaft zu den Inschriften für Hekate und Proserpina in Trier auf, die ähnliche Offenbarungsformeln

anführen. Denkbar ist, im vorliegenden Fall einen Hinweis auf die Mystenweihe zu sehen; dies würde die Existenz einer Kultgemeinde für Bellona, eventuell in Gemeinschaft derselben mit Magna Mater, erfordern.

Bemerkenswert ist die Buchstabenform der Inschrift, die sich an kursive Tintenschrift anlehnt. (Schwinden) Kalkstein. - H. 0,355 m, B. 0,17 m, T. 0,12 m. Inv. ST 2958 a. *Literatur :* CIL XIII 3637. - J. B. Keune, Zur Trierer Weihinschrift der Dea Bellona. Trierer Zeitschift 1, 1965, 99 f. - Schwertheim, Oriental. Gottheiten 243 Nr. 216 Taf. 116. - Kat. Steindenkmäler Trier 26 f. Nr. 39 Taf. 10. - W. Spickermann, Mulieres ex voto. Untersuchungen zur Götterverehrung von Frauen im römischen Gallien, Germanien und Rätien (Bochum 1994) 227.

47. Auferstehung und Ekstase: Kybele und Attis

Magna Mater oder Kybele ist eine kleinasiatische Mutter- und Vegetationsgöttin. In einem variantenreichen Mythos wird mit ihr der schöne Jüngling Attis verbunden. Sie liebt ihn ebenso wie Agdestis, die auch als mit Kybele identisch angesehen werden kann. Als Attis die Tochter des Königs Midas heiraten will, läßt Kybele (oder Agdestis) die ganze Hochzeitsgesellschaft in Wahnsinn verfallen. Attis flieht, entmannt sich und stirbt. Zeus wird gebeten, ihn wieder-zubeleben. Er gesteht aber nur zu, daß sein Körper nicht ver-wesen wird. Nach einer anderen Überlieferung gewinnt der Jüngling die Liebe der Göttin, indem er ihre Riten verbreitet. Aus Eifersucht schickt Zeus einen Eber, der ihn tötet. Auch die Verwandlung des Attis in eine Fichte wird erzählt.

Nach Rom wurde Magna Mater/Kybele 204 v. Chr., während des 2. punischen Krieges, nach Befragung der Sibylli-nischen Bücher gebracht. Auf dem Palatin, also innerhalb der Stadtgrenzen, erhielt sie ihren Tempel neben dem der Viktoria. Dort dienten ihr orientali-sche Priester, die entmannt waren. Als Kultbild wurde ein aus Kleinasien nach Rom überführter schwarzer Meteorstein verehrt. Erst in augusteischer Zeit wurde daneben ein antropomorphes Kultbild aufgestellt worden ist.

Die ekstatischen und orgiastischen Elemente wurden zunächst nicht übernommen. Auch die Gestalt des Attis spiel-te in republikanischer Zeit keine große Rolle. Dies ändert sich aber in claudischer Zeit. Im Frühjahr wurden die Attis-Mysterien gefeiert, die Tod und Wiederkehr des Gottes, ver-standen als Symbol des Sterbens und sich - Erneuerns der Vegetation, zum Thema haben.

Ein wesentlicher Bestandteil ist vor allem seit dem 2. Jahr-hundert n. Chr. das Taurobolium, ein Stieropfer, verbunden mit einer Bluttaufe. Dabei steigt ein Anhänger der Göttin in eine Grube, die mit durchlöcherten Brettern bedeckt ist. Auf dieser Abdeckung wird ein Stier getötet, dessen Blut über den in der Grube Befindlichen fließt. *Literatur* : R. Duthoy, The tauro-bolium, its evolution and terminology. EPRO 10 (Leiden 1969). - D. Stutzinger, Kybele und Attis. In: Spätantike und frühes Christentum (Frankfurt 1983) 111-123. - LIMC III 1, 22-44 s. v. Attis (M. J. Vermaseren/M. B. de Boer).

47a) Bronzestatuette des Attis FO Trier, Mosel, 1963 und 1994. 2. Jahrhundert n. Chr. Die größte und eine der schönsten Bron-

46   Altar für Bellona

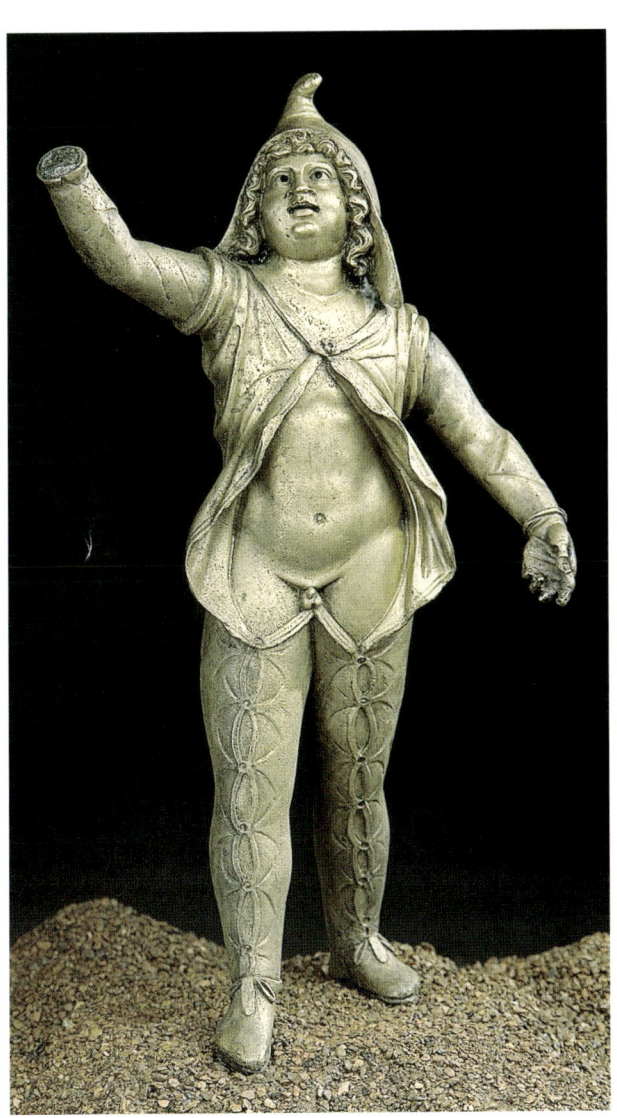

47 a) Bronzestatuette des Attis

zestatuetten des Rheinischen Landesmuseums Trier wurde 1963 bei Baggerarbeiten für die Moselkanalisierung gefunden und kam auf Umwegen ins Museum. Einen besonderen Glücksfall stellt es dar, daß 31 Jahre später im Baggeraushub aus der Mosel der fehlende linke Arm der Statuette entdeckt, vom Finder unmittelbar identifiziert und dem Museum überlassen wurde.

Bis auf die einzeln gefertigte rechte Hand und die Attribute ist die Statuette des jugendlichen Begleiters der Göttin Kybele nun komplett.

Attis ist schreitend dargestellt. Der rechte Arm ist leicht gewinkelt erhoben, der linke gesenkt. Der rundliche Kopf ist nach hinten gebeugt, so daß der Blick nach oben geht. Bekleidet ist der Jüngling mit einem einteiligen Hosengewand, das vor der Brust an einer Stelle geschlossen ist und im Genitalbereich und vor dem Leib weit aufspringt. Die engen "Hosenbeine" sind vorne in ganzer Höhe durch je sieben Knöpfe, zwischen denen der dünne Stoff sich in Bögen auseinanderzieht, gehalten. Am Oberarm schließt das Gewand in einem Wulst ab, unter dem aber ein enganliegender, bis zum Handgelenk reichender Ärmel hervortritt.

Die Füße stecken in dünnen Schuhen, die mit einer Schleife geschlossen sind. Offenbar stecken die Hosenbeine in den Schuhen. Den Kopf mit kräftigem langem Lockenhaar bedeckt eine sogenannte phrygische Mütze mit der charakteristischen, nach vorne gerichteten Spitze und drei großen Zipfeln als unterer Rand.

Durch die Haltung und aufgrund von Parallelen lassen sich die Attribute ergänzen: Die linke Hand wird das Pedum, einen oben gebogenen Hirtenstab, gehalten haben. Mit der rechten faßte er wohl den Rand des Tympanons. Durch den Klang von Musikinstrumenten erklärt sich auch die eigentümliche Kopfwendung: Der Gott ist hier musizierend und tanzend als Teilnehmer seiner Mysterien dargestellt.

Bronze. - H. 33,5 cm. Inv. 1963,1 (Statuette) und EV 1994,163 (Arm). *Literatur :* E. Gose, Bronzestatuette eines Attis aus der Mosel bei der Trierer Römerbrücke. Trierer Zeitschrift 27, 1964, 148 ff. Taf. 1 A. - Menzel, Bronzen Trier 28 Nr. 58 a Taf. 99-101. - Schindler, Führer 77 Abb. 233. - H. Cüppers, Trierer Zeitschrift 37, 1974, 160. - M. J. Vermaseren, The legend of Attis in greek and roman art. EPRO 9 (Leiden 1966) 52 Taf. XXXIV. - W. Binsfeld, Kölner Römer-Illustrierte 2, 1975, 167. - H. Cüppers in: Die Römer in Rheinland-Pfalz (Stuttgart 1990) 613 Abb. 550. - Schwertheim, Oriental. Gottheiten 240 f. Nr. 208 Taf. 92. - LIMC III 1, 34 Nr. 262; III 2, 30 Nr. 262 (M. J. Vermaseren/M. B. de Boer). - H. Born, Analytisch-technische Untersuchungen an der großen Bronzestatuette des Attis im Rheinischen Landesmuseum Trier. In: Akten der 10. Internationalen Tagung über antike Bronzen in Freiburg, 18. - 22. Juli 1988. Forschungen und Berichte zur Vor- und Frühgeschichte in Baden-Württemberg 34 (Stuttgart 1994) 61-68.

47 b) Statuettenkopf des Attis

47b) Statuettenkopf des Attis FO unbekannt. 2.-3. Jahrhundert n. Chr.
Das fundortlose Köpfchen eines Jünglings mit lockigen, voluminösen Haarpartien trägt die gleiche weiche Kopfbedeckung mit nach vorne gerichteter Spitze - die sogenannte phrygische Mütze - wie der Attis aus der Mosel. Es handelt sich hier um den Kopf einer weiteren, etwas kleineren aber mindestens ebenso qualitätvollen Statuette des Begleiters der Göttin Kybele. Bronze. - H. 4,4 cm. Inv. G O 20. *Literatur :* Menzel, Bronzen Trier 76 Nr. 183 c Taf. 104.

47c) Attiskopf aus Blüte FO angeblich Trier, Paulinstraße, 1902.
Als Beschlag eines Möbels, Kästchens o. ä. könnte eine Bronzeapplik gedient haben, die den Kopf eines pausbackigen Knaben mit phrygischer Mütze, unter deren Rand kräftige Haarlocken hervortreten, in der Mitte einer stilisierten Blütenrosette zeigen. Auch hier erlauben Kopfform und Kopfbedeckung die Deutung als Attis. Bronze. - Dm. 6,7 cm. Inv. ST 5253. *Literatur :* Menzel, Bronzen Trier 55 Nr. 114 Taf. 49. - Schwertheim, Oriental. Gottheiten 241 Nr. 209 Taf. 93. - LIMC III 1, 39; III 2, 41 Nr. 385 s. v. Attis (M. J. Vermaseren/M. B. de Boer).

47d) Terrakottastatuette der thronenden Kybele
FO Dhronecken (Kreis Bernkastel-Wittlich), Tempelbezirk, 1899. Durch zwei Löwen, ihre typischen Begleittiere, läßt sich die Terrakotte einer in Art der Matronendarstellungen thronend im langen

47 c) Attiskopf aus Blüte

47d) Terrakottastatuette der thronenden Kybele

Gewand wiedergegebenen Gottheit als Kybele identifizieren. Die recht kleinen Löwen flankieren die Göttin und sind, fast mit den Seitenteilen des ungegliederten Sitzes verschmelzend, dicht an ihre Beine gedrückt. Eine an den Türmen kenntliche, etwas stilisierte hohe Mauerkrone auf dem Haupt der Kybele zeigt ihren vor allem im Ursprungsgebiet wichtigen Aspekt als Stadtgöttin. Über die Krone ist ein Schleier gelegt, dessen Enden auf die Schultern fallen. Der rechte Arm der Göttin liegt auf der Lehne des Thrones; die Hand über dem Haupt des Löwen zur ihrer Rechten scheint Ähren zu halten. Mit der Linken faßt sie den Rand eines schräg gegen die Seitenlehne des Sitzes oder ihre Beine gestützten Tympanons, einer Art flacher Trommel. Auf ihrem Schoß liegen zwei kleine Schallbleche, die durch ein Seil oder eine dünne Kette miteinander verbunden sind. Beide Instrumente fanden bei den Kultfeiern Verwendung. (Faust) Weißer Ton. - H. 16,7 cm. Inv. 1899,910. *Literatur :* Hettner, Drei Tempelbezirke 68 Nr. 153 Taf. X 20. - Schindler, Führer 40 Abb. 109. - Schwertheim, Oriental. Gottheiten 225 Nr. 187 a Taf. 89.

48. Allgötter aus Ägypten; Isis und Serapis

Der ägyptischen Gottheit Isis, der Schwester und Gemahlin des Vegetationsgottes Osiris, wurde in hellenistischer Zeit ein neuer Kultpartner zur Seite gestellt: Serapis, der Wesenzüge des ägyptischen Osiris-Apis von Memphis mit denen griechischer Götter (Zeus, Hades, Dionysos) vereint, wurde unter Ptolemaios I. Soter (305-284 v. Chr.) geschaffen, um der aus Ägyptern und Griechen bestehenden Mischbevölkerung der neugegründeten Stadt Alexandria einen gemeinsamen Gott zu geben.

In Rom wurde in der späten Republik südöstlich des Pantheon ein Tempel der Isis und des Serapis errichtet. Caracalla (211-217) erbaute auf dem Quirinal einen Serapistempel, zu dieser Zeit der prächtigste Kultbau der Stadt.

Im 2. Jahrhundert n. Chr. verbreitete sich die Verehrung des Götterpaares auch nördlich der Alpen. Aus dem Trierer

Raum kennen wir nur wenige Denkmäler. Ein qualitätvoller Marmorkopf der Isis wurde in den "Barbarathermen" gefunden. Zwei weitere Steindenkmäler stammen aus der Umgebung der Stadt. (Faust) *Literatur* : (K. Goethert in: Kat. Steindenkmäler Trier 56 Nr. 95 Taf. 28). Zwei weitere Steindenkmäler stammen aus der Umgebung der Stadt. G. Hölbl in: Spätantike und frühes Christentum (Frankfurt 1983) 98-110. - LIMC V 1, 761-796 s. v. Isis (Tran Tam Tinh). - J. Eingartner, Isis und ihre Dienerinnen in der Kunst der römischen Kaiserzeit (Leiden 1991).

48a) Relief der Isis und des Serapis FO Tawern (Kreis Trier-Saarburg), gallo-römisches Heiligtum auf dem Metzenberg, 1987. Um die Mitte des 2. Jahrhunderts n. Chr. In einem gallo-römischen Tempelbezirk oberhalb des Ortes Tawern wurde 1986 ein ca. 1,1 x 1,1 m großer, ursprünglich mehr als 14 m tiefer Brunnen entdeckt. Architekturteile, zwei Weihaltäre, zwei figürliche Reliefs, der abgeschlagene Kopf einer überlebensgroßen Merkurstatue und Bruchstücke einer großen Inschrift wurden neben Keramik, Terrakotten und Münzen im Schacht gefunden. Dicht über der Sohle lag eine Münze des ausgehenden 4. bis frühen 5. Jahrhunderts. Dieser Befund zeigt, daß die Steindenkmäler nach dem Verbot der Ausübung der heidnischen Kulte durch Kaiser Theodosius 392 n. Chr. absichtlich zerschlagen wurden und dann in den Brunnen gelangten.

Zu den figürlichen Reliefs gehört eine Darstellung des ägyptischen Götterpaares Isis und Serapis aus lokalem Kalkstein. Form und Dicke deuten darauf hin, daß das Bildwerk zum Einmauern vorgesehen war.

Das Reliefbild wurde so in den Block eingearbeitet, daß ein schmaler, rahmenartiger Streifen am Rand stehenblieb. Dadurch, daß dieser unten leicht geschrägt ist, wird größere Tiefenwirkung erzielt.

Serapis steht zur Linken seiner Gefährtin. Er belastet das rechte Bein und stellt das linke zur Seite. Mit seiner Linken hält er ein extrem dünnes langes Zepter. Die Hand des leicht gebeugt nach unten geführten rechten Armes faßt eine runde Spendeschale, wohl mit Früchten. Der Kopf mit fast schulterlangem welligem Haar und kurzem, ähnlich strukturiertem Vollbart ist leicht nach rechts, zu Isis hin, gewendet. Auf dem Haupt sitzt ein niedriger Modius. Bekleidet ist der Gott mit einem für ihn ungewöhnlichen, für Darstellungen des Sucellus bezeugten (vgl. Espérandieu VI Nr. 4566), nur knielangen Gewand. Es ist, wie der Überfall in Hüfthöhe zeigt, einmal gegürtet. Die weiten Ärmel reichen bis zum Handgelenk. Ein kurzer Mantel wird auf der rechten Schulter mit einer Rundfibel geschlossen. Sein unterer Abschluß führt als bogenförmig verlaufender Wulst vor der Brust zur Beuge des linken Armes.

Die Darstellung der Isis ist leider im Bereich des Kopfes beschädigt. Die ehemals eng am Reliefrand dargestellte Hand des stark angewinkelten rechten Armes fehlt. Wie Parallelen zeigen, hielt sie ein Sistrum, die charakteristische Kultrassel der Göttin. Mit der linken Hand trägt Isis ein weiteres für sie typisches Attribut, einen Eimer für heiliges Wasser (Situla). Nur an der rechten Kopfseite blieb ein kleiner Rest des in langen welligen Strähnen liegenden Haares erhalten. Eine kleine Partie auf dem Oberkopf gehört entweder zu einem Frisurteil oder ist Rest eines auf dem Scheitel getragenen kleinen Attributes. Bekleidet ist die Göttin mit einem bodenlangen Ärmelchiton und einem einmal umgeschlagenen Schrägmantel. Letzterer ist auf der rechten Schulter verknüpft und verläuft von hier aus bis unter die linke Achsel. An der offenen rechten Seite bildet der Tuchrand des Überfalls Tütenfalten. Die längere untere Mantelpartie formt eine Steilfalte des Chitons zwischen den Beinen nach. Die Gewänder sind so dünnstoffig wiedergegeben, daß das entlastet leicht gebeugte und zur Seite gestellte linke Bein sich unter Chiton und Mantel plastisch abzeichnet.

Serapis nimmt im Relief nicht nur den meisten Raum ein, sondern zeigt sich auch dadurch, daß er seine rechte Hand mit der Spendeschale vor seine Gefährtin hält, als die Hauptfigur dieser Darstellung.

Aus dem Fund dieses Weihreliefs darf nun nicht auf das Vorhandensein eines Kultes des Götterpaares im Tempelbezirk bei Tawern geschlossen werden. Vielmehr handelt es sich hier wohl um die Weihung eines Reisenden auf der am Heiligtum vorbeiführenden Fernstraße vom Mittelmeer über Lyon und Metz nach Trier. An der Stelle, von der aus man nach langer Reise die Stadt *Augusta Treverorum* zum ersten Mal sehen konnte, löste er sein Gelübde ein. (Faust) Kalkstein. - H. 0,28 m, B. 0,20 m, D. 0,12 m. Inv. 1986,9 (FNr. 603). Unpubliziert.

48b) Statuette der Isis-Fortuna FO Fließem (Kreis Bitburg-Prüm), in der römischen Villa (Otrang), 1961. 1. Hälfte des 2. Jahrhunderts n. Chr. Bei einer Erweiterung des Herrenhauses der *villa rustica* von Fließem, nördlich von Bitburg, wurde eine weibliche Gewandfigur aus feinem Kalkstein im Mauerwerk verbaut. Die fehlenden Körperteile - Kopf, Unterarme und Füße - wurden vor dieser sekundären Verwendung abgeschlagen. Sie konnten nicht gefunden werden.

Die Gestalt trägt einen von der rechten Schulter herabgeglittenen Chiton, der zwischen den Brüsten hochgezogen und zu einem knotenartigen Gebilde geschlungen ist. Probleme hatte der Bildhauer bei der Wiedergabe des Mantels, der von der linken Schulter aus über den Arm nach vorne, im Rücken bis zur rechten Hüfte und von dort vor Beinen und Unterbauch wieder bis zum linken Arm geführt ist: Das von der Schulter herabfallende Tuchende müßte an der linken Körperseite angegeben sein. Eine entsprechende Anlage unterblieb jedoch.

Die von der Figur gehaltenen Gegenstände lassen sich aufgrund der vorhandenen Reste an den Körperseiten rekon-

48a) Relief der Isis und des Serapis

struieren: Wie ein Ansatz an der linken Schulter zeigt, hielt die angewinkelte Linke ein Füllhorn. An der rechten Hüfte blieb der Ansatz eines weiteren Attributes oder der Stütze eines solchen erhalten. Es handelte sich wohl um ein Steuerruder. Im Zusammenhang mit diesen beiden Charakteristika der Fortuna erklärt sich auch das Gebilde zwischen den Brüsten. Es handelt sich um den Knoten, der für Isis typisch ist. Allerdings hat der Bildhauer das Motiv nicht richtig verstanden, denn der "Isisknoten" gehört nicht zum Gewand selbst, sondern schließt ein um die Schultern liegendes Fransentuch. Der Torso aus Fließem stellt also die Göttin Isis-Fortuna dar. (Faust) Kalkstein. - Größte H. 0,43 m. Inv. 1964,104. *Literatur* : Grimm, Ägypt. Religion 59 Taf. 18, 232 Nr. 144 A. - Kat. Steindenkmäler Trier 56 f. Nr. 96 Taf. 27.

48b) Statuette der Isis-Fortuna

48c) Bronzestatuette der Isis-Fortuna FO Pachten (Saarland), 1899. Wohl 3. Jahrhundert n. Chr. Auf einem mitgegossenen runden Sockel steht mit durchgedrücktem rechtem und entlastet gebeugtem linkem Bein eine Frau im knöchellangen, doppeltgegürteten Chiton. Durch das von der linken Hand gehaltene und gegen den Oberarm gelehnte Füllhorn läßt sie sich als Fortuna identifzieren. Auf dem Haupt sitzt eine Art Federbusch, der den Kopf überragt. Wahrscheinlich handelt es sich um ein mißverstandenes Attribut der Göttin Isis, die auch als Isis-Fortuna verehrt wurde. Bronze. - H. 8 cm. Inv. 1899,218. *Literatur* : F. Hettner, Westdeutsche Zeitschrift 19, 1900, 411. - Menzel, Bronzen Trier 31 f. Nr. 65 Taf. 31. - Grimm, Ägypt. Religion 24; 71 Anm. 6.

48d) Pantheistisches Symbol FO unbekannt. Wohl 2./3. Jahrhundert n. Chr. Zu den mit Isis bzw. Isis-Fortuna verbundenen Denkmälern gehört auch eine Kleinbronze, die die Attribute verschiedener Götter miteinander verbindet: Auf dem linken Ende einer schmalen, rechteckigen Platte steht die Keule des Herkules, umwunden von der Schlange des Heilgottes Äskulap. In der Mitte sitzt die Eule der Minerva, neben einer kleinen Schildkröte, einem der Begleittiere des Merkur. Über dem Kopf der Eule befindet sich eine im oberen

48c) Bronzestatuette der Isis-Fortuna

48d) Pantheistisches Symbol

Bereich unvollständige Leier, das Instrument des Apollo. Ein Objekt rechts neben der Leier ist weitgehend weggebrochen. Den rechten Rand nimmt ein vergleichsweise kleines Doppelfüllhorn ein. Das segenspendende Füllhorn ist das Attribut der Fortuna. Seine Verdoppelung war in Ägypten seit ptolemäischer Zeit üblich und bezeugt die Verbindung mit der Göttin Isis. (Faust) Bronze. - H. 8 cm. Inv. G 0 9. *Literatur*: Menzel, Bronzen Trier 82 Nr. 199 Taf. 63. - Grimm, Ägypt. Religion 19 Nr. 7; 60 Anm. 6; 74 f. Taf. 28,4.

49. Orakelgott mit Widderhörnern: Jupiter Ammon, der Stadtgott von Theben, wurde im Neuen Reich zum ägyptischen Reichsgott. Die Griechen identifizierten ihn schon vor der Eroberung des Nillandes durch Alexander den Großen mit ihrem höchsten Gott als Zeus Ammon. Bedeutend war sein Orakel in der Oase Siwah, das auch von Nichtägyptern befragt wurde. Alexander besuchte Siwah, um seine göttliche Abstammung und Legitimation bestätigen zu lassen, und ließ sich in der Gestalt des Gottes wiedergeben.Dargestellt wird Zeus Ammon bzw. bei den Römern Jupiter Ammon, bärtig, mit stark gedrehten Widderhörnern und Tierohren. Gerne wird sein Haupt maskenhaft, fast ornamental dargestellt, wie auch bei einer Firmalampe aus Trier und einem Bronzebeschlag im Rheinischen Landesmuseum Trier. Ammonsköpfe auf monumentalen runden Reliefschilden zierten auch das Attikageschoß der Säulenhallen des Augustusforums in Rom. Sie dürfen als Vorbilder unserer Darstellungen angesehen werden. (Faust) *Literatur*: LIMC I 1, 666-689 s. v. Ammon (J. Leclant/G. Clerc).

49 a) Bronzeapplik FO angeblich Trier, 1877 in Köln erworben. Inv. **128.** Dm. 4,5 cm. *Literatur*: Menzel, Bronzen Trier 58 Nr. 123 Abb. 10. - Grimm, Ägypt. Religion 237 Nr. 150 Taf. 51,4. - LIMC I 1 678 Nr. 90 f. (J. Leclant/G. Clerc).

49 b) Firmalampe des Fortis FO Trier, Paulin, 1881. Letztes Drittel des 1. Jahrhunderts n. Chr. Ton: rotbraun. - L. 11,3 cm, B. 7,6 cm. Inv. 5212. *Literatur*: Grimm, Ägyptische Religion 18; 21; 68; 237-238 Nr. 152 Taf. 57,1-2. - Schindler, Führer 29 Abb. 77. - LIMC I 1, 676 Nr. 78 v; I 2, 544 Nr. 78 v.

49a) Bronzeapplik mit Jupiter Ammon

49b) Firmalampe des Fortis mit Jupiter Ammon

Orientalische Mysterien-
kulte,neue
Religionen
der Erlösung
aus dem Osten

227

42d) Planetenkrater mit Mithrasweihinschrift

Drückende Alltagssorgen, wachsende soziale Spannungen und die Abkehr von anscheinend Machtlosen Göttern fördern Aberglaube und Magie. Verwünschungen und Verfluchungen nehmen zu, aber auch bei Liebeskummer und Krankheiten bemüht man vermehrt die Kräfte der Unterwelt. Obwohl von Gebildeten verpönt und vom römischen Staat immer wieder verboten, blüht die Astrologie mehr denn je.

»... wir haben zwar ... schon öfters die Verlogenheit der Magier aufgedeckt und wir wollen sie auch weiterhin enthüllen. Doch verdient diese Materie wie kaum eine, daß man noch mehr darüber sagt, schon deshalb, weil diese betrügerischste aller Künste auf dem ganzen Erdkreis und in den meisten Jahrhunderten große Bedeutung hatte. ... Daß sie [die Magie] zuerst aus der Heilkunde geboren wurde, wird niemand bestreiten, auch nicht, daß sie sich unter wohltätigem Anschein gleichsam als eine höhere und heiligere Heilkunde eingeschlichen hat. So konnte sie den verlockendsten und meistersehnten Verheißungen die Kräfte eines Aberglaubens hinzufügen, der auch jetzt noch das Menschengeschlecht am meisten im Dunkel gefangenhält. Und, um dies noch hinzuzufügen, vereinigte sie damit die Künste der Astrologie, da doch jeder begierig danach ist, seine eigene Zukunft zu erfahren, und glaubt, er könne dies am zuverlässigsten vom Himmel erlangen.«

Gaius Plinius Secundus d. Ä. (23-79 n. Chr.)
Naturkunde (Buch 30,1,1f.)

Magie und Astrologie- Hilfe vom Himmel und der Unterwelt

Im Leben der Menschen in römischer Zeit spielte der Glaube an Gespenster, Vorzeichen, Träume und Zauberei eine große Rolle. Durch die Anbringung von unheilabwehrenden Symbolen und das Tragen von Amuletten glaubte man, sich, seine Kinder, aber auch Tiere und Gebäude wirksam schützen zu können.

Beliebt waren Bildnisse der Medusa, der einzig sterblichen der drei Gorgonen. Sie hat Schlangenhaare und Flügel. Ihr Blick versteinert jeden, der ihr gegenübertritt. Der griechische Held Perseus überlistet sie mit Rat und Hilfe der Götter Athena und Hermes. Er nähert sich ihr und betrachtet dabei nur ihr Spiegelbild in seinem Schild. Dann schlägt er ihr den Kopf ab und steckt ihn in seine Zaubertasche. Mit dem Medusenhaupt, dem sog. Gorgoneion, verwandelt er seine Gegner zu Stein.

Aufgrund dieser Wirkungsweise ist leicht verständlich, daß man diesem Motiv apotropäische Eigenschaften zuschrieb.

In der griechischen Kunst wird Medusa zunächst fratzenhaft häßlich, mit großen, weitaufgerissenen Augen, heraushängender Zunge und Schlangenhaaren dargestellt. Doch schon gegen Ende des 5. Jahr-

hunderts v. Chr. wandelt sich die Art der Darstellung: Das Gorgoneion wird nun als Haupt einer schönen jungen Frau mit Flügeln im welligen Haar und Schlangen, die unter dem Kinn verschlungen sind, wiedergegeben. Die Vorstellung einer unheilabwehrenden Wirkung blieb allerdings erhalten.

Glückbringende und unheilabwehrende Wirkung wurde auch Darstellungen des männlichen Phallus zugeschrieben. Er konnte an Hauswänden und auf Böden angebracht werden. Kleinformatige Anhänger aus Edelmetall wurden als Schmuck getragen; größere aus Bronze dürften wohl ebenso Teil des Pferdegeschirrs gewesen sein, wie aus Geweihrosen geschnitzte Exemplare.

Sehr viel seltener sind Amulette, die weibliche Geschlechtsorgane zeigen. Hierher gehören aber auch Wiedergaben einer Hand, die eine *fica* macht, wobei der Daumen zwischen Mittelfinger und Zeigefinger der geschlossenen Hand geschoben ist, eine Geste, die stellenweise in gleicher Bedeutung bis in unsere Zeit fortlebt. (Faust)

50. Magische Schutzmittel und Glücksbringer: Übelabwehrende und phallische Amulette

50 a) Beschlag mit Medusenhaupt FO Trier, Johannisstraße, Mutterhaus, 1901. Wohl 2. Jahrhundert n. Chr. Das Haupt der schönen Gorgo Medusa, kenntlich an den Kopfflügeln, erhebt sich stark plastisch aus der Mitte einer runden konvexen Grundplatte, deren Rand mit radialen eingetieften Strichen verziert ist. Der Befestigung an einem hölzernen Kasten o. ä. diente ein eiserner Befestigungszapfen auf der Rückseite. Bronze. - Dm. 6,5 cm. Inv. 1901,2. *Literatur:* Menzel, Bronzen Trier 54 Nr. 113 Taf. 49.

50a) Beschlag mit Medusenhaupt 50b) Beschlag mit Medusenhaupt 50c) Beschlag mit Medusenhaupt

Magie und
Astrologie-
Hilfe vom
Himmel
und der Unterwelt

230

50b) Beschlag mit Medusenhaupt FO wahrscheinlich Trier, 1902. Das runde, vollwangige Gesicht, umgeben von wulstigen Haarpartien, nimmt das Rund der massiv gegossenen Platte ganz ein. Die kleinen Flügel im Haar über der Stirn und die unter dem Kinn verknoteten Schlangen sind die Attribute der Gorgo Medusa. (Faust) Bronze. - Dm. 5,9 cm. Inv. 1902,116. *Literatur :* Menzel, Bronzen Trier 55 Nr. 116 Taf. 50.

50c) Beschlag mit Medusenhaupt FO Freisen (Saarland), 1878. Eine runde massive Bronzescheibe zeigt ein pausbackiges Gesicht mit großen, stechenden Augen. Durch die kleinen Flügel im Haar, die über den Rand des Bronzebeschlages hinausreichen, und die unter dem Kinn verknoteten Schlangen ist die Darstellung eindeutig als Medusa gekennzeichnet. Bronze. - Dm. 5,3 bis 5,4 cm. Inv. 591. *Literatur :* Menzel, Bronzen Trier 55 Nr. 115 Taf. 50.

50d) Amulett mit Fica und Kopf FO Altrier (Luxemburg), 1888. Im 3. und 4. Jahrhundert n. Chr. war Gagat, eine bitumenreiche, harte, meist tiefschwarze Kohleart von mattem Glanz, für Schmuck und kleine Gebrauchsgegenstände sehr beliebt. Auch das kleine Amulett aus Altrier wurde aus diesem Material geschnitzt. Es zeigt auf einer Seite eine Hand, die eine Fica macht, auf der anderen in wesentlich kleinerem For-

mat ein menschliches Köpfchen. (Faust) Gagat. - L. 3,7 cm. Inv. 16976. *Literatur :* W. Hagen, Bonner Jahrbücher 142, 1937, 127 Nr. E 6 Taf. 26,2. - Trier - Kaiserresidenz 168 Nr. 65 e.

50e) Bronzephallus FO Trier, Mosel, 1869-1871. Ein geflügelter Phallus ist so mit Ohren, Löwenhinterteil mit Beinen, Phallus, einem Schwanz, der in einem Phallus endet, und Flügeln versehen, daß er wie ein eigenständiges Tier wirkt. Das lustige Ergebnis zeigt gut den unverkrampften natürlichen Umgang mit erotischen Symbolen, die keineswegs als obszön oder pornographisch angesehen wurden.

Von den beschriebenen "Zutaten" abgesehen ist der Phallus naturalistisch wiedergegeben. Der Aufhängung diente eine Öse mit (moderner?) Kette auf der Oberseite. In zwei kleinen Löchern am Rand der Flügel sind weitere Ösen mit Ketten befestigt, an denen Glöckchen hängen. Ein drittes Glöckchen an einer Kette beginnt am Ansatz der zurückgeschobenen Vorhaut unter der Eichel.

Dieses Sujet war in römischer Zeit recht beliebt. Solche Objekte wurden frei im Raum aufgehängt. Das Klingeln der vom Luftzug bewegten Glöckchen wurde

50d) Amulett mit Fica und Kopf

50f) Phallischer Anhänger

wohl als zusätzliche Steigerung der unheilabwehrenden Wirkung angesehen. (Faust) Bronze. - Größte L. 16,7 cm. Inv.
G O 92. *Literatur :* Jahresbericht der Gesellschaft für nützliche Forschungen zu Trier von
1869-1871 (1872) 98. - Menzel, Bronzen Trier 84 Nr. 202 Taf. 63. - R.-C. Johns, Sex
or Symbol? Erotic Images of Greece and Rome (London 1982) 68 Abb. 52.

50f) Phallusanhänger FO Trier, Leoplatz, 1985. Zu
Seiten des Phallus sind zwei antithetische stilisierte
Fische dargestellt. Über der Mittelpartie sitzt eine Pal-
mette. Zwei Ringe neben dieser Palmette dienten der
Aufhängung. Unter den Fischen und dem Phallus
befindet sich je ein kleiner, ebenfalls mitgegossener
Ring. In den beiden äußeren Ringen blieben bewegli-
che, unten kugelige Anhängsel erhalten. (Faust) Bronze.
- H. ohne Anhängsel: 5,96 cm, H. mit Anhängseln: 8 cm. EV 1985,43 FNr. 69.
Unpubliziert.

50g) Phallusanhänger FO Trier, Südallee (Schaab),
1897. Aus einem nach unten gerichteten halbmondför-
migen Element wächst ein erigierter Phallus hervor.
Der Aufhängung diente eine kräftige mitgegossene
Öse am oberen Rand der unverzierten Scheibe. Ver-
mutlich gehörte dieses Amulett zum Geschirr eines
Pferdes. (Faust) Bronze. - H. 3,5 cm, B. 3,4 cm. Inv. 21281. *Literatur :*
Menzel, Bronzen Trier 85 f. Nr. 207 Abb. 36.

50h) Phallischer Anhännger und Lunulae
FO Trier, Maar (Engelstraße), 1900. 2. Hälfte des 1. Jahrhunderts n. Chr.
Vier kleine halbmondförmige Anhänger (Lunu-
lae) und zwei winzige Phalli aus Silber wurden
zusammen mit einem etwas größeren Phallus aus
Bein in der gläsernen Urne eines Brandgrabes gefunden.
Der Fundzusammenhang, die geringe Größe und das Mate-
rial Silber sprechen dafür, daß die kleinen Amulette als
Schmuck getragen wurden. Silber und Bein. - Lunulae: B. 1,2 bis 1,26 cm.
Phalli aus Silber: B. 1,4 bis 1,5 cm. Phallus aus Bein: L. 2,5 cm. Inv. ST 1575. *Literatur :*
Westdeutsche Zeitschrift 20, 1901, 363. - Hettner, Ill. Führer 102. - Kat. Gläser Trier 291
Nr. 119.

50 i-j) Rosen vom Hirschgeweih mit Phallus Auch
aus dem unteren Teil des Hirschgeweihs wurden Amulette
gefertigt: Am Rand blieb die charakteristische Struktur mit
wulstigen Verdickungen bei einem Exemplar völlig
unberührt, beim anderen in der Oberfläche geglättet erhalten. Aus dem Ansatz der Geweihstange schnitzte man einen
nicht erigierten Phallus. Der Befestigung, wohl an Leder,
dienten vier große, gebohrte Löcher. Vermutlich sollten
diese Amulette Pferde vor Unheil schützen. Auch unverzierte Exemplare aus diesem Material wurden gefunden. (Faust)
i) FO Trier, Simeonstraße, 1921. Geweih. - H. 7,1 cm, B. 6,2 cm. Inv. 1920,245.

50g) Phallusanhänger

50h) Phallusanhänger und Lunulae

50 i) Rosen vom Hirschgeweih mit Phallus

50j) Rosen vom Hirschgeweih mit Phallus

Literatur : Trierer Jahresbericht 1920-1921, 52. j) FO Trier, Nikolausstraße, 1902. Geweih. - H. 6,9 cm, B. 5,7 cm. Inv. ST 4652.

51. Im Bann der bösen Absichten: Verfluchungstäfelchen - Defixiones

Archäologische Zeugnisse als Denkmäler der Magie einzustufen, ist vor allem im Bereich der Vorgeschichte ohne das bestätigende Schrifttum zumeist sehr hypothetisch. Aus der römischen Epoche, im römischen Westen vorzugsweise erst seit dem Übergang zur Spätantike, haben wir Bodenfunde, die sich selbst durch Schrift als Relikte des Zauberwesens ausweisen. Es sind Fluchtäfelchen - *defixiones*, bei denen Verfluchungen auf Bleibleche eingeritzt sind.

Ein umfangreicher Komplex an Fluchtäfelchen stammt aus dem Keller unter der Arena im Trierer Amphitheater. Dies ist ein günstiger Ort der Verbergung, um einen möglichen Kontakt zu den Unterirdischen, den Dämonen, zu finden. Nach Anweisung erhaltener Zauberpapyri sind Plätze mit Zugang zu den Dämonen solche Stellen, an denen Menschen eines "gewaltsamen" Todes gestorben waren oder wo sie als "vorzeitig" Verstorbene bestattet waren. Bereits hieraus ist erkennbar, daß es sich bei den Verfluchungen aus dem Amphitheater in Trier nicht unbedingt um Verfluchungen von Arenakämpfern handeln muß.

Das Studium der Schriften auf den kleinen Bleiblechen ist äußerst mühsam. Neben die heute oft schlecht auf dem Blei erhaltenen Schriftzüge treten die Unwägbarkeiten einer individuellen Handschrift. Der Reiz der Täfelchen liegt dagegen unter anderem auch darin, daß wir Individuen längst vergangener Epochen in ihren persönlichen Sprach- und Schriftzeugnissen sehr viel näher kommen als in offiziellen Denkmälern mit ihren Inschriften. (Schwinden)

Literatur: A. Audollent, Defixionum tabellae (Paris 1904). - K. Preisendanz, Papyri Graecae magicae. Die griechischen Zauberpapyri (1928-31). - F. Graf, La magie dans l'antiquité gréco-romaine (Paris 1994). - R. Wünsch, Die Laminae litteratae des Trierer Amphitheaters. Bonner Jahrbücher 119, 1910, 1-12 Taf. I-III. - CIL XIII 11 340. - Trier - Kaiserresidenz 185 ff. - L. Schwinden, Aberglaube und Magie im römischen Trier. Bulletin des antiquités luxembourgeoises 15, 1984, 63-73. - L. Schwinden, Ein beschriftetes Bleitäfelchen vom Wolberg bei Arlon - Eine Defixio? Archäologisches Korrespondenzblatt 19, 1989, 85-89 Taf. 19.

51a) Verfluchung des Eusebius

FO Trier, Keller des Amphitheaters, 1908. Ende des 2. Jahrhunderts oder 3. Jahrhundert n. Chr. Das Bleitäfelchen, das ursprünglich in einer magischen Praxis über die Querachse zusammengefaltet war, trägt an beiden Seiten Text.

Magie und
Astrologie-
Hilfe vom
Himmel
und der Unterwelt

233

(Zauberzeichen)

*In ABIHTIARO(?) vestro
(Di)anam et Martem
vinculares, ut me vin-
dicetis de ququma.
Eusebium in ungulas
obligetis et me
vindicetis.*

"(Ich rufe an)
Diana und Mars,
die helfenden Gottheiten,
daß ihr mich
von dem Hitzkopf erlöset.
Eusebius foltert
und bannet, mich aber
möget ihr befreien."

Rückseite:
*Pepostum
Eusebium*

Rückseite:
"Niedergelegt ist
der Name des Eusebius.".

Der Fluch auf der Innenseite des ursprünglich zusammengefalteten Bleibleches ist auf drei umrandete Felder verteilt. In den obersten stehen unverständliche und wohl sinnlose Zauberzeichen, wie sie alleine in den Zauberpapyri genauestens empfohlen werden.

Verflucht wird Eusebius. Der Verfluchende bleibt wie stets ungenannt, der Name mag aus juristischen Gründen in Anbetracht der auf Schadenzauber stehenden Todesstrafe, womöglich aber auch aus religiös bedingter Angst vor den Dämonen verschwiegen werden. Für sich selbst bittet der Verfluchende um Befreiung von einem *ququma (= cucuma)*, sei damit nun ein Schimpfname für einen Hitzkopf oder sei tatsächlich ein Kochtopf, der als abschätziger Ausdruck für eine verhaßte Arbeitsstätte stehen mag, gemeint.

Mit dem Namen auf der Rückseite, der ursprünglich zuerst an der Außenseite des gefalteten Täfelchens notiert war, gibt der Fluchende die ganze Person des Verhaßten der Unterwelt und ihren Mächten preis. (Schwinden) Blei. - H. 17,5 cm, B. 9,5 cm. Inv. 1909,930. *Literatur :* R. Wünsch, Die Laminae litteratae des Trierer Amphitheaters. Bonner Jahrbücher 119, 1910, 8 f. Nr. 24 Taf. 4; III 1. - CIL XIII 11 340 III. - Trier - Kaiserresidenz 185 f. Nr. 74 a. - L. Schwinden, Aberglaube und Magie im römischen Trier. Bulletin des antiquités luxembourgeoises 15, 1984, 68 f. Abb. 2. - A. Önnerfors, Antike Zaubersprüche (Stuttgart 1991) 52 f. Nr. 21.

51 b) Verfluchung der Prissia FO Trier, Keller des Amphitheaters, 1908. Ende des 2. Jahrhunderts oder 3. Jahrhundert n. Chr.

51a) Verfluchung des Eusebius

Das Täfelchen, mit dem nach dem Graffito der Rückseite verflucht werden soll, entbehrt eines jeden weiteren Verfluchtungstextes, sondern weist lediglich einen größeren Bestand an Zauberzeichen auf:

Vorderseite:

Zauberzeichen

Rückseite:

Prissiae nom-   "Der Name der Prissia

en de-

positum   ist (hier) niedergelegt."

Nach neuer überprüfender Lesung ist der Name *Prissia* gesichert; es handelt sich um einen auch sonst belegten gallischen Namen.

Die Anlage des Täfelchens, die Zauberzeichen, die Rahmung, die Handschrift und schließlich das Formular der Rückseite beziehungsweise der ursprünglichen Außenseite zeigen engste Verwandtschaft zur Verfluchung des Eusebius. Damit stellt sich die Frage, ob es sich um denselben Verfasser bei beiden Defixiones handelt und des weiteren die Frage:

51b) Verfluchung der Prissia

51c) Verfluchung des Sohnes der Regula

51d) Verfluchung einer Personengruppe

Haben wir hier denselben Verfluchenden für beide Defixiones oder gar einen professionellen Zauberer vor uns?

Die Zauberzeichen mögen wie in anderen Fällen rein mechanisch nach Anweisungen aus Zauberpapyri reproduziert worden sein. Auffällig sind sieben sechsstrahlige Sterne, die für die sieben Planeten stehen mögen. (Schwinden) Blei. - H. 9,3 cm, B. 7 cm. Inv. 1909,929. **Literatur** *: R. Wünsch, Die Laminae litteratae des Trierer Amphitheaters. Bonner Jahrbücher 119, 1910, 9 Nr. 25 Taf. III 2. - CIL XIII 11 340 VIII. - Trier - Kaiserresidenz 188 f. Nr. 74 g. - L. Schwinden, Eine Bleitafel mit magischen Zeichen aus dem römischen Vicus in Dalheim. Hémecht 44, 1992, 91 ff.*

51c) Verfluchung des Sohnes der Regula

FO Trier, Keller des Amphitheaters, 1908. 3. Jahrhundert n. Chr. Ein sehr dünnes und leider schlechter erhaltenes Täfelchen trägt einen längeren, in größeren Partien aber nicht mehr lesbaren Text:

Magie und
Astrologie-
Hilfe vom
Himmel
und der Unterwelt
235

> *Bona santa nomen, pia*
> *nomen noemnolia*
> *..ecessedenitia tibi*
> *santne dia dekigo*   "... ich verfluche
> 5 *[Ro]danum quen peperit*   Rodanus, den geboren hat
> *Anula Regula eatta*   Anula Regula
> *aer domina que a*
> *. . . .e tanta kamapo*
> *m . .r . .re . .carnis*
> *Bonarium . . .ekigo*   ich verfluche"
> *att . . a . . . . .trata*
> *. . te. . . .ti . . .nci . . . .*
> *tai . . .ta . . otun.*

Der Text nennt zweimal den zentralen, aber dennoch relativ selten verwendeten Begriff im Verfluchungswesen: *defigo* - "ich verfluche". Das Verb ist begriffsbildend für diese Art des Schadenzaubers geworden - *Defixio*. Die Zeilen 5-6 nennen den Verfluchten mit genauerer Definiton durch die Erwähnung der Mutter. Dies, bei Verfluchungen gelegentlich zu beobachten, weicht von der Praxis des öffentlichen Lebens, die Herkunft nach dem Vater zu bezeichnen, ab. Es mag sich allerdings wohl weniger um ein juristisches Motiv dafür handeln als vielmehr um die einzig sichere und wahre Bezeichnung der Herkunft vor den Dämonen.

Eine Neuuntersuchung des Materials hat ergeben, daß es sich um Blei, nicht um Silber handelt, die mit dem erkennbaren Formular sehr viel eher in Einklang zu bringen ist. (Schwinden) Blei. - H. 13 cm, B. 10 cm. Inv. 1909,931. *Literatur :* R. Wünsch, Die Laminae litteratae des Trierer Amphitheaters. Bonner Jahrbücher 119, 1910, 11 f. Nr. 31 Taf. III 3. - CIL XIII 11 340 I. - Trier - Kaiserresidenz 189 Nr. 75.

51d) Verfluchung einer Personengruppe FO Trier, Keller des Amphitheaters, 1908. 4. Jahrhundert n. Chr.

Das etwas dickere, relativ gut erhaltene Bleiblech enthält lediglich eine Leiste von vier Namen, jeweils Mann und Frau im Wechsel:

Ursus

Ursula

Martini-

anus

Ursacia

Durch ihre Namen sollen die vier Genannten erfaßt und so dem Zugriff der unterirdischen Dämonen anheimgegeben werden. Dies ist die kürzeste Version einer Verfluchung, wie sie gelegentlich vorkommt, so bei einer Namensliste aus dem Tempelbezirk im Trierer Altbachtal oder aus dem noch zum treverischen Gebiet gehörigen Arlon; eine Defixio aus Bad Kreuznach hat als Überschrift über der Namensliste *inimici et inimici* - "Feinde und Feinde".

Die Schrift zeigt typische spätantike Kursive, die noch deutlicher sich abhebt im direkten Vergleich etwa zur Schrift der Verfluchung des Eusebius. Interessant ist auch, daß sich die alten, von *Ursus* - "Bär" abgeleiteten gallischen Namen bis in die Spätantike auch nach diesem Zeugnis gehalten haben. (Schwinden) Blei. - H. 8 cm, B. 5,2 cm. Inv. 1909,943. *Literatur :* R. Wünsch, Die Laminae litteratae des Trierer Amphitheaters. Bonner Jahrbücher 119, 1910, 7 Nr. 19 Taf. II

2. - CIL XIII 11 340 XI. - Trier - Kaiserresidenz 186 f. Nr. 74 b.

52. Dämonische Kräfte in edlen Steinen:

Magische Gemme FO aus der Gegend von Trier. Sammlung der Gesellschaft für nützliche Forschungen, 1878. 3. oder 4. Jahrhundert n. Chr. Auf einem dunkelgrünen, rostrot gefleckten Jaspis ist ein Bild mit Inschrift eingeschnitten, wie es zwar sehr wohl bekannt, unter den Gemmen mit Herkunft aus den gallisch-germanischen Provinzen allerdings äußerst rar ist:

Die Vorderseite zeigt einen Dämon mit Hahnenkopf, menschlichem Körper und schlangenförmig auslaufenden Beinen. Das Bild ist auf griechisch unterschrieben *(Iαω)*. Die Rückseite trägt die griechischen Zaubernamen oder -worte *ABΛAN/AΘANAΛ/BAAK-PAM/MAXAMA/PI*; das erste Wort αβλαναθαναλβα ist ein Palindrom, das rückläufig ebenso zu lesen ist wie von Beginn her. Zwei Bodenfunde sind inzwischen aus dem weiteren Rheinland hinzugekommen, die auch die Trierer Gemme nicht mehr als Sonderfall erscheinen lassen.

Iαω, ob nun Gottesname oder Zauberwort, ob nun abgeleitet vom Namen des jüdischen Gottes Jahwe oder einfacher Dämonenname, erscheint häufiger im Zauberwesen, sowohl im Schadenszauber wie bei Schutzmitteln (Phylakterien). Iao als Riese mit Schlangenbeinen und Hahnenkopf ist vielfach auf zumeist aus dem Orient stammenden Gemmen, sogenannten magischen Gemmen, abgebildet. Hahn und Schlange sind Sympathiemittel; das bedeutet, daß diese Tiere mit der besagten Gottheit in bestimmter Verbindung stehen. Die magischen Gemmen wurden in einer Fassung getragen als Abwehrmittel gegen Gefahren und Krankheit. Alleine bereits der edle Stein strahlt magische Kräfte aus. (Schwinden) Grüner

52 Magische Gemme. Vorderseite

52 Magische Gemme. Hinterseite

Jaspis. - H. 2,65 cm, B. 2,3 cm. Inv. G 1258. *Literatur* : Grimm, Ägypt. Religion 19 f. Nr. 10; 44 Taf. 72. - L. Schwinden, Aberglaube und Magie im römischen Trier. Bulletin des antiquités luxembourgeoises 15, 1984, 66 Abb. 1. - Krug, Gemmen Trier Nr. 69. - H. Philipp, Mira et magica. Gemmen im Ägyptischen Museum der Staatlichen Museen Preußischer Kulturbesitz Berlin-Charlottenburg (Mainz 1986).

53. Zukunft - amtlich gedeutet: Orakel
53a) Ehreninschrift für die öffentlichen *Haruspices* (Opferschauer)

FO Trier, am Tempelbezirk im Altbachtal, 1809. Ende des 1. bis Anfang des 2. Jahrhunderts n. Chr. Am südlichen Rand des erst mehr als ein Jahrhundert später entdeckten großen Tempelbezirkes im Altbachtal wurde 1809 der Gedenkstein für die Vorsteher der öffentlichen *Haruspices* der *colonia Treverorum* ausgegraben:

Ob memoriam custod-

[ie]ndam adq(ue) propagandam

magistror(um) et parentum su-
orum Iustiani Iuliani Aprilis

Theodori Martialis Arca-

di Nycteri Concordius et

Hemerius haruspices publ(ici)

c(ivitatis) Tr(everorum) fecerunt

"Um das Gedenken zu wahren und fortzupflanzen, ihrer Meister und Väter Justianus, Julianus, Aprilis, Pompeianus, , Theodorus, Martialis, Arcadius, Nycterus, haben Concordius und Hemerius, die öffentlichen Haruspices von Trier, (das Monument) errichtet."

Der Inschriftstein gedenkt der Vorsteher *(magistri et parentes* - Meister und Väter) der Gemeinschaft *(ordo)* der öffentlichen Opferschauer des römischen Trier. Verantwortlich für die Errichtung des Monumentes mögen die als *magister* und *pater* amtierenden Concordius und Hemerius gewesen sein. Auffällig ist, daß in der Namensliste gerade die letzteren und jüngeren (?) zumeist griechische Namen tragen, was zu einem

Magie und
Astrologie-
Hilfe vom
Himmel
und der Unterwelt

238

53a) Ehreninschrift für die öffentlichen Haruspices (Opferschauer)

53b) Weihinschrift eines Losdeuters

Datierungsvorschlag des Denkmals in das 4. Jahrhundert veranlaßte.

Gerade in den nordwestlichen Provinzen des römischen Reiches treten die Haruspices nach den Inschriften als städtische Priesterschaften auf. Es handelt sich um Kollegien von hohem Ansehen, nicht um die privaten gewerbsmäßigen Wahrsager, die ebenso wie bereits Cicero auch Ausonius 400 Jahre später noch äußerst kritisch sah. (Schwinden) Sandstein. - H. 1,54 m, B. 1,30 m, T. 1,12 m. Inv. G 37 v. **Literatur** : Hettner, Steindenkmäler 5 Nr. 4. - CIL XIII 3694. - J. B. Keune, Orakelstätte im Tempelbezirk am Altbachtal zu Trier. Trierer Zeitschrift 10, 1935, 76. - J. Steinhausen, Das Trierer Land unter der römischen Herrschaft. In: R. Laufner (Hrsg.), Geschichte des Trierer Landes I (Trier 1964) 199. - E. Gose, Der Tempel am Herrenbrünnchen in Trier. Trierer Zeitschrift 30, 1967, 94 f. - M. Pietsch, Eine neue Haruspex-Inschrift aus dem römischen Tempelbezirk von Bad Wimpfen i. T. Fundberichte aus Baden-Württemberg 11, 1986, 285-295.

53b) Weihinschrift eines Losdeuters FO Trier, Tempelbezirk im Altbachtal, Casus-Heiligtum, 1924/25. Ende des 1. bis

Anfang des 2. Jahrhunderts n. Chr. Ein höchst selten belegtes Amt aus dem kultischen Bereich, ein *sortilegus* - Losdeuter, ist hier in einer Weihinschrift genannt. Die Inschriftplatte, die nur noch in ihren beiden unteren Dritteln erhalten ist, entbehrt damit jetzt der ursprünglich eingangs genannten Gottheiten. Wahrscheinlich richtete sich die Weihung an die Casus oder Boni Casus, an die für die glücklichen Schicksalswendungen verantwortlichen Gottheiten. Die Inschrift wird im erhaltenen Teil mit der Nennung des Stifters fortgesetzt:

—	"Den ...
Cossus Fron-	hat Cossus, des Fronto
tonis f(ilius) sortil(egus)	Sohn, Losdeuter
ex visu	nach einer Offenbarung
v(otum) s(olvit) l(ibens) m(erito)	das Gelübde gern und
	nach Verdienst eingelöst."

Das Amt des *sortilegus*, durch Inschriften in den gallisch-germanischen Provinzen sonst nicht mehr belegt, war nach Ausweisen aus Italien zumeist mit dem Tempel einer Gottheit verbunden. Dies unterstreicht, daß es sich um ein kultisches

Amt am Heiligtum, nicht um einen billigen Wahrsager, handelt. Dies bestätigt auch der Fundort der Inschrift in dem großen gallo-römischen Tempelbezirk im Altbachtal. Das priesterliche Amt läßt ebenso wie die mit guter Wahrscheinlichkeit zu erschließenden Gottheiten, die *Casus*, die Stiftung nach einer Erscheinung - *ex visu* - möglich werden, wie es auf der Inschrift ausgedrückt wird. (Schwinden) Kalkstein. - H. 0,23 m, B. 0,605 m, T. 0,14 m. Inv. ST 10087. **Literatur** : J. B. Keune, Orakelstätte im Tempelbezirk am Altbachtal zu Trier. Trierer Zeitschrift 10, 1935, 73-76. - Gose, Altbachtal 9 Abb. 32. - Kat. Steindenkmäler Trier 214 f. Nr. 427 Taf. 109.

54. Berechnung des günstigen Augenblicks: Astrologie

54a) Steckkalender FO Trier, Pacelliufer (römischeTöpferei), 1933; aus der Schuttschicht des Kellers. Mitte des 4. Jahrhunderts n. Chr.

Das vollständigste Exemplar einer Reihe von antiken Trierer Steckkalendern stammt aus der Verfüllung eines um 353 n. Chr. zerstörten Hauses im römischen Töpfereiviertel (vgl. hierzu Kat. 22 s). Es handelt sich um eine Hohlform zur Herstellung von Tonplatten als Steckkalender.

In der modernen Ausformung aus dem antiken Model zeigt die obere Reihe die sieben Planetengötter oder Wochentagsgottheiten, links beginnend mit Saturn, gefolgt von Sol, Luna, Mars, Merkur, Jupiter und Venus. In der unteren Reihe sind die vier Jahreszeiten angeordnet, dazwischen sitzend Minerva hier als Göttin der Technik und Künste. Der Neufund von 1983 offenbart Minerva eindeutig als solche, die *ars* - die Kunst - auf ihren Schild schreibt. Die Einstecklöcher unter den Planetengöttern sowie zweimal 15 Löcher an den beiden seitlichen Rändern sind in der Hohlform für ein späteres Ausstechen markiert.

Über seine einfache Bedeutung als Tageskalender hinaus fanden diese Kalender als astrologisches Instrument Verwendung zur Anzeige des günstigen Tages und des Mondstandes sowie zur Berechnung des Grades der Gunst einer Stunde. Ton. - B. der Ausformung: 22,5 cm. Inv. ST 14726 (FNr. 370). **Literatur** : S. Loeschcke, Trierer Zeitschrift 9, 1934, 168 Taf. 17,1. - L. A. Campbell, Mithraic Iconography and Ideology. EPRO 11 (Leiden 1968) 92 f. Taf. 6. - W. Binsfeld, Eine Zerstörungsschicht des Jahres 353 in Traben-Trarbach. Trierer Zeitschrift 36, 1973, 131. - W. Binsfeld, Römische Steckkalender in Trier. Kurtrierisches Jahrbuch 13, 1973, 186-189.

54b) Zwei Steckkalenderfragmente FO Trier, Altbachtal; in einer Zerstörungsschicht 275/76 n. Chr. südlich des Tempelbezirkes. Inv. ST 12014/12015. *Literatur* : W. Binsfeld, Kurtrierisches Jahrbuch 13, 1973, 186-189. - Schindler, Führer 41 Abb. 122.

54c) Steckkalenderfragment FO Trier, Pacelliufer (römische Töpferei), 1983. EV 1983,35. *Literatur* : H. Cüppers in: Trier - Kaiserresidenz 90 f. Nr. 6 d.

54a) Steckkalender

Magie und
Astrologie-
Hilfe vom
Himmel
und der Unterwelt
241

Der altitalische Götterhimmel wird durch Aufnahme neuer Götter aus den Provinzen des Imperium Romanum unübersichtlich und unverbindlich, was viele Menschen nicht zufriedenstellt. Seit der frühen Kaiserzeit sehen viele Gebildete in der philosophischen Wahrheitssuche einen Ersatz für die Religion.

"Es ist angemessen, daß das, was alle verehren, als Eines angesehen wird. Wir sehen dieselben Sterne, der Himmel ist uns gemeinsam, dasselbe Weltall umhüllt uns. Warum ist es so wichtig, nach welcher Methode jemand die Wahrheit sucht? Man kann nicht nur auf einem einzigen Weg zu einem so erhabenen Geheimnis gelangen. Aber darüber sollen sich die Wissenschaftler streiten."

Quintus Aurelius Symmachus (etwa 340 - 400 n. Chr.)
Amtliche Bittschrift an die Kaiser Valentinian II., Theodosius und Arcadius

Philosophie-
Die Suche nach
Wahrheit als
Religionsersatz

55. Gastmahl mit Geheimnissen:
Das Ledamosaik FO Trier, Johann-Philipp-Straße, in der Nähe des Kornmarktes, 1950. 2. Hälfte des 4. Jahrhunderts n. Chr. Für die Frage nach dem Weiterleben spätantik-heidnischer Kulte in der Kaiserresidenz Trier ist wohl kaum ein anderes Zeugnis in der Forschung häufiger untersucht und kontroverser interpretiert worden als das Mosaik aus der Johann-Philipp-Straße, das ein römisches Gebäude im Zentrum der römischen Stadt, rund 250 m nordwestlich der Basilika, ausschmückte.

Die Komposition des Mosaiks besteht aus einer Abfolge von Kreisen und Ellipsen, die von einem kontinuierlich durchlaufenden Flechtband gebildet werden. Das Grundschema wird dabei einmal wiederholt, wodurch zwei achteckige Hauptfelder mit geschwungenen Seiten ausgespart bleiben. In den sechs runden Medaillons befinden sich Brustbilder von Dienern mit Namensbeischriften (je zweimal Eusebius, Felix [bzw. Felex], Paregorius), die auf großen Platten Speisen für ein Bankett servieren. Man erkennt u. a. Geflügel, Fisch, Spanferkel und Backwerk. Die doppelte Nennung der Namen mag dabei für mehrere Gänge des Festmahles stehen. Die Dienerfiguren in den spitzovalen Feldern führen Utensilien mit sich, die ebenfalls in den Bereich des Mahles gehören: Weinkrug (Theodulus), Waschgeschirr (Calemer), gläsernes Salbgefäß? (Andegasus), Weihrauchständer (Florus) Nicht fehlen dürfen natürlich auch Tänzerinnen (Criscentia [Crescentia], Eleni [Helene]), die im vorliegenden Fall stabförmige Kastagnetten schwingen. Secundus mit der Lampe wird zumeist als Türsteher angesprochen, der dem Gast den Weg zum Mahl weist.

Die Szenen der Hauptfelder weisen eine unterschiedliche Ausrichtung auf, so daß das Mosaik keine einheitliche Ansichtsseite besitzt. Die eine Szene gibt ein mythologisches Thema, die Eigeburt der Helena (Aelena) und der Dioskuren Castor und Pollux (Polus), wieder: Das Ei, in dem sich die Drillinge noch befinden, liegt auf einem Altar, der von Agamemnon und Leda (Lyda) flankiert wird. Die Anwesenheit des Vaters Jupiter (Iobis) wird durch die Gestalt des Adlers symbolisiert, der mit ausgebreiteten Flügeln auf einer Säule sitzt. Unklarheit besteht über die Funktion des Agamemnon in diesem Zusammenhang, da man nach dem Mythos an seiner Stelle eher Tyndareus, den gehörnten Gatten der Leda, erwartet hätte. Möglicherweise handelt es sich jedoch um einen bloßen Irrtum des Auftraggebers bzw. um einen Fehler des Mosaizisten.

Der Darstellungsinhalt des zweiten Hauptfeldes ist trotz zahlreicher Erklärungsversuche bis jetzt nicht abschließend gedeutet. Sein Verständnis wird nicht zuletzt durch das fehlerhafte, von spätantiken Vulgarismen durchsetzte Latein der Beischriften erschwert: Ein Qodvoldeus (für Quodvultdeus = "Was Gott will") benannter Mann hält eine lange Schöpfkel-

Philosophie
Die Suche
nach Wahrheit
als Religionser
satz

243

Philosophie
Die Suche
nach Wahrheit
als Religionser
satz

244

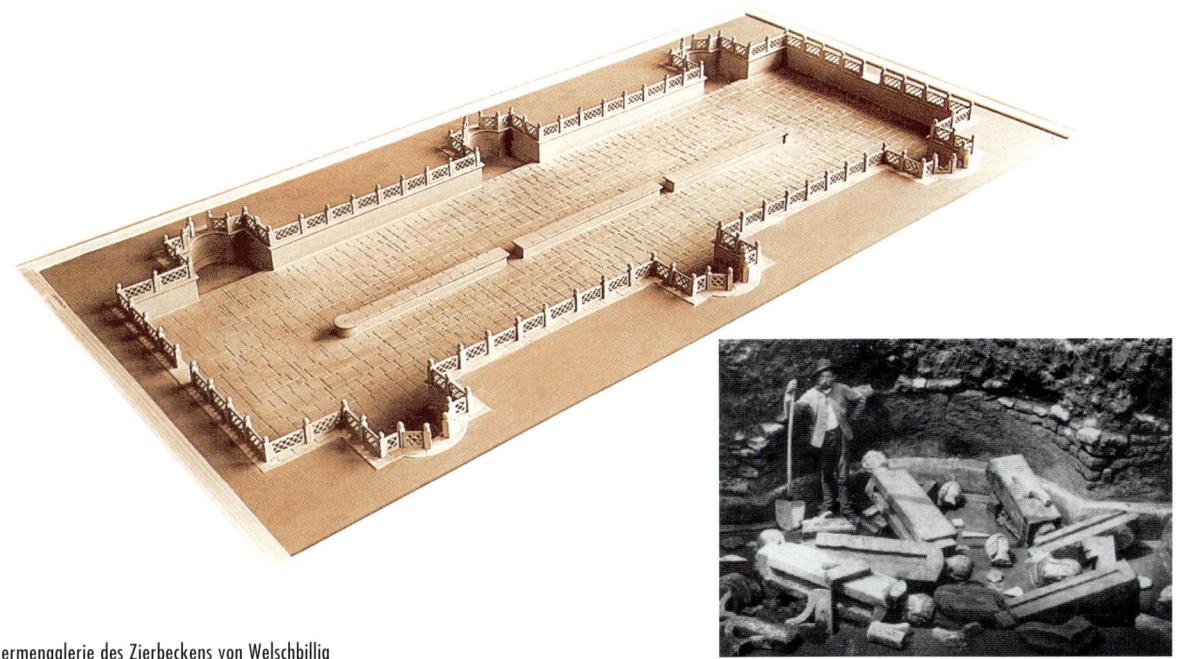

56 Hermengalerie des Zierbeckens von Welschbillig

le (*simpulum*) und einen gerupften Vogel in Händen. Zu beiden Seiten befinden sich Figuren mit Beischriften, die als Bestandteile die Namen zweier Diener in den Rahmenmedaillons (Andegasus und Felix) enthalten. Während die linke Figur kniend eine Schale, in der ein Ei zu erkennen ist, emporhält, trägt die rechte mit ausgestreckten Armen einen konischen Topf. Ein Gefäß ähnlicher Form sowie ein schaufelförmiger Gegenstand erscheinen als Füllmotive in den oberen Zwickeln des oktogonalen Feldes. Im allgemeinen wird die nicht näher bestimmbare Darstellung auf eine Kulthandlung bezogen, die in engem Zusammenhang mit der mythologischen Szene stehen soll, wobei dem Ei von mehreren Forschern ein besonderer religiöser Gehalt beigemessen wird. Die Bildelemente der Rahmenzone werden dann folgerichtig als heiliges Mahl einer Kultgemeinschaft in ihrem Versammlungslokal interpretiert, eine Ansicht, die allerdigns nicht ohne Widerspruch geblieben ist. Auch in der Frage, ob die Darstellungen einem heid-

nischen oder eher einem halbchristlichen Milieu zuzuordnen sind, herrscht bis zum heutigen Tage Unsicherheit. Während die bildlichen Darstellungen selbst keinerlei christliche Elemente aufweisen, führen einige Diener - das gilt insbesondere für Quodvultdeus - Personennamen, die vor allem in christlichem Kontext begegnen. Dieser Umstand belegt allerdings wohl nicht mehr als einen allgemeinen christlichen Einfluß auf die Namengebung in der Spätantike, auch in heidnischen Kreisen (vgl. H. Brandenburg, Jahrbuch für Antike und Christentum 7, 1964, 152). Angesichts dieser vielschichtigen Probleme, die mit den Darstellungen des Ledamosaiks verbunden sind, ist es angebracht, die wenigen gesicherten Punkte kurz zu wiederholen: Der Boden gibt neben dem mythologischen Thema der Eigeburt Helenas und der Dioskuren eine unbestimmte Handlung wieder, die wahrscheinlich während eines üppigen Festmahls vollzogen wird. (Hupe) Rekonstruierte Größe: 7,12 x 4,24 m. Inv. 1950,10. ***Literatur*** : H. Eiden, Spätrömisches Figurenmosaik am Kornmarkt in Trier. Trierer Zeitschrift 19, 1950, 52-71 Taf. 7-14 Beilagen 6-9. - J. Moreau, Das Trierer Kornmarktmosaik. Monumenta artis Romanae II (Köln 1960). - W. Binsfeld in: Trier - Kaiserresidenz 286

Nr. 150 mit Abb. S. 47. - Heinen, Trier 359-362 Abb. 116; S. 421 (weitere *Literatur*). - J. Schwartz/J.-J. Hatt, Une interpretation nouvelle sur la scène de prestigation. Bulletin de la Société nationale des antiquaires de France 1985, 37-45.

56. Panoptikum des Zeitgeistes:
Hermengalerie des Zierbeckens von Welschbillig Im Ort Welschbillig, 13 km nordnordwestlich von Trier, wurde in der 2. Hälfte des 4. Jahrhunderts n. Chr., im Bereich eines großen ummauerten, wohl kaiserlichen Gutsbezirkes, eine prächtige Villa errichtet. Vor dieser lag ein etwa 60 m langes und 18 m breites Wasserbecken mit Nischen an den Langseiten und einer schmalen Mauer in der Längsachse. Eine steinerne Brüstung umgab das Becken. Zwischen rechteckigen Kalksteinplatten mit Schuppenmuster in durchbrochener Arbeit standen ursprünglich 112 Hermen. Bei den Ausgrabungen von 1891/92 konnten 71 Exemplare gefunden werden. Sie tragen Köpfe von Göttern, Griechen, Römern, Feldherren, Soldaten, Philosophen sowie Darstellungen von Angehörigen verschiedener Völker.

In einer Zeit entstanden, als das Christentum bereits im Erstarken begriffen war, zeigt diese Hermengalerie Geisteswelt und Geschmack eines wohl kaum christlichen Auftraggebers. (Faust) *Literatur:* Hettner, Steindenkmäler 251 f. - J. Steinhausen, Ortskunde Trier-Mettendorf (Bonn 1932) 365 ff. - H. Wrede, Die spätantike Hermengalerie von Welschbillig (Berlin 1972). - W. Binsfeld, Welschbillig. In: Führer zu vor- und frühgeschichtlichen Denkmälern 33. Südwestliche Eifel (Mainz 1977) 190-195. - K. Weidemann in: Gallien in der Spätantike (Mainz 1980) 217 f. Nr. 348-353. - H. Cüppers in: Die Römer an Mosel u. Saar (Mainz 1983) 340-342 Nr. 298-299. - W. Binsfeld in: Trier - Kaiserresidenz 286-288 Nr. 151. - H. Cüppers in: Die Römer in Rheinland-Pfalz (Stuttgart 1990) 665-667.

57. Letzter Glanz des alten Glaubens:
Versinschrift zu einer Weihung an Hermes FO Trier, St. Maximin, Krypta der Abteikirche, vor 1865 bis 1917. 4. Jahrhundert, vielleicht um 360-361 n. Chr. Eine auffallend schöne Schrift zeigt ein Marmorfragment einer vermeintlich spätantiken griechischen Versinschrift, deren Fundgeschichte auf einer Reihe günstiger Zufälle

Philosophie
Die Suche
nach Wahrheit
als Religionser
satz

246

57 Versinschrift zu einer Weihung an Hermes

[εἶτα] λίθον κείνην ἐπ[έκρινεν ἀνὴρ κλυτοτέ]χνης,
[εἰς ζ]ώνην λαγόνων ἦν ἐ[ργοδότη]σα πρὸ πάντων
[ἐνδῆσαι], λοιπὸν πάλαν ὑάλῳ [κολ]λήσας·
[ὡς δ' ὑγρ]αῖς ἐδάη [μιν ἀποστ]ιλβῶσ' ἀκόναισιν,
[θεῖον κ]άλλος ἔχ[ουσαν ἐτήτυ]μος ἐξεκάλυψεν
[δῶκέ τ'] ἔλεγχο[ν ἐνεργείης] μερόπων τ' ἀπὸ τέχνης·
[οἶδ' ἀμέ]θυστος ἀναψ[ύχει]ν τόσον ἐς χάριν ὄψιν,
[εὖτ' ἀμέ]θυστον ἔχ[ων χερὶ τὴν] νήφουσαν ἐς ὄμμα
[ἠρέμας] εἰρίζουσαν [ἱῆς ἀκτεῖ]σιν ἀγηταῖς,
[ὄσσον] ἀ[φὴ Π]αιῶνος [ἄμα π]νοιῇ Ζεφ[ύρο]ιο·
[γλύψε δ' ἐπ' ἀστερο]έντος ἀ[κοιμήτο]ισιν ὀπωπ[α]ῖς
[ἀγροβότα]ο [καλὴν κ]εράδα φρά[ξαντ]ος ἀδελφήν
[Ἥρης ἐννεσίη]ς[ι κακαῖς π]ολυωπέος Ἄργου
[ὠμόφρονος φυ]λ[άκ]οιο δ[όλῳ] θέλγηθρον ἀνειῶν]
[πάλλονθ' ἦν ῥάβδο]ο[ν κ]αθ' [ὑπηρ]εσίην Διὸς Ἑρμῆ[ν].
[Δέξο, μάκαρ, Τρεβέρων σε παρ' ε]ὐερνῶν γυάλ[οισιν]
[χρυσόραπιν κλήζω, θελκτῆρα μ]έγιστον ἀνει[ῶν].

57 Griechischer Text der Weihung an Hermes

beruht. Die erhaltene Marmorplatte war vor 1865 über mindestens zwei Generationen in einer Malerwerkstatt als Palette benutzt worden, auf der der Maler seine Farben anrieb. Der Aufmerksamkeit R. Herzogs ist es zu verdanken, daß das Fragment mit zwei negativen Mörtelabdrücken aus späteströmischen Gräbern zur Wiederherstellung einer größeren Textpassage kombiniert wurde . Die für ihre Wiederverwendung in den späteströmischen Gräbern aus der Inschrift zurechtgeschnittenen Marmorplatten sind nicht mehr erhalten.

Das mitten aus den Versen herausgegriffene Textfragment besingt ein Weihegeschenk für Hermes, einen mit einem polierten und geschnittenen Amethysten geschmückten Gürtel:

Sollte die Datierung in das 4. Jahrhundert n. Chr. zutreffen, ist das Gedicht im Umkreis Julians als Augustus in Gallien (ab Nov. 360) sehr wohl denkbar. Hermes - Mercurius erfuhr von Julian besondere Verehrung. Seit alters her genossen die im Gedicht geweihten Edelsteine eine besondere Wertschätzung; vor allem der Aberglaube maß ihnen besondere Kraft bei. Damit wirft das Gedicht auch ein markantes Licht auf die gelehrten aristokratischen Vorstellungen des alten Glaubens im spätantiken Trier. (Schwinden) Marmor und Mörtelabdruck. - H. des rekonstruierten Inschriftteils noch 56,5 cm, B. ca. 102 cm. Inv. G 138; 1918,86; 1917,581. *Literatur* : R. Herzog, Zwei griechische Gedichte des 4. Jahrhunderts aus St. Maximin zu Trier. Trierer Zeitschrift 12, 1937, 121-151. - A. Körte, Auf den Spuren Julians in Trier. Die Antike 14, 1938, 252-254 = R. Klein (Hrsg.), Julian Apostata (Darmstadt 1978) 201-205. - Trier - Kaiserresidenz 280 f. Nr. 145. - Heinen, Trier 237. - W. Binsfeld in: Kat. Steindenkmäler Trier Nr. 109 f. Nr. 216.

"Darauf prüfte ein Meister, ein kunstberühmter, das Kleinod,
Das ich als Haupstück gab, in den Gürtel der Lenden zu fügen,
Während das übrige Gold mit geschmolzenem Glas belegt ward.
Der verstand seinen Glanz mit feuchtem Wetzstein zu weckem
Und er brachte heraus die göttliche Schönheit des Steines,
Gab den Beweis seiner Kraft und zugleich des menschlichen Könnens.
Der Amethyst vermag so sehr das Gesicht zu erquicken,
Wenn man den "nüchternen" Stein sanft irisierenden Glanzes
Hält in der Hand und lenkt seine herrlichen Strahlen zum Auge,
Wie des Heilgottes Hand im Verein mit dem Wehen des Zephyr.
Und er schnitt in den Stein den Hermes, wie gegen Argos
(Den mit schlaflosen Augen gleich Sternen prangenden Hirten,
Der auf Geheiß der Hera die Hörner tragende Schwester
Hütet als grausamer Wächter) er schwingt im Dienste des Vaters
Zeus den Zauberstab, der alle Leiden beschwichtigt.
Nimm das Geschenk. Ich rufe dich an im Gefilde der Trierer,
Herr des goldenen Stabs, du größter Stiller der Leiden."

(metrisch übersetzt von A. Körte)

Die orientalischen Religionen haben, insbesondere in den Städten, dem Christentum den Weg geebnet. Das Neue in der christlichen Religion ist die Ausschließlichkeit des christlichen Gottes. Hinzu kommt die Abschaffung des Opfers im herkömmlichen Sinne: Jesus bringt am Kreuz das ultimative Opfer dar. Er wird in jüdischer Tradition mit dem Passahlamm verglichen, und sein Opfer ist in der Feier der Eucharistie gegenwärtig. Im frühen Christentum gibt es zunächst keine Kirchen. Dies hängt mit der langen Christenverfolgung, aber auch mit neuen Glaubensvorstellungen zusammen: Gott lebt nicht in Tempeln, er lebt im Menschen, der nach seinem Abbild geschaffen ist. Damit werden die Sonderstellung des Menschen in der Schöpfung und sein unmittelbares Verhältnis zu Gott betont.

"Glaubt ihr etwa, weil wir keine Tempel und Altäre haben, müßten wir verbergen, was wir verehren? Was für ein Bild sollte ich denn für Gott anfertigen, da doch, wenn du es recht bedenkst, der Mensch selbst Abbild Gottes ist? Was für einen Tempel sollte ich ihm errichten, wenn doch diese ganze Welt, als sein eigenes Werk angefertigt, ihn nicht zu fassen vermag? Und sollte ich eine Macht von solcher Erhabenheit in eine Kapelle einschließen, während ich als Mensch geräumiger wohne? Sollte man ihn nicht besser in unserem Herzen verehren, ihm in unserer Brust ein Heiligtum weihen? Soll ich Gott große und kleine Tiere, die er zu meinem Nutzen erschaffen hat, opfern und ihm so sein eigenes Geschenk wieder hinwerfen? Das wäre Undank, stattdessen sind eine gute Seele, ein reiner Sinn und aufrichtige Gedanken ein gefälliges Opfertier."

Marcus Minucius Felix (2./3. Jh. n. Chr.)
Octavius (32,1f.)

Das Christentum – Erlösung durch einen Gott

Das
Christentum-
Erlösung
durch einen
Gott
249

58. Biblische Bilder der Errettung: Frühchristliche Elfenbeinpyxis FO Trier, Amphitheater, 1908. 2. Hälfte des 5. Jahrhunderts n. Chr. Wertvolle Dosen (Pyxiden) aus Elfenbein waren in der Antike allzeit beliebt. Neben zahlreichen Dosen mit paganen Darstellungen haben wir auch solche der Spätantike mit frühchristlichen Motiven, vorzugsweise des Alten Testamentes. Die frühchristliche Pyxis aus Trier, ein Bodenfund aus dem Keller des Amphitheaters, weist drei Bilder alttestamentlicher Rettungsszenen auf. Stärker beschädigt ist die Darstellung, in der Abraham seinen Sohn Isaak zu opfern beabsichtigt. Die nur fragmentarisch erhaltene Gestalt Isaaks scheint vor dem mit dem Messer zustoßenden Abraham zu knien. Der Widder, das spätere Opfertier, erscheint unter dem Gewächs Sabeck, während die Hand Gottes am Pyxidenrand Abrahams Tun Einhalt gebietet; an der Hand (später?) eingeritzt *Ma[nus D]e[i ?]* ("Hand Gottes"). In der folgenden Szene, der Speisung Daniels, erwartet dieser in Orantenhaltung, flankiert von zwei Löwen in einem Bogen stehend, den das Brot bringenden Habakuk, von einem Engel begleitet. Wie Daniel in phrygischer Tracht mit Mütze, engen Hosen und Tunika und in Orantenhaltung stehen die drei Jünglige im Feuerofen zwischen den auflodernden Flammen, die von einem von links herannahenden Engel mit Stab gelöscht werden. Während die meisten elfenbeinernen Kunstwerke aus alten Sammlungen ohne genauen Fundort auf uns übergekommen sind, ist ein Grabungsfund selten. Damit wird Trier als Ort der Verwendung der kostbaren Elfenbeinpyxis festgelegt, auch wenn die Lokalisierung der Werkstatt, Trier oder Import aus dem östlichen Mittelmeerraum, noch nicht geklärt ist. (Schwinden) Elfenbein. - H. 7,8 cm, Dm. ursprünglich 12,7 cm. Inv. 1909,866. *Literatur* : W. F. Volbach, Elfenbeinarbeiten der Spätantike und des frühen Mittelalters (Mainz ³1976) Nr. 162 Taf. 82. - Trier - Kaiserresidenz 183 Nr. 71. - W. Weber in: Schatzkunst Trier. Treveris sacra Bd. 3 (Trier 1984) 79 Nr. 4. - Heinen, Trier 383 Abb. 120. - Von Konstantin zu Karl dem Großen. Denkmäler des Heidentums und Christentums aus der Spätantike. Ausstellungskat. (Mainz 1990) 58 Nr. 8. - A. Cutler, Five lessons in late Roman ivory. Journal of Roman Archaeology 6, 1993, 178 f. Abb. 12. - G. Koch, Frühchristliche Kunst (Stuttgart 1995) 127 Taf. 29,3.

59. Namenszeichen des siegreichen Gottes: Bronzescheibe mit Christogramm FO Trier, Jüdemerstraße, 1902. Spätes 4. oder 5. Jahrhundert n. Chr. Die runde Bronzescheibe zeigt in durchbrochener Arbeit ein *Xhi Rho* als Christogramm für griechisch Chr(istos) in einem Kreis. Drei mitgegossene Niete deuten darauf, daß das Zeichen auf einem anderen Träger, eher Leder als Holz, aufgesetzt war. Das Symbol des Christogrammes im Kreis ist auf frühchristlichen Trierer Inschriften seit dem 4. Jahrhundert bekannt; im Doppelkreis, wie es dem Symbol der Bronzescheibe am nächsten kommt, steht das Christogramm auf frühchristlichen Inschriften des 5. und 6. Jahrhunderts nicht alleine in Trier, sondern ebenso an der weiteren Mosel beziehungsweise am

Das
Christentum-
Erlösung
durch einen
Gott
250

58 Frühchristliche Elfenbeinpyxis

Mittel- und Niederrhein. Wenn auch ohne weitere Binnen-
zeichnung charakterisiert, mag der das Christogramm
einschließende Kreis als Kranz aufgefaßt werden.

Rundscheiben in Durchbruchstil sind seit der Spätantike aus
der Mittelmeerwelt bekannt. Eine Nähe der Trierer Scheibe
zu den späteren fränkischen Zierscheiben des 6. und 7. Jahrhunderts ist unverkennbar, auch wenn die über 600 bekannten Exemplare nie ein Christogramm aufweisen. Ein zur
Trierer Bronzescheibe fast identisches Stück stammt aus der
fränkischen Ansiedlung des späten 4. und 5. Jahrhunderts in
der römischen Villa von Neerharen-Rekem (B). Die Scheibe
ist gleich groß; sogar in den Nieten stimmen die Scheiben
überein, so daß zu vermuten ist, daß das Stück aus Trier im
5. Jahrhundert in die Maasgegend verbracht wurde. (Schwin-
den) Bronze. - Dm. 6,5 cm, D. mit Nieten: 0,8 cm. Inv. ST 5431. *Literatur*:
Loeschcke, Frühchristl. Denkmäler 110 f. Abb. 21. - Frühchristl. Zeugnisse 76
Nr. 58. - L. Schwinden, Zu den frühchristlichen Inschriften von Karden an der Mosel.
Trierer Zeitschrift 54, 1991, 273

f. - G. De Boe, De Laat-Romeinse "Germaanse" nederzetting te Neerharen-Rekem.
Archaeologia Belgica 253, 1983, 72 Abb. 37,13. - G. de Boe in: Villa rustica.
Römische Gutshöfe im Rhein-Maas-Gebiet (Maastricht 1988) 17 Abb. 15. - M. de
Grooth/J. van Hontem, Een bronzen ring met Christogram uit Schimmert. Archeo-
logie in Limburg 56, 1993, 25 f. Abb. 4.

60. Gesetzgebung durch den göttli-chen Herrscher:

Schieferplatte mit Christus und Petrus FO Trier, Südallee, 1985. 2. Hälfte des 4. Jahrhunderts n. Chr. Zu den her-ausragenden jüngeren Funden zum frühen Christen-tum in Trier gehört eine Schieferplatte mit einge-schliffenem Bild. W. Binsfeld hat es als eine Darstel-lung der *traditio legis* - "Christus überreicht das Gesetz an Petrus"- erkannt. Das Motiv, seit der Mitte des 4. Jahrhunderts aus Rom bekannt, ist im wesentlichen auf Italien beschränkt. Die Schieferplatte gehört zu den wenigen Christusdarstellungen aus Trier und ist

59 Bronzescheibe mit Christogramm

60 Schieferplatte mit Christus und Petrus

überhaupt das älteste Petrusbild in Trier. Motive des
Neuen Testamentes stehen im 4. Jahrhundert
gegenüber alttestamentlichen Rettungsszenen noch
eindeutig zurück.

Die erhaltene Platte zeigt im negativen Bild eingeschliffen den bärtigen Petrus vor einer Palme, einen
Fuß auf eine Wolke setzend. Die Hände sind nach
vorne emporgestreckt. Von einer weiteren menschlichen Gestalt in der Mittelachse ist noch ein Fuß mit
dem Saum des herabfallenden Gewandes erhalten. Es
handelt sich bei der zentralen Figur um Christus, der
eine Schriftrolle an Petrus überreicht; aus den
bekannten Darstellungen des Motives kennen wir die
Beischrift *Dominus legem dat* - "Der Herr gibt das
Gesetz". Zu ergänzen ist im positiven Bild gegenüber
Petrus an der linken Seite der Apostelfürst Paulus.

Das Bild ist eingeschliffen in einer Technik, wie sie

beim Glasschliff Anwendung fand. Der Schiefer als Bildträ-
ger ist ungewöhnlich. Gedacht wird an eine Funktion als
Brotform oder an ein Versuchsstück eines Glasschleifers.
(Schwinden) Grauer Schiefer. - H. noch 20,5 cm, B. noch 9,5 cm, D. 2 cm, Dm.
ursprünglich ca. 22 cm. Inv. 1985,7. *Literatur* : W. Binsfeld, Eine frühchristliche Darstellung
aus Trier. Trierer Zeitschrift 50, 1987, 293-299. - W. Binsfeld, Beispiele frühchristlicher Kunst
in Trier. Bulletin de l'Association pour l'Antiquité tardive 2, 1993, 48 f. Abb. 1.

**61. Sinnbild menschlicher Fürsorge:
Der Schafträger** Der Bildtypus eines Hirten, der ein Tier
auf den Schultern trägt, läßt sich innerhalb der antiken bil-
denden Kunst weit zurückverfolgen. Seine bislang ältesten
bekannten Darstellungen finden sich auf hethitischen Reliefs
aus dem 2. Jahrtausend v. Chr. Dort tragen Männer Ziegen-
böcke auf dem Rücken, deren Beine sie vor dem Körper fest-
halten. Dieser hethitische Typus hatte die aus dem 3. Jahrtausend v. Chr. stammende, mesopotamische Schöpfung
abgelöst. Bei diesem Typus hält der Hirte oder Opferträger

mit beiden Händen ein Zicklein vor der Brust oder stützt es mit der linken Schulter so ab, daß seine rechte Hand zum Gebet frei bleibt. In der späteren östlichen Kunst ist der ein Tier schulternde Mann oft ein Gott, so beispielsweise der Sonnengott *Malakbel*, dargestellt als besorgter Hirte der Seinen.

Die frühgriechische Kunst kennt sowohl den sogenannten "mesopotamischen" als auch den "hethitischen" Typus des Tierträgers. Bei einer dritten, wohl in Griechenland selbst geschaffenen Variante hält der Hirte das Tier an seine Hüfte gedrückt. Für *Hermes*, den griechischen Schutzgott der Herden, wurden die "hethitische" und die "griechische" Darstellungsweise bevorzugt.

In der 1. Hälfte des 5. Jahrhunderts v. Chr. schuf der Bildhauer *Kalamis* für die Stadt Tanagra ein eindrucksvolles Kultbild des Hermes mit einem Bock (*Kriophoros*) über den Schultern. Dieses klassische Werk hatte starke Nachwirkung auf spätere hellenistische und römische Hirtendarstellungen. Das ungefähr zur selben Zeit entstandene Kultbild des Bildhauers *Onatas* für einen Hermes in Olympia, der sein Tier an die Hüfte drückt, konnte sich dagegen in späteren Zeiten nicht durchsetzen.

Nach und nach verlor dann der Bildtypus des Tierträgers die feste Bindung an eine bestimmte Gottheit. Man empfand ihn schließlich nur noch als Ausdruck und Sinnbild der Hirtenfürsorge schlechthin. Die vornehme Gesellschaft des Hellenismus und der römischen Kaiserzeit in den großen Städten begann dann unter dem Einfluß von Dichtern und Ethikern, das Landleben und die Lebensweise der Hirten auf romantische Weise zu verklären. Von nun an wird der widdertragende Hirte zum Symbol der Menschlichkeit (*humanitas*). In dieser Zeit gab man auch die bei diesem Bildtypus bevorzugte *heroische Nacktheit* zugunsten des üblichen Hirtengewandes auf. Der Hirte konnte ferner bärtig oder unbärtig dargestellt werden.

Gerade im Hellenismus und vor allem in der römischen Kaiserzeit gehörte das Motiv des einen Ziegenbock oder Widder

schulternden Hirten zum festen Vorrat geläufiger Bildtypen. Es befand sich sicher auch in den Musterbüchern, worin die Kunden Anregungen für ihre Aufträge fanden. Darstellungen des Hirten mit einem Tier über den Schultern sind vertreten durch Marmor-, Ton- und Elfenbeinstatuetten. Sie zieren Sarkophage und Kleinkunstgegenstände wie Gläser und Klappmessergriffe.

In der altchristlichen Kunst wird das Symbol des guten Hirten (*pastor bonus*) schließlich zum beherrschenden Thema. Auf den Fresken der Katakomben ist der Hirte mit dem Schaf über den Schultern das Rettungsmotiv schlechthin.

Die Schafträgerfigur erfreute sich im 3. und 4. Jahrhundert n. Chr. auch in heidnischen Kreisen großer Beliebtheit. Man stellte beispielsweise Statuetten des Hirten in Wohnungen, Gärten und Grabkapellen auf. So ist es heute größtenteils schwer festzustellen, ob hinter den einzelnen Werken ein profaner oder christlicher Sinngehalt steckt. Hinweise auf eine christliche Interpretation als *guter Hirte* ergeben sich bei Sarkophagen und Fresken. Bei ihnen steht der Schafträger oftmals im Zusammenhang mit Szenen aus dem Alten oder Neuen Testament bzw. ist von ihm anbetenden Personen umgeben. Im Gegensatz zu dem traditionellen Bildtypus mit einem männlichen Tier setzt sich in der christlichen Kunst das weibliche Schaf als Sinnbild des Guten in Anlehnung an das Gleichnis vom verlorenen Schaf (Lucas 15,4/7) durch. Ferner läßt bei einigen Werken aus der Fundnähe zu christlichen Kirchen, Katakomben etc. auf eine Deutung als *guter Hirte* schließen. ***Literatur:*** Th. Klauser, Studien zur Entstehungsgeschichte der christlichen Kunst I. Jahrbuch für Antike und Christentum 1 (Münster 1958) 24 ff. - Th. Klauser, Studien zur Entstehungsgeschichte der christlichen Kunst III. Jahrbuch für Antike und Christentum 3 (Münster 1960) 112 ff. - N. Himmelmann, Über Hir-

Genre in der antiken Kunst. Abhandlungen der Rheinisch-Westfälischen Akademie der Wissenschaften 65 (Oppladen 1980). - W. N. Schumacher, Hirt und guter Hirt. Römische Quartalschrift für christliche Altertumskunde und Kirchengeschichte. Suppl. 34 (Freiburg 1977) 334 ff.

61 Statuette eines Schaftträgers FO Trier, Barbaraufer, 1991. Ende des 3./Anfang des 4. Jahrhunderts n. Chr. Ein vermutlich jugendlicher, unbärtiger Mann mit lockigem Haar trägt ein Schaf auf dem Rücken geschultert. Bekleidet ist er mit der üblichen Hirtentracht, einer einfachen, kurzen *Tunika*, die ursprünglich wohl bis zu seinen Knien reichte und an den Hüften gegürtet war. Mit beiden Händen hält der Hirte die Füße des Tieres vor dem Körper fest.

Im Gegensatz zu dem Sarkophag mit Schaftträger (Kat. 66), der zum einen aus einem christlichen Fundzusammenhang stammt und auf dem zum anderen neben dem Hirten Szenen aus dem Alten Testament abgebildet sind, läßt sich für die Statuette nicht mit letzter Sicherheit eine christliche Interpretation annehmen. (Klementa) Weißer Marmor. - H. 0,255 m. EV 1991,59.

62. Das "Licht der Welt" in jedem Haus: Lampen mit christlichen Motiven

Fünf Lampen befinden sich in der Trierer Sammlung, deren kleiner eingesenkter Spiegel ein Christogramm ziert. Zwei Exemplare kamen in den Schuttablagerungen der Kaiserthermen zutage, die dritte in einem Wohngebäude inmitten der Stadt, die vierte wurde zusammen mit etlichen anderen spätantiken Lampen in dem spätrömischen Keller unter dem Palais Kesselstatt, in dem auch die Reste einer antiken Glasmacherwerkstatt lagen (siehe hier Kat. 64), ausgegraben. Die fünfte Lampe gelangte durch Ankauf in die Sammlung.

Der Herstellungsort dieser Lampen lag in Nordafrika (Tunesien), wo gerade vom 4. bis 6. Jahrhundert zahlreiche Töpferwerkstätten neben feinem rotem Tafelgeschirr (sogenannte Sigillata Chiara) auch Lampen mit gleichartigem rotbraunem Überzug anfertigten.

Sie errangen eine marktbeherrschende Stellung im westlichen Teil des Imperium Romanum. Bald ahmten auch Töpfereien in Mittelitalien und Gallien solche Lampen nach. Nordafrikanische Importlampen sind nördlich der Alpen nur wenig verbreitet. In Trier ist bisher die beachtliche Anzahl von fast 30 Exemplare gefunden worden.

Die tunesischen Töpfer verzierten ihr Geschirr mit heidnischen und christlichen Szenen. Die beengte kleine Fläche der Lampen erlaubte dagegen die Aufnahme nur eines einzelnen Motives.

Als eindeutig christliches Motiv gibt sich das Christogramm zu erkennen, das nach dem Sieg Konstantins über seinen Gegner Maxentius an der milvischen Brücke in Rom 312 n. Chr. Eingang in die Staatssymbolik gefunden hat; man vergleiche nur die Münzprägungen der Zeit.

Die beiden griechischen Buchstaben X (Chi) und P (Rho) - Abkürzungen für Christos - sind ineinandergeschrieben, wobei P senkrecht in der Mitte des Buchstabens X gesetzt ist. Auch kann P seitenverkehrt erscheinen.

Diese Art begegnet im 4. Jahrhundert nicht nur in der Kleinkunst, sondern auch in der Plastik, auf Sarkophagen und Grabplatten.

Im 5. Jahrhundert wird das X senkrecht gestellt, einem Kreuz gleich, an dessen oberem Ende die Rundung des Buchstabens P angebracht ist (sogenanntes Monogrammkreuz). An das Monogrammkreuz werden zuweilen der erste und der letzte Buchstaben des griechischen Alphabetes A und Ω angefügt, eine Anspielung auf Textstellen in der Offenbarung des Johannes (1,8: "Ich bin das A und O," spricht Gott der Herr, der da ist und der da war und der da kommt, der Allmächtige". - 21,6: "Ich bin das A und O, der Anfang und das Ende"). Diese Form wird schließlich durch ein einfaches Kreuz abgelöst.

Die Trierer Lampen, die in datierbaren Komplexen des 4. Jahrhunderts gefunden worden sind, geben folglich auch die im 4. Jahrhundert geläufige Form des Christogrammes wieder. Es wird von einem Kranz gerahmt, einmal von einem Eierstab.

Lediglich die angekaufte Lampe Inv. 1112 gehört dem 5./6. Jahrhundert an. Aus dieser Zeit sind bisher durch Grabungen keine Öllampen bekannt geworden, so daß die Trierer Fundortangabe angezweifelt werden muß. (Goethert) *Literatur:* Loeschcke, Frühchristl. Denkmäler 114. - Frühchristl. Zeugnisse 77 f. Nr. 60-62. - K. Goethert, Die verzierten spätantiken Tonlampen des Rheinischen Landesmuseums Trier. Trierer Zeitschrift 56, 1993, 214-233. Zum Christogramm: J. Garbsch/B. Overbeck, Spätantike zwischen Heidentum und Christentum. Ausstellungskataloge der Prähistorischen Staatssammlung 17, 1989, 143-154. - Zu den nordafrikanischen Töpfereien: M. Mackensen, Die spätantiken Sigillata- und Lampentöpfereien von El Mahrine (Nordtunesien). Studien zur nordafrikanischen Feinkeramik des 4. bis 7. Jahrhunderts. Münchner Beiträge zur Vor- und Frühgeschichte 50 (München 1993).

63. Lebensfreude und Demut: Gläser mit christlichen Motiven

Gläserne Gefäße, die mit christlichen Szenen und Symbolen verziert sind, lassen sich im 4. Jahrhundert im Rheinland und in Gallien an verschiedenen Orten nachweisen. Im Trierer Raum sind bisher nur zwei Exemplare bekannt geworden, eine Schale und ein kleines Goldglas.

63 a) Glasschale mit der Opferung Isaaks

FO Trier-Pallien, 1870. 1. Hälfte des 4. Jahrhunderts n. Chr. Die flache gewölbte Glasschale - die Form wird als Kugelabschnittschale bezeichnet - wurde in einem Sarkophag am westlichen Trierer Moselufer in Pallien geborgen. Sie lag auf der Brust des Toten, während sich zu beiden Seiten seines Kopfes "zwei gläserne Ampullen" befanden. Gemeint sind sicherlich jene langgestreckten röhrenartigen Flaschen, deren mittlerer Teil leicht länglich verdickt ist (sogenannte *fusiforma unguentaria*). Sie waren im

61 Statuette eines Schaftträgers

62 Lampen mit christlichen Motiven

4. Jahrhundert in Trier eine beliebte Grabbeigabe. In die Außenseite der Trinkschale ist die Opferung Isaaks eingeritzt. Die Szene selbst wird von der Innenseite her betrachtet, wie es für Trinkschalen üblich ist. Die Mitte nimmt ein übereck gesehener Altar ein, hinter dem ein Schrein sichtbar ist. Rechts steht Isaak mit auf dem Rücken gefesselten Händen, links Abraham, in den Händen ein Messer haltend, bereit, das Opfer zu vollziehen. Hinter ihm wird ein Widder sichtbar. Über der Szene erscheint aus einer rechteckig gestalteten Wolke die Hand Yahwehs. Unterhalb des Schalenrandes läuft ein Spruchband um: VIVAS (Dreieck) IN DEO Z(eses); es folgt ein Grasbüschel (Lebe in Gott, Prosit).

Aus derselben Werkstatt gingen zahlreiche andere Trinkschalen hervor, die mit Jagdszenen, heidnischen mythologischen - vergleiche die Trierer Schale mit dem Ringkampf des Herkules und Antaeus (Schindler, Führer Abb. 250) - und christlichen Szenen aus dem Alten und Neuen Testament verziert sind. Sie zeigen alle die gleiche Art der Ritzung, wobei die Konturen nach innen stets von kurzen Strichen begleitet werden. Auch kehren auf den anderen Schalen die gleichen Pflanzenfüllelemente und die Trennzeichen zwischen den Buchstaben wieder.

Trotz aller Gemeinsamkeiten lassen sich doch zahlreiche Unterschiede ausmachen, die darauf schließen lassen, daß die Werkstatt eine größere Anzahl Graveure beschäftigt hat.

Eine Trinkschale, die sich einst in Rouen befand, zeigt ebenfalls die Opferung Isaaks. Dem Graveur lag offenbar eine ähnliche Vorlage zugrunde, die er jedoch etwas variierte. Auch er hat Isaak stehend als jungen Mann dargestellt, während er auf Sarkophagen häufig kindlich wiedergegeben vor dem Altar kniend

erscheint.

Der Tote von Trier-Pallien gibt sich durch die Beigabe dieser Schale deutlich als Christ zu erkennen, eine Feststellung, die wir bei den übrigen Trierer Sarkophagbestattungen nicht vornehmen können. H. 6,1 cm, Dm. 18,4 cm. Inv. G 696. *Literatur :* N. Wilmowsky, Archäologische Funde in Trier und Umgebung. Festschrift zur Feier der vom 22. bis 26. September 1873 zu Trier tagenden Generalversammlung der deutschen Geschichts- und Alterthumsvereine (Trier 1873) 40 ff. mit Taf. - Loeschcke, Frühchristl. Denkmäler 117 Abb. 28. - Frühchristl. Zeugnisse 74 f. Nr. 56. - D. B. Harden, Journal of Glass Studies 2, 1960, 62 Nr. 17. - Kat. Gläser Trier 29 Nr. 68 Taf. 31. - K. Goethert-Polaschek, Römische Gläser im Rheinischen Landesmuseum Trier (Trier 1980) 19 Abb. 31. - Trier - Kaiserresidenz 216 f. Nr. 99.

63 b) Goldglasmedaillon FO Trier, St. Maximin, Krypta, 1916. 4. Jahrhundert n. Chr.

Das Glas, das aus einer Schale herausgeschnitten wurde, kam bei Grabungen in der Krypta von St. Maximin zutage. Die Darstellung ist in Goldfolie geschnitten und beidseitig von blauem Glas umschlossen (sogenanntes Zwischengoldglas). Sie zeigt eine nach rechts gewandte Frau, die auf dem rechten Knie kniet und bittend beide Hände ausstreckt. Sie ist in ein langes Gewand und in einen Mantel gehüllt, dessen Saum sie über den Kopf gezogen hat. Die Szene wird von einem schmalen Band kreisförmig eingefaßt.

Zwei ebenso kleine, aus Schalen herausgebrochene Zwischengoldglas-Medaillons aus blauem und grünem Glas, die sich im Vatikan befinden, geben eine Frauengestalt ähnlicher Haltung und Kleidung wieder.

Die Figur ist aus einer Szene des Neuen Testamentes entnommen. Da sie jedoch nicht mit den Begleitfiguren wiedergegeben ist, kann eine sichere Deutung nicht vorgenommen werden.

Eine bittende kniende Frau, die beide Hände ausstreckt, kommt mehrfach auf Sarkophagen und in der Kleinkunst vor. Sie begegnet bei der Erweckung des Lazarus (Johannes 11, 1-46) als dessen Schwester Martha, aber auch einzeln nur zusammen mit Jesus. Diese Darstellungen können auf das Heilungswunder der Blutflüssigen (Matthäus 9, 18-26; Markus 5, 21-43; Lukas 5, 39) oder der Gekrümmten (Lukas 13, 10-17) bezogen werden.

Nimmt man an, daß der Künstler "bibelfest" war, so ist nur jene Frau als Blutflüssige zu deuten, die sich Jesus von der Rückseite her nähert und seinen Gewandsaum berührt, so wie es die drei Evangelisten übereinstimmend berichten.

Herstellungsort dieser Gefäße, die mit Zwischengoldglas-Medaillons verziert waren, war sicherlich Rom, wie man aus dort so zahlreich gefundenen Stücken schließen darf. (Goethert) Dm. 2,4 cm. Inv. 1916,87. **Literatur** : Loeschcke, Frühchristl. Denkmäler 115 Abb. 27. - Frühchristl. Zeugnisse 75 f. Nr. 57. - Kat. Gläser Trier 264 Nr. 1568. - K. Goethert-Polaschek, Römische Gläser im Rheinischen Landesmuseum Trier (Trier 1980) 18 Abb. 28. - Trier - Kaiserresidenz 133 f. Nr. 47 c; S. 153. Zu den Goldgläsern: Ch. R. Morey, The gold-glass collection of the Vatikan Library (Vatikan 1959) 33 Nr. 165 Taf. 21; S. 56 Nr. 334 Taf. 30. - R. Pillinger, Studien zu den römischen Zwischengoldgläsern. Österreichische Akademie der Wissenschaften, Philosophisch-Historische Klasse, Denkschriften 110, 1984. Zu den Heilungswundern: Spätantike und frühes Christentum. Liebighaus alter Plastik, Frankfurt am Main. Ausstellungskatalog (Frankfurt 1983) 339 ff.

64. Nicht nur für christliche Kundschaft: Glasschmuck Palais Kesselstatt

Im Jahre 1922 wurden bei Ausgrabungen im Hofbereich des Palais Kesselstatt - gegenüber der Liebfrauenkirche und dem Dom gelegen - Teile eines Häuserblocks (insula) und eine in ost-westlicher Richtung verlaufende römische Straße freigelegt. Hier fand man in einem römischen Keller Reste von Glasschmuck und drei Fragmente von tönernen Tiegeln, in denen einst Glas geschmolzen worden ist (Glashäfen). Diese Stücke bezeugen das Vorhandensein einer Glasmacherwerkstatt, die Glasschmuck herstellte. Die Werkstatt selbst und der Ofen konnten nicht gefunden werden. Sie wird sicherlich in unmittelbarer Nähe des Fundplatzes, in der gleichen Insula, gelegen haben. Der gläserne Schmuck umfaßt elf Fingerringe, einen Arm-

Das
Christentum-
Erlösung
durch einen
Gott
256

63b) Goldglasmedaillon

reif, zehn Perlen und ein Anhängsel.

Folgende Glasfarben kommen vor: Gelbliches, leicht bräunliches, etwas honigfarbenes Glas wurde bei fünf Fingerringen und fünf Perlen verwandt. Aus hellblauem bzw. dunkelblauem Glas bestehen ein Fingerring und eine Perle, aus entfärbtem Glas nur ein Fingerring. Tief dunkelgrünes Glas, das bei Dickwandigkeit schwarz wirkt und folglich in der Literatur stets als "schwarzes Glas" bezeichnet wird, wurde für vier Fingerringe, einen Armreif, einen Anhängsel und vier Perlen benutzt. Diese Glasmasse haftet auch in den Glashäfenfragmenten.

Zwei Fingerringe tragen als Schmuck auf der Ringplatte das Christogramm (Nr. 1-2), ein Ring das Motiv mit der Taube (Nr. 3). Sie erweisen sich folglich als Schmuckstücke, die für Christen hergestellt wurden.

Die übrigen Ringmotive, Brustbilder und monogrammähnliche Zeichen geben dagegen keinen eindeutigen Bezug zu christlichen Vorstellungen zu erkennen. Sie sind allgemeiner Natur ebenso wie die Perlen, der Anhänger in Krugform und die glatten unverzierten Armreifen . Sie konnten sowohl von Heiden als auch von Christen gekauft werden. Man darf folglich schließen, daß die Werkstatt für beide Käufergruppen, für Heiden als auch für Christen, Schmuck hergestellt hat.

Aufgrund dieser Werkstattfunde konnte S. Loeschcke bereits 1925 zahlreiche andere Perlen, Ringe, Armreifen und Anhängsel, die zum größten Teil in der Stadt Trier gefunden worden waren, überzeugend dieser Werkstatt zuweisen. Die meisten Stücke bestehen aus dem schwarz wirkenden dunkelgrünen Glas.

Zu welchem Zeitpunkt die Werkstatt aufgegeben wurde, läßt sich anhand der Beifunde beantworten. Der Glasschmuck lag zusammen mit spätrömischer Keramik, Glasfragmenten und Münzen der Regierungszeit Valentinians (364-375) und Theodosius I. (379-395) in der Brandschicht des oben erwähnten römischen Kellers. Gerade die Münzen geben uns Aufschluß über die Verfüllung des Kellers. Möglicherweise hat die Werkstatt, die vielleicht bei einem lokalen Brand vernichtet wurde, über dem Keller oder ganz in der Nähe gelegen.

Wann die Glasmacherwerkstatt mit der Herstellung von Schmuck begann, läßt sich nicht genau klären. Als eine zeitliche Eingrenzung darf man wohl die Aufnahme christlicher Motive in ihr Repertoire ansehen. Sie kann vielleicht im Zusammenhang mit dem Bau der Kirchenanlagen unter dem heutigen Dom und der Liebfrauenkirche gesehen werden, die nach 333/34 entstanden sind. Zu einem früheren Zeitpunkt wurde offenbar die südwestliche Basilika errichtet, die in der nördlich vom Palais Kesselstatt angrenzenden Insula lag. Eine Tätigkeit der Werkstatt bereits im 1. Drittel des 4. Jahrhunderts erscheint möglich. *Literatur:* Zur Werkstatt: Loeschcke, Glasschmuck. - Loeschcke, Frühchristl. Denkmäler 114 f. - Frühchristl. Zeugnisse 80-83 Nr. 64. - Römer an Mosel u. Saar 352 f. Nr. 320. - Trier - Kaiserresidenz 165 f. Nr. 64. Zur Grabung Palais Kesselstatt: Trierer Jahresberichte 13, 1921/22, 72. - Bonner Jahrbücher 128, 1923, 149; 154. - Zur Datierung der Südwestbasilika: W. Weber, Die Anfänge des Trierer Domes. Trierer Theologische Zeitschrift 98, 1989, 153 f. - Zur Datierung der Südost- und Nordostbasilika: W. Weber, Der "Quadratbau" des Trierer Domes und sein polygonaler Einbau - Eine "Herrenmemoria"? In: Der Heilige Rock zu Trier. Studien zur Geschichte der Verehrung der Tunika Christi (Trier 1995) 924 ff.

64. Die Glashäfen Die Funde der Glasmacherwerkstatt aus der Brandschicht des spätrömischen Kellers tragen die Fundnummern 182, 184, 186, 187, 188, 193, 196.

64a) Bodenstück eines rauhwandigen dickwandigen Topfes aus rotbraun verbranntem Ton mit groben Einschlüssen (Quarzteilchen und schwarze Stücke). Eifelware. Wandung und Boden sind innen mit einer bis zu 0,06 cm dicken dunkelgrünen, schwarz wirkenden Glasschicht überzogen. Diese ist auch streifenweise an der Außenwand und bis zum Boden - diesen auch bedeckend - herabgeflossen und stellenweise in bis zu 1,3 cm dicken Tropfen hängen geblieben. An der Außenwand sind Spuren von verschlacktem Lehm sichtbar, die von einer Vermauerung des Glashafens im Ofen zeugen. Größte H. 14 cm, Dm. des Bodens: 6,9 cm, Wandungsdicke (ohne Glasmasse): 0,06 cm. Inv. 1938,2569 a (FNr. 182 d (a?).

64b) Unterer Teil eines rauhwandigen dickwandigen Topfes, der zum Boden schlank zuläuft. Der Boden ist innen bis auf eine Höhe von ca. 7 cm mit Ton ausgestrichen, der durch starke Hitze ziegelartig verbrannt ist. Unter dem verziegelten Ton läuft eine dünne Glasschicht durch, die beweist, daß der Ton erst in zweiter Verwendung eingefüllt wurde. Über ihm verläuft eine bis zu 0,05 cm dicke dunkelgrüne Glasschicht mit vielen dicken Glastropfen, die goldgelb irisiert ist. Außen ist die Glasmasse in mehreren breiten Bahnen an der Wandung herabgeflossen und hat auch den Boden überzogen. An einer Wandungsseite haftet über eine Fläche von ca. 13 cm Breite verziegelter Lehm. Größte H. 16,2 cm, Dm. des Bodens: 7,7 cm, Wandungsdicke (ohne Glasmasse): 0,07 cm. Inv. 1938,2569 b (FNr. 182 a).

64c) Wandungsfragment von der unteren Partie eines rauhwandigen dickwandigen Topfes, der ebenfalls im unteren Teil mit Ton ausgefüllt war. Wie bei Nr. 2 verläuft sowohl unter der verziegelten Tonmasse als auch auf ihr eine dunkelgrüne bis zu 0,08 cm starke Glasschicht. An der Außenwand läuft ein breites Glasband herab. Größte H. 12,8 cm; Wandungsdicke (ohne Glasmasse): 0,09 cm. Inv. 1938,2569 c (FNr. 184 d).

64d) Fingerringe Nr. 1-11 Die Glasmacher rechneten offenbar mit einer überwiegend weiblichen Kundschaft. Denn der geringe Durchmesser der Ringe spricht eindeutig dafür, daß sie für die schlanken, schmalen Finger von Frauen und Kindern (so Nr. 7 und 8) angefertigt worden sind. Lediglich der große Ring mit den drei Platten Nr. 6 konnte von Männern getragen werden.
Christliche Motive zeigen die Ringe Nr. 1-3 mit Christo-

gramm und Taube. Die Brustbilder und VIVAS-Aufschriften (»es lebe«) findet man auch auf Ringen aus Metall. Das Brustbild kann dort mit der VIVAS-Aufschrift und dem Namen einer weiblichen oder männlichen Person verbunden sein. Es handelt sich um Geschenkringe, die durch die Aufschrift dem Träger oder der Trägerin Glück verheißen.

Zur Herstellungsart der Ringe: Bevorzugte Glasfarbe für die Ringe war offenbar gelblich-honigfarbenes Glas, aber auch das schwarz wirkende dunkelgrüne Glas, das hauptsächlich für Armreifen, Perlen und Anhänger verwendet wurde (siehe unten) benutzten die Glasmacher. Die gelblichen Ringe Nr. 5 (Inv. 1938,2555), Nr. 6 (Inv. 1938,2552), Nr. 7 (Inv. 1938,2557) und der farblose Ring Nr. 2 (Inv. 1938,2556) zeigen die gleiche Machart.

Zur Herstellung der Ringplatte wird ein Glastropfen in eine Form gepreßt, das eine Ende ausgezogen, um ein Rundeisen geführt und an der anderen Seite der Platte ausgestrichen.

Bei dem großen Ring Nr. 6 wurden auf den Reif abschließend noch die seitlichen kleinen ausgepreßten Platten gedrückt. Eine andere Machart möchte man für die beiden dunkelgrünen Ringe Nr. 4 (Inv. 1938,2554) und Nr. 8 (Inv. 1938,2553) annehmen, die wie aus einem Stück geformt erscheinen.

64e-g) Armreif, Anhänger und Perlen Nr. 12-23 Die Werkstatt bevorzugte zur Herstellung von Armreifen und Anhängern und verzierten Perlen das schwarz wirkende dunkelgrüne Glas, das vom Aussehen dem Gagat, auch Pechkohle oder Schwarzstein genannt, zum Verwechseln ähnlich ist. Mit der Wahl dieser Glasfarbe folgten die Glasmacher einer Modeströmung ihrer Zeit. Denn Gagat war gerade im 4. Jahrhundert zur Anfertigung von Schmuck außerordentlich beliebt. Das Glas bildete somit lediglich einen

Das
Christentum-
Erlösung
durch einen
Gott
258

billigen Ersatz.

Die aufgelegten Verzierungsfäden in Weiß, Hellblau und Grün, die in Wellen- oder Zickzacklinien ausgeführt sind, entsprechen ebenfalls dem allgemeinen Modegeschmack der 1. Hälfte des 4. Jahrhunderts. Finden wir doch diese Verzierungsarten auch auf den "Schwarfirnis"-Bechern und Kannen mit Weißbarbotine-Auflagen wieder.

Das gelb-honigfarbene Glas der Perlen fand - wie wir gesehen haben, auch bei den Ringen Verwendung. Zur Herstellung der Stabperlen Nr. 22 und 23 wickelte man um einen Stab einen Glasfaden, dessen einzelne Lagen dicht aneinanderlagen und glatt verschmolzen. Gläserne Schmuckstücke gleicher Ausführung und Verzierungsart hat man im Trierer Stadtgebiet in großer Anzahl gefunden. Sie schrieb man berechtigterweise derselben Werkstatt unter dem Palais Kesselstatt zu.

65. Loblied oder Grabgedicht: Gedicht auf die Jungfrau Agnes

FO Trier, St. Maximin, im südlichen Seitenschiff der Abteikirche, 1936. Ende des 4./Anfang des 5. Jahrhunderts n. Chr. Zu den interessantesten Schriftzeugnissen des frühen Christentums in Trier gehört das sogenannte Agnes-Gedicht, das dennoch wegen seines beklagenswerten fragmentarischen Zustandes manches Rätsel in sich birgt. So bleibt offen, ob es sich um einen Hymnus auf die keusche, jugendliche Märtyrerin Roms, die heilige Agnes, wie zuerst angenommen, oder um einen Hymnus auf Maria bzw. die Kirche handelt oder einfach um ein Grabgedicht auf ein hier bestattetes Mädchen aus Trier, dessen Eltern dann wohl aus dem griechischsprachigen Osten stammten. Der gesicherte Text läßt Deutungen in verschiedener Richtung zu. (s. S. 262)

Eindeutigkeit in dem bisherigen Deutungsspektrum ließe sich nur erreichen, wenn wenigstens zu den beiden ersten Versen weitere Bruchstücke zu Tage gefördert werden könnten, wie dies bei einem anderen der im römischen Westen außerordentlich seltenen griechischen Inschriftgedichte, den Versen auf den Gott Hermes, glückhafterweise geschehen ist. (Schwinden) Marmor. - H. 0,365 m, B. noch 0,35 m, D. 1,8-2,5 cm. Inv. 1936,399. *Literatur*: R. Herzog, Zwei griechische Gedichte des 4. Jahrhunderts aus St. Maximin in Trier. Trierer Zeitschrift 13, 1938, 79-120. - Gose, Frühchristl. Inschriften 74 f. Nr. 478. - Frühchristl. Zeugnisse 54-71 Nr. 52. - N. Gauthier, Recueil des inscriptiones chrétiennes de la Gaule I (Paris 1975) 433-440 Nr. 172. - M. Guarducci, Epigraphia Greca IV. Epigrafi sacre pagane e cristiane (Rom 1978) 499-504. - Trier - Kaiserresidenz 229 ff. Nr. 115.

65 Gedicht auf die Jungfrau Agnes

64 Glasschmuck

64 Glasschmuck

63a) Glasschale mit der Opferung Isaaks

"Agnes, das Mädchen (oder Agnes, die
Jungfrau oder die reine Jungfrau) ...
Eustorgios hat gesetzt ...
in die hochheiligen Wohnungen ...
und ein zartes Lamm ...
auf daß den ganzen Tag ...
in Lobgesängen den all(mächtigen?) Vater ...
singend inmitten ...
    Christus dem Allherrscher, ... und
    mit dem heiligen Geist ...
    ... und das mir (?) liebe ...
    ... unvermutet (von Gott?) her ...
    den sprachlosen Eltern ...
    uns (oder allen?) Wankenden ...
    der Reinheit und Tugend ..."

Ἁγνὴν παρ[θένον - - -]
Εὐστόργιος θῆκ[ε - - -]
σκην⟨α⟩ῖς παν[....]ις [. - - -]
ἁμὸν τ'ἁβρὰν ἐοῦ[- - -] oder τ' ἅβρα νέου[- - -]
ὄφρα πανημέριος [- - -]
[ὕ]μνοις πατέρα πα[ντοκράτορα? - - -]
[με]λπομένη μεθ'ὁ[- - -] oder μεθο[- - -]
[Χρι]στῷ πανβασιλ[εῖ - - -]
[Π νε]ύματι σὺν ⟨ἁ⟩γίῳ [- - -]
[...]α μοι φίλον α[- - -] oder [... κ]ἀμοι φίλον α[- - -]
[...]όθε⟨ν⟩ ἀπροφανῖ ạ[- - -]
[ἀγλ]ώσσοισι πατράσ[ι - - -]
[...]ν σφαλλομενὸ[ις - - -]
[σωφ]ροσύνης τ' ἀρετῆς[ς - - -]

Das
Christentum-
Erlösung
durch einen
Gott
262

66. Errettung von Sündenfall und Götzendienst:

Sarkophag mit Schafträger FO Trier, St. Maximin, in der Innenkrypta der Abteikirche, 1937. 1. Hälfte des 4. Jahrhunderts n. Chr. Von dem seit der Spätantike besondere Verehrung genießenden heiligen Ort, an den sich die mittelalterliche Abteikirche St. Maximin mit den dann auch literarisch bezeugten Heiligengräbern anschließt, stammen Reste von drei nebeneinander stehenden antiken Sarkophagen. Der bemerkenswerteste war ein mit Reliefs verzierter Sarkophag, der in der Mitte stand.

Die Langseite wird durch die zentrale Darstellung des Schafträgers, von den seitlichen Bildfeldern durch eine Architektur oder Bäume (?) abgetrennt, gegliedert. Die benachbarten Motive sind dem Alten Testament entlehnt, links Adam und Eva am schlangenumwundenen Paradiesbaum, rechts die Rettung der drei Jünglinge aus dem Feuerofen. Dieses Rettungsmotiv ist ebenso wie der Sündenfall in der frühchristlichen Kunst der Rhein- und Mosellande gelegentlich

66 Sarkophag mit Schafträger

Das
Christen tum
Er lösung
durch einen
Gott
263

vertreten. Das Motiv des Schafträgers dagegen reicht über das christliche Bedeutungsspektrum zurück als ein auch heidnisch gültiges Symbol der Philanthropie und des Glücks.

Außer seinem Wert als frühchristlichem Denkmal kommt dem Sarkophag auch eine besondere Bedeutung für die Heiligenverehrung im spätantiken und mittelalterlichen Trier zu. Die Krypta von St. Maximin ist seit Gregor von Tours literarisch belegt; die Gräber der Heiligen Trierer Bischöfe Agricius (nach 314), Maximinus (ca. 330-347) und Nicetius (526 - nach 561) werden seit dem 8. Jahrhundert vielfach genannt, das mittlere Grab dabei als das des hl. Maximinus bestimmt. (Schwinden) Kalkstein. - H. noch 0,38 m, L. 2,35 m, B. 0,97 m. Inv. 1937,518. *Literatur* : F. Gerke, Der Trierer Agricius-Sarkophag. Ein Beitrag zur Geschichte der altchristlichen Kunst in den Rheinlanden. Trierer Zeitschrift, Beih. 2 (Trier 1949). - Frühchristliche Zeugnisse 18 f. Nr. 3. - Trier - Kaiserresidenz 235 Nr. 121. - Heinen, Trier 332. - A. Spieß, Studien zu den römischen Reliefsarkophagen aus den Provinzen Germania inferior und superior, Belgica und Raetia. Kölner Jahrbuch für Vor- und Frühgeschichte 21, 1988, 311 ff. Nr. 38 Abb. 72. - H. Cüppers, Die Römer in Rheinland-Pfalz (Stuttgart 1990) 645 Abb. 585. - W. Weber, Wallfahrtsheiligtümer in Trier. Zur architektonischen Ausgestaltung der Wallfahrtsstätten. In: E. Dühr/M. Groß-Morgen (Hrsg.), Zwischen Andacht und Andenken. Ausstellungskat. (Trier 1992) 99. - A. Neyses, Die Baugeschichte von St. Maximin in Trier. In: Die ehemalige Abteikirche in St. Maximin in Trier (Trier 1995) 7-16.

67. In der Arche des Glaubens geborgen: Der Noah-Sarkophag FO Trier, St. Matthias (südliches Gräberfeld), um 1780. 300-310 n. Chr. Der an einer Langseite reliefverzierte Sakophag weist als Hauptmotiv ein altchristliches Thema, Noahs Arche, auf. Noah begrüßt hier freudig mit der erhobenen Rechten die mit einem Ölzweig wiederkehrende Taube. Der zuvor ausgesandte Rabe blickt vom Bildgrund auf. Die außerordentlich figurenreiche Darstellung nennt des weiteren Noahs Frau, die drei Söhne und die Schwiegertöchter.

Verbunden ist das zentrale Bild mit einer lediglich als Dekor angewandten heidnischen Darstellung von Blütengirlanden flechtenden Eroten. Daß dies für den christlichen Steinmetzen nicht als Götzenbild sondern als rein dekoratives Element verstanden wurde, zeigt der Passionsbericht der vier gekrönten Martyrer: "... und sie machten Nischen, Viktorien und Eroten, aber ein Bild des Asklepios verfertigten sie nicht". Das frühchristliche Noahbild als alttestamentliches Rettungsmotiv war Frucht einer aktuellen innerkirchlichen Diskussion um

67 Der Noah-Sarkophag

D̲as̲
Christen̲tum̲-
E̲r̲lösung
d̲urch̲ einen
G̲ott̲
264

Taufe und Kirche als Rettung bietende "Arche".

In Anbetracht der außerordentlich seltenen frühchristlichen Reliefsarkophage im Rhein- und Moselland legen diese beiden herausragenden Stücke, Noah-Sarkophag und Sarkophag mit Schaftträger, gemeinsam mit einigen Fragmenten eine frühchristliche Steinmetzwerkstatt in Trier für Sakophage nahe. (Schwinden) Sandstein. - H. 0,70 m, B. 0,80 m, L. 2,18 m. Inv. 1967,20. *Literatur* : Frühchristl. Zeugnisse 18 Nr. 2. - H. Laag, Der Trierer Noahsarkophag. Ein Erklärungsversuch seiner Sonderheiten. In: Festschrift für Alois Thomas (Trier 1967) 233-238. - Trier - Kaiserresidenz 209 f. Nr. 96. - Heinen, Trier 283 Abb. 102. - A. Spieß, Studien zu den römischen Reliefsarkophagen aus den Provinzen Germania inferior und superior, Belgica und Raetia. Kölner Jahrbuch für Vor- und Frühgeschichte 21, 1988, 311 Nr. 37 Abb. 71. - Ch. Nerzic, La sculpture en Gaule romaine (Paris 1989) 315. - L. Schwinden, Trierer Zeitschrift 52, 1989, 303 f. - H. Cüppers, Die Römer in Rheinland-Pfalz (Stuttgart 1990) 639 Abb. 579. - G. Koch, Frühchristliche Kunst (Stuttgart 1995) 115 Taf. 26,1.

**68. "...der im Exil als Märtyrer starb":
Der Sarg des Bischofs Paulinus** FO Trier, St. Paulin, 1402 und 1883.
Nach 358 n. Chr. (Nachbau) Der Zedernholzsarg des Bischofs Paulinus, ab ca. 347 n. Chr. sechster Trierer Bischof, ist seit den Öffnungen des Grabes 1402 und 1883 bekannt. Nach den Beobachtungen anläßlich der Öffnungen wurden der Sarg und die Beschläge nachgebildet.

Der Sarg mit Schiebedeckel ist mit Beschlägen aus Eisen, Bronze, Silber und Gold versehen; einige davon zeigen das Christogramm mit A und Ω, eine Szene des Sündenfalls sowie eine der Auferweckung des Lazarus. Lateinische Inschriften nennen eine Stifterin, *Eleuthera peccatrix posuit* - „die Sünderin Eleuthera hat es gestiftet", sowie einen Kunsthandwerker, *Martiniani manus vivat* - „des Martinianus Hand lebe".
Paulinus ist in der Verbannung wegen Parteinahme zugunsten des Bischofs Athanasius um 357/359 in Phrygien gestorben und unter dem Trierer Bischof Felix (386-398) nach literarischer Überlieferung in einer neuerrichteten Grabbasilika zu Ehren der Muttergottes beigesetzt worden. Die Öffnungen haben kostbarste Gewebe, unter anderem purpurne Seidendamaste, sichtbar werden lassen. Die lateinischen Beschläge legen nahe, daß ein Teil der Verzierungen erst im Westen angebracht worden sein mag. (Schwinden) Zedernholz. - L. 1,83 m, B. 0,44 m, H. 0,34 m. *Literatur* : F. Hettner, Westdeutsche Zeitschrift 3, 1884, 30 ff. - Frühchristl. Zeugnisse 71 f. Nr. 53. - Trier - Kaiserresidenz 239 f. Nr. 127. - Heinen, Trier 335 ff. Abb. 114. - H. Cüppers, Die Römer in Rheinland-Pfalz (Stuttgart 1990) 635 ff. Abb. 576 f. - E. Gierlich, Die

Das
Christentum-
Erlösung
durch einen
Gott
265

68 Der Sarg des Bischofs Paulinus

Grabstätten der rheinischen Bischöfe vor 1200. Quellen und Abhandlungen zur mittelrheinischen Kirchengeschichte Bd. 65 (Mainz 1990) 27 ff. - W. Weber, Wallfahrtsheiligtümer in Trier. Zur architektonischen Ausgestaltung der Wallfahrtsstätten. In: E. Dühr/ M. Groß-Morgen (Hrsg.), Zwischen Andacht und Andenken. Ausstellungskat. (Trier 1992) 93 ff. - Vom Totenbaum zum Designersarg. Zur Kulturgeschichte des Sarges von der Antike bis zur Gegenwart (Kassel 1993) 114 ff. Nr. 16.

69. Christ mit philosophischem Erbe? Grabinschrift für Amelius FO Trier, südliches Gräberfeld St. Matthias, 1829. 2. Hälfte des 4. Jahrhunderts n. Chr. Ein für die frühchristlichen Inschriften des spätrömischen Trier von ihrer gesamten Anlage her typisches Exemplar ist die Grabinschrift für Amelius:

Hic bene quiescet in pace	"Hier ruht wohl in Frieden
Amelius qui vixit an-	Amelius, der gelebt hat
nos XXXIII et mensis III	34 Jahre, 3 Monate und
dies XV Rufa filio	15 Tage. Rufa hat ihrem
carissimo titulum posuit	teuren Sohn den Stein gesetzt."

Das Formular mit Einleitung, Name, Lebensaltersangabe, Inschriftsetzer und Schlußformel ist das gängige der frühchristlichen Inschriften seit dem 4. Jahrhundert in Trier. Auffällig ist die Aneinanderreihung verschiedenartiger frühchristlicher Symbole unter der Überschrift mit Baum, Gefäß und Taube. Der (Öl?)Baum ist ein charakteristisches Symbol der frühen Inschriften aus dem südlichen Gräberfeld St. Matthias.

Amelius, der Name des Verstorbenen, ist griechischer Herkunft; ein bekannterer Träger dieses Namens war Ende des 3. Jahrhunderts ein Philosoph der neuplatonischen Schule. Wenn auch sicherlich nicht bewußt ausgewählt von einer christlichen Familie des 4. Jahrhunderts, mag ein latenter Ausläufer einer eigentlich in Konkurrenz zum Christentum stehenden neuplatonischen philosophischen Tradition auch in Trier noch breiter vorhanden gewesen sein. (Schwinden)
Marmor. - H. 0,275 m, B. 0,395 m, D. 0,025 m. Inv. Reg. b 98. *Literatur :* CIL XIII 3796. - Gose, Frühchristl. Inschriften 3 Nr. 5. - Frühchristl. Zeugnisse 22 Nr. 8. - N. Gauthier, Recueil

des inscriptions chrétiennes de la Gaule I (Paris 1975) 121 ff. Nr. 4.

70. In der Nachfolge des Osterlamms: Grabinschrift für Pascasius
FO Trier, St. Matthias (südliches Gräberfeld), Albanastraße, 1929. Ende des 4. Jahrhunderts oder frühes 5. Jahrhundert n. Chr. Charakteristikum der frühchristlichen Grabinschriften ist der Marmor als ausgewähltes Steinmaterial. Nur sehr wenige Inschriften bestehen aus einem anderen Stein, so wie die vorliegende für Pascasius, für die ein Jurakalkblock Verwendung fand; Sägespuren sind noch an der linken Kante ersichtlich.

Daß der Stein keine billige Verlegenheitslösung war, lehrt die ausgesprochen feine, ausgewogene Inschrift in sorgfältigen Buchstaben:

Hic quiescet Pasca-
sius qui vixit ann-
us II mensis VI hun-
c tetulum posuer-
unt parentis

"Hier ruht Pasca-
sius, der gelebt hat
2 Jahre und 6 Monate.
Diesen Grabstein haben
die Eltern gesetzt."

Der Name des Knaben, *Pascasius* oder *Paschasius*, ist rein christlicher Herkunft und als solcher in christlicher Überzeugung von den Eltern gewählt. Ebenso sind die die Inschrift abschließenden Symbole "jüngeres Christogramm" mit Alpha und Omega zwischen zwei Tauben gewählt. Das Alter des verstorbenen Knaben steht für einen überaus großen Anteil von Kindern bei außerordentlich hoher Kindersterblichkeit; etwa ein Drittel aller Verstorbenen nach den frühchristlichen Inschriften aus Trier waren Kinder bis zu sechs Jahren. (Schwinden) Kalkstein. - H. 0,383 m, B. 0,42 m, D. 0,098 m. Inv. 1929,237. *Literatur* : Gose, Frühchristl. Inschriften 15 Nr. 48. - Frühchristl. Zeugnisse 29 Nr. 17. - N. Gauthier, Recueil des inscriptions chrétiennes de la Gaule I (Paris 1975) 200 f. Nr. 48. - L. Schwinden, Kinderleben und Kindersterblichkeit nach antiken Denkmälern aus Trier. Funde und Ausgrabungen im Bezirk Trier 18, 1986, 30 ff.

71. In Keuschheit Gott geweiht: Grabinschrift für die Jungfrau Sucaria
FO Trier, Abteikirche St. Maximin (nördliches Gräberfeld), 1984. Spätes 5. oder 6. Jahrhundert n. Chr. Außerordentlich beeindruckende Ergebnisse haben die Ausgra-

68 Beschlag vom Sarg des Paulinus

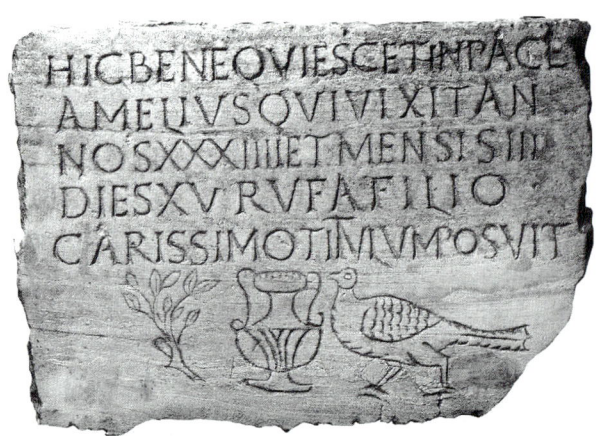

69 Grabinschrift für Amelius

70 Grabinschrift für Pascasius

bungen von H. Cüppers und A. Neyses von 1978 bis 1995 in der Abteikirche St. Maximin erbracht. Das Inschriftenmaterial wird wesentlich zum Bild der frühchristlichen Gemeinde im spätantiken Trier bzw. zur Heiligenverehrung im 4./5. Jahrhundert beitragen.

Die hier erstmals öffentlich gezeigte Inschrift der *castimonialis* Sucaria ist als ein höchst bedeutsamer Mosaikstein in der Frage nach dem spätantiken Klerikerstand und nach der Entwicklung zum frühen Mönchtum zu werten. Die Zeilen der Inschrift sind als Bustrophedon ("Wie der Ochse pflügt") angeordnet:

	Leserichtung	
SVCARIAE CASTIMO	›	*Sucariae castimo-*
ONNATIXIVEAVQILAIN	‹	*niali quae vixit anno-*
SXLIIIDEPOSITAIN	›	*s XLIII deposita in*
DNELAKVXECAP	‹	*pace XV kalend-*
ASSEPTENBRIS	›	*as septenbris*

"Für Sucaria, die keusche Frau, die gelebt hat 43 Jahre, bestattet am 15. Tag vor den Kalenden des September (= 18. August)."

Entscheidend für die Deutung als inschriftliches Zeugnis der Entwicklung zu monastischen Formen für Frauen ist das Verständnis von *castimonialis*. Besser bekannt ist *sanctimonialis*, im Rhônegebiet mehrfach im 6. Jahrhundert belegt für "Gott geweihte Frauen". Castimonialis, den Aspekt der jungfräulichen Keuschheit noch stärker betonend, ist dagegen auf Inschriften kaum belegt. Augustinus nennt in seinem Kommentar zu Psalm 75,16 Castimonialis mehrfach in Gegenüberstellung zur verheirateten Frau.

Eine Sanctimonialis Lea ist in einer Scaliger-Handschrift in der Vatikansbibliothek überliefert. War bislang hinter die Herkunft "Trier" der Sanctimonialis Lea ein Fragezeichen zu setzen, so gewinnt die Herkunft der Inschrift durch den Neu-

71 Grabinschrift für die Jungfrau Sucaria

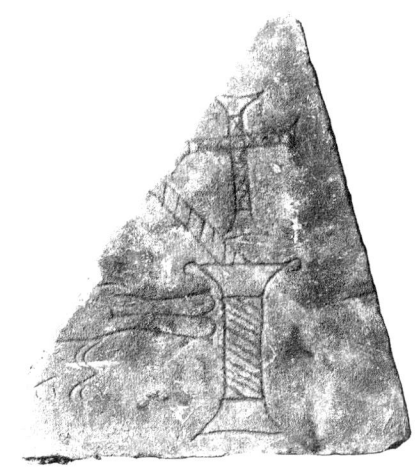

72 Grabinschrift für den Germanen Abbo

73 Frühchristliche Architekturdarstellung

fund aus St. Maximin noch an Wahrscheinlichkeit.

Die Marmorinschrift für Sucaria war in einem Kalksteinblock gefaßt; der Kalkstein könnte nach den Inschriftresten der Rückseite von einer Weihinschrift des 2. Jahrhunderts stammen. Für die Fassung wurde die Marmorplatte nachträglich verkürzt.

Das Formular der Inschrift läßt eine Datierung vor die Mitte des 5. Jahrhunderts nicht zu. Die Schreibweise im Bustrophedon zeigt den Versuch eines noch in antiker Bildungstradition stehenden Inschriftsetzers, archaische Formen aufzugreifen; ausgefallene Sprach- und Schriftbilder erfreuten sich in der Spätantike besonderer Beliebtheit.n (Schwinden)

Weißer Marmor. - H. mit Fassung: 0,44 m, B. 0,67 m, D. 0,185 m. EV 1978,113 FNr. 414.

Literatur : unveröffentlicht. Zur Fundstelle: H. Cüppers in: Die Römer in Rheinland-Pfalz (Stuttgart 1990) 641-646. - A. Neyses, Die Baugeschichte von St. Maximin in Trier. In: Die ehemalige Abteikirche St. Maximin in Trier. Geschichte - Renovierung - Umnutzung (Trier 1995) 7-16 Abb. 1-15. Zum frühen Mönchtum in Trier: P. Becker, Das frühe Trierer Mönchtum von den Anfängen bis zur anianischen Reform. In: I. Crusius (Hrsg.), Beiträge zu Geschichte und Struktur der mittelalterlichen Germania sacra (Göttingen 1989) 9-44 bes. 29 f

72. "Barbaren" werden Christen: Grabinschrift für den Germanen Abbo

FO Trier, St. Matthias (südliches Gräberfeld), 1880. 2. Hälfte des 5. Jahrhunderts oder 7. Jahrhundert n. Chr. Die rohe, ungeschickte Inschrift ist auf einer Marmorplatte, die nach den Profilen der Rückseite von einem Pilaster oder einer Türeinfassung stammt, angebracht. Ebenso weist der Inschrifttext eine Fülle sprachlicher Abweichungen auf:

NICQVIES CTTINPAC   <H>ic quiesc<i>t in pac-

EABBOQVI VIXSITAN   e Abbo, qui vixsit an-

NOSXXXIIIFRATERPROP   nos XXXIII. Frater prop-

TERCARITATETE   ter caritate(m) te-

TVLVFECIT   tulu(m) fecit

"Hier ruht in Frieden Abbo, der 33 Jahre gelebt hat. Sein Bruder hat aus Liebe die Inschrift gesetzt."

Die Abweichungen im Text weisen einmal auf nicht ungewöhnliche umgangssprachliche Eigenheiten wie bei *caritate(m)* oder *titulu(m)*, aber auch auf mechanische, unreflektierte Reproduktion des Textes auf dem Stein durch Fehler wie bei *hic* hin. Dies mag an dem Umfeld des Verstorbenen liegen, der dem Namen Abbo zufolge germanischer Herkunft ist. Es mag allerdings auch zeitlich bedingt sein, wenn die Inschrift mit einer Datierung in das 6. oder 7. Jahrhunder bereits einen deutlichen Abstand von der römischen Kultur des 4. Jahrhunderts in Trier hat. Deutlicher sind die christlichen Symbole bewußt, wenn das Christogramm mit Alpha und Omega durch die zweifache Verwendung auf der Inschriftplatte augenscheinlich betont wird. (Schwinden) Weißer Marmor. - H. 0,27 m, B. 0,42 m, D. 0,035 m. *Literatur* : CIL XIII 3790. - Gose, Frühchristl. Inschriften 2 Nr. 2. - Frühchristl. Zeugnisse 21 Nr. 6. - N. Gauthier, Recueil des inscriptions chrétiennes de la Gaule I (Paris 1975) 117 f. Nr. 1.

73. Eingang zum Paradies: Frühchristliche Architekturdarstellung FO Trier, St. Maximin (nördliches Gräberfeld), 1936. 6. Jahrhundert n. Chr. Das Fragment der rechten unteren Ecke einer wohl ursprünglich trapezförmigen Platte zeigt den Ansatz eines von Säulen getragenen Giebels. Zu ergänzen ist ein einzelner Giebel oder eine Arkadenreihe mit spitzen Giebeln alleine oder im Wechsel mit Rundgiebeln. Über der erhaltenen Säule steht ein Kreuz; dieses oder ein Stern als Symbol an jeweils dieser Stelle sind auch sonst nachzuweisen. Das Giebelfeld kann ein weiteres Zeichen geziert haben. Darunter in der Architektur sind außer Taube auch ein Orans (Betender) oder ein Christogramm belegt.

Bei diesen Architekturdarstellungen mag es sich um Portale handeln. Kirchenportale sind im frühen Christentum ein Hauptthema der architektonischen Symbolik. Dabei wird immer wieder auf Joh. 10,9 verwiesen, wodurch das Portal zum Bedeutungsträger in der frühchristlichen Architektur wird: "Ich bin die Tür; wer durch mich hineingeht, wird gerettet werden ...".

Elf frühchristliche Grabinschriften aus Trier weisen derartige Architekturdarstellungen auf. Die überwiegende Mehrzahl stammt vom nördlichen Gräberfeld. Es scheinen dortige Werkstätten zu einer bestimmten Zeit im 6. Jahrhundert diesem Symbol eine besondere Bedeutung zugemessen zu haben. (Schwinden) Marmor. - H. 0,20 m, B. 0,17 m, D. 0,04 m. Inv. 1936,412. *Literatur* : Trierer Zeitschrift 12, 1937, 281 f. Abb. 19. - L. Schwinden, Ein frühchristliches Grabinschriftfragment mit Architekturdarstellung. Landeskundliche Vierteljahrsblätter 36, 1990, 53-63 bes. 56 ff. - J. Kremer in: Spätantike und frühes Mittelalter (Köln, Bonn 1991) 136 Abb. 83. - L. Schwinden, Zu den frühchristlichen Inschriften von Karden an der Mosel. Trierer Zeitschrift 54, 1991, 249-275 hier 267 ff.

74. Lehre vom rechten Weg: Chorschrankengitter mit frühchristlicher Inschrift FO Wasserbillig (L), 1885. 4. oder 5. Jahrhundert n. Chr. An der markanten Stelle der Einmündung der Sauer in die Mosel war der Standort der ehemaligen Pfarrkirche St. Martin in Wasserbillig gelegen. Stammen aus deren unmittelbarer Umgebung eine Reihe spätrömischer und fränkischer Funde, so liegt es nicht fern, in der Fundstellenangabe "auf der luxemburgischen Seite von Wasserbillig" die traditionsreiche Kirche als Fundort für die Schrankenplatten zu sehen.

Zwei Fragmente von Schrankengittern mit durchbrochenem Schuppenmuster sind erhalten. Denkbar ist, daß sie zur Abtrennung des Chorraumes dienten. Fragmente mit vergleichbarem Dekor und in der wahrscheinlichen Verwendung als Chorschranken sind aus Sankt Matthias sowie aus dem Dombereich in Trier bekannt. Eine besondere Qualität zeichnet die Fragmente von Wasserbillig aus, die ähnlich der

74 Chorschrankengitter mit frühchristlicher Inschrift

D as
Christen tum-
Er lösung
durch einen
Gott
270

spätantiken Schranken vom Hermenteich in Welschbillig durchbrochen gearbeitet sind.

Die sakrale Verwendung der Schrankengitter von Wasserbillig wird eindeutig festgelegt durch ein alttestamentliches Zitat zur Zierde des Kirchenbauwerkes wie zur Belehrung der Christengemeinde:

— d]ocebo vos   "ich werde euch lehren, ..."

Bekannt ist das Zitat als Bestandteil von Psalm 34,12: *audite me: timorem Dei docebo vos* - "höret mich, ich lehre euch die Furcht vor Gott", des weiteren aus dem ersten Buch Samuel (12,23) *et docebo vos viam bonam et rectam* - "und ich lehre euch den guten und rechten Weg" oder aus dem Buch Hiob (27,11) *docebo vos per manum dei* - "ich will euch über Gottes Tun belehren". (Schwinden) Kalkstein. - Inschriftfragment: H. 0,34 m, B. 0,26 m, D. 0,085 m. Zweites Fragment: H. 0,39 m. Inv.11067. *Literatur* : Frühchristl. Zeugnisse 19 f. Nr. 4. - H. Cüppers, Spätantike Chorschranken in der St.-Matthias-Kirche in Trier. Trierer Zeitschrift 31, 1968, 177-190 bes. 189. - N. Gauthier, Recueil des inscriptions chrétiennes de la Gaule I (Paris 1975) 559 f. Nr. 240. - N. Folmer/J. Krier, Carte archéologique du Grand-Duché de Luxembourg. Feuille 19 Mertert-Wasserbillig (Luxemburg 1983) 38 f. - J. Krier in: Römer an Mosel u. Saar 335 Nr.324. - H. Schaaf, Die Altertümer der Merowingerzeit im Großherzogtum Luxemburg (Luxemburg 1993) 83 ff.; 144 f. Abb. 15.

Glossar

von Sylvia Klementa

Glos-sar
271

Adorant, Orant (latein.): "Bittender"; in der antiken und frühchristlichen Kunst, besonders in der Katakombenmalerei, vorkommende Gestalt mit im Gebetsgestus erhobenen Armen, die den Beter selbst oder seine bittende Seele darstellt. Die Figur ist meist weiblich.

Ädicula (latein.): "Zimmerchen", "Häuschen"; kleines Gebäude, Tempelchen oder Grabkammer; auch die durch Säulen- oder Pilasterstellung, Gebälk- und Giebelabschluß gebildete architektonische Einfassung eines Portals; letztere kann der Aufnahme von Statuen, Portraits und Urnen dienen oder auch nur als Ziernische in der Wandarchitektur.

Ägis, Aigis (griech.): "Ziegenfell"; zum einen der nach Homer vom Schmiedegott Hephaistos für Zeus hergestellte, Schrecken erregende Schild, den auch Apoll und vor allem Athena bzw. bei den Römern Minerva benutzen, zum anderen das schlangengesäumte Tierfell mit dem Kopf der von Perseus getöteten Gorgo Medusa als Emblem, das Athena bzw. Minerva als Schutz und Abschreckung über den Schultern und der Brust trägt.

Alkamenes: griechischer Bildhauer und Bronzegießer der reif- und spätklassischen Zeit (2. Hälfte des 5. Jahrhunderts v. Chr.). Alkamenes war in Athen ein Schüler und später ein Rivale des Phidias. Er hat eine Reihe von in der damaligen Zeit berühmten Götterbildern geschaffen, so beispielsweise ein Kultbild des Hermes und die sogenannte "Aphrodite in den Gärten".

Architrav (italien.): "Querbalken"; Steinbalkenlage, die von Säule zu Säule führt und die Deckenbalken unterstützt. Im Lateinischen wurde der Architrav mit dem griechischen Fremdwort "Epistyl" bezeichnet.

Area Volcani (latein.): heiliger Bezirk des Gottes Vulkan auf dem Forum Romanum in Rom mit einem ihm geweihten Altar, auf dem Opfer vollzogen wurden.

Caduceus (latein.): Heroldstab des Gottes Merkur.

Cameo, Gemma eminens (latein.): der erhabene, in Relieftechnik gearbeitete Schmuckstein, der hauptsächlich zur Repräsentation und als Schmuck verwendet wurde.

Cantharus, Kantharos (griech.): Trinkbecher mit hochgezogenen Schlaufenhenkeln und abgesetztem Fuß. Als Gefäß des Gottes Dionysos hat der Cantharus zunächst vorwiegend kultische Bedeutung. Im 4. Jahrhundert v. Chr. wird er, dann jedoch vorzugsweise mit Ringhenkeln, ein profaner Gebrauchsgegenstand.

Cella (latein.): "Kammer"; der Hauptraum des antiken Tempels, in dem die Gottheit wohnte oder ihre Statue stand. Die Cella durfte nur von befugten Personen betreten werden, so den jeweiligen Priestern oder dem Herrscher. Im Griechischen wird dieser Raum Adyton genannt.

Chiton (griech.): "Hemd", "Gewand"; von griechischen Männern, Frauen und Kindern getragenes hemdartiges Gewand aus Leinen oder Baumwolle. Der Chiton war in kurzer und langer Form geläufig und wurde gegürtet. Er konnte ärmellos oder, wenn er weiter geschnitten war, an den Seiten mit "Scheinärmeln" versehen sein. Etwa ab dem 5. Jahrhundert v. Chr. tragen fast nur noch Frauen den langen Chiton. Er hält sich ebenfalls bei dem bärtigen Dionysos, Musikanten und Schauspielern. Der kurze Chiton diente hingegen Kriegern, Wanderern und Handwerkern weiterhin als Untergewand. Zum Ausgehen trug man über dem Chiton meist einen Mantel, Himation genannt.

Chlamys (griech.): "Schultermantel"; die Chlamys ist ein Schultermantel aus einer rechteckigen Tuchbahn, der auf der rechten Schulter des Trägers mit einer Nadel befestigt wurde, so daß die Tuchecken zipfelförmig herabfielen. Diese Art der Chlamys tritt im 6. Jahrhundert v. Chr. auf und scheint aus Thessalien zu stammen. Die kürzere makedonische Chlamys war dagegen von halbrundem Schnitt. Man legte sie nie doppelt, und sie besaß auch keine herabhängenden Zipfel (siehe Paludamentum).

Chthonisch (griech.): von "Chthon", "Erde", "unterirdisch". Chthonische (Erd-)Gottheiten spenden Fruchtbarkeit und Leben, sind oft Heil- und Orakel-, aber auch Unterwelts- und Totengötter, da sie die Toten bei sich aufnehmen. Ihr Kult galt als düster und unheimlich. Bei den Griechen hatten vor allem Gaia, Demeter und Pluto chthonischen Charakter, ihnen entsprechen in der römischen Mythologie Gellus bzw. Tellus, Ceres und Pluto.

Dadophoros (griech.): "Fackelträger"; im Zusammenhang mit Mithras vorkommende Figuren; der eine, Cautes, hält eine brennende Fackel hoch, der andere, Cautopates, senkt die ausgelöschte Fackel. Die Fackelträger galten als Symbol für Leben und Tod.

Diadem, Diadema (griech.): ein um den Kopf zu legendes Band. Frauen und Männer benutzten es in der Antike zum Zusammenhalten der Haare. Darüber hinaus wurde das Diadem als Zeichen der Würde in verschiedenen Bereichen getragen, so beispielsweise im Kult. Immer liegt dem Diadem ein religiöser Charakter zugrunde, so auch, wenn die Toten mit einem Diadem geschmückt bestattet wurden. Im weltlichen Bereich galt das Diadem als Zeichen der Herrscherwürde.

Dreifuß (latein.): "Tripus", griech. "Tripodos"; Becken mit drei Füßen aus Metall; auch jedes dreibeinige Gestell oder Gefäß. Der Dreifuß diente schon seit dem 1. Jahrtausend v. Chr. zum Erhitzen von Wasser und anderem. Je nach Ausführung und Material galt er als Tausch- und Wertstück, als Kultgegenstand, Kampfpreis und Weihegeschenk. Am berühmtesten ist der Dreifuß von Delphi, das Symbol des Gottes Apoll. Nach der Überlieferung saß Pythia, die weissagende Priesterin im Apollontempel zu Delphi, während des Orakels auf einem Dreifuß. In der Architektur fand der Dreifuß als Eckaufsatz an Giebeln Verwendung zur Ausschmückung.

Exomis (griech.): "Handwerkergewand"; Variation des kurzen Chitons. Die Exomis wurde nur an einer Seite auf der Schulter geknüpft, so daß man bei schweren, schweißtreibenden Arbeiten den Oberkörper freimachen konnte.

Fibel, Fibula (latein.): Spange zum Zusammenhalten von Gewändern. Die Fibel besteht aus einer Nadel und einem Bügel. Sie ist durch eine federnde Spirale kontinuierlich oder durch ein Scharnier verbunden. Vor allem der Bügel wurde oft reich verziert. Der Typus und die Entwicklung der Fibeln bieten in der Abfolge der bronze- und eisenzeitlichen Kulturen wertvolle archäologische Hinweise. Sie sind in vielfacher Ausprägung besonders im provinzialrömischen Kunsthandwerk der Kaiserzeit vertreten.

Flamen (latein.): "Priester"; der Flamen ist ein römischer Sonderpriester eines bestimmten Gottes. Das Amt soll in der Frühzeit Roms eingesetzt worden sein. Die drei großen Flamines, die immer Patrizier sein mußten, waren der des Jupiter, des Mars und des Quirinus. Von den zwölf kleinen Flamines kannte man in späterer Zeit nicht einmal mehr die zugehörigen Gottheiten. In der römischen Kaiserzeit erhielten die vergöttlichten Kaiser ebenfalls Flamines.

Forum (latein.): "Marktplatz"; Zentrum des politischen und kulturellen Lebens jeder römischen Stadt. Auf dem Forum standen meist die Tempel der bedeutenden Götter. Man hielt auf dem Forum die Volksversammlung und Rechtsprechung ab.

Genius (latein.): "Schutzgott"; ursprünglich versinnbildlichte der Genius die schützende Funktion des römischen Familienvaters. Später erweiterte sich seine Bedeutung (siehe auch Genius Augusti, Genius familiaris, Genus Populi Romani, Genius Senatus, Korporationsgenius).

Genius Augusti (latein.): "der Schutzgott des Kaisers Augustus". Später wurde er zum Schutzgott des gesamten römischen Reiches.

Genius familiaris (latein.): "der Schutzgott der römischen Familie".

Genius Populi Romani (latein.): "der Schutzgott des römischen Volkes". Dieser Genius ist seit dem frühen 1. Jahrhundert v. Chr. bekannt.

Genius Senatus, latein. "der Schutzgott des römischen Senates". In der 2. Hälfte des 1. Jahrhunderts n. Chr. stellte man den Genius des Senates dem des römischen Volkes zur Seite.

Gesims: über das Gebälk vorspringendes bzw. aus der Mauer hervorstehendes Bauglied, im allgemeinen aus Steinplatten gefügt. Man unterscheidet u. a. das Kranz- oder Dachgesims, das Giebelgesims, das Gurtgesims zwischen den Geschossen, das Fuß- oder Sockelgesims am Unterbau sowie Tür- und Fenstergesimse. Die Gesimse waren mit ihrer plastischen Ausgestaltung bci antiken Bauwerken vor allem schmückendes Element.

Glyptik: von griech. "glyphein", "Schneiden/Ritzen in Stein". Die Steinschneidekunst, zu deren Erzeugnissen Kameen (siehe Cameo), Intaglien (siehe dort), aber auch Gefäße aus edlerem Stein zählen.

Gorgoneion (griech.): Kopf der von Perseus getöteten Gorgo Medusa, den sich Athena als Unheil abwehrendes Zeichen auf ihre Ägis (siehe dort) heftete.

Graffiti: (italien.): spontan eingekratzte oder eingeritzte Inschriften auf Wänden, an Felsen, auf Gefäßen und Tonscherben, die hauptsächlich Aussagen über das Alltags- und Privatleben machen, aber auch Spottverse, Schmähungen und ähnliches beinhalten können.

Greif: in der griechischen und römischen Kunst vorkommendes Mischwesen. Nach der griechischen Sage hausten die Greifen am rhipäischen Gebirge, einem nicht näher zu bennenden Gebirgszug in Nordgriechenland. Die Greifen kommen in zwei Haupttypen vor. Der Adler-Greif, ein Mischwesen aus geflügeltem Löwenkörper und Adlerkopf, ist bereits in der kretisch-mykenischen Kunst des 15. Jahrhunderts v. Chr. bekannt. Er stammt ursprünglich aus dem Orient. Der Löwen-Greif, der zum Löwenkörper einen Löwenkopf besitzt, kommt in der frühklassischen Zeit zu Beginn des 5. Jahrhunderts v. Chr. auf. Sehr schöne Darstellungen von Greifen finden sich als rundplastische Verzierungen auf griechischen Bronzekesseln. Die Greifen kommen auch auf Münzen, Reliefblechen und Vasen vor. In der römischen Kaiserzeit sind die Greifen vor allem auf Grabaltären und Sarkophagen verbreitet.

Haruspex (latein.): "etruskischer Seher"; Angehöriger einer etruskischen Priesterschaft. Dem Haruspex oblag es, aus den Eingeweiden bestimmter Opfertiere, hauptsächlich aus der Leber, Weissagungen zu machen. Der römische Staat berief bei gegebenem Anlaß Haruspices nach Rom und holte von ihnen Auskünfte ein. Ihre Prophezeiungen mußten jedoch durch einen Senatsbeschluß bestätigt werden.

Herme: ursprünglich ein Symbol des Gottes Hermes. Die Herme bestand zunächst aus einem pfeilerförmigen Schaft mit teils sorgfältig, teils recht grob ausgearbeitetem Kopf, betonten Geschlechtsteilen und angedeuteten Armen. Seit dem Bildhauer Praxiteles (ca. 2. Drittel des 4. Jahrhunderts v. Chr.) wurde die Herme zum "Hüftbild". Sie stellte nun nicht mehr den Gott Hermes dar, sondern erhielt portraithafte oder individuelle Züge. Hermen haben oft zwei, drei oder vier Köpfe, die in verschiedene Richtungen blicken. Beliebt waren auch Doppelhermen großer Dichter und Denker, die hauptsächlich in Villen und Bibliotheken aufgestellt wurden. In der römischen Kaiserzeit dienten die Portrait-Hermen nur noch dekorativen Zwecken.

Hermes: griechischer Gott; Sohn des Zeus und der Bergnymphe Maia. Hermes ist einer der ältesten und vielseitigsten Götter. Als Gott der Herden förderte er das Wachstum der Tiere; deshalb stellte man ihn oft mit einem Widder auf den Schultern dar. Als Gott der Wege, Schutzherr der Wanderer und Reisenden wurde Hermes mit Reisehut und Flügelschuhen abgebildet. Die als Wegmarkierung dienenden Steinhaufen schmückte man ihm zu Ehren mit Hermen (siehe dort). Schließlich konnte Hermes auch als Gott des Handels und Marktes auftreten, der die Kaufleute schützte. Als Götterbote trug Hermes einen Heroldstab. Dieser Stab diente ihm auch zum Einschläfern bestimmter Personen, weswegen der Gott auch für Schlaf und Träume zuständig war. Weitere Aufgaben, die Hermes zufielen, waren das Schützen von Dieben und Betrügern, das Überwachen der Redekunst und des Denkens sowie die Begleitung der Seelen Verstorbener in die Unterwelt. Im römischen Götterhimmel entsprach ihm in etwa Mercurius.

Humanitas (latein.): "Menschlichkeit"; "Philanthropie"(griech.); wohl bereits in der 2. Hälfte des 2. Jahrhunderts v. Chr. entstandenes Ideal des vornehmen Römers, das vor allem ein durch Bildung kultiviertes Menschentum zum Inhalt hatte. In der Kaiserzeit wandelt sich der Begriff mehr und mehr zum menschlich-verständnisvollen Verhalten gegenüber dem Mitmenschen.

in situ (latein.): "am Ort"; archäologischer Fachbegriff, der meint, daß ein Fundstück an dem Ort aufgefunden wurde, an dem es sich auch ursprünglich befunden hat.

Intaglio (italien.): der vertieft geschnittene Schmuckstein. Man benutzte ihn als Schmuck und Siegel.

Kalamis: griechischer Bildhauer, wahrscheinlich aus Böotien. Die Blütezeit des Kalamis fällt etwa in das 2. Viertel des 5. Jahrhunderts v. Chr. Er hat vor allem in Erz, Goldelfenbein und Marmor gearbeitet. Überliefert sind uns sein Ammon in Theben und seine Aphrodite von der Akropolis in Athen. Mehrere seiner Statuen standen in Böotien, so ein Hermes, ein Dionysos und ein weiterer Ammon. In Delphi, Sikyon, Olympia und Sparta waren ebenfalls Kultbilder von ihm aufgestellt. Kalamis hat mit dem Bildhauer Onatas (siehe dort) zusammengearbeitet.

Kithara (griech.): Saiteninstrument in der griechischen Antike, das aus einem hölzernen Schallkasten mit zwei gebogenen, dann verkröpften Armen und einem geraden Querholz bestand. Von dem Querholz spannten sich die Saiten zum Saitenhalter am Ende des Resonanzkörpers. Die Zahl der Saiten betrug im 8. Jahrhundert v. Chr. fünf, im 7. sieben und im 5. elf bis zwölf.

Korinthischer Helm (griech.): "Aulopis". Der schon in der griechischen Frühzeit bekannte korinthische Helm bedeckte das gesamte Gesicht. Er ließ nur die Augen und den Mund frei. Ein breites, tief herabhängendes Metallband schützte den Nacken.

Kontrapost (italien.): "Gegensatz"; archäologische Bezeichnung für das ins Gleichgewicht gebrachte Gegenspiel der Kräfte bei einer Plastik. Die Erfindung des Kontrapost wird dem griechischen Bildhauer Polyklet, der in der 2. Hälfte des 5. Jahrhunderts v. Chr. tätig war, zugeschrieben. An seinem Speerträger (Doryphoros) und dem sich eine Siegerbinde um den Kopf legenden Jüngling (Diadumenos) läßt sich der Kontrapost mit der Unterscheidung von belastetem Bein (Standbein) und unbelastetem Bein (Spielbein) sowie die Verschiebung der Hüft- und Schulterlinien gut nachweisen.

Korporationsgenius: Schutzgott von Verbänden, Vereinigungen und römischen Militäreinheiten (siehe auch Genius).

Korymbe: schirmförmige Blütendolde oder eine Fruchttraube, wie sie vor allem von Efeu bekannt ist. Dionysos/Bacchus ist häufig mit diesem zum Kranz gewundenen Schmuck auf dem Kopf dargestellt, deshalb hatte er auch den Beinamen "Korymbenträger". Der Korymbenkranz ist ebenfalls ein Attribut der Satyrn.

Kosmokrator (griech.): "Weltenherrscher"; Beiname des Gottes Mithras. Der Kosmos entstand nach der Lehre des Mithraskultes aus dem Stieropfer des Mithras. Mithras im Tierkreis zeigt den Gott als der, der den Kosmos hält oder auch wendet.

Kriophoros (griech.): "Bockträger"; Name des in der 1. Hälfte des 5. Jahrhunderts v. Chr. von dem griechischen Bildhauer Kalamis (siehe dort) für die Stadt Tanagra geschaffenen Kultbildes des Hermes. Der Gott trägt einen Bock über den Schultern. Die Füße des Tieres hält er vorne vor dem Körper fest.

Lararium: (latein); Heiligtum der Laren, der Schutzgötter der Bauerngüter, des häuslichen Bereiches, der Kreuzwege und der Wanderer. Das Lararium konnte verschiedene Formen haben. Es handelte sich bei ihnen um in die Wand eingelassene Nischen, kleine Tempelmodelle, einfache Sockel oder auf die Wand gemalte Architektur. In bzw. auf oder vor diese Heiligtümer wurden die Figuren der Laren gestellt. Seit der frühesten Zeit befanden sich die Lararien im zentralen Raum des römischen Hauses, wo auch der Herd stand. Später errichtete man sie in der Küche, im Hof oder Garten.

Laufender Hund: in der griechischen und römischen Kunst verwendetes, regelmäßig verlaufendes Ornamentband, das an das Bild einer sich überschlagenden Welle erinnert.

Luna (latein.): "Mond"; römische Mondgöttin. Die Luna wurde der griechischen Göttin Selene gleichgesetzt und besaß auf den Bergen Aventin und Palatin in Rom Tempel.

Mänaden (griech.): Bacchantinnen (latein.): die "rasenden" Frauen im Gefolge (Thiasos) des Dionysos/Bacchus. Sie sind oft in lange Gewänder gekleidet und tragen darüber die Nebris (siehe dort). Ihr Haar flattert aufgelöst, in den Händen halten sie meist Thyrsosstäbe (siehe dort). Unter Geschrei, lärmender Musik und Tanz stürmen sie nachts durch die Bergwälder.

Mantel: Im Gegensatz zum heutigen, mit Ärmeln versehenen Mantel bestand das entsprechende griechische und römische Kleidungsstück aus einem zugeschnittenen Stück Stoff, das um den Körper gewickelt wurde. Vom Schnitt und der Größe her unterscheidet man bei der römischen Tracht mehrere Mantelarten, z. B. das Pallium, die Palla (siehe dort), das Paludamentum (siehe dort) und die Chlamys mit ihren Unterformen (siehe dort).

Marsupium (latein.): Geldbeutel des Gottes Merkur.

Menimane-Tracht: benannt nach dem Relief mit Menimane und Blussus in Mainz aus dem 1. Jahrhundert n. Chr. Menimane trägt eine ungegürtete Ärmeltunika mit gekräuseltem Halsausschnitt. Der Ausschnitt war mit einer Fibel (siehe dort) geschlossen. Die zweite Gewandschicht bestand aus einem bodenlangen Schlauch, der bis unter die Arme hochgenommen wurde und vorne und hinten in zwei Zipfeln über die Schultern hing. Man befestigte ihn auf den Schultern mit je einer Fibel. Eine weitere Fibel hielt den Stoff an der Brust. Die letzte Fibel fixierte schließlich den Mantel an der rechten Schulter. Er war unter dem linken Arm durchgeführt worden. Die Kleidung der Menimane ist gallo-römisch.

Matrae: in zahlreichen Weihungen an die Muttergottheiten vorkommender Name.

Matres (latein.): "Mütter"; in den zahlreichen Weihungen Name der dort abgebildeten Muttergottheiten.

Matronae (latein.): "ehrbare verheiratete Frauen und Mütter"; in zahlreichen Weihungen des linksrheinischen ubischen Gebietes Name der dort abgebildeten Muttergöttinnen. Die ubischen Matronen unterscheiden sich von den in den keltischen Gebieten verehrten Matres und Matrae durch einen etwas anderen religiösen Kontext und ihre ubische Stammestracht.

Mithräum (latein.): Heiligtum des Gottes Mithras. Das Mithräum ist im 2. Jahrhundert n. Chr. im gesamten römischen Reich verbreitet. Die übliche Form ist meist ein unterirdischer, langgestreckter Saal mit Vorhalle. Die Wände sind von tiefen Bänken begleitet, mit stufenförmigem Absatz zum Aufstellen der Speisen für das rituelle Mahl. In der Achse befindet sich ein Brunnen, an der Rückwand die Kultnische mit der Statue des Mithras. Häufiger kommt jedoch statt der Statue ein Relief vor, seltener dagegen eine Wandmalerei. Neben dem Hauptraum befinden sich oft sakristeiartige Nebenräume. Die in den Sälen enthaltenen Wandmalereien und Mosaiken beziehen sich auf die im Kult benutzten Initiationsriten. Die Mithräen befinden sich in Privathäusern oder beanspruchen kleine Kapellen und große Tempel.

Model: Hohlform aus Holz oder Terrakotta, um Reliefarbeiten serienmäßig herzustellen.

Myste (griech.): Person, die in Übersinnliches eingeweiht ist.

Nebris (griech.): "Rehkalbfell"; die Nebris gehört zur charakteristischen Tracht des Dionysos/Bacchus und der in seinem Gefolge vorkommenden "rasenden" Frauen, der Mänaden/Bacchantinnen (siehe dort).

Omphalus, Omphalos (griech.): "Nabel"; ein altes Kultmal in Delphi, das als Mittelpunkt (Nabel) der Erde galt. Der dem Apoll heilige Stein wurde in seinem Tempel aufbewahrt.

Onatas: griechischer Bildhauer aus Ägina, Sohn oder vielleicht Schüler des Mikon bzw. Smikon. Onatas war ca. von 480 - 465 v. Chr. tätig. Werke von ihm sind für die Städte Olympia, Phigalia, Delphi und Athen überliefert. Besondere Wertschätzung genossen in der Antike sein Apoll, Herakles und ein widdertragender Hermes. Angeblich hat Onatas mit Kalamis (siehe dort) zusammengearbeitet.

Palla (latein.): "Überwurf"; der von der römischen Frau über der Stola getragene, mantelartige Überwurf, der dem Pallium der Männer entspricht, wenn auch der Schnitt etwas anders ist (siehe auch Mantel).

Paludamentum (latein.): "Soldatenmantel", "Feldmantel". Das Paludamentum war ein längeres, rechteckiges Stoffstück von roter Farbe, das meist von Feldherren getragen wurde. In der Spätantike wird das Paludamentum als Chlamys (siehe dort makedonische Chlamys) bezeichnet.

Pastor bonus (latein.): "der gute Hirte".

Patera (latein.): "Opferschale"; flaches Trink- und Opfergeschirr. Die Patera wurde vor allem zu Trankopfern verwendet.

Pausanias: griechischer "Reiseschriftsteller"; geb. ca. 115 n. Chr. in Lydien oder Damaskus. Pausanias verfaßte einen Reiseführer über Griechenland in zehn Büchern. Das ca. 170/180 n. Chr. erschienene Werk beschreibt in literarischer Form die Städte und Sehenswürdigkeiten Griechenlands.

Pedum (latein.): "Hirtenstab".

Petasus, Petasos (griech.): der von Griechen und Römern getragene Reise- oder Sonnenhut mit breitem Rand.

Phylakterion (griech.): "Schutzmittel"; ein Verwahrungs- oder Schutzmittel, auch ein Amulett.

Planetengötter: Herrscher der Planetenwoche, wie sie seit dem 1. Jahrhundert v. Chr. bekannt ist. Die Planetengötter Saturn, Sol, Luna, Mars, Merkur, Jupiter und Venus sind noch in den heutigen Wochentagsnamen enthalten, z. B. saturday (engl.) = Samstag, lundi (franz.) = Montag. Die Planeten spielen als Ergebnis der Welterschaffung eine besondere Rolle im Mithraskult.

Plektron, Plectrum (latein.): das Stäbchen, womit der Kitharaspieler (siehe dort) die Saiten anschlägt.

Plinthe (griech.): quadratische oder rechteckige Sockelplatte unter der Basis von Säulen, Pfeilern und Statuen.

Pyxis (griech.): "Baumstamm"; runde oder ovale Holzdose mit Deckel, vielfach auch aus Elfenbein, Metall oder Ton. Die Pyxis diente vor allem zur Aufbewahrung von Salben, Schmuck und Gewürzen.

Replik: Der Begriff bezeichnet das Verhältnis von Kopien untereinander; in der modernen Kunstfachsprache aber auch "Wiederholung" durch den Künstler selbst. Kopie (italien./franz.) bezeichnet dagegen die Nachbildung eines Kunstwerkes in gleichem oder anderem Material und Format. Die Kopie wird nicht vom Schöpfer des Originals angefertigt. Bei einer Umbildung handelt es sich um eine Kopie, die sich im nachschöpferischen Sinne deutlich vom Vorbild entfernt.

Satyrn und Silene: eine Schar ausgelassener lüsterner Gesellen, die zum mythischen Gefolge (Thiasos) des Dionysos/Bacchus gehören. Sie haben Menschengestalt, aber einen Pferdeschwanz, Pferdeohren und teilweise auch Pferdehufe. Im Satyrspiel steht in der Regel im Mittelpunkt eines Schwarmes von jungen Satyrn ihr Väterchen, der sog. Papposilen, ein meist betrunkener, älterer Silen mit Glatze, dickem Bauch, stumpfer Nase und wulstigen Lippen.

Bisweilen gilt Silenos, der alte Silen, als Erzieher des jungen Dionysos. Diesem Silen schrieb man eine gewisse Weisheit zu. Im Hellenismus (ca. letztes Viertel des 4. Jahrhunderts v. Chr. - 3. Jahrzehnt des 1. Jahrhunderts v. Chr.) wurden die Satyrn infolge ihrer Annäherung an Pan, den Hirtengott, gerne bocksgestaltig gebildet.

Sistrum (latein.): altägyptische Rassel aus einem Bügel, durch den sich Metallstäbe hindurchziehen. Das Sistrum wurde auch in hellenistischer und römischer Zeit im Isiskult benutzt.

Sol (latein.): "Sonne"; römischer Sonnengott, dem griechischen Helios entsprechend. Sol wurde schon in der römischen Frühzeit verehrt. Nach der Überlieferung schützte er beim Wagenrennen im Zirkus die Viergespanne. In der Kaiserzeit wurde Sol mit orientalischen Gottheiten, besonders dem ursprünglich persischen Lichtgott Mithras (siehe dort), gleichgesetzt. Kaiser Aurelian führte 274 n. Chr. den Kult des *Deus Sol Invictus*, des unbesiegbaren Sonnengottes, in Rom ein, dessen Stiftungstag der 25. Dezember war.

Spruchbecher: eine typisch trierische Fabrikation von schwarzglänzender Keramik des 3. und 4. Jahrhunderts n. Chr. Die Spruchbecher sind mit Spiralmustern und Inschriften aus buntem Ton (Barbotine) verziert. Die Inschriften bestehen in der Regel aus Trinksprüchen, die beimWeingenuß geäußert wurden. Zum Teil handelt es sich bei ihnen jedoch auch um Verse, die sich auf die kultische Weihung solcher Gefäße beziehen.

Terrakotta (italien.): aus gebranntem Ton *(terra cotta)* hergestellte Statuen, Statuetten, Geräte aller Art und Architekturteile.

Thyrsus, Thyrsos (griech.): ein langer, oft mit Weinlaub und Binden umwundener Stab mit einem Efeubündel oder Pinienzapfen an der Spitze. Der Thyrsus ist vor allem ein Kennzeichen der Teilnehmer am Dionysoskult. In der Regel wird der Thyrsus von Dionysos/Bacchus selbst und von seinem Gefolge getragen.

Toga (latein.): "Obergewand"; die Toga ist das wohl ursprünglich von den Etruskern stammende, römische Obergewand, das nur römische Bürger (Männer) tragen durften. Die Toga wurde über der Tunica (siehe dort) getragen. Sie hatte die Form eines Kreissegmentes von ca. 5,60 m Länge und 2,20 m Breite. Die Maße nehmen von der republikanischen Zeit bis zur Kaiserzeit zu. Das eine Ende der Toga hing von der linken Schulter vorn auf die Füße herab, das andere wurde über den Rücken, dann unter der rechten Achsel hindurchgeführt und über die linke Schulter zurückgeworfen. Beim Opfer bedeckte man den Hinterkopf mit einem Rand der Toga. Die gewöhnliche Toga der Männer *(toga virilis)* war aus weißer Wolle. Die Toga praetexta, von den frei geborenen römischen Knaben bis zum Anlegen der Männertoga, außerdem von Beamten und Priestern getragen, hatte purpurne Besatzstreifen. Die Kandidaten für öffentliche Ämter trugen bei der Bewerbung eine leuchtendweiße Toga *(toga candida)*. Der Toga verwandt war die *trabea* mit scharlachroten Streifen und Purpursaum, Standestracht der Ritter sowie Amtstracht der römischen Tanzpriester (Salier) und der den römischen Königen bzw. später Magistraten bei der Einholung der Vorzeichen zur Seite stehenden Priester (Auguren).

Tunica (latein.): "Hemd"; römisches hemdartiges Untergewand aus Wolle, das von Männern, Frauen und Kindern getragen wurde. Sie reichte normalerweise bis zu den Knien; Frauen trugen sie länger. Die Tunica bestand aus zwei Teilen, die man zusammennähte, konnte aber auch so gewebt sein, daß nur noch die Seitenkanten geschlossen werden mußten. Ursprünglich besaß die Tunica keine Ärmel; in der Kaiserzeit kommt die fülliger geschnittene *Tuni-*

ca manicata mit Ärmeln auf. Wie die Toga, zierten auch die Tunica des freien römischen Bürgers Purpurstreifen. Die Tunicen mit Purpurstreifen trug man ungegürtet.

Tympanum, Tympanon (griech.): "Handpauke"; Rahmentrommel aus einem breiten Reif bestehend, der beiderseits mit Fell überzogen war. Das Tympanum wurde mit der rechten Hand getrommelt. Vorzugsweise benutzten es Frauen bei orgiastischen Kulten.

Vicus (latein.): "Dorf", "Straßensiedlung". Vielfach behielt der Vicus stammesüblich dorfähnliche Siedlungsformen. Oft gibt es aber auch Straßensiedlungen mit rechtwinklig sich kreuzenden Wegen.

Villa rustica (latein.) bezeichnet den landwirtschaftlich genutzten Teil einer römischen Villa.

Votiv (latein.): "gewählt"; Weihegeschenk jeglicher Art.

Votivgaben: Weihegeschenke, die der Gläubige seinem Gott machte. Bei den Votivgaben konnte es sich um gestiftete Tempel und ähnliche Gebäude, Gold, Statuen aus kostbarem Material, aber auch um billigere Terrakottastatuetten, ja sogar um Nahrungsmittel wie Brot, Feldfrüchte, Obst etc. handeln. Mit den Votivgaben hoffte man, die jeweilige Gottheit für sich gewogen zu stimmen.

Zodiakos, Zodiakus (latein.): Tierkreis. Die Bilder des Tierkreises sind Widder, Stier, Zwillinge, Krebs, Löwe, Jungfrau, Waage, Skorpion, Schütze, Steinbock, Wassermann und Fische.

Abkürzungs-verzeichnis

ANRW	Aufstieg und Niedergang der römischen Welt. Geschichte und Kultur Roms im Spiegel der neueren Forschung (Berlin - New York).
Ber. RGK	Bericht der Römisch-Germanischen Kommission.
van Boekel, Terracotta figurines	G. M. E. C. van Boekel, Roman terracotta figurines and masks from the Netherlands (Groningen 1987).
CIL	Corpus Inscriptionum Latinarum I ff. (Berlin 1862 ff.).
EPRO	Etudes préliminaires aux réligions orientales dans l'empire romain.
Espérandieu	E. Espérandieu, Recueil général des bas-reliefs, statues et bustes de la Gaule romaine I-XVI (Paris 1907-1981).
Fauduet, Atlas	I. Fauduet, Atlas des sanctuaires romano-celtiques de Gaule. Les fanums. (Paris 1993).
Frühchristl. Zeugnisse	Frühchristliche Zeugnisse im Einzugsgebiet von Rhein und Mosel. Hrsg. von Th. K. Kempf und W. Reusch (Trier 1965).
Führer Hunsrück	Führer zu vor- und frühgeschichtlichen Denkmälern in Deutschland 34: Westlicher Hunsrück. Mit Beiträgen von W. Binsfeld, K. Böhner u. a. (Mainz 1977).
Führer Südwestliche Eifel	Führer zu vor- und frühgeschichtlichen Denkmälern in Deutschland 33: Südwestliche Eifel. Mit Beiträgen von W. Binsfeld, K. Böhner u.a. (Mainz 1977).
Führer Trier	Führer zu vor- und frühgeschichtlichen Denkmälern in Deutschland 32: Trier. Mit Beiträgen von D. Ahrens, W. Binsfeld u.a. (Mainz 1977).

Gauthier, L ' evangélisation	N. Gauthier, L 'evangélisation des pays de la Moselle (Paris 1980).
Gose, Altbachtal	E. Gose, Der gallo-römische Tempelbezirk im Altbachtal zu Trier. Trierer Grabungen und Forschungen VII (Mainz 1972).
Gose, Frühchristl. Inschriften	E. Gose, Katalog der frühchristlichen Inschriften in Trier. Trierer Grabungen und Forschungen III (Berlin 1958).
Gose, Lenus Mars	E. Gose, Der Tempelbezirk des Lenus Mars in Trier. Trierer Grabungen und Forschungen II (Berlin 1955).
Gräber - Spiegel des Lebens	A. Haffner, Gräber - Spiegel des Lebens. Zum Totenbrauchtum der Kelten und Römer am Beispiel des Treverer-Gräberfeldes Wederath-Belginum. Mit Beiträgen von A. Abegg u. a. Schriftenreihe des Rheinischen Landesmuseums Trier 2 (Mainz 1989).
Grimm, Ägypt. Religion	G. Grimm, Die Zeugnisse ägyptischer Religion und Kunstelemente im römischen Deutschland. EPRO 12 (Leiden 1969).
Haffner, Heiligtümer	A. Haffner (Hrsg.), Heiligtümer und Opferkulte der Kelten. Archäologie in Deutschland, Sonderheft 1995 (Stuttgart 1995).
Heinen, Trier	H. Heinen, Trier und das Trevererland in römischer Zeit. 2000 Jahre Trier 1 (Trier 1985).
Hettner, Drei Tempelbezirke	F. Hettner, Drei Tempelbezirke im Trevererlande. Festschrift zur Feier des hundertjährigen Bestehens der Gesellschaft für nützliche Forschungen in Trier (Trier 1901).
Hettner, Ill. Führer	F. Hettner, Illustrierter Führer durch das Provinzialmuseum in Trier (Trier 1903).
Hettner, Steindenkmäler	F. Hettner, Die römischen Steindenkmäler des Provinzialmuseums zu Trier (Trier 1893).
Kat. Gläser Trier	K. Goethert-Polaschek, Katalog der römischen Gläser des Rheinischen Landesmuseums Trier. Trierer Grabungen und Forschungen IX (Mainz 1977).

Kat. Lampen Trier

K. Goethert-Polaschek, Katalog der römischen Lampen des Rheinischen Landesmuseums Trier. Bildlampen und Sonderformen. Trierer Grabungen und Forschungen XV (Mainz 1985).

Kat. Steindenkmäler Trier

W. Binsfeld/K. Goethert-Polaschek/ L. Schwinden, Katalog der römischen Steindenkmäler des Rheinischen Landesmuseums Trier 1: Götter und Weihedenkmäler. Trierer Grabungen und Forschungen XII 1 (Mainz 1988).

Krug, Gemmen

A. Krug, Römische Gemmen im Rheinischen Landesmuseum Trier. Bericht der Römisch-Germanischen Kommission 76, 1995.

Kyll, Weihe- und Votivgaben

N. Kyll, Heidnische Weihe- und Votivgaben aus der Römerzeit des Trierer Landes. Trierer Zeitschrift 29, 1966, 5-113.

LIMC

Lexicon Iconographicum Mythologiae Classicae (Zürich/München 1981 ff.).

Loeschcke, Frühchristl. Denkmäler

S. Loeschcke, Frühchristliche Denkmäler aus Trier. Rheinischer Verein für Denkmalpflege und Heimatschutz 29, 1936, 91-145.

Loeschcke, Glasschmuck

S. Loeschcke, Frühchristliche Werkstätte für Glasschmuck in Trier. In: Trierer Heimatbuch. Festschrift zur Rheinischen Jahrtausendfeier (Trier 1925) 337-360.

Menzel, Bronzen Trier

H. Menzel, Die römischen Bronzen aus Deutschland II: Trier (Mainz 1966).

Merten, Mars

H. Merten, Der Kult des Mars im Trevererraum. Trierer Zeitschrift 48, 1985, 7-113.

RGA

Reallexikon der Germanischen Altertumskunde. 2. Aufl. 1ff. (Berlin 1973ff.).

RE

Pauly-Wissowa, Realencyclopädie der classischen Altertumswissenschaft (Stuttgart 1893-1980).

RIRP

H. Cüppers (Hrsg.), Die Römer in Rheinland-Pfalz. (Stuttgart 1990).

Römer an Mosel u. Saar	Die Römer an Mosel und Saar. Zeugnisse der Römerzeit in Lothringen, in Luxemburg, im Raum Trier und im Saarland (Mainz 1983).
Schauerte, Terrakotten	G. Schauerte, Terrakotten mütterlicher Gottheiten. Formen und Werkstätten rheinischer und gallischer Tonstatuetten der römischen Kaiserzeit. Bonner Jahrbücher, Beih. 45 (Köln 1985).
Schindler, Führer	R. Schindler, Führer durch das Landesmuseum Trier (Trier 1977; unveränd. Nachdr. 1980, 1986).
Schwertheim, Oriental. Gottheiten	Die Denkmäler orientalischer Gottheiten im römischen Deutschland. EPRO 40 (Leiden 1974).
Simon, Götter	E. Simon, Die Götter der Römer (München 1990).
Trier - Augustusstadt	Trier - Augustusstadt der Treverer. Stadt und Land in vor- und frührömischer Zeit. Ausstellungskat. Trier (Mainz 1984).
Trier - Kaiserresidenz	Trier - Kaiserresidenz und Bischofssitz. Die Stadt in spätantiker und frühchristlicher Zeit. Ausstellungskat. Trier (Mainz 1984).
Trunk, Tempel	M. Trunk, Römische Tempel in den Rhein- und westlichen Donauprovinzen. Ein Beitrag zur architekturgeschichten Einordnung römischer Sakralbauten in Augst. Forschungen in Augst 14 (Augst 1991)
Wederath 1-4	A. Haffner (Bd. 4 zus. mit R. Cordie-Hackenberg), Das keltisch-römische Gräberfeld von Wederath-Belginum 1-4. Trierer Grabungen und Forschungen VI (Mainz 1971-1991).
Weisgerber, Hochscheid	G. Weisgerber, Das Pilgerheiligtum des Apollo und der Sirona von Hochscheid im Hunsrück (Bonn 1975).
Wightman, Trier	E. Wightman, Roman Trier and the Treveri. (London 1970).

B.	Breite
D.	Dicke
Dm.	Durchmesser
EV	Eingangsverzeichnis
H.	Höhe
FO	Fundort
FNr.	Fundnummer
Inv.	Inventarnummer
Jh.	Jahrhundert
L.	Länge
sog.	sogenannte (r, s)

Religio Romana - Wege zu den Göttern im antiken Trier

Ausstellung des Rheinischen Landesmuseums Trier (RLMT)

Mitarbeiter und beteiligte Firmen:

Ausstellungsarchitektur: Büro Weese und von Jacobs, Stuttgart

Ausstellungsbau: Erich Christmann, Winfried Möhn, Hans-Martin Moseler, Paul Roth, RLMT

Fotografie: Hermann Thörnig, Thomas Zühmer, RLMT; Peter Frankenstein und Hendrik Zwietasch, Württ. Landesmuseum Stuttgart (Videoprojektion "Artioni Biber")

Graphische Gestaltung: Stefan Hartmaier, Gregor Hinsberg, Büro Hartmaier & Mangold, Kirchentellinsfurt (Ausstellungsdidaktik, Katalog); Franz-Josef Dewald, RLMT (Kartenvorlagen, Objekttexte)

Licht und Tontechnik (Hörstationen): Ralf Weiß, Büro Hartmaier & Mangold, Kirchentellinsfurt

Presse: Dr. Margarete König, RLMT

Redaktion: Dr. Frank Unruh, Stuttgart (Ausstellungstexte, Überschriften)

Reinigung: Elfriede Blaß, Adele Breland, Magdalena Charles, Maria Krollpfeifer, Annemarie Scholz, Helga Schwebach, RLMT

Restaurierung: Franz Adams, Dörthe Benack, Ludwig Eiden, Erwin Fechteler, Alexandra Lutz, Egon Lutz, Johannes Schu, RLMT, Fa. Christoph Kronewirth, Trier

Sekretariat: Sabine Moritz, unter Mitarbeit von Simone Stöhr, RLMT

Stahlbau: Fa. Stein, Ulmen; Fa. Heimbach, Trier; Fa. Rausch, Pluwig

Technik, Transporte: Klaus Biesdorf, Uwe Meskendahl, Michael Öffling, Norbert Warmke, Gerhard Ziewers, RLMT, unter Mitarbeit von Hubert Dauphin, Trier

Werbemittel: Franz-Josef Dewald, RLMT; Druckerei Ensch GmbH, Trier

Wiss. Konzeption, Objektrecherchen, Katalogtexte: Dr. Sabine Faust, Dr. Karl-Josef Gilles, Dr. Sylvia Klementa, Dr. Hans-Peter Kuhnen, Lothar Schwinden, RLMT; unter Mitarbeit von Dr. Eva-Marie Goddard, Luxemburg, Dr. Klaus-Peter Goethert, Trier, Dr. Joachim Hupe, Trier, Dr. Frank Unruh, Stuttgart

Verwaltung: Manfred Huberti, RLMT

Zeichnungen, Rekonstruktionen: Gerd Brenner, RLMT; Hubertus Backes und Martina Schad, Trier.

Abbildungsverzeichnis:

Abb.	2, 3, 5, 12	Hubertus Backes, Martina Schad, Trier
Abb.	14	nach A. Krug, Heilkunst und Heilkult
Abb.	15	Berner Historisches Museum
Abb.	16	nach Chr. Osterwalder - Maier, Archäologie der Schweiz 14, 1991
Abb.	17	nach R. Merkelbach, Mithras
Abb.	21, 23, 25, 27	Lambert Dahm, RLMT

alle übrigen Abbildungen RLMT

Wege in die Natur-Wege zu den Göttern

Zwei Religionen treffen aufeinander- Die gallo-römische Götterwelt

Götter in Menschengestalt - die italisch-römische Götterwelt

Das Christentum- Erlösung durch einen Gott

Orientalische Mysterienkulte- neue Religionen der Erlösung aus dem Osten

Magie und Astrologie - Hilfe vom Himmel und der Unterwelt?

Unfaßbares faßbar gemacht- Denkmäler gallo-römischer Kulte

Religio Romana -
Wege zu den Göttern im antiken Trier

Philosophie- Die Suche nach Wahrheit als Religionsersatz

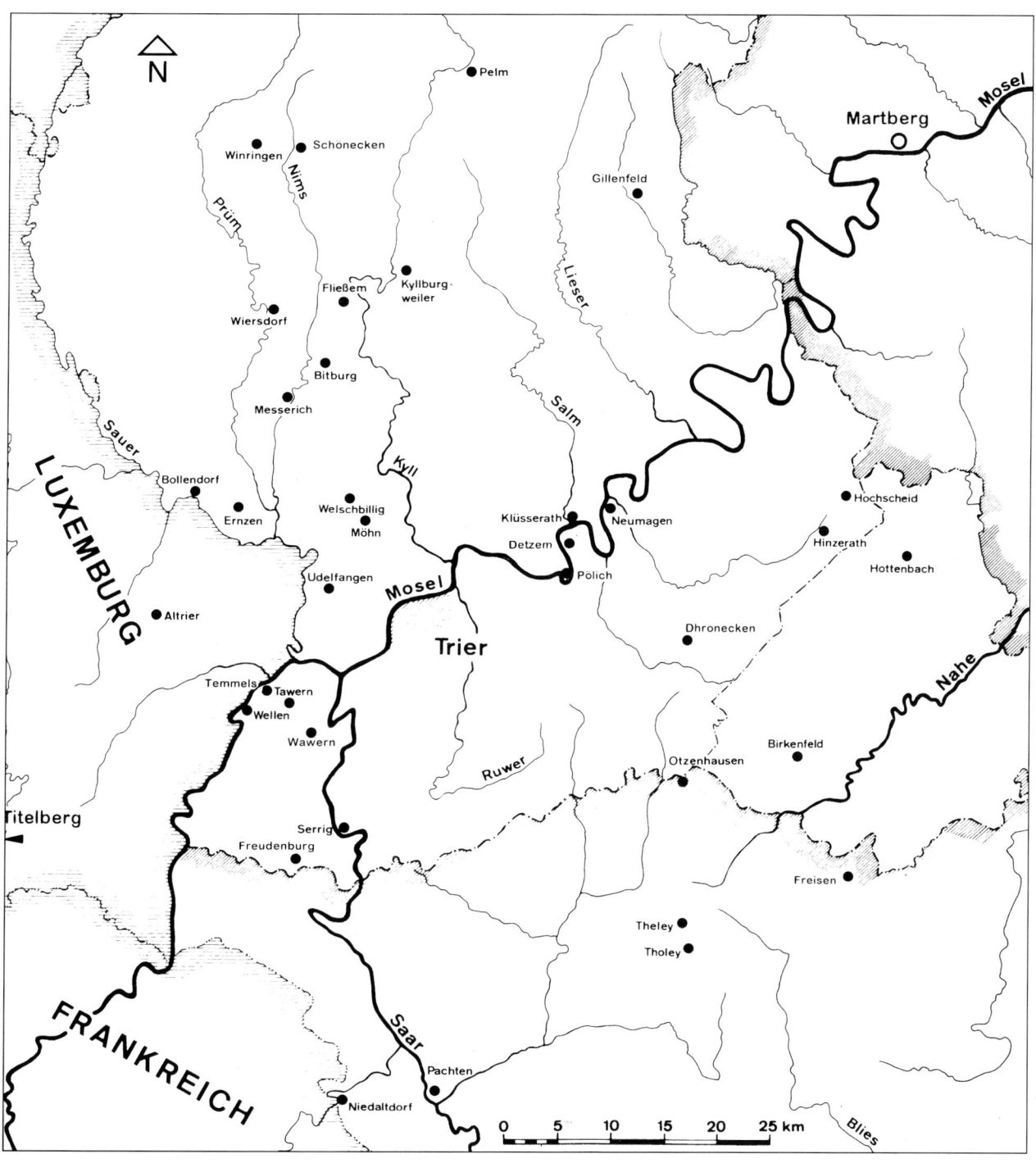

Schriftenreihe des Rheinischen Landesmuseums Trier

1   Peter Seewaldt, Katalog der Herdgußplatten des Rheinischen Landesmuseums Trier. 1988. 103 S. ISBN 3-923319-08-8. DM 9,50

2   Alfred Haffner, Gräber - Spiegel des Lebens. Zum Totenbrauchtum der Kelten und Römer am Beispiel des Treverer-Gräberfeldes Wederath-Belginum. Mit Beiträgen von Angelika Abegg u.a. 1990. ISBN 3-8053-1129-X. DM 40,-

2A Christel Bernard, 800 Jahre keltisch-römische Kultur. Zum Totenbrauchtum der Kelten und Römer am Beispiel des Treverer-Gräberfeldes Wederath-Belginum. 1990. 20 S. ISBN 3-923319-15-0. DM 2,-

3   Peter Seewaldt, Rheinisches Steinzeug. Bestandskatalog des Rheinischen Landesmuseums Trier. 1990. 168 S. ISBN 3-923319-12-6. DM 16,-

4   Wilhelm Jordan. Das Apostelgrab, der sakrale Grundstein der Vatikanischen Basilika. 1990. VII, 116 S. ISBN 3-923319-14-2. DM 15,-

5   Lothar Schwinden, Das Rheinische Landesmuseum Trier. Einführung in die Sammlungen. (Unter Mitarbeit von Hans Nortmann und Peter Seewaldt.) 1991. 39 S. ISBN 3-923319-16-9. DM 2,50

5A Lothar Schwinden, Rheinisches Landesmuseum Trier. Introduction to the collections. (With contributions from Hans Nortmann and Peter Seewaldt.) 1994. 39 S. ISBN 3-923319-24-X. DM 2,50

5B Lothar Schwinden, Rheinisches Landesmuseum Trier. Introduction aux collections. (Avec la collaboration de Hans Nortmann et Peter Seewaldt.) 1994. 39 S. ISBN 3-923319-25-8. DM 2,50

6   Eberhard Zahn, Die Basilika in Trier. Römisches Palatium - Kirche zum Erlöser. 1991. 85 S. ISBN 3-923319-18-5. DM 5,-

7   Hundert Meisterwerke keltischer Kunst. Schmuck und Kunsthandwerk zwischen Rhein und Mosel. Bearb. von Rosemarie Cordie-Hackenberg, Regina Geiß-Dreier, Andrei Miron, Angelika Wigg. 1992. 213 S. ISBN 3-923319-20-7. DM 25,-

8   Peter Seewaldt, Glas des 17. bis 19. Jahrhunderts. Bestandskatalog des Rheinischen Landesmuseums Trier. 1995. ISBN 3-923319-29-0. DM 29,50

9   Martin Frey, Karl-Josef Gilles, Marcus Thiel, Das römische Bitburg. Führer zu den archäologischen Denkmälern des antiken Beda. 1995. 73 S. & 2 Beilagen. ISBN 3-923319-30-4. DM 5,-

10 Antje Krug, Römische Gemmen im Rheinischen Landesmuseum Trier. 1995

11   Karl-Josef Gilles, Neuere Forschungen zum römischen Weinbau an Mosel und Rhein. Mit Beiträgen von Margarethe König u.a. 1995. 108 S. ISBN 3-923319-30-9. DM 12,-